民事事実認定と立証活動 第Ⅰ巻

加藤新太郎 編

判例タイムズ社

は　し　が　き

　法律実務家が民事関係実務を遂行する場合，裁判活動においても，裁判外活動においても，一定の事象についてどのような事実として認識していくかは，必須の前提となる作業である。民事訴訟として提起された場合には，弁護士は，要証事実をいかにして立証するかに腐心し，裁判官は，いかにして真実に迫る事実認定をしていくべきかについて考え続ける。本書は，法律実務家にとって最重要の課題である民事事実認定と立証活動をテーマとして，座談会形式で議論を闘わせることにより，この課題の解明を志すものである。事実認定は，評価や規範的判断にまで及ぶことがあり，その意味では，広く「心証形成と訴訟活動」を対象にしたということもできる。

　先行研究と対比しつつ，本書の意義・特色を述べると，次のようになる。

　第1に，これまでの民事事実認定論は，事実認定そのものの作用に着目したものが多いが，当然のことながら，事実認定は，争点整理や立証活動とインタラクティブな関係にある。このことは，裁判官と弁護士との対話の必要性を意味する。本書は，これを具体化する形で議論を展開しているところに特色を有する。

　第2に，事実認定は，任官したばかりの若手裁判官から退官する間際のベテラン裁判官に至るまで当面する一生の仕事であり，そのスキルアップを目指していくことがキャリア裁判官の目標になる。そして，事実認定手法は，先輩裁判官から後輩裁判官に合議事件の審理・評議を通じて，一子相伝的に伝えられてきた。これは実務家の育成として不可欠であるが，暗黙知を形式知に変えていくこと，事実認定の手法についてのコンセンサスを形成していくことが必要な時代になってきていると思う。本書は，知識体系としての民事事実認定理論，実践的スキルの体系としての民事事実認定手法についての議論を豊かにさせ，あるべき民事事実認定の手法についてコンセンサス形成の契機になることを目指している。さらに，弁護士は，裁判官の事実認定手法の内実を知ることなくして，実効的で質の高い立証活動をしていくことは困難である。本書が，裁判官としての基本的なスキルの伝承に役立ち，弁護士の立証活動のスキルアップにつながるものになることを願っている。

第3に，法科大学院が創設され，そこでの教育が軌道に乗ってきているが，反面，所与の条件の下，司法修習における実務修習の期間短縮は余儀なくされている。その中で，実務家養成教育のコアである事実認定の基礎の修得という必須課題について，教員の側も，実務家教員だけでなくて研究者教員にも民事事実認定に対する関心あるいは研究意欲を高めていただくことが必要である。本書は，法科大学院・司法修習における実務教育＝事実認定教育の内実となるものを提示し，研究者との対話のベースとなることを目指している。各章のテーマに関連する判例に言及し，関連文献にも目配りをして，これらを紹介しているのは，そのためでもある。

　研究会のメンバーは，弁護士で法務研究財団常務理事でもある馬橋隆紀，裁判官の須藤典明（現法務省大臣官房訟務総括審議官），村田渉と加藤新太郎を常連としたが，いずれも司法研修所第2部教官経験者であることが共通項である。いくつかの章では，このメンバーに練達のゲストを加えて，議論が発展し，豊かになるよう工夫した。また，抽象的な議論にとどまることなく，参加者各人の体験したエピソードを披露することにより，具体性を持たせた点にも特色がある。このことは，事実認定と立証活動の多様性と奥深さをあらわすことになったと密かに自負しているが，同時に，読み物としても面白くてためになるものになっている（はずである）。

　本書の名宛人は，これまで述べてきたところからも明らかなように，法律実務家である弁護士，裁判官であるが，その後継者たる司法修習生や法科大学院学生，事実認定の関心を持たれる研究者，さらには訴訟代理権が付与されて，訴訟活動をするようになった認定司法書士も視野に入れている。本書が多くの方々に受け入れられれば，幸いこれにすぐるものはない。

　最後に，本書の基礎となっているのは判例タイムズの連載であるが，その研究会の企画・実施から本書の刊行まで，万端にわたり，お世話いただいた，判例タイムズ社代表取締役である浦野哲哉さん，同編集部の遠藤智良さんに対して，心からお礼申し上げたい。

平成21年9月

　　　　　　　　　　　　　　　研究会メンバーを代表して
　　　　　　　　　　　　　　　東京高等裁判所部総括判事　加藤　新太郎

執筆者紹介

[肩書：発刊時]

コア・メンバー

加藤新太郎　（かとう しんたろう）　東京高等裁判所部総括判事

須藤　典明　（すどう のりあき）　法務省大臣官房訟務総括審議官

馬橋　隆紀　（まばし たかき）　弁護士

村田　渉　（むらた わたる）　東京地方裁判所部総括判事

ゲスト

内田　実　（うちだ みのる）　弁護士［第2章］

大江　忠　（おおえ だたし）　弁護士［第5章］

山浦　善樹　（やまうら よしき）　弁護士［第3章・第4章］

民事事実認定と立証活動　第Ⅰ巻
目　次

はしがき／i
執筆者紹介／iii

第1章　書証を読み解く

解　題 ………………………………………………………………… 2

1　はじめに …………………………………………………………… 10
　研究会の目的

2　書証と証明 ………………………………………………………… 13
　事実認定における心構え／事実認定における書証の位置付け／書類から書証へ／裁判所の考える仮説とは／書証を踏まえた争点整理／書証の発掘——国の代理人としての経験／裁判官の真相の迫り方／裁判所によるストーリー提示の意味と時期

3　弁護士の立証活動と書証 ………………………………………… 20
　訴訟の流れの中での書証／裁判官の事実認定と訴訟代理人の事実認定の違い／代理人の目から見る書証／出したいが出せない書証／書証の提出時期と「後出し有利論」／書証の提出が遅れる理由／書証後出しの理由／依頼者による書証の選択の危険性／書証が早期に提出されない場合——国の代理人としての経験／依頼者が個人と企業とで違うか

4　書証を読み解く——書証に関するエピソード ………………… 27
　書証の信用性判断における注意事項／書証の真否判断における注意事項／公図などの活用／書証の信用性判断のポイント／時系列による書証理解の重要性

5　文書の成立の真正について ……………………………………… 41
　証拠としての文書の性質／成立の真正の推定／いわゆる二段の推定／20％にかける／推定を用いる場合の基本的なスタンス／二段の推定の再検

計／第一段目の推定の正当化根拠／本人の印章であること／印章の管理の実態――盗用の可能性／印章の預託――冒用の可能性／本人による押印の可能性の存在／実印の来歴／推論の構造の二類型

6 書証に関して押さえておくべき判例・文献 ……………………… 51

事実認定に関する文献／書証と事実認定に関する判例／時系列による書証の並び替え／書証と事実認定に関し参照すべきその他の裁判例

7 むすび …………………………………………………………………… 55

【事実認定に関する主な参考文献】／58
【書証と事実認定に関する主な裁判例】／58
【書証と事実認定に関するその他の参考裁判例】／60

第2章　報告文書の光と影

解　題 ……………………………………………………………………… 64

1 はじめに ………………………………………………………………… 67

2 証拠方法としての報告文書 …………………………………………… 67

報告文書の証拠調べにおける位置付け／形式的証拠力／書証の特質／実質的証拠力／報告文書の証拠価値／弁護士から見た報告文書／実務で問題となる報告文書

3 報告文書を読み解く …………………………………………………… 72

電子メール文書の問題点／メールを書証とする場合の注意点／録音テープの反訳書／医学文献の注意点／医師と法律家との言葉の壁／医学文献を書証として提出する場合の注意点／医学と法律家との相互理解はまだまだ低い／医学文献を提出することの新たな位置付け／新聞・雑誌の記事について／新聞記事等と周辺事情との関係／ミニコミ誌・ビラ・チラシについて／争点と無関係な書証への対応／相手方を中傷する陳述書／統計資料・データについて／統計資料等の証拠評価の方法／判決書について／内容証明郵便の立証趣旨は？／内容証明郵便を書証とすることの意味付け

4 陳述書の作成 …………………………………………………………… 96

　　　　時系列で生の事実を／実体験か，伝聞か／事実か，意見か／感情面の取扱い／不利な事実の取扱い

5　陳述書作成の時期と立証活動 ……………………………………… 101
　　　　陳述書の記載内容に関する協議／不十分な内容の陳述書への対応／不十分な内容の陳述書と反対尋問の準備／不十分な陳述書提出のサンクション

6　陳述書の証拠調べ …………………………………………………… 106
　　　　陳述書に関する文献／「陳述書に関する提言」の骨子／陳述書についての判例理論／反対尋問権が制度的保障であるとは／陳述書を見て尋問の要否を決める／「提言」に対する意見／不利益な内容にも誤解はある／争点整理目的の陳述書について

7　陳述書の証拠評価と反対尋問 ……………………………………… 116
　　　　反対尋問を経ない陳述書と裁判官の感覚

8　陳述書を読み解く …………………………………………………… 121
　　　　作成者は誰か／直接作成型陳述書のメリット，デメリット／弁護士作成型陳述書のメリット，デメリット／間接作成型陳述書の問題点／陳述書の記載内容による違い／事実と評価／伝聞か，体験か／検討不足の陳述書の危険性

9　むすび ………………………………………………………………… 131
　　　　基本原則の意義を考え直す／手続の透明性をできるだけ高める努力を

【陳述書についての主な参考文献】／135
【陳述書に関する主な裁判例】／136

第3章　効果的立証・検証・鑑定と事実認定

解　題 …………………………………………………………………… 140

1　はじめに ……………………………………………………………… 143

2　効果的立証 …………………………………………………………… 144

(1)　調査活動と当事者の記憶喚起／144
　(2)　写　真／146
　　　写っていないことにも意味がある／電子情報として存在するデータの提出の仕方／航空写真で占有状況が分かることもある
　(3)　イラスト／160
　　　イラストの活用は効果的／イラストや図表を用いた準備書面等の工夫
　(4)　模　型／164
　　　模型の縮尺がデタラメで不利を招いた／分かりやすさと正確性とは矛盾することがある
　(5)　録音テープ／167
　　　ICレコーダーなどで録音したものは簡単に編集できる／再生による証拠調べも効果的
　(6)　違法収集証拠の関連／172
　　　団体交渉の様子を無断録音したテープ／無断撮影の写真では社長が上半身裸で威嚇していた／録音テープ反訳書の検証の必要性
　(7)　パソコン／175

3　検　証 ……………………………………………………………… 176

文書の原本の提示に伴う検証／現場検証／準備の大変さに見合うだけの効果が見込めるか／現場での１回限りの体験が決定的な効果をもたらすことはよいのか／一発勝負の現場検証の悲しい結末／検証申立ての必要性とその具体的な方法／当事者はとにかく現場を見て欲しい／当事者は現場検証で納得した／相手方弁護士に来て欲しくないという当事者のメンタリティ／検証に代わる現場での進行協議期日／検証実施における演出

4　鑑　定 ……………………………………………………………… 186

　(1)　不動産境界の鑑定／186
　　　鑑定の前提事実のチェックの必要
　(2)　不動産価額の鑑定／187
　　　不動産鑑定の本質は何か──裁判官は何をみるべきか／不動産鑑定に関する改善点
　(3)　筆跡鑑定／192
　　　筆跡鑑定についての判例など／筆跡鑑定を先行させた遺言無効確認請求／裁判所に提出されている訴訟委任状の文字や印影と対照するのも効果的
　(4)　DNA鑑定／197
　　　DNA鑑定をかたくなに拒否すると不利な心証になるのか／20年前の出生の秘密

(5) 医療鑑定／199

　　東京地裁の医療集中部における鑑定運用の概要／カンファレンス鑑定の特徴／カンファレンス鑑定の評価とその検証／カンファレンス鑑定は迎合的になるとの批判について／カンファレンス鑑定を可能にしているもの／医療サイドは実体的真実重視，法律サイドは手続重視？／デュー・プロセスだけではなく，客観的な説明も大切／医療関係訴訟におけるエビデンスということ／医師の用語と法曹の用語の違い／カンファレンス鑑定に対する期待／鑑定人の鑑定に対するスタンスの違い

5　むすび ………………………………………………………………… 210

　　分かりやすさと正確性との調和／真実発見とコスト感覚

【効果的立証・検証・鑑定と事実認定に関する参考文献】／214
【効果的立証・検証・鑑定と事実認定に関する主な裁判例】／215

第4章　証拠・データ収集の方法と事実認定

解　題 …………………………………………………………………… 224

1　はじめに ……………………………………………………………… 231

2　弁護士照会 …………………………………………………………… 231

　　弁護士照会の実際／顧問先から弁護士照会への対応を尋ねられたら／弁護士照会の実情の一端／照会先への説明の重要性／個人情報についての取扱い／弁護士照会のメリットと訴え提起前における証拠収集処分等のデメリット／弁護士照会と調査嘱託・送付嘱託との使い分け／弁護士照会の照会先について

3　当事者照会 …………………………………………………………… 246

　　背景としてのリピーターキープ・モデル／裁判官から見た当事者照会／当事者照会はなぜ利用されないのか／当事者照会と求釈明事項との関係／当事者照会は角が立つか／訴え提起前における照会制度と内容証明郵便による情報交換

4　提訴前の証拠収集処分 ……………………………………………… 258

提訴前の証拠収集処分の実情／提訴前の証拠収集処分が利用されない理由と活用されるための方策について／まずは緩やかな要件解釈による実務への定着を期待

5　各種嘱託 ……………………………………………………… 263

(1) 文書送付嘱託／263
関連事件の訴訟記録の利用／記録の顕出／使いやすく効果が高い送付嘱託とは

(2) 調査嘱託／273
調査嘱託の回答は証拠価値が高いか

6　文書提出命令関係 ……………………………………………… 281

文書提出命令をめぐる実情の一端／文書提出命令の申出がなされると相手方から任意に提出されることが多い／文書提出命令の申立てに関する運用の実際——補足／弁護士から見た文書提出命令／労働事件と文書提出命令／労働組合法の改正による労働委員会での提出命令／クレ・サラ事件における文書提出命令／貸金業者に対する文書提出命令は少なくなっている／過払金返還請求事件で真実擬制が適切なのか／真実擬制よりも間接事実による推認が適切か／取引履歴不提出部分を推認する方法——反転方式／さらに反転方式による推認内容を断片的な証拠と付きあわせて検討する／取引枠が拡大する場合の問題点とゼロ・ベースという考え方／0計算方式よりも反転方式の方が合理的／その他の特定困難な事情——貸金と物品販売とがある場合／賃金差別事件などにおける文書提出命令の効果／証拠調べで粘る限度と実体的真実発見の要請／多数の送付嘱託を連続して採用しなければならない場合

7　むすび ………………………………………………………… 298

できるだけ良質の証拠を集めること／的確な事実認定と証拠を読み解く能力／事実認定に対する裁判官の説明責任

【証拠・データ収集の方法と事実認定に関する参考文献】／304
【文書提出命令に関する最近の判例】／306

第5章　推論の構造——経験則の内実は

解　題 ··· 330

1　はじめに ··· 334

2　事実認定・証明のパターン ··· 335
　事実認定における直接認定型と間接推認型／直接認定型の場合／間接推認型の場合／実務では直接証拠の質を見極めることが大切

3　直接証拠中心主義と間接事実中心主義という分類 ············· 338
　直接証拠中心主義と間接事実中心主義／直接証拠中心主義とは／間接事実中心主義とは／実務における事実認定・心証形成の一般的手法／要件事実教育の行き過ぎか

4　訴訟代理人の立証活動の観点から ···································· 342
　訴訟代理人の立証活動と直接証拠／契約書の文言を簡単に否定してはいけない／信頼できる直接証拠があるときは／直接証拠としての人証と書証

5　推論のキーとしての経験則 ··· 345
　経験則の役割・機能／経験則のフィールド，確からしさを吟味しよう／簡単な物理法則／複雑な医学・物理法則／いわゆる社会常識／業界の取引慣行など

6　経験則をめぐるエピソード ··· 350

7　経験則の作用と性質 ·· 360
　事実の推論と事実の評価／法律行為の解釈と経験則——売買の成否／契約書の作成が予定されていない売買／代金額が確定金額ではない売買／評価概念における経験則の機能／発生機序が確立していないケースでの経験則の機能／確率論を経験則として使えるか／経験則は帰納的なものか演繹的なものか

8　経験則の体系化 ··· 365
　経験則の体系化の論争／経験則を体系化すれば判断は楽になるのか／ガリ

レオも最初は迫害された／実験データは事故の再現ではない／人間も生物であり個体差が大きい／人間行動の攪乱要因は無限にあるか／全く根拠のない訴訟は稀だという経験則があるか／取引関係が壊れる場合にも取引慣行を適用できるか

9 過失の一応の推定 …… 372

規範的要件の主要事実／心証形成と過失の一応の推定／心証形成を超える過失の一応の推定／証明度の軽減ではなく心証の問題か／債務者を取り違えた特殊な事例ではないか／故意の一応の推定／過失判断のプロセスを無視してよいのか

10 推論による事実認定と経験則に関する文献・判例 …… 377

11 むすび …… 378

制度が異なれば適用される経験則も異なってよい？／経験則の理解を共通化すべきである／事案適合的な経験則の選択

【推論による事実認定と経験則に関する参考文献】／382
【推論による事実認定と経験則に関する最近の主な参考判例】／382

第6章 適正な事実認定をするための方策
——情報の歪みと是正

解 題 …… 388

1 はじめに …… 392

本章の目的

2 事実認定を歪める要因としての当事者本人の問題 …… 393

(1) 主張レベルの問題／393

当事者本人の情報の歪みと是正／裁判官の留意すべきポイント／詐欺的訴訟による歪みと過剰主張による歪み／保険金の不当請求ケース／不当請求には不当な動機や意図がある／経験則には例外はつきもの／制度の不正利用への対応策／過剰主張による情報の歪み／被害感情が主張の歪みをもたらす／提訴前の対応と不当請求との関係／紛争に巻き込まれるタイプの依

頼者
- (2) **証拠レベルの問題**／410
  文書の偽造・変造／虚偽の証言・供述／依頼者の証拠レベルの情報の歪みにも注意／後になって出てくる証拠は要注意／意図的ではない証拠の歪み／記憶の変容による歪み／十分な打合せによる歪みの是正／虚偽が織り交ぜられた証拠の信用性／大筋は客観的に肝心な部分に嘘を／歪みを誘発しかねない釈明や補充尋問／言語表現に由来する歪み／尋問方法との関連

3 事実認定を歪める要因としての訴訟代理人の問題 …………… 427
- (1) **主張レベルの問題**／427
  本人と利害が一体化している訴訟代理人／のめり込む闘争的な訴訟代理人／訴訟代理人が替わった場合／証拠に基づかない主張の弊害／主張の後出しによる全体像の歪み／裁判における情報格差是正の必要性／弁論準備手続の中でのコミュニケーションによる是正／争点の変更を明示していない準備書面
- (2) **証拠レベルの問題**／438
  本人は証拠の偽造を示唆されたと理解する？／不当な質問方法による供述内容の歪み／供述内容のアフターケアが必要である／意味不明の尋問の取扱い／証人のダメージからの立直り

4 手続原則からくる事実認定の歪み …………………………………… 443
証拠収集方法を充実させることが大切／専門委員制度の利用／ＩＴ機器の普及と基盤整備／弁護士倫理の観点

5 むすび ………………………………………………………………… 449
内なる歪みを自戒すること

初出一覧／453
事項索引／454
エピソード索引／460
判例索引／468

目　次

民事事実認定と立証活動　第Ⅱ巻
目　次

はしがき
執筆者紹介

第1章　立証活動としての証人尋問

解　題
1　はじめに
2　民事訴訟の手続構造と機能から見た人証の位置付け
3　人証と訴訟類型
4　弁護士から見た人証の活用
5　証人尋問の研究について
6　尋問スキルのコア
7　補充尋問について
8　尋問スキルに関する文献
9　むすび
【尋問スキルに関する文献】

第2章　人証の証拠評価

解　題
1　はじめに
2　人証の証拠評価の前提──偽証は見破ることができるか
　(1)　反対尋問における真偽判定
　(2)　補充尋問における真偽の判定
3　証人汚染の問題
4　人証の証拠評価に関するエピソード
5　人証の証拠評価に関する文献と判例
6　証拠評価のポイント
7　むすび
【人証の証拠評価に関する文献】

xiii

【人証の証拠評価に関する判例】

第3章　推論の構造──事件のスジの内実は

解　題
1　はじめに
2　先行研究から見た事件のスジ
3　裁判官から見た事件のスジ
4　訴訟代理人から見た事件のスジ
5　事件のスジと弁論の全趣旨
6　むすび
【事件の「スジ」に関する参考文献】

第4章　契約類型に即応した事実認定──保証契約・売買契約

解　題
1　はじめに
2　保証契約──書面がない場合
3　保証契約──書面のある場合
4　保証契約紛争事案についての検討
5　売買契約
6　売買契約の成否が問題になる類型
【契約類型に即応した事実認定に関する参考文献】
【参考裁判例一覧】

第5章　契約類型に即応した事実認定　　　──消費貸借契約・請負契約・代理権授与

解　題
1　はじめに
2　消費貸借契約
　(1)　金銭の授受が争われる類型
　(2)　授受された金銭の趣旨が争われる類型

(3)　事実認定の考慮要素の整理
3　請負契約
　　(1)　建築請負契約
　　(2)　建築以外の請負契約
4　代理権の授与
5　裁判官アンケート・インタビューの紹介
6　契約の解釈と契約紛争における事実認定
7　むすび
【契約類型に即応した事実認定に関する参考文献】
【参考裁判例一覧――消費貸借契約】

第6章　民事事実認定の現在と展望

解　題
1　はじめに
2　これまでの事実認定――伝統的な事実認定手法に関する見解の整理
　　(1)　簡単な事件と複雑な事件
　　(2)　動かし難い事実，全体的・総合的な吟味
　　(3)　研究会テーマとの関連
3　英米法との比較検討
4　事実認定をめぐる基盤・環境の変化
5　深い事実認定のために
　　(1)　適正な事実認定のために着目すべき要因
　　(2)　研究テーマとの関係
　　(3)　裁判官による事実認定を前提とした適正化方策――課題も視野に入れて
　　(4)　弁護士の役割（再考）――弁護士は何ができるか
6　むすび

初出一覧
事項索引
エピソード索引
判例索引

第1章　書証を読み解く

解題　須藤　典明

［目　次］
1　はじめに
2　書証と証明
3　弁護士の立証活動と書証
4　書証を読み解く──書証に関するエピソード
5　文書の成立の真正について
6　書証に関して押さえておくべき判例・文献
7　むすび

解　題──事実認定への招待

1　はじめに

　民事裁判の理念は，適正かつ妥当な裁判を迅速に実現することであるといわれる。ここで，「適正かつ妥当な裁判」とは，紛争の実態を正しく捉えて，これに相応しい法規範や法解釈を適用し，国民が納得できる判断をさすことは明らかである。そして，紛争の実態を正しく捉えるということは，法的紛争の前提となっている事実関係を正しく理解するということであり，結局，正確な事実認定の成否に帰着する。そして，事実認定は証拠に基づいてなされるものであるから，信頼性の高い証拠が揃えばよいということになる。

　また，民事裁判は時間がかかるといわれ，たびたび迅速化の方策が検討されるが，なぜ，民事裁判には時間がかかるのであろうか。その原因は明らかである。法的判断の前提となるべき紛争の実態が，すなわち，紛争の当事者間で起きたはずの事実関係が，なかなか明らかにならないからである。実際の民事裁判では，事実関係そのものについて当事者双方の言い分が食い違い，十分な証拠も揃っておらず，むしろ，裁判が始まってからようやく本格的な証拠収集がスタートするといっても過言ではない。

　このように，民事裁判では，当事者（代理人）にとっても裁判官にとっても，信頼性の高い証拠が必ずしも十分に揃っていないことが最大の問題である（注：刑事裁判では，一方の当事者である被告人に無罪の推定があり，もう一方の当事者である検察官が全面的な立証責任を負っていて，強制捜査権を行使して証拠を固めてから起訴し，裁判で使用される予定の証拠は事前に被告人側にも開示されるので，審理が始まるまでに時間はかかるものの，スタートすればそう時間はかからないのが普通である。）。結局，適正かつ妥当な裁判を迅速に実現するためのポイントは，信頼性の高い証拠を速やかに揃えて事実認定の正確性を高めることに尽きる。しかも，実際の民事裁判では，証拠としてまず「書証」が提出されるのが一般的であり，その証拠価値が極めて高いことは経験則上明らかであるから，「書証」の意義や読み解くノウハウなどを理解しておくことは，民事裁判の基本であるとともに，永遠の課題なのである。そのような意味で，この事実認定の研究会が，最初のテーマとして「書証を読み解く」という問題を取り上げたのは，当然のことである。

2 「書証を読み解く」ための基礎知識

　この研究会は,「事実認定と立証活動」という極めて実務的なテーマであり,読者は,既に一定の実務経験などを経て,事実認定について一喜一憂したり,考えた経験があり,その材料となる「書証」や「人証」などに関しても一応の基礎的な知識を習得済みであるという前提で議論がなされている。しかし,事実認定は実務家だけのものではない。現に,ロースクールの学生から,「基礎的な事項についてもどこかで一言触れておいてもらえれば読みやすい」というお話をお聞きした。確かに,この第1章でも「書証」の意義などについては何も触れずに,いきなり実務的な用法を前提として議論が進んでいる。そこで,遅ればせながら,「書証を読み解く」を読むために知っておくべき基礎的知識のうち,次の2点について簡単に説明しておこう。

(1) 厳密な意味での「書証」とは何か

　まず,「書証」という用語の意味である。民事訴訟法で「書証」という用語が出てくるのは219条である。「書証の申出は,文書を提出し,又は文書の所持者にその提出を命ずることを申し立ててしなければならない。」と規定されている。この条文を読めば,民事訴訟法では,「書証」と「文書」とは別のものとして使い分けられていることは明らかであるが,何を言っているのかは分かりにくい。そこで,この219条は,民事訴訟法の第二編「第一審の訴訟手続」の中の第四章「証拠」の中に規定されているから,この第四章「証拠」の中に規定されている他のものと比較してみると,第一節「総則」（第179条以下）,第二節「証人尋問」（第190条以下）,第三節「当事者尋問」（第207条以下）,第四節「鑑定」（第212条以下）,第五節「書証」（第219条以下）,第六節「検証」（第232条以下）,第七節「証拠保全」（第234条以下）などの規定が置かれていることが分かる。つまり,この219条以下の「書証」というのは,「証人尋問」,「当事者尋問」,「鑑定」,「検証」と同列の扱いであり,「証拠調べ」を意味する言葉なのである。厳密にいえば,「書証」というのは,「文書」そのものを意味するわけではないことが分かるであろう。

　ちなみに,「文書」とは,文字や記号などによって作成した者の意思や認識や判断や思想などが表現されている有形物を指すものであり,一般的には紙に

第1章 書証を読み解く

書かれているのが普通であるが，布や板に書かれたものであっても，文字や記号などによって作成者の意思や認識や判断や思想などが表現されていれば，民事訴訟法上は「文書」ということになる。これに対して，紙に書かれていても，数字だけが記載されている番号札などは，作成者の思想が表現されているとはいえないから，民事訴訟法上の「文書」には当たらない。いずれにしても，このような「文書」に記載されている意味内容等を裁判の資料とするため，裁判官がその「文書」を閲読すること，すなわち「文書の証拠調べ」そのものを指す言葉が「書証」という用語なのである。

もっとも，実務的には，「書証」という方法での証拠調べの対象である「文書」そのものを「書証」と呼ぶことも少なくない。すなわち，証拠調べの対象となる有形物（証拠方法）のうち，「文書」として提出されたものを略して「書証」と呼ぶのがむしろ普通である。この研究会でも，実務慣行に従って，「文書として提出された証拠方法」の意味で「書証」と言っているのが大部分である。この第1章の研究会の中では，馬橋さんが，「書類から書証へ」という問題を取り上げているが，様々な「書類」の中から裁判所に提出するものを選び出し，これを「文書」として提出して，その取調べを求めることになる。そして，その文書という「証拠方法」を取り調べることが「書証」なのである。そして，取り調べた結果得られた内容が「証拠資料」であり，さらに，その中で事実認定に使われたものを「証拠原因」と呼んでいる（たとえば，伊藤眞『民事訴訟法〔第3版3訂版〕』299頁以下など）。

(2) **書証の種類**

次に，「文書」は，その作成者や記載事項，作成目的等に応じていくつかの種類に分けて理解されるのが通常であり，一般的には，①私文書・公文書，②処分証書・報告文書，③原本・正本・副本・謄本・抄本などに分類されるが，ここでは，事実認定の実務を理解するのにどうしても必要なものとして，処分証書と報告文書との違いについて説明しておこう。

ア　まず，「処分証書」というのは，意思表示などの法律行為がなされたことを示している文書であり，「売買契約書」や「金銭消費貸借契約書」などの各種の契約書はもとより，遺言書，契約の解除通知書などがこれに該当する

(「辞令」などの公文書も含まれる。)。この研究会でも議論されているように，売買契約書などには売買の意思表示をしたことが，つまり，その文書の作成者が一定の法律行為を行ったことが，直接表示されているので，裁判所は，これによって売買契約の成立などの主要事実を直接認定することができるようになるから，処分証書は極めて重要な証拠なのである。もっとも，処分証書といえども，その作成者とされている者の意思に基づいて作成されたものでなければ，そこに記載されている法律行為の内容が作成者の意思を表現したものとはいえない。そこで，民事訴訟法228条1項は，「文書は，その成立が真正であることを証明しなければならない。」と定めている。

　イ　これに対して，「報告文書」というのは，手紙やメモ，日記や帳簿，受領証や領収書など，作成したとされる者の見聞きしたことや感想や判断や記憶などが記載されている文書で，契約書など法律行為の内容そのものを記載したものではないものである。法律行為に限らず経験したことの感想やメモにすぎないから，証拠としての証明力は処分証書より落ちると説明され，理解されている。つまり，処分証書と報告文書との理論上の違いで最も重要なものは，証明力の違いである。

　しかしながら，実務的には，処分証書である契約書が紛失していることも少なくないから，日記など報告文書の記載内容が重要な間接証拠として訴訟の勝敗を分けることもあり，一概に証拠としての証明力が低いというわけではない。ケース・バイ・ケースで，事案によるということになる。ただ，契約書などの処分証書は当事者双方が1通ずつ所持しているのが通常であり，一方的にその内容を変更するのは難しいものであるから，一般的に良質の証拠であることが多い。これに対して，日記などの報告文書は，通常，当事者のどちらかが一方的に自分の考え方や感想や記憶などを記載したものであるから，不正確であったり記憶違いがあることも少なくない上，訴訟になったりすると，後で内容を書き変えたりすることも絶無ではないので，注意を要する。この研究会では，それらに関する様々なエピソードが随所に示されているので，詳しくは，そちらをお読みいただきたい。

第1章　書証を読み解く

3　「書証を読み解く」の概要

　さて，第1章の「書証を読み解く」の概要を簡単に紹介しておこう。この「書証を読み解く」では，まず，研究会の大きな特色が3つほど説明されている。第一の特色は，事実認定が争点整理あるいは立証活動と相互に関連するものであることを十分に意識して，裁判官と弁護士との対話によって議論を深めようとしていることである。第二の特色は，これまで裁判官の中で一子相伝的に受け継がれてきた事実認定の手法における暗黙知を，意識的に，形式知に組み換えることによって，事実認定の手法についてのコンセンサスを形成していこうとしていることである。そして，第三の特色は，第一，第二の方法等によって明らかなったところを公刊することで，研究者との対話のベースを提供するとともに，ロースクールでの実務家養成教育にも役立ててもらおうということである。これに続いて，「事実認定における書証の重要性」について一般的な説明があり，さらに，「争点整理」における書証の役割や裁判官の仮説の持ち方などについても議論がなされた後，代理人の立証活動における「書証」の意味や提出の実情について忌憚のない意見が交換されている。もちろん，今回の目玉は，何といっても，「書証を読み解く」ために有益な約20ものエピソードの数々である。その多くは，書証として怪しいものをいかにして見破るかという点に関するものであるが，逆に，一見して怪しそうでも本当は真正な文書であった例なども取り上げられており，一方的なメッセージだけにならないようにバランスが図られている。第一回の研究会であり，エピソードの内容も，実務家であれば，「あー，あるある」と納得していただけるような基本的なものが少なくないが，暗黙知を形式知に組み換える試みの一つとして理解していただければ幸いである。そして，それらのエピソードをふまえた上で，書証の信用性判断のポイントなどのノウハウも明らかにされ，手法としての普遍性を意識した議論がなされているのも特徴の一つである。そして，文書の成立の真正と，いわゆる二段の推定の問題について再検討した上，最後に，書証に関して押さえておくべき判例・文献を整理して，「書証を読み解く」を終了している。

4 二段の推定の限界

ところで，文書の成立に関する二段の推定については，本研究会の後，司法研修所から『民事訴訟における事実認定』（司法研究報告書59巻1号）が刊行され，詳細な検討がなされている。また，これを一つの契機として，いわゆる「署名代理」のケースについて二段の推定を積極的に利用できるのではないかとする論考（例えば，川添利賢「書証のスキルとマインド」判タ1276号38頁）も公表されている。しかし，上記の司法研究報告書の末尾で紹介されている各高裁のベテラン裁判官のインタビューでも，二段の推定を積極的に利用することには疑問が示されているし，本研究会参加者の認識もほぼ同様である（須藤典明「文書成立の申請の推定」『[判例から学ぶ］民事事実認定』56頁）。

ちなみに，読者の便宜のため，簡単に整理しておくと，作成者として「A」と記載されA名義の印影が押捺されている文書は，次のように分けることができる。

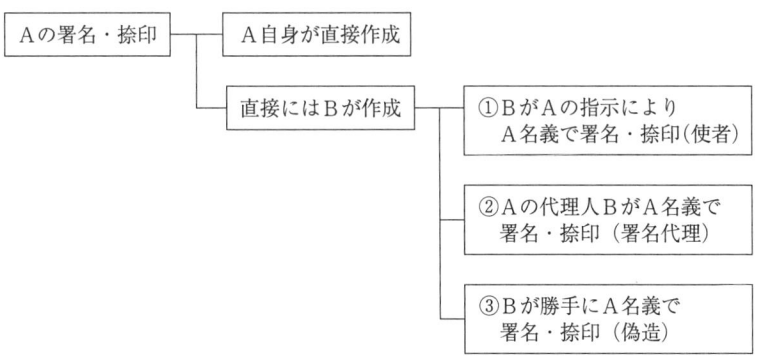

このように整理すると，何の問題もないように思えるかもしれないが，実務的には，①の使者か，②の署名代理か，③の偽造かの区別が簡単ではないのである。「使者」や「署名代理」といえるかどうか，つまり，署名した者Bが本当にAから指示されたり，代理権を与えられていたか否かが最大の争点なのであって，「使者」や「代理人」であることが明らかであれば，「A代理人B」と署名しようと，「A」と署名しようと，実務的に問題はないのである。もちろん，

第1章　書証を読み解く

　Aの印鑑による印影が顕出されていれば，Aの意思に基づいて押捺されたものと推定されるが（最判昭和39年5月12日民集18巻4号597頁），事実上の推定にとどまり，しかも，Bによって押捺された場合に，AがBに対して代理権を与えたことまで推定されるわけではない。代理権の授与を推定することができるのは，「特定の取引行為に関連して印鑑」を交付した場合（最判昭和44年10月17日判タ573号56頁）や，土地売買の仲介者に示すものであることを知りながら白紙委任状を作成して交付した場合（最判平成5年9月7日判時1508号20頁）や，銀行からの資金繰りを含むすべての経理処理を任せていた場合（最判平成11年7月13日判時1708号41頁）などであって，印影が本人の印鑑によって顕出されているというだけで代理権の存在まで推定しているわけではなく，印鑑の交付など付加的な事実が認められて初めて代理権の授与が推定されるのである。

　実際の訴訟における審理の在り方としては，A名義の署名と印影が顕出されている文書であっても，Aが直接作成した文書でなければ，①の使者か，②の署名代理か，③の偽造かを区別するため，誰がどのような権限に基づいて署名し印影を顕出させたのかを明らかにするよう求め，その過程で真実が明らかになってくる。簡単に二段の推定や証明責任を働かせるのは，事実認定の放棄であり，真実に基づく裁判を否定するようなものである。それにもかかわらず，司法研究や川添論文などが，実務的には異説と思われる井上泰人論文（「文書の真正な成立と署名代理形式で作成された処分証書の取扱いに関する一試論」判タ939号25頁）を実務の実情であるかのように論じているのは疑問がある。二段の推定のうち，Aの印鑑による印影が顕出されていれば，Aの意思に基づいて押捺されたものと推定するとの部分（第一段目の推定）は，事実上の推定であり，しかも，強い推定ではない。また，本人が直接行為をした場合と，使者や代理による場合とでは，法律効果を認めるために必要な要件事実も異なるのに，なぜ，これらの点を無視して代理権の授与まで推定できるというのか，十分な説明が必要であろう。

5 おわりに

　いずれにしても，この研究会は，民事事実認定の諸問題を一定の知識体系として明らかにし，それを裁判官も弁護士も，民事裁判という実務の中で実践して，その結果を再びフィードバックしていくことが予定されている。本書の読者も，単なる読者でとどまることは許されない。一人一人がここで明らかにされている事実認定の手法やノウハウなどを実践し，これを乗り越え，より普遍性のある事実認定の手法にまで高めていただくことが，私たちの願いであり，喜びなのである。

1 はじめに

○**加藤** 研究会『事実認定と立証活動』の第1章は,「書証を読み解く」をテーマにします。

●研究会の目的

　法律実務家が民事関係実務を行う場合,裁判活動においても裁判外活動においても,一定の事象について,自分はどのようなプロセスを経て事実として認識すべきか,あるいは訴訟手続において裁判官によって事実がいかに認定されるかについては常に頭に置いておく必要がある事柄です。この研究会は,座談会の形式で事実認定と立証活動を正面からテーマにし,この課題を明らかにすることを目的とします。先行研究はありますが,それらとの対比で特色を幾つか出していきたいと考えています。

　第1は,これまでの民事事実認定論は事実認定そのものの作用に着目したものが多いわけですが,当然のことながら,事実認定は争点整理あるいは立証活動と相互に関連する関係にあります。このことは裁判官と弁護士との対話の必要性を意味します。本研究会はこれを具体化するという形をとりたいと思います。

　第2に,裁判官にとって,事実認定手法は,裁判官として任官したばかりの若手から退官するまで一生の仕事の中で,そのスキルアップを目指していくことが目標になります。そして,事実認定手法がどのようなものかについては,左陪席裁判官として裁判長や右陪席から教えられていくという形で一子相伝的に伝えられてきたわけです。これは大切なことですが,いまや,それだけでなく,事実認定手法における暗黙知を形式知に意識的に組み替えていくこと,それを通じて事実認定手法についてのコンセンサスを形成していくことが必要な時代になってきているように思います。本研究会はそうしたコンセンサス形成の契機になることを目指したいと思います。それによって,裁判官の基本的スキルの伝承に役立たせたいと考えています。

　第3に,法科大学院が軌道に乗ってきています。司法修習の期間も短くなる中で,実務家養成教育のコアとなる事実認定をきちんと勉強してもらわなけれ

ばいけません。そうなりますと，実務家だけでなくて研究者の方々も事実認定に対する関心あるいは研究意欲を高めていただくことが必要ではないかと思います。そうした意味で，本研究会は研究者と実務家との対話のベースになるものとしています。

　長くなりましたが，このような目的をもち，4名をコアメンバーとして幾つかのテーマで議論をしていきたいと思います。

　一言ずつ自己紹介をお願いします。

○**馬橋**　私は昭和51年から弁護士をやっております。当初，東京におりまして，その後は埼玉で開業しております。平成6年から9年までの間，ちょうど司法研修所が和光に移った時ですけれども，民事弁護の教官を3年務めました。その後平成10年に設立されました財団法人日弁連法務研究財団の運営に参加しました。ここでは弁護士のみならず，司法書士，弁理士，それに企業法務マンなど約4,000名の会員が実務的な問題を研究しております。

　法務研究財団の研究では，訴訟という場面における実務家の役割について，例えば相談・面接はどうあるべきか，あるいは尋問技術はどうあるべきか，ということを体系的に研究し，またその成果を発表するということを行ってきました。書証というテーマは，当財団でも全くというかほとんど触れたことのない部分ですので，これについてもどう体系的に考えることができるのかを学んでいけたらと考えています。

○**須藤**　東京地裁の須藤です。昭和55年に裁判官に任官しました。これまでほとんど民事事件を担当しており，通常事件のほか，労働事件，執行事件，破産事件，保全事件などを経験しております。また，国の代理人として国家賠償事件や行政事件の代理人をした経験もあります。そのほか平成7年から平成11年まで司法研修所で民事裁判担当の教官をしておりました。この時の教官としての経験は，自分自身がまだよく分かっていないことを自覚させられまして，大変，勉強になりました。その後，東京地裁に戻り，保全部を経た後，通常部と労働部で裁判長をしまして，平成17年の1月から，今度は，司法研修所の第一部の教官になり，裁判官の研修を担当しました。東京地裁に戻り，現在に至っております。

　この研究会は「事実認定と立証活動」をテーマとしていますが，事実認定は

裁判官にとって本質的な使命でありまして，適正かつ妥当な判断がなされなければ国民の納得を得ることはできません。もちろん，そのためには，前提となる事実認定がしっかりしていなければなりません。その意味で，まさに裁判の命に関わる大変重要なものだと考えております。ただ，この事実認定というものは，理屈の勉強と違って，どうしても経験がものをいうところがあるのではないかと思います。先ほど加藤さんからも，裁判官は先輩から一子相伝的に教えられるという話がありましたけれども，事実認定のポイントやノウ・ハウが上手く伝わっていくことが非常に大事だと思います。ところが，民事事件における事実認定の問題については，刑事事件の場合と異なって，これまで本格的な実務研究はほとんどなされておりませんでしたが，現在，いわゆる司法研究の一環として，「民事訴訟における事実認定」について実務研究がなされているところです。

　そのような意味でも，「事実認定と立証活動」研究会は大変時機を得たものですし，個人的にも大変興味をもっておりますので，勉強させていただこうと思っております。よろしくお願いいたします。

○加藤　司法研究は，刑事の事実認定に関してのものは幾つかありましたが，民事関係のものは，古くは別として，最近はあまりなかったのですね。

○須藤　そうですね。民事訴訟における裁判官の事実認定は，提出される証拠方法にほとんど制限がなく，刑事事件の場合に比べて，裁判官には実に広い自由心証が認められていて，あまりにも幅が広く，研究するといってもどこから手をつけたらいいのか大変難しいわけですが，現在，東京地裁（現函館地家裁所長）の瀧澤泉判事，（現東京地裁八王子支部）飯塚宏判事，大阪地裁の小久保孝雄部長，名古屋高裁（現最高裁事務総局民事局第一課長）の手嶋あさみ判事，司法研修所（現東京地裁）の村上正敏教官という5人の民事裁判のベテラン判事に研究していただいており，その成果も近く発表される運びになっておりまして，実務家にはもちろん，研究者に対しても大きなインパクトを与えるのではないかと思っています（その後，司法研修所から『民事訴訟における事実認定』〔司法研究報告書59輯1号〕が刊行されている。）。

○村田　東京地裁の村田です。昭和59年に東京地裁の判事補として任官いたしまして，その後，小倉，東京，大分，京都などでの勤務を経て，平成10年

から東京地方裁判所民事部で執務しておりました。その時にも司法修習生の指導官補佐として司法修習生のお世話などをしていたのですが，平成13年からは，司法研修所の民裁教官として司法研修所で司法修習生の指導に当たるという仕事に就きました。司法研修所では司法修習生に対する事実認定と要件事実等に関する指導などを担当しておりましたが，やはり事実認定論は奥が深くてなかなか難しいなという感想を抱いておりました。司法研修所教官をしているうちに，新たな法曹養成システムとして法科大学院制度が創設され，平成16年4月からは，早稲田大学大学院法務研究科（いわゆる法科大学院，ロースクール）に派遣され，客員教授として事実認定論などをもその内容とする「民事訴訟実務の基礎」と「民事法総合Ⅲ」という科目を担当しておりました。その後，平成17年7月に司法研修所から東京地方裁判所に戻りまして，東京地方裁判所で民事裁判を担当しながら，ロースクールで教鞭をとっておりました。

　事実認定については，これまでにも裁判官の諸先輩方がお書きになった優れた文献等が多数ありますが，なかなか極めるには難しい分野ですので，本研究会で勉強させていただきながら，これまでの自分自身の事実認定の在り方や手法などをも省みて，より良い事実認定，より的確な事実認定ができるよう，何かコツのようなものが会得できればと思っております。よろしくお願いいたします。

○**加藤**　自己紹介からも明らかなように，研究会のコアメンバーは，私も含めて，いずれも司法修習生を相手にする司法研修所教官の勤務経験があります。さらに馬橋さんは，法務研究財団常務理事として弁護士業務に関わる研究，研修について企画立案・運営をしておられます。また須藤さんは，裁判官の研修を担当しておられましたし，村田さんは，法科大学院で法科大学院の学生さんの教育を経験されました。それぞれのメンバーがこれまでの実務経験に加えて，教育に関わった場面での経験も織り込んでこの問題について切り込んでいきたいと思います。

2　書証と証明

○**加藤**　それでは本題に入ります。テーマは，「書証を読み解く」です。書証

の中でも，特に処分文書，処分証書といわれているものに焦点を当てていきます。

書証と証明の関係について押さえた上で進めます。まず，その書証の証拠調べが事実認定においてどのような位置付けをもっているか，書証は証明についてどのような意味をもつかといったところを簡単に押さえたいと思います。村田さん，お願いします。

●事実認定における心構え

○村田　それでは説明します。

まず，大前提として，誤りのない事実認定をするための心構えとして説かれていることについて触れておきたいと思います。一般的な事実認定の心構えとしては，当事者間に争いのない事実および客観的証拠によって確実に認定し得る事実から事件の大きな枠組みを把握し，その枠組みの中に個々の争点を位置付けた上で，これを踏まえて各争点についての証拠を吟味することが大切であるといわれております。つまり，事実認定としては事件の中で動かし難い核となる事実を幾つか見つけて，それらを有機的に繋いでいくとその中で重要な事実関係がいわば1つの仮説として構築されることになります。そして，その過程の中で当初の仮説では説明できない証拠や事実関係が動かし難いものとして出てきた場合には，その仮説を放棄して，新しい目で事実を見直して，また新たな仮説を構築することになると考えられております。

●事実認定における書証の位置付け

このことを前提として書証を見るわけですが，本題の書証の証拠調べにおける位置付けという問題に入る前に，争点整理手続における書証の位置付けを明らかにしておくのがよいと思います。

まず，現在の争点整理手続では，当事者双方の主張を突き合わせてどこに争いがあるか，どこに争いがないかということだけではなくて，書証の有無，特に契約書等の処分証書の有無についても検討を行います。争点整理手続においては，関係書証の存否の確認から審理が始まっていくというのが実際であろうと思います。例えば，契約に基づく請求の場合に契約書があると，争点整理の中心は，成立の真正の問題あるいは信用性の問題に入っていくことになりますし，他方，契約に基づく請求の場合でありながら契約書がないということにな

りますと，なぜ契約書がないのかが問題となり，契約書がない理由や，契約書がないことを前提としても契約が成立したものと認めるべき間接事実があるかどうかということがポイントになってきます。このように，契約書などの処分証書の有無によって，争点整理手続の在り方や審理のポイントが大きく異なってくることになります。

　そうしますと，書証というのは事実認定におけるのと同様に，争点整理手続においても，争点の明確化のために，あるいは争点を整理するために極めて重要な地位を占めていると考えられます。これを踏まえて，次に人証調べをするわけですけれども，その際には，まず契約書がある場合には契約書の成立とその信用性が中心的な攻撃防御の対象ということになりますし，契約書の処分証書がない場合には陳述書を含めた報告文書によって，原告と被告どちらの言い分が正しいか，あるいはどちらのストーリー展開が自然かつ合理的であるかについて判断の前提となる事実を固めていくことになります。このように，契約書などの処分証書がない事案の場合には，報告文書の書証によって動かし難い核となる幾つかの間接事実群を形成し，それを前提として人証について信用性の判断をしていくことになります。

　一般に，人証と書証は信用性のレベルでは同等であるといわれていますが，実際に事件を担当する民事裁判官の意識としては，審理は書証を中心として動き，人証はその説明をするか，あるいは書証を補充するためのものという位置付けにとどまるのではないかと思います。民事裁判では，争いのない事実とともに，書証を攻撃防御の中心的な対象・存在として審理が行われているように思います。それが処分証書である場合にはその成立の真正と内容の信用性が，処分証書がない場合には主要事実の存在を基礎付ける間接事実・証拠の存否が攻撃防御の対象となります。また，人証の信用性を判断する際にも，書証の内容等との対比により信用性が判断されるという意味で，書証が攻撃防御の中心となります。いずれの場合にあっても，書証が決め手となる事件が多いように思います。このような民事裁判官の意識は，人証は，宣誓の上で行われるとはいえ，訴訟提起後でもあり，利害関係が絡むことなどから全面的には信用することができないのに対し，書証は，陳述書などを除き，過去に事件を離れて記載されたものであり，作成当時の状況をそのまま反映しているものであって，

作成者の作為が加えられている可能性が少ないのが通常であるから信用できると考えられていることに由来するものであろうと思われます。

○**加藤** 書証は,「書かれた状態にある」もので,どの時点で書かれたかということにもよりますが,記された情報は固定されています。これに対して,人証は,尋問されたときにどんなことを言うかは固定されていない。ここが違うということから,審理においては書証が中心になって,それが意味するところの情報から動かし難い事実を押さえた上で,他の証拠などを見ていくことになる構造であるということですね。

そうした構造を頭に置いて,立証活動を構築していく弁護士の立場から書証をどのように使うのかについて,馬橋さんにお願いします。

●書類から書証へ

○**馬橋** 実際の訴訟の過程では,どの書証をどう使うのかという問題が一番大事なことです。弁護士としては,まず訴訟があるわけではなくて,その前に法律相談があったり,訴えの提起の準備をする,あるいは訴えられた被告の相談を受け代理人となる作業があるわけですね。そこではいろいろな書類が持ってこられることになりまして,まず,この段階でこの書類は信用できるか否かを吟味しなければならない。それに基づいて訴状なり答弁書を構成することになります。裁判所の手続に入ってしまえばまず書証ありきでしょうが,私どもの作業の中ではやはり将来書証となるようなもの,書証に値するものはどれなのか,それを吟味しながら自分の主張を構築していく作業がまず最初にあるというのが特色ではないかと思います。

これは口で言うのは簡単ですが,実は我々が相談を受けた段階ではなかなか処分証書も見つからない,処分証書に近いような重要な書類も見つからない,あるいはそもそもそういう書類があっても紛争になり裁判にまでなったわけですから,書類の選択と吟味を,最初に依頼者と会った時点からやっていくのが,弁護士としての最初の書証との出会いということになると思います。

○**加藤** まさに依頼者あっての弁護士であることが基本なのですね。依頼者の持ち込む案件があっての弁護活動ですから,書証についていえば,その文書をそれ自体単体のものとして見るのではなく,弁護士は依頼者が述べていること等の流れの中で文書の意味合いを位置付け,それを一定のスタンスでチェック

をしていくというところからスタートするわけですね。

　須藤さん，お二人のお話を聞いて補足していただくことはありますか。

●裁判所の考える仮説とは

○**須藤**　まず，村田さんのお話の中で，動かし難い証拠で仮説を組み立てて，それを検証していく過程が事実認定の中で大変重要だという指摘がありましたが，実務では，そのような仮説をどのようなものとして考えるか自体が大きな問題だと思います。原告が一定のストーリーを組み立てて主張し，被告も一定のストーリーを組み立てて主張するわけですが，これまでの経験では，どちらかのストーリーが一方的に正しいというわけではなく，実際には，それぞれのストーリーから少しずつはずれたところで事実を認定することが少なくないわけですね。そこで，裁判官としては，当事者双方の主張したストーリーを読み，提出されている書証などを照らし合わせて検討して，その修正版とでもいうべき第三のストーリーについてもある程度考えながら，どのような事実認定が最も矛盾がなく，適正なのだろうかと考えることも少なくないわけですね。そういった意味で，裁判官の考える仮説というのは，必ずしも原告の提示するストーリー，被告の提示するストーリーに限らないというところにひとつ特色があるのかなと思います。裁判官は1年に何百件も訴訟事件を取り扱っており，訴訟事件では弁護士さんと比較にならないほど多くの経験をしており，そのような経験の積重ねの中から，主張されたストーリーとの関係で，一定の書証が出たり，出なかったりすることで，その事件の背景にある様々な事情についてある程度まで思い当たるところがあるわけです。

●書証を踏まえた争点整理

　次に，書証を踏まえた争点整理の際に，簡単な事件であれば，書証にざっと目を通せば事件のイメージが描けて，どういう審理や立証や判断になっていくのかの見通しが立てられます。しかし，複雑な事件ですと，書証が膨大で錯綜していますから，ちょっと書証を見ただけでは，どこが争点で，どのような審理になるのかイメージが浮かびにくいですね。裁判官としては，争点整理の際に代理人や本人から一定のきちんとした説明がされないと，事件のイメージを描くことができませんから，審理方針を見誤ったり，途中で審理が混乱して上手くいかないということになるのではないかと思います。その意味で，代理人

第1章　書証を読み解く

が早期に本人や関係者などとしっかり打合せをして，きちんと事件を把握して，裁判所に適切な主張と説明をすることが大切ではないかと思いました。

●書証の発掘——国の代理人としての経験

　もう1点，馬橋さんから，なかなか書証が見つからないというお話がありましたが，私も国の代理人をしていて同じような経験があるわけです。国の事件ですので，一般的には能力の高いまともな人が，まともな説明をしてくれるわけですが，実際には非常に分かりにくいことが多いのですね。

　裁判官であれば，主張が分かりにくいときは書証を読んで事案を理解することになると思いますが，代理人の立場では，書証は当然のようにそこにあるものではなくて，代理人が，つまり国であれば訟務検事が見つけだすものだということを，強く感じた経験があります。当事者との相談や打合せの際に，「こういう書類はないのか，こういう書類があるなら，反対のこういう書類もあるのではないか，この書類はいったいどういう意味をもつのか，相手方の反論に耐えられるものかどうか」など，馬橋さんがいわれたように，様々な角度からディスカッションをして，書証として使えそうな書類と使えそうではないものとにまず振り分けて，それを今度は，事情を知らない裁判官にどうやって提示していくかを考えるのですね。当事者サイドとしては，とにかく分かりやすく提示しないことには上手くいきませんし，当事者の主張立証活動として十分なものとはいえません。この段階で本人と代理人との間でしっかり打合せができているかどうかが，最初の勝負の分かれ目ではないかと思います。当事者サイドは，裁判官のように書証が出てきてからスタートするわけではないんですね。

　逆に裁判官はそこのところをある程度意識して書証の出方や主張の出方を考えてみると，実は事件を読み解きやすくなる可能性があるのではないかと思います。いわゆる弁論の全趣旨の問題になるわけですが，本来あるべき書証が早期に出ていないということは，弁護士が特に怠惰であるような場合を除けば，できれば提出したくない，もしくは，もう少し検討してから提出したいという何らかの事情があるのではないかと考えられますね。裁判官の立場からいうと，きちんと主張がされていて書証も出ていれば，それなりに理解できるはずで，主張を読んでよく理解できないとか，主張ばかりで書証が出ていないと

いうことになると，ひとまず，分からないところや，書証が出ていないところに問題があるのではないかと考えますね。そして，その分からないところや，書証が提出されていないところを中心に整理していけば，当面の問題点がほぐれてくる。そして，これからの見通しというものがつかみやすくなり，審理計画も立てやすくなるわけですね。そんなことを考えながら聞いておりました。

●裁判官の真相の迫り方

○**加藤**　須藤さんの話の中で，原告の主張，被告の主張をそれぞれどちらの主張が証拠に裏付けられ，軍配があげられるかというだけではなく，裁判官としても第三のストーリーを頭に置くという指摘がありました。弁論主義との関係では当事者が設定した主張，反論で審判の土俵が設定されるわけですが，そのことと裁判官として第三のストーリーを頭に置きながら主張や証拠を見ていくこととの関係はどうなりますか。

●裁判所によるストーリー提示の意味と時期

○**須藤**　これは，心証を，いつ，どこまで開示していくかという問題と繋がってくるのですが，審理のごく早い段階で原告の主張しているストーリー，もしくは被告の主張しているストーリーに対する，裁判所の第三のストーリーを提示しますと，どうしても当事者がそれに合わせてさらに別な主張をしてくるという姿勢になってしまうことが多いんですね。ですから，審理の早い段階ではあまり裁判所の考えているストーリーはいわない方がいいのではないか，少なくとも争点整理が1，2回動くまでは双方の主張の出方を見て，自分の思っているストーリーは頭にとどめておき，一定程度出た時点で，この辺りはちょっと疑問ではないかなどと，少しずつ釈明や，心証の開示という形で明らかにしていくことによって，効果的に争点整理ができ，それに合わせて当事者双方のストーリーも少しずつ変わってくるのですね。

　しばらく前になりますが，故井上治典先生から民事訴訟における「第三の波」ということで，訴訟は審理の過程で動いていくものという指摘がされましたが，実際の審理では，それと近いような実態がある場合もあるのではないかと思います。なされた事実はもともと1つであっても，当事者双方の受け止め方に違いがあったりして，必ずしもピッタリ一致しているわけではないことが少なくありませんから，審理の過程では，当事者主義の要請を踏まえつつ，そ

ういった第三のストーリーの可能性をも意識して，上手く差配していくというのが実際の裁判官の仕事としては重要なのではないかと考えています。
○加藤　「争点が動いていく」というと，まさしく第三の波説の言い方になりますが，須藤さんの指摘は，争点整理，事実認定のプロセスは動態的であり，したがって静態的に当事者の主張のいずれが証拠に裏付けられるかを判定して，旗をあげるだけではなく，裁判官としても洞察力を駆使して真相に迫るというプロセスであるということですね。
○須藤　そのとおりですね。
○加藤　もう1点，当事者との関係では書証はそこにあらかじめあるというものではなく，見つけだすものだというご指摘がありました。これは，まさしく訴訟代理人としていかに立証していくか，立証活動の中で書証をどのように使っていくかという話になります。

3　弁護士の立証活動と書証

○加藤　そこでその問題に移ります。馬橋さん，弁護士は書証を提出する場合，裁判官の事実認定がどうされるかについては，どのように意識されるものでしょうか。

●訴訟の流れの中での書証

○馬橋　私自身でいえば以前は裁判官の事実認定手法に対する理解そのものが，そうできていないところがあったと思うんです。また，現在の弁護士が裁判官の事実認定手法を十分理解しているのかというと，多少疑問があります。ただ，私どもは幸いにして司法研修所の民事弁護教官になりますと，裁判官と一緒に模擬裁判を指導したり，いろんな講義や議論を一緒にします。そういう中で裁判官の認定についてそれほど意外性はないんですけれども，やはりこうだったんだなというものを確認する機会が多々ありまして，そういう経験を経てきますと，やはりそれ以前とそれを身をもって経験した後と前とでは，書証というものなり立証活動についての認識が多少違ってくる面があるなと自分でも感じます。

　訴訟代理人としてはこれだけの書証で十分だという思いで提出していくわ

けですが，先ほど弁論準備手続の話がございましたが，その中で主張についての釈明だけではなくて，よく「こういう証拠はないんですか」とか，「こんな書類はないんですか」と，特に行政事件等では役所側に対してそういう釈明といいますか，裁判官から聞かれることもあります。こんなときは，私どもは裁判官の事実認定と自分の立証がずれていたんだなと気が付くことになります。だから，自分としてはそれなりに，お互い争点についての認識を共通にした立証をやっているつもりであっても，やはりどこかでずれが出てくる。それはあるいは先ほど須藤さんがおっしゃったような第三のストーリーの問題なのかもしれないのですけれども，時によっては，というか事件によっては，事実認定の手法を完全には理解できていなかったのではないかというのはありますね，すべてピタリと合うということは必ずしもないといえます。

○加藤　弁護士業務の中で相談を受けると，依頼者が書証として提出することになる文書を持ってきて，説明しますね。弁護士は文書を見，説明を受けて一定の認識を形成することになりますが，そうした形で事実を認識することと，訴訟で裁判官が書証から一定の事実認識を形成することは同じだという感じをおもちでしょうか，あるいはプロセスは似ているけれども，相手方の存在などから，裁判官の見方の方がより複眼的になるとお考えでしょうか。

○馬橋　両方の場合があると思います。事実認定についてある程度学んでまいりますと，そうずれは出てこないということですね。だから弁護士として大事な点はやはり裁判官の事実認定についてもいまいろんな書籍が出ていますから，それを学ぶことが立証活動を上手くする方法ではないかと思います。もちろん，弁論準備等を行ってもどうしてもずれが修復されない場合もあるわけで，それは必ずしも代理人に原因があるとも限りませんので，こんな時は代理人としては自らの立場で裁判官を説得する必要に迫られることもあると思います。

○加藤　弁護士が立証活動をどのような検討を経て，構築していくかについては，裁判官はあまりよく分かっていないところです。そこで，馬橋さんに対して，何か質問がありましたら。

●裁判官の事実認定と訴訟代理人の事実認定の違い

○村田　弁護士の立場，訴訟代理人の立場でも，例えば，最終準備書面等で，

第1章　書証を読み解く

証拠関係をまとめてみると，証拠評価はこうで，こういうストーリー展開ですよということを，これまでに取り調べた関係証拠をあげながら書いてもらう場合がありますので，その際には，訴訟代理人の立場から事実認定をしておられると思います。そうすると，その際の事実認定の手法と裁判所が行っている事実認定の手法とで違う面があるのでしょうか。つまり，弁護士側から見た事実認定と裁判所から見た事実認定ということの手法的な，あるいは内容的な違いはあるのでしょうか。

●代理人の目から見る書証

○**馬橋**　そうですね……。本来はないはずなんですけれども，代理人としての立場ですと客観的にものを見られない部分がある。やはり依頼者に有利にすべての証拠を見ていくというような点が出てきてしまいます。本来ですと，裁判官はこう見るだろうということを前提として，いや，そういう見方もあるかもしれないけれども，実はこの書証はこう見るべきなんだということまで気づけばよいと思うのですが，なかなかそこまでいかずに自分の主観的な部分が非常に強く出たもので事実を構成してしまうこともあります。本来，最終準備書面の段階までいったら少なくとも争点なり証拠の見方は共通化していなければいけないんですけれども，やはりそこのずれがまだ続いていることはあると思います。

　ですから，実は判決を受取ったときに，あっ，あの書証があんなに重要な意味をもっていたのか，こういう意味で捉えられるのか，と気付くこともないわけではないんですね。

○**加藤**　なるほど。とりあえず依頼者の言い分に沿ってその文書を理解するというのはそのとおりで問題ないでしょうね。その次に，訴訟の進行の過程において相手方が反論をし，別の見方が提示されると，そういう中で点検，チェックすることが必要になるだろうと思いますが，それは具体的にはどんな場面で，どのようにするのでしょうか。

○**馬橋**　そのずれの修正は最終準備書面を書くところでやるものではなくて，その訴訟の進行の流れの中で自分の考えていた構図とはずれてきたなとか，この書証の見方は違っているなというのは常に意識して立証活動もそれに合わせていくわけですから，やはりその流れの中をきちっと読めるかどうかだと思い

ます。
○**加藤** いまは弁論準備手続で，裁判官と当事者双方との間でかなり中身を議論しますから，ひと頃と違って闇夜に鉄砲を打つというようなことではなくなってきているということでしょうね。

●出したいが出せない書証

○**須藤** 1つ，馬橋さんにお聞きしたいのですが，弁護士として，出したいのだけれどもどうしても出せない証拠があったりするのでしょうか。
○**馬橋** ありますね。例えば音楽著作権の侵害差止めの仮処分事件などをやっていますと，「音楽を使用している主体が誰なのか」ということがよく問題になりまして，当方が侵害者だと特定した人が経営者でないという主張が出されることがあります。こちらとしては，事前にいろいろ調べているものがあるわけです。調べているのですから，そこの調査の記録をパッと出せればいいのですが，その記録中には例えばこの経営者はこんな点が性格的に問題だとか，相手方に見せると問題になるような部分，相手を多少傷つけているような部分などがあった場合は出せないときもありますね。それから書類のこの部分は有利でいいのだけれども，この部分は困るという部分もあります。代理人としては，その書類の有利な部分しか目が向かず，不利な部分に気付かず提出してしまう危険が常にあるわけです。
○**加藤** 「諸刃の剣」ということですね。
○**馬橋** 気が付かないでくれればいいのですけれども，相手の代理人は気付かなくてもやはり裁判官はよく気付かれますのでそこはやはり躊躇してしまうところがありますね。
○**須藤** そういうときにはどうされるんですか，何かそれに変わる書証などがあれば上手く展開できるのでしょうけれども。
○**馬橋** そうですね，上手い具合に領収書にハンコが押してあったのが当方が経営者と主張している経営者と同じものなどがあればよろしいのですが，ない場合はやはりその調査員を証人として争点に限って証言させることしかないのですが，それがダメですとほかの立証手段を探し求めて試行錯誤を繰り返すこともあります。だから裁判所にとっては何かそこがまどろっこしい，何かあるんじゃないかと疑われる。そして，さらには主張の正当性そのものが疑われて

しまうという危険性があるという怖さがありますね。
○須藤　いまの馬橋さんのご指摘は，弁護士の判断として出さない方がいいということで出さなかった場面ですが，例えば，当事者本人が，もし負けるようなことになっても，この証拠はどうしても出したくないと頑張って出さなかったというご経験などはあるのでしょうか。
○馬橋　それはあまりないのではないでしょうか。逆に本人が出したがっているのを私どもの方で相手に有利に使われることもあるので，「これは止めた方がいいよ」とか制限することはありますけれども，そもそもいまおっしゃったような本人が出したがらないものは私どもの方へ持ってきませんので，目に触れないんですね。「何かあるはずじゃないか，あるはずだ」といったときにやっと持ってくるということはあると思いますけれども。

●書証の提出時期と「後出し有利論」
○村田　書証については，提出自体はされるのですけれども，その時期が遅れる場合がありますね。須藤さんのお話にもありましたが，提出されるべきものが提出されない，あるいは遅れて提出されるということになると，それは，弁論の全趣旨として重要な事実だということになります。これとの関係では，昔から弁護士の間でいわれている「後出し有利論」というのがあります。証拠あるいは書証というのはできるだけ後出しをした方が裁判官の心証を有利に導くことができるということのようですが，「後出し有利論」というようなものは，現行民事訴訟法下における弁護士の訴訟戦略論・立証戦略論の中ではもう克服された議論だと考えていいのでしょうか。
○馬橋　弁護士の中で克服されているかどうかは何ともいえない部分もあります。ただ，裁判においてはそれが有利に働くということはないということは，いまはもう誰でも共通に認識していると思いますが……。

●書証の提出が遅れる理由
○村田　実際に事件を担当していますと，弁護士の中には，速やかに関係証拠を提出しますといいながら，弾劾証拠でもないのになかなか提出してくれない方もいるものですから，裁判官としては，「速やかに提出されないのはどうしてだろう，そこには何か提出できない理由があるのではないか」などと思ってしまうのです。そうしますと，そのような方々は，裁判官が一方当事者の立証

活動にそのような疑問というか，不審をもつ可能性があることを認識しながらも，あえて証拠は後に出した方が有利だと考えておられるのではないかと疑いたくなることもあります。裁判官としては，書証があるのであれば，できるだけ早期に提出して裁判官の心証をそちら側に印象付けてしまう方が有利であることは明らかではないかとも思うのですが，どうでしょうか。

●書証後出しの理由

○**馬橋** そこはよく分からないですね。私も，いま労働委員会の公益委員として裁く方の側もやっています。やはり書証が多い事件なのですが，最後の最後になって，なぜこんなものをいま頃出してくるのかというものが結構あります。そうしますと，いまおっしゃったような疑いを強くもつことがあります。そして，いままでやってきた立証活動についても疑いをもつことはあります。ただ，弁護士側から見ると，いまの時機になって遅れて出さざるを得ないというのは，訴訟戦略というよりはその準備ができないのではないのか，それは見つからないということもあると思います。私はむしろその方がいまの訴訟では多いのではないかと思いますね。また，いざ終結が近くなると不安になって依頼者と一緒に探し回るということもあるかもしれません。

○**加藤** 証拠を後出しをする場合の類型については，「準備不足型」が多いのでしょうが，弾劾証拠を隠し玉として持っている「戦術型」，証拠そのものが諸刃の剣で相手方に有利になってしまうということを懸念して躊躇している「諸刃の剣型」もあると分類したことがあります（加藤新太郎『手続裁量論』〔弘文堂，1996〕18頁）。これら以外にも，訴訟の最終段階にきて，これはやはり出した方がいいだろうと決断するケース（逡巡型・枯れ木も山の賑わい型）もあるのではないかと思いますが，いずれにしても，いまの民事訴訟実務を前提にしますと，最後に重要な隠し玉の書証をボンと出すよりも，早く提出して，その印象ないし心証で一気に勝負をつけることの方が一般的でもあるし，賢明であるということになるのではないでしょうか。

　ところで，書証関係の立証戦略において，原告訴訟代理人の場合と被告訴訟代理人の場合とで何か違いがありますか。

●依頼者による書証の選択の危険性

○**馬橋** 基本的にはそうはないと思いますね。顧問会社が，「こういう訴状が

第1章　書証を読み解く

来たんだけれども」と持参してくることがあります。これは被告の方ですけれども，そういうことから事件は始まるわけですね。で，そのときに私はどういうかというと，まず「関係書類を全部持ってきてください」といいます。それは依頼者の方で取捨選択してしまう可能性があるからです。この書類はどうせいらないだろうとか，関係ないだろうとか勝手に決め込んでしまいます。それは非常に危険なことなので，私どもは一般の個人にももちろんいいますけれども，会社関係でもなにしろ全部持ってきてほしいということを申し上げるようにしています。

というのは，先ほどおっしゃったように後出しが効果のない訴訟手続になって，早めに全部出して争点を明らかにして，というのがいまの民事訴訟法ですから，はっきりいって立証戦略そのものがもう事件を受けた時というか相談を受けた時に，始めていなければ間に合わないんですね。こういう形でこれは立証していこう，だから逆にいうとこういう訴状でいこう，それからこういう反証が可能だからこういう答弁書でいこうということが必要なので，私どもはなにしろ最初に全部関係書類を持ってこさせる，そしてそこからその事件にあったものを訴訟の進行を見ながら提出していくというのが戦略といえば戦略だと思いますね。

●書証が早期に提出されない場合――国の代理人としての経験
○須藤　1点だけいいでしょうか。これは，国の代理人をしていた時の経験で，もっぱら被告の立場からなのですが，やはり，まずはお手並み拝見ということで，原告側の主張・立証を見てからということがありましたね。もう20年近く前の話で，いまは違っているかもしれませんが，国の場合には，どうしてもほかの政策との関係とかいろいろ難しい問題があるわけですね。例えば，1つの書証の中に複数の事項が盛り込まれていて，訴訟に有利な事項がその中に一つとして載っていても，まだ公表されていない検討すべき政策課題などが一緒に載っていたりすれば，その文書は，やっぱり書証として提出するのは難しいということになり，相手が肉薄してくるまで様子を見てから出したいという気持ちが働くこともありましたね。

それから，国の場合には，訴訟になる頃には，事件が起きた当時の担当者は既に人事異動で代わっていたり，辞めていたりして，現在の担当者は事件の直

接の関係者ではないことが多いのですね。それなので，関係行政庁から担当者として出てくる人も，必ずしも事件をよく分かっているとは限らないので，まずは外形的な事実関係の理解に努めて，原告サイドがどこまでどういう主張をするのかを確認してから，詳しい調査に取りかかる，そして，関係者と本格的な打合せなどをした上で訴訟を進行していくことになるわけですね。効果的な争点整理をするためには，原告サイドも，裁判所も，そのような国側の構造的な問題を理解しておくことも有益だと思います。

●依頼者が個人と企業とで違うか

○加藤　それは，弁護士業務でいうと，依頼者が個人の場合と企業の場合とで何か違いがあるかという問題になるかと思いますが，その点はいかがですか。

○馬橋　そうですね，被告の場合，答弁書の段階で仮定抗弁の立証となるような書証を添付するということはほとんどないですね。出すとしてもいわゆる争いのない背景事情に関する書証と抗弁事由を直接立証するものは出しますが，いまおっしゃったような原告がどこまで認識して訴えを起こしてきているのかという点もみることはあると思うんですね。ただ，近頃はだんだん裁判所の釈明が厳しくなりまして，まして行政訴訟はそうなのかもしれませんけれども，条例や規則程度を提出していますと，原告があまり肉薄していなくても裁判所の方から，むしろこういう書類はないのかという指示を受けることがありますので，すべての書類を早期に点検し，事案が古いときは，最終的には証人の可能性もあるので，その当時の担当者がいまどこにいるかも調べておいてくれという指示はするようにしています。

○加藤　ということで，弁護士の立証活動あるいは立証戦略についての基本的なところをお伺いしました。

4　書証を読み解く——書証に関するエピソード

○加藤　それでは次に，これまでの皆さんの執務体験から「書証を読み解く」上で参考になる経験談をエピソードの形でお聞きしていきたいと思います。

　まず，書証が本物かどうかをきちんと見なければいけないという問題があろうかと思いますが，須藤さん，いかがでしょうか。

第 1 章　書証を読み解く

【エピソードⅠ-1-1】手帳にされた領収書代わりの署名

○**須藤**　幾つかエピソードを考えてみたのですが，面白そうなところを少し挙げますと，1 つは領収書代わりに出された手帳の記載，これが本物かどうか，そして，事件当時に本当に書かれたものかどうかが問題になったものがあります。1,000 万円の貸金返還請求事件で，貸付は当事者間に争いがありません。弁済の証拠として，領収書を持っていかなかったので，代わりに持っていた手帳に弁済受領の証拠として原告に署名してもらったということで，何年か前の手帳のコピーが提出されたわけです。しかし，貸主である原告が，「これは自分の署名ではない」と言うんですね。

　通常であれば，1,000 万円もの返還ですから，被告は弁済資金の調達が必要であり，原告も返済を受ければ銀行に預けたりするはずで，どちらからか，お金の動きを確認できるはずなのですが，実は，原告は日本に働きに来た日系ブラジル人で，預金口座はなく，稼いだ賃金などは知人に預けてブラジルに送金しており，他方，被告は，在日韓国人で韓国系の銀行から 600 万円程度の融資を受けていて，受け取った工事代金をプラスして返還したと言うのですが，はっきりしないわけです。そこで，手帳の署名が原告本人のものかどうかが大きな争点になってしまったわけですが，原告は，来日するまで日本語は全く書けず，日本に入国する際，自分の名前をカタカナで教えてもらって，やっとそれだけは書けるようになった程度で，非常に下手なんですね。入国の際に書いた署名や，賃金を受け取った際に書いた署名が幾つか残っているのですが，書くたびに違う字で，本人の字かどうか，まるで分からないのです。

　それで，念のために手帳そのものを持ってきてもらって確認をしたところ，手帳のその日以外のページには，何も記載されていないということが分かりました。「署名してもらう領収書を持っていかなかったので，日頃持ち歩いていた手帳に，受領の証拠のつもりで署名してもらった」と言うのが被告の言い分ですが，日常的にその手帳を使っていたのであれば，ほかのページにも何か記載がないのはおかしいのではないかと考えて，被告に確認したのですが，きちんとした説明がありませんでした。そして，返済資金もはっきりしませんでしたので，弁済の抗弁は立証なしということで，原告の請求を認めたのです。

　ただ，これには後日談がありまして，控訴されて高裁で争われたわけですが，

たまたま被告の代理人と会った時に，高裁では逆転で被告が勝ったと聞きました。理由までは聞きませんでしたが，事実認定がひっくり返ったことは間違いありません。余談になりますが，この事件にはもう1つ背景がありまして，原告が貸したお金というのは，実は一緒に日本に来て働いていた息子が仕事中に死亡したために支払われた保険金で，雇い主である原告が保険料を出していたので，保険金が支払われた時に貸してくれといって持っていったという事情があったのです。いろいろな意味で非常に印象に残る事件でした。

【エピソードⅠ-1-2】傷んでいない会計帳簿

　それから，もう1つ例を挙げますと，会計帳簿の記載が問題になった事件がありました。継続取引による残代金の支払請求事件で，代金の未払が残っている証拠として会計帳簿が提出されまして，その帳簿自体は確かに当時のものなのですが，原本を持ってきてもらって確認すると，全然傷んでいないんですね。皆さんもよくご承知と思いますけれども，本やノートなどを頻繁に開いて読んだり書き込んだりしていますと，そのノートや本の下の部分が少し黒ずんできたり，その紙も，開けば開くほど何となくゴワゴワした感じになって，使い込んでいるという感じになってくるんですね。当然この会計帳簿も，毎日のように売り掛けや支払の状況などを記録していたというのですから，やはりどこか傷んでいるはずなのですけれども，非常に綺麗なんですね。それで，おかしいのではありませんかということで，採用しなかったという経験があります。

○加藤　なるほど，書証の当該部分だけではなく，原本を確認し，しかも全体を見ることが大事だという教訓ですね。領収書代わりの手帳はそもそも領収書としての意味がなかったということですが，きちんとした書証があっても実体を反映していないケースもあるかと思います。村田さんいかがですか。

● 書証の信用性判断における注意事項

【エピソードⅠ-1-3】同族会社で作成された実体のない金銭消費貸借契約公正証書

○村田　私が経験したエピソードとしては，同族会社の経営権をめぐる紛争がきっかけで発生した事件があります。同族会社ですから親が子どもに経営を任せていたのですが，その経営に父親が不満をもって，子どもを無理に辞めさせたことから紛争が生じました。子どもが同族会社の代表者であったときに，その友人数名が会社の運転資金としてかなりの金額を貸したとして金銭消費貸借

契約公正証書が作成されていました。経営者である親の側では，「実は公正証書に記載されたような貸付などはなく，親を困らせるために借りたことにして公正証書を作ったのだ」と主張して，子どもの友人らを被告として公正証書の執行力の排除を求めて請求異議訴訟を提起しました。しかし，被告の側には，契約書もある，領収書もある，おまけに公正証書まであるということで，貸した友人たちに聞いてみても，「もちろん貸しました」といいますし，当の本人である子どもに聞いてみても，「もちろんお金は借りて会社のために費消しました」といいます。これだけをみると，公正証書や契約書等の記載内容には何ら問題がないのではないか，契約当事者双方がそういうのだからそうじゃないかという気もしたのですが，よくよく調べてみると，友人らが貸したというお金がどこから出てきたのかがよく分からず，貸した当人さえどこからお金を持ってきたのかということを合理的に説明することができないということになりました。友人らの預金通帳等を提出させて取り調べたりもしたのですが，そこにも裏付けとなるような記載はありませんでした。貸した友人らは「多額の箪笥預金をしており，そこから貸しました」などと言うのですが，その職歴あるいは他の資産状況等からしても，そんなにたくさんの箪笥預金をしているような人ではないように思われますし，またその借りたお金の使い道についても子どもはいろいろ説明し，弁解するのですけれども，結局はよく分からない，どうもはっきりしないということになりまして，金銭消費貸借契約公正証書等の記載内容の真実性には疑問があるとしてこれを採用せず，原告の請求を認めたという事件がありました。この事件は，契約書等の記載内容や関係当事者の供述などが全く一致していて矛盾や齟齬がないようにみえても，契約書等の作成経緯や，記載内容の合理性，その裏付けとなる事実や証拠の有無，契約当事者やその周辺の人間関係等についても目配りをした上で，その信用性を慎重に判断しなければならなかったケースでした。

【エピソードⅠ-1-4】実体のない1,400万円の領収書

○加藤　私も，売買契約の代金の領収書が作成されて交付されているのですが，その実体はなかったという判決をしたケースがあります（東京地判平成12年9月27日判タ1054号209頁）。通常の社会人が金銭の領収書を作成した場合は，特段の事情がない限り，その記載どおりの現金が授受されたと認めるの

が経験則上，普通です。しかし，そのケースはカーナビ30台を1,400万余りで売買して代金全額を払ったが，2台しか納入されなかったので契約を解除して残代金の返還請求を求めるというものでした。ところが，カーナビ代金の引渡しについて何の保障もないのに代金を前払することはそれ自体合理性を欠いているといえます。この点について，支払をしたという者が上手く説明ができなかったということもあり，またその金銭の調達方法が第三者から借入れたものと自宅のかばんの中に入れてあった現金を合わせて持っていったというような説明をするものですから，結局，代金支払の事実は認められないと判断しました。領収書があれば支払の認定をするのが普通ですが，そうでない場合もあることを教えるケースです。

　実体を伴わない書証の例について，馬橋さんいかがでしょうか。

【エピソードⅠ-1-5】領収できなかった領収書
○**馬橋**　これは倫理も絡む問題なのですけれども，代位弁済をして求償請求をするという事件を提起しました。幾つかの債権があり，それをすべて代位弁済したというのが当方の主張で，それで求償権行使ということだったのですが，その一部は代位弁済していないという主張が相手から出ました。10本の債権うちの1本ぐらいの話なのですけれども，そうしますと，当方としてはちゃんと弁済したという書類がどうしても必要になってまいります。で，私は依頼者に「領収書はないのか」と，「あるはずだからそれをちゃんと早く出しなさい」ということを何度も申したのですけれども，それでもなかなか出てこない。しかし，いざ終結直前になりましたら本人が，「現物はなかったけれども写しがありました」と持ってきたんですね。ただ，あれほど探せといってきたものが時期的にここにきて急に出てくる，まして本物ではなくてコピーしたようなものが出てきたということで，結局どうもこれは偽造した領収書ではないのか非常に疑わしく思いました。これは弁護士倫理上も問題があるだろうということで，私はそれを受け取らなかったということがございます。
○**加藤**　なるほど，依頼者が書証を持参した時期やコピーという形態の点でどうなのだろうか思われたのですね。そういった実体のないものについて，他にありませんか。

第1章　書証を読み解く

【エピソードⅠ-1-6】取引実態と乖離した契約書

○須藤　私が担当した事案の中で，売買残代金の支払請求事件がありまして，契約書とか発注書，納品書などの書類は全部揃っているのです。被告も契約の成立自体は認めた上で，弁済の抗弁などを主張しているわけですが，弁済資金の手当てなどで，どうも説明のつじつまが合わないんですね。そこで，弁論準備期日に双方の当時の責任者に来てもらい，被告は，当時の専務だった現在の社長さんが来てくれたのですが，話を聞いているうちに，「実は裁判官」と言うのですね。被告の社長の話から，もともと原告とA会社との取引だったものを，A会社と原告の双方の担当者と知り合いだったので，双方の依頼を受けて被告がその取引の中間に入って環状取引の形をとり，被告は口銭稼ぎをしただけだということが分かりました。つまり，被告は，A会社から依頼のあった商品をそのまま原告に発注し，納品は直接A会社又はA会社が指定した場所になされます。そして，A会社は，この商品を第三者に転売し，転売代金の中から，被告が原告に対して支払うべき商品代金と被告の手数料分とを支払い，被告は，A会社からの支払を待って原告に支払っていたのです。ところが，次第にA会社の支払が滞るようになり，原告と被告とが気が付いたときには，A会社は夜逃げしてしまっていて，原告と被告の担当者の責任問題が生じたというわけです。原告も現在の担当部長が出てきて，当時の担当者が取引額を増やして業績をあげるため，信用力のある被告を介在させて社内の決済を通したという事情が明らかになりました。もちろん，このような不正取引が公になることは，原告も被告も望んでいませんでしたので，真実をいいにくかったというのです。

　そこで，そのような事情であれば，単なる残代金の支払請求という事案ではないので，原告と被告とで損害を公平に分担すべきではないかと話をし，最終的には被告が原告に対して残代金額の約65％を支払うことで和解が成立したという事件もありました。

○加藤　主張と書証とを照らし合わせ，つじつまが合うかどうかをきちんと推論，吟味していくことが，そこではポイントになるのでしょうね。

【エピソードⅠ-1-7】対抗力を仮装するための偽造契約書

　それから，契約書で実務上みられる事例は，対抗要件が問題になるような場

合に，その時期にそういう契約はなかったのに契約書が作られて出てきているというケースです。私が経験したものでも，占有正権原で対抗できることを証明するものとして賃貸借契約書が出てきました。そうしますと，それで新所有権者に対抗することができるわけですが，相手方の訴訟代理人が熱心に反証をされ，結局その契約書の書かれている市販の定型フォームの用紙が，その作成日付の段階では生産・販売されていなかったところまで立証しまして，結局，書面は後から作ったものだと分かったというケースがあります（加藤新太郎『弁護士役割論〔新版〕』〔弘文堂，2000〕287頁）。

　これと同じようなことは，しばしばというか，稀に経験するかと思いますが，村田さん，いかがでしょうか。

●書証の真否判断における注意事項
○村田　私も同じような経験をしておりまして，いずれも契約に基づく請求で契約書の真否が争われた事案です。

【エピソードⅠ-1-8】改印されていた代表者印
　1番目は，会社の内紛があって代表取締役が解任されたという事案です。原告が契約が成立したと主張している時期は解任後の時期であり，提出された契約書を見ると，契約当事者欄の記載は新しい代表取締役の記名で，代表者印が押なつされていました。被告は，「押なつされた代表者印は被告会社が使用していたものだが，契約締結時には既に改印届出をしていて，この代表者印は使用していなかったから，契約書は偽造である」と主張し，これに対して，原告は，「被告会社は改印後も前の代表者印を使用していた」と反論しました。いずれにせよ，契約書の作成時期と改印時期との間に齟齬があり，不自然ではないかと問題になった事案です。これも，契約書の真正な成立には疑問があるということになりました。

【エピソードⅠ-1-9】平静でいられない平成の文言
　2番目は，「昭和」から「平成」に元号が変わった前後に起こったことです。契約書が昭和63年に作成されたものということで提出され，確かに，末尾の作成年月日欄には昭和63年何月何日と記載されているのですが，その契約書中の不動文字の部分に「平成」という記載がありました。しかし，昭和63年に作られた契約書であれば「平成」という不動文字で記載されたものが作られ

るわけがないので,「これは作成時期が違うのではないか」と釈明しますと,「この契約書は撤回します」ということで終わった事件があります。このような書証が提出された場合には,裁判官の心証形成に対する影響という面では,書証の撤回では済まない部分があるように思います。
○加藤　適切な釈明をされたと思いますが,訴訟代理人の内心は,決して平静ではなかったでしょうね(笑)。尻尾を出してしまったということですから。
○村田　そう思います。

【エピソードⅠ-1-10】印紙の意匠で分かる時期

　3番目は,よくあることですけれども,契約書には印紙が貼られていますが,印紙についての意匠変更があって,契約書の作成時期からすると,古い意匠の印紙が貼付されるべきところに,その後に変わった新しい意匠の印紙が貼られていることがあります。そうすると,作成時期をずらしてその後に作成されたものということになりますから,偽造の契約書ではないですかということで,これもやはり撤回になりました。

【エピソードⅠ-1-11】印影をスキャニングした印象の印章

　さらに,4番目は,これも会社の内紛絡みの事件で,代表取締役が解任されたのですが,原告が提出した契約書について,解任された旧代表取締役自身は「解任前に正規の手続を踏んで契約したものだ」と言うのですが,新しい経営陣側である被告は,「このような契約を締結するはずはない」と主張した事件がありました。その契約書を見ますと,被告の使用する会社印と非常に似ている印影が押なつされているのですが,まず不自然な点として,この契約書には印影の横に朱色の少し長めの線が引かれているということがありました。この事件では鑑定が採用されており,鑑定意見では,「これは印影を偽造する際に使用したフィルムの端に朱肉が付いたことによるものではないか」ということでした。また,同じ鑑定意見で,「印影のうち半分ぐらいまでは真正な印鑑で押なつした印影と一致するが,後の半分に微妙にずれている部分がある」との指摘があり,「その原因は,印影をスキャンして写し撮って偽造の印章を作ったのではないかと思われ,そのスキャンの過程で画像が若干伸びたりすることがあるのでそれが原因ではないか」ということでした。

　このような経験を踏まえて考えますと,無駄な審理をしないという観点から

は，やはり弁論準備手続等のできるだけ早い段階において，提出された書証について十分な吟味検討をし，気付いた問題点等は具体的に指摘して，提出者がその点について合理的な説明ができないということであれば撤回を検討してもらい，一応の説明ができるのであれば，その説明の合理性についてさらに審理を進めるというスタンスが大切であろうと思います。

○**加藤** 契約書の見方について，一定の注意事項を心得ておくことが必要なのですね。

　ところで，処分証書といえば典型的なものとして遺言書があるわけですが，須藤さん，何かエピソードありますか。

【エピソードⅠ-1-12】字は似ていないが自筆の遺言書

○**須藤** 遺言書が本人の自筆かどうか争われた事案がありまして，相手方から対照資料として本人の署名であることが争いのない手紙などが提出されたわけです。そこで，その署名と比べてみますと，出ている遺言書の筆跡は全く別人の署名のように見えるのです。そもそも字がよく読めません。字体が歪んでいますし，字もふるえているので，どうしたのかなと思っていたところ，実はそのご本人は亡くなる前は病気で度々入院していたということが分かりました。いろいろ調べてもらったところ，たまたま入院していた病院の看護婦宛に世話になったということで書いたお礼状が見つかりました。比較してみると，その手紙の署名も本当にくしゃくしゃな読みづらい字ではあるのですが，そのくしゃくしゃなところが遺言書の署名とよく似ているのですね。しかも，担当だった看護婦さんもこれは本人からもらったものに間違いがないんだというので，問題の遺言書の署名は，以前の本人の字とは似ていないのですが，本人のものに間違いないと考えました。署名も体調や年齢や書く時の状況などによってかなり字が違ってくることもありますので，そこは十分に注意しないといけないということを感じた事件でした。

【エピソードⅠ-1-13】字は似ているが偽造の遺言書

○**加藤** なるほど。私は，遺言書の真否に関係する訴訟で，逆のケースを経験しています。遺言書の字はかなり本人のものに似てはいるが，遺言者と身分関係がない受遺者に全額遺贈されるという内容で，どうもその受遺者が書いたのではないかという疑いがあるケースでした。遠い親戚の者は，「字は似てはい

第1章　書証を読み解く

るけれどもその受遺者に対して財産全部をやるはずがない」という主張をしていました。そのケースでは，受遺者側は，受遺者と遺言者とが生前どの程度親しかったのか，受遺者がいかに遺言者を世話していたかなどの関係についての間接事実を立証したいという意向でした。しかし，一切それはやめにして筆跡鑑定を先行させるという審理方針で臨んだところ，筆跡鑑定で，はっきり遺言者本人の字ではないという結果が出ました。

したがって，【エピソードⅠ-1-12】と【エピソードⅠ-1-13】は，遺言書の字が本人の自署とは似ていないからといってそうではないと単純にみてはいけないし，似ているからといってそうだともいえないケースがあるというのが，ひとつの教訓といえるでしょう。

●公図などの活用

公図あるいは地引絵図などのエピソードも披露していただきましょうか。

【エピソードⅠ-1-14】勝訴を引き入れた120年前の地引絵図

〇**馬橋**　これは，「そもそも水路があったかなかったか，その所有権者は誰なのか」ということが争われた事案でした。その場所が水路であったか私有地であったかを明らかにする端的な資料はないわけです。そこでそこが水路かどうかを調査するため役所の古い倉庫を探しましたら，明治9年の地引絵図というのが出てまいりました。私は第一審はやっていないのですが，第一審の代理人は本件の問題の場所だけの地引絵図を書証として出したようなんです。ところが第一審ではほかの理由もあって負けてしまったのです。「水路なのかそれとも私有地内の根除堀か」という争点がありまして，私は控訴審で全部の地引絵図を出すようにしました。このことによって水路というものがどういう形で描かれているのかという点がはっきりし，他の場所との記載を比較することができました。控訴審ではこちらの主張が認められたのですが，ここでの教訓はそういうものを古文書館に行ったりして探し出してくる証拠収集の大事さと，それをどう出すか，これは八畳一間ぐらいあるような大きな地図でして，これを高裁の法廷で全部証人席などをはずしまして広げて全員が見たのですが，やはり全部を見ないとその心証というかその書証のもつ意味のようなものが，なかなか分かってもらえないのかなということでした。

この事件の功績というわけではありませんが，この地引絵図はきちっと表装

いたしまして，現在は博物館の方に展示してあります。

○加藤　水路のケースが迷路に陥りそうなところを（笑），八畳の地引絵図で解決をみたというエピソードですね。

須藤さん，公図の関係でいかがですか。

【エピソードⅠ-1-15】シワのできた和紙の公図

○須藤　境界確定事件などでよく公図の写しが提出されますが，相手方から，「公図の写しの記載内容がちょっとおかしいのではないか」と指摘された事件がありました。そこで，改めて土地家屋調査士さんに調査をし直してもらったところ，現在，法務局で閲覧できる公図はポリエステルフィルムに引き写された，いわゆるマイラー化された公図の写しなのですが，もともとの公図は和紙に筆で書かれた古い公図なわけですね。大きな和紙を折りたたんで保管されていて，閲覧のたびに開いたり閉じたりされていたものですから，折り目のところはもうすり減ってしまっていました。それなりの厚みのある和紙ですので，ピチッと折れるわけではなく，一定の幅をもって折り曲げてまた開くということになりますので，長年のうちに，たまたまその折り目のところにかかって引かれていた分筆線がかすれて薄くなってしまってほとんど見えなくなっていたために，現在のポリエステルフィルムに引き写す際に，もれてしまったのではないかと思われる事件がありました。

公図の関係では，昔は筆で「二」とか「三」とか，それから「六」，「七」，「八」などと書かれている部分も古くなって折り目に重なって非常に判別しにくいことがありますね。しかも，記載されている長さなどは尺貫法などが使われていますので，非常に読みにくいだけではなく，長さの換算問題もあったりしますので，注意をしなければいけないなと感じたことを付け加えておきたいと思います。

○加藤　公図は公のものであって，これがそうなっているからしようがないでしょうということになりがちですが，改製の際に旧公図の保存状態に関連していまお話のようなミスがある場合もあることを頭に置いてみることは大事だと思いますね。

さらに，契約書は全体を見なければいけない，あるいは書証は全体を見なければいけないという問題もあるかと思いますが，この点で馬橋さんいかがで

第1章　書証を読み解く

しょうか。

【エピソードⅠ-1-16】目も当てられないメモ

○**馬橋**　まず1つは，先ほどメモとか手帳に領収した旨の記載があった事例の話が出ていたのですが，私の経験したのでは不動産の業者が「売買契約を仲介した，書面はないけれども自分が仲介したところを貴方は仲介を通さず買ったじゃないか」ということで仲介手数料を請求をしてきたケースがありました。業者は当方の依頼者へこれだけ電話をして，行ったりもしているということを立証するために，その業者のメモが出てきました。それを見まして，まずおかしいと思いましたのは，使われている筆記用具が必ずしも一定しない，同じ日でも違う字で書かれている。業務日誌みたいなものですから，いろんなことをやっているわけですから，同じ一日でもその場その場で筆記用具が違うことはありうるのでしょうけれども，証言では一応事務所に帰ってその日のことを書きますといいましたので，じゃあ，なんで筆記用具の色が変わっているのということが1つあります。

　もう1つは，仲介であれば，業者としては行うべきであるその土地に関して現場を見たとか周囲の人に当たったとか法務局に行ったということがどこにも書かれていないんですね。メモに出てこないわけです。だから業務として本当にその仲介をやろうとするならば，そういう本来重要な部分が抜けているのではないかということで，私は偽造とまではいいませんけれども，このメモの信用性というのは全くないだろうと反証した覚えがあります。目も当てられないメモでした（笑）。

【エピソードⅠ-1-17】死者は語る

　それから，私どもにとっては不利な事実を立証するため提出された書証に，実は有利なものが見つかったという事例です。生命保険会社の代理人をやっておりましたときに，人間ドックの検査を受けた直後に生命保険に入りまして，そして6カ月後に胃癌で亡くなってしまったという事例がありまして，私どもは「検査の時にちょっと影があるよ」というくらいのことはいわれていたのではないかということで，告知義務違反を主張しました。なにしろ本人は亡くなっています。それから胃癌があまりにも早く進行しすぎるのではないかという話をしたのですが，癌の種類によっては自覚症状もなく急に進行が早くて6

カ月内に亡くなるような事案もあるという説明も受けました。そして原告の保険金受取人側がガン告知の時期を立証するためにその時の人間ドック検査記録を提出してきたのですが，実はその中で「被保険者本人が検査に先立ち担当医師に現在糖尿病であること，そしてその治療をここ何年間か受けていたのを報告している」という記載が見つかりました。もし，病院に通っていて継続して治療を受けていればこれは告知義務の対象になりますから，この点でも告知義務違反の問題もあるじゃないかと，だから契約自体が解除できるのではないかという主張をしました。結局，これは和解で，保険会社に有利に解決できました。相手方から出た書類だからといってあきらめないでよく見てみると，結構自分に有利なものも見つけられるという1つの例かと思います。

　ですから，司法修習生には，相手方から提出された書証だからといって，相手方に有利なものだと先入観をもって見るのではなく，自分にとって宝物が埋もれていることがあり，自分の立証や反対尋問にも有効に使えると教えています。

○**加藤**　書証を読み解くということは，まさにこういうことだというエピソードですね。

　村田さん，他にありませんか。

【エピソードⅠ-1-18】優先する条項は不動文字か肉筆か

○**村田**　契約書に基づく請求が問題になった事案です。契約書自体の成立には何ら争いがないのですが，契約書に書いてある各条項間に矛盾があるのではないかということが問題になった事例があります。この事案の場合は，不動文字の部分のほかに，契約書末尾に特約事項欄というものがありまして，そこには不動文字ではなく，肉筆で特約条項が書いてあるのですけれども，その条項と不動文字で書いてある条項のどちらが優越するのかということが問題になりました。しかし，そこはやはり特約条項として肉筆でわざわざ書かれているのだから，これは不動文字の部分を変更したということではないかと思われました。

【エピソードⅠ-1-19】条項間の矛盾と交渉経過

　契約書の記載内容については，もう1つ事案がありまして，やはり契約書の作成自体は争いはないのですが，今度は不動文字の部分相互間に矛盾がある場

合でした。敷金返還請求における償却による控除金額が問題になった事案で，一見すると各条項間に矛盾があるようには見えなかったのですが，実際に計算してみると違いが出るということで，どちらを有効と考えるのかということが問題となりました。この事案では，これまでの交渉経過等に照らして両条項を解釈しましょうということになりました。

○加藤　【エピソードⅠ-1-18】と【エピソードⅠ-1-19】は，契約の解釈にも関わる問題ですね。

　ということで，各人に幾つか興味深いエピソードを披露していただきました。

●書証の信用性判断のポイント

　書証が提出されていても，後で作ったもの，あるいは偽造，捏造のものもある。全体をよく見なければいけない，不自然，つじつまの合わないもはきちんとした説明を伴わなければ信用できないという注意事項が指摘されたかと思います。

　そういう書証の信用性判断に関するポイントについて，須藤さん，他に何かありますか。自分は書証をこういうつもりで読んでいるというところですが。

●時系列による書証理解の重要性

○須藤　書証の場合には，やはり時系列での理解が非常に大事だということをいいたいと思います。民事訴訟では，実際に生じた出来事の順番で書証が提出されるわけではなく，訴訟代理人や本人が重要だと思った証拠から出てくるわけですね。そして，裁判所は提出された順番で書証を見ますので，最初に提出された書証の印象が強すぎると，どうしてもそれが頭に残ってしまって，物事が生じた順番を無意識のうちに誤って理解してしまうことがあると思います。書証に記載されている日付の順番に読んでいけば間違わないようなことを，つい勘違いして理解してしまうことがあるのですね。そのような意味で，書証は必ず時系列で考えることが重要なわけですが，いちいち書証の内容を整理したメモを作成して時系列に並べ直すのは結構な手間がかかって大変ですから，その手間を省略するために，一度，書証を記録からはずして，時系列に並べ直して，それを順番に読んでいくことをお勧めします。手間もかからず，事案がよく分かると思います。

それから，もう1点。最初にも申し上げたように，膨大な書証が出ている事件では，一見しただけでは前後の書証の記載内容が矛盾しているように感じられることはいくらでもあるわけで，これを正確に読み解くのはなかなか大変ですね。特に交渉経過が錯綜している事件では，単に書証を読んだだけでは全体像が見えませんので，分かりにくいということになります。そのような事件では，そもそも交渉の目的は何だったのか，それぞれがこだわっていた点やその理由は何だったのか，なぜ譲歩することになったのか，なぜ譲歩しなかったのかなど，問題の書証が作成された背景事情などを組み合わせて理解しないとダメですね。ただ，そのような背景事情などは書証にはほとんど出てきませんので，当時の担当者の説明などがどうしても必要です。そこで，これはまた別のテーマになりますが，そのような背景事情を説明した陳述書や報告書を早期に出してもらって，裁判所が一連の背景事情を理解した上で書証を正確に読み解くということが重要だと感じています。

○**加藤**　時系列と大局観ということですね。

5　文書の成立の真正について

○**加藤**　書証の関係では，講学上もよく出てくるところですが，文書の成立の真正の問題があります。ここをきちんと押さえておかないと的はずれの立証になってしまいます。司法修習生でもこの点をきちんと理解していない人もいますし，場合によると弁護士もきちんと分かっていない人もいるところですので，基本的なところからおさらいをしてみたいと思います。

　須藤さん，お願いします。

●**証拠としての文書の性質**

○**須藤**　はい。文書が裁判の証拠として用いられる場合には，大きく2つの場合があると考えられます。1つは，よくいわれるように，文書に記載された意味内容が証拠として用いられる場合で，本来の意味での書証ですね。もう1つは，偽造文書のように文書の存在そのものが証拠になる場合で，性質的には検証物ということになります。

　いまここで問題にするのは，文書に記載されている意味内容を証拠に用いる

第1章　書証を読み解く

書証の場合ですが，この場合には，文書の作成者とされる者の意思や判断が証拠とされるわけですから，誰がその文書を書いたのかということ，つまり文書と作成者とされる者との結びつきが，非常に重要なわけです。作成者とされる者の意思に基づいて作成されていることが基本的に必要になるわけで，いわゆる形式的証拠力が認められてはじめて，その意味内容が事実に合致しているかどうかを判断することができる，つまり，実質的な証拠力の有無について判断することができるという構造になっています。

●成立の真正の推定

　実務上の問題としては，民事訴訟法228条1項で，文書は「その成立が真正であることを証明しなければならない」と定められていますので，この成立の真正をどうやって証明すればいいのかという問題が出てきます。文書が真正に成立していなければ，結局，その文書は偽造文書ということになり，その記載内容を事実認定の資料に使うことはできません。本人の意思に基づかない文書の記載内容で事実を認定してしまうと，真実に反する危険性が高いので，証拠から排除されるわけですね。ただ，これは口でいうのは簡単ですが，実際にはそう簡単ではありません。実務では，その文書を書いたといわれる人が認めていれば，これは成立に争いがないわけで認定も簡単でいいわけですが，多くの事案では「自分が書いたものではない」として争われるわけです。そうしますと，作成者とされる者が作成していないというのですから，提出者の側で，これはあなたが作成したものだと立証するというのは，理屈はともかく，実際には非常に困難になってくるわけです。そこで，民事訴訟法では，その隙間を埋めるために228条4項で，私文書の場合について，文書に本人またはその代理人の署名または押印があるときは，真正に成立したものと推定するということにして，その文書全体について成立の真正，つまり，そういう意思表示などをしたものと認めるということにしているわけですね。

　ところが，ここにまた1つ問題がありまして，通説・判例では，この4項が働くためには，実は本人の署名または押印そのものが真正に成立していなければいけないと理解されていますので，本人がその意思に基づいて署名したり印鑑を押したことが認められることが，民事訴訟法228条4項を使うための前提要件になるのですね。そうすると，文書の成立を否定する人は，自分は署名し

ていない，印鑑を押していないとして争うわけですから，これを放っておきますと，結局，文書の成立の真正が非常に認めづらくなりまして，ここにネックが生じてくるわけですね。

●いわゆる二段の推定

そこで，最判昭和39年5月12日（民集18巻4号507頁）は，有名な，いわゆる二段の推定を認める判断をしまして，文書に顕出されている印影が本人の印鑑，印章に基づくものであれば，それは本人がその意思に基づいて押印したものと推定する旨判示しました。この推定は事実上の推定ですが，本人がその意思に基づいて押印したものと推定されると，民事訴訟法228条4項にいう，「本人またはその代理人の署名または押印があるとき」という条項に該当してきますので，文書全体について成立の真正を推定することができるようになります。つまり，第一段として押印の真正を推定し，さらに第二段として文書全体の成立の真正を推定するという構造をとったわけですね。

ところが，これで終わりではなく，実際には，印影というものは，同じ印鑑を使えば，誰が押しても同じ印影になりますから，この推定をどこまで働かせるのがよいのかということが問題になってきたわけです。事件になるものに限っていえば，ほとんどのケースで，本人が押していないと争っているわけですね。そこで，この推定を強い推定として働かせることにしますと，本人が押していないと争っても，推定を破ることが非常に難しいということになる可能性が高くなりますね。実務では，それもどうかなということで，判例や学説では，どうすればこの推定を破ることができるのか，どのような事情を，どこまで立証すれば推定が破れるのかという観点で争われて，幾つかの類型に整理されているというのが現状です。

○加藤　馬橋さん，「二段の推定」は，日弁連法務研究財団が弁護士研修として実施された，民事交互尋問技術の中でも1つのテーマとして扱ったことがありますね。

●20％にかける

○馬橋　先ほど申しましたように財団は1998年に設立されましたが，最初の大きな研究テーマがいわゆる弁護士の技術という点にその光を当てて理論的考えてみようというものでした。弁護士の面接の技術に関する研究というものが

1つございます。次には，いまお話に出ました民事訴訟における証人尋問の研究というのがもう1つございます。この2つが最初の研究テーマでありまして，ここでは実務家の方々のご協力もいただいてこういう研究ができたわけです。

実は研究の中で特色がありますのは裁判官に対して代理人の尋問をどう見ているか等について質問していること，そしてその答えを分析していることです。例えば「証人尋問を行う前と後で事件の見通しが変わるということがあるだろうか」という質問に対しまして，裁判官の61％の方が「変わる率は20％以下」とお答えになっていますが，37％の裁判官が「20％以上40％ぐらいまでの間だ」と答えているデータがあります。私ども法曹の間では証人尋問によって事件の見通しが動くことはあまりないのではないかという懸念をもっていたわけですけれども，このアンケートによれば少なくとも20％は動く確率があるということです。したがって，尋問の重要性を認識しなければいけないし，尋問によって結果は変わることがあり得るということがアンケートの結果として出てきたわけです。

そして，平成15年3月29日に日弁連が最初に全国8か所を同時中継して行った研修のテーマとして民事交互尋問の技術を取りあげました。ご出席いただいたのが加藤さん，東大の高橋宏志先生（当時），那須弘平弁護士（当時），それから小松初男弁護士と私でした。

この中では先ほど申し上げた裁判官へのアンケート等についていろいろ議論をしたり，あるいは打合せの段階における証人要請の問題を取りあげたりしたのですが，もう1つの問題としていま話題になりました二段の推定について，その仕組みをきちっと理解して，それに対してどう尋問を構成していくべきなのか，どういう形でこの推定を崩していくべきなのかという議論をしたことがございます。ここでのやりとりは，日弁連の研修センターでDVDにして法曹関係者に頒布しています。

○**加藤** そこで，実務的には，推定をいかにして破るか，推定が働く前提はどのようなものかについて，押さえておく必要があることになります。村田さん，いかがでしょうか。

●推定を用いる場合の基本的なスタンス

○**村田** 実務的によく問題になるのは，同じ家に住んでいる妻あるいは夫が，

5　文書の成立の真正について

夫あるいは妻の印鑑を用いてその名義の保証契約書や担保権設定契約書を作成した場合，あるいは同居の息子が親の印鑑を用いて保証契約書を作ったり担保権設定契約書を作ったりしたという場合です。このような場合には，まず，この二段の推定ないしは民訴法228条4項の推定という問題が出てきます。この点については，二段の推定ないしは228条4項の推定を，どのような強さのものとしてみるかについては，いろいろ意見は分かれるところであり，もっと二段の推定や228条4項の推定を活用すべきではないかとの意見もあるようですが，むしろ，夫や妻や親の印鑑が容易にその行為者である妻，夫，息子が使用できる状態で保管されていたことが窺われるような場合には，その文書が真正に作成されたという推定はなるべく働かせない方向で考えた方がいいのではないかと思います。そういう状況が現れた場合には，実際に本人の了解を得て，あるいは本人の意思に基づいて当該印影が押されたという事情がかなり明確に立証されない限り，文書の真正を認めるべきではないのではないかと考えています。

これに対して，実際には，その印鑑を親あるいは夫，妻が大切に保管しており，通常は他の者は容易に使用できないという状況にあったことが立証され，あるいは窺われる場合には，印影の同一性から文書の成立の真正を推定してもいいと思います。このように，どちらかといえばこの推定を過大に考えない方がいいのではないかと思っています。

この点につきましては，田尾桃二先生と加藤さん共編の『民事事実認定』（判例タイムズ社，1999）において，後藤勇教授が「民事事実認定のスキル」同書169頁以下で同じ趣旨のことを述べておられます。その中では，特に「最近の一審判決の中には，契約書等の文書に押されている印鑑の印影が本人の印鑑と同一であるということのみから，いとも簡単にその文書が真正に作成されたものと認め，本人の保証責任や抵当権等の物上保証責任を認め，妻や，父，母が，さかんに夫や息子に印鑑を盗用されたと主張し，かつ，その旨の供述をし，盗用したという夫や息子も，証人で出て，無断で本人の印鑑を盗用したと証言しているのに，これをいとも簡単に信用できないと排斥し，その文書の成立を認めている判決をたくさん見かけますが，この態度は，やはり問題ではないか」と指摘されています。私としても，実務的な感覚としては後藤教授のご見解に

親近感を覚えています。

○**馬橋** 確か私も経験したのですが，この印鑑に関するものは司法研修所の前期修習でも，模擬裁判で，私の時代は裁判の実演を見ながら修習生が判決を下すという研修がありました。後期は後期でやはり交互尋問を修習で行わせましたが，やはりどちらとも印鑑が関する事案でした。

　前期のときは修習生の結論はすべていわゆる請求を棄却する方向，つまりこの文書の真正を認めないという結論がほとんどだったのですけれども，実務修習から帰ってまいりまして，交互尋問でやはりこの印鑑の事案をやりますと，もうほとんど全員に近い修習生がこれは成立が認められるのだという方へ結論がいっていました。ある面においてはよく教育されたのかなとも思うし，いまご指摘あったような例外的な部分についての検討がなされないまま，あまりにも批判なく受け入れてしまっているのではないかと，ちょっと心配したこともありました。

○**加藤** 法曹養成教育の基礎である司法修習では，原則型をきちんと理解することが必要ですから，それはそれでいいともいえます。しかし，推定が破れる場合もあるのですから，それをきちんと押さえなければいけないということでしょう。

　須藤さんは，推定の可否を判定するファクターとして四つのポイントがあるという見解をおもちですね。

●二段の推定の再検討

○**須藤** ジュリストの増刊で『[判例から学ぶ]民事事実認定』（有斐閣，2006）の中で，私はこの二段の推定について書かせていただきました。

　これまでの学説では，いわゆる二段の推定が破れる場合について，幾つかの類型化が図られているのですが，それは，現象面に着目した類型化なんですね。しかし，推定を否定するというのは，原則に対する例外を主張するということですから，個別的事情に着目するだけでは判断基準としての客観性を欠くことになりかねません。また，印章に対する本人の支配の有無がメルクマールだとまとめてしまうと，逆に個別的判断の基準になり得ません。そこで，両者を兼ね備えるためには，なぜそのような推定が働くのか，その推定を正当化する根拠をきちんと押さえれば，そこに内在的に含まれている例外についても客観的

に説明することができるのではないかと考えているわけです。

そして，二段の推定といっても，第一段目の推定と第二段目の推定とでは推定の内容も推定の強さも違いますから，まず，どの部分が争われているのか，第一段目の推定部分なのか，第二段目の推定部分なのかを正確に理解しておくことが必要です。

そのような目で事件を見てみると，実務で二段の推定が争われているのは，印章の盗用や冒用のケースがほとんどですが，盗用や冒用というのは，文書に名義人の印影が顕出されているものの，自分が押したものではない，自分の意思に基づくものではないというのですから，二段の推定のうち，印影の存在によって名義人による押印の成立を推定する第一段目の推定部分が争われているわけです。つまり，民訴法228条4項による第二段目の推定部分が争われているのではないことをきちんと理解しておくことが出発点になります。

●第一段目の推定の正当化根拠

そして，盗用や冒用のケースで，第一段目の推定を正当化している根拠は何かというと，それは，実印や取引印については慎重に取り扱われており理由もなく他人に使用させることはないはずだという経験則だとされています。しかし，ここで根拠とされている経験則は，自然科学上の原理原則を前提とするものではなく，人間行動の観察から導かれた1つの蓋然性にすぎませんから，もともとこれを確実なもの，高度なものとして厳格に適用しようとするのは相当ではありません。しかも，この経験則が前提としている事実関係を欠く場合には，そもそもこの経験則を適用することが適切ではないということになりますから，この経験則がどのような事実を前提としているのかを考えれば，自ずとその推定が破れる場合が明らかになるはずです。

●本人の印章であること

そこで，第1番目の例外ですが，この経験則は，本人の実印や取引印であることが前提になっていますから，本人が取引印として日頃使っていれば認印でもいいわけですが，本人の印章と認められるものでなければ，この推定を適用するのは妥当ではないということになります。その意味で，例えば，親子で三文判を共用していたケース（最判昭和50年6月12日判時783号106頁）や，親が一方的に息子名義で印鑑登録をしてずっと管理していたケース（東京地判平

成12年8月31日判例マスタに登載）などで推定が破れたのは適切だったということになります。

●印章の管理の実態——盗用の可能性

　第2番目に，この経験則は，これらの印章が慎重に管理保管されていれば第三者が勝手に押印することはできないはずだとの前提があって，本人の意思による押印を推定するものですから，実際に印章が慎重に管理保管されておらず，第三者による盗用の可能性も否定できないことが明らかになれば，この推定を適用することは相当ではないということになるはずです。実際の訴訟では，印章がどれだけ慎重に管理保管されているのかが問題になるわけですが，先ほど村田さんからも指摘がありましたように，日本の一般の家庭では「慎重に」といっても程度問題で，仏壇や戸棚や食器棚や机の引き出しなどに保管されていて，その保管場所をほかの家族や関係者なども知っていることも少なくないので，これらの家族や関係者などによる盗用の可能性が立証されれば（最判昭和45年9月8日裁判集民100号415頁など），この推定を働かせる根拠が揺らいでしまうことになると思います。また，高齢で認知症などのために印章の管理ができなくなっていることが明らかになった場合（東京地判平成10年10月26日金法1548号39頁）なども，推定は適当ではありません。

●印章の預託——冒用の可能性

　次に，例外の第3番目ですが，この経験則には，本人が理由もなく印章を他人に使用させることはないという前提があるわけですね。もちろん，それ自体はそのとおりだとしても，第三者が目的を偽って本人から印鑑を預かって他の目的のために勝手に使用したりすることだって，実際の訴訟では，そう珍しいことではありません。ただ，預かっている印章を勝手に使うのはよくないというのは誰でも知っていますから，どうしても必要に迫られない限り，本人に無断で勝手に印章を使ったりはしないはずですね。この点が印章を預けたりしているケースでの推定の正当性を支えているわけですから，無断で本人の印章を使用しなければならないような必要性に迫られていたことなど，特段の事情が認められれば，推定は破れるはずです。例えば印鑑を預かっていた者が経済的に困窮していて，融資を受けるのに保証人が必要だったなどの客観的な事情が認められ，印章冒用の可能性が立証されたならば（東京高判昭和61年4月17

日金法1134号46頁），推定を認めるのは適当ではないということになります。

●**本人による押印の可能性の存在**

　さらに，例外の第4番目ですが，この推定は本人の意思に基づいて押印されたことを推定するわけですから，本人が押印したり，押印の意思を認めることができる状況じゃないのに押印を推定するのは不合理です。したがって，例えば，夫の印章による印影があって，一応の推認は働くことになっても，夫が長期間出稼ぎに出ていて帰宅したこともないなどの事情が立証されれば，推定は破れることになります（最判平成5年7月20日判時1508号18頁「最高裁民事破棄判決の実情(2)——平成5年度」）。ただ，この関係では難しい問題もあってですね，実務では，印章が盗まれたので押印できなかったとか，紛失していたので押印できなかったなどと主張され，警察にちゃんと盗難届けが出されていたり，別の銀行に紛失届けが出されていたりするのですが，実際には，そのようなケースほど全体として不自然で，紛失や盗取されたという主張が疑わしい（東京地判昭和56年10月23日判タ456号152頁）ということもありますので，注意が必要です。

　いずれにしても，二段の推定については，どの部分の推定が問題になっているのか，その推定の前提となっている経験則は何か，経験則の適用を正当化する根拠とその限界はどこまでかなどを検討し直して考えることが大切ではないかと思います。そして，この推定が破れた以上，原則に戻って，意思表示を立証しないとダメだということになります。

〇**加藤**　馬橋さん，弁護士の立場からいかがでしょうか。

〇**馬橋**　弁護士の立場からいえば，果たして弁護士はこの条文の仕組みをちゃんと理解した上で反証なりをしているのかというところがあると思います。例えば，一段目を否定するための尋問をしているのか，二段目なのかあるいは実質的証拠能力を減殺させるためなのか。その点がきちっと区別ができていないと思います。そこがきちっと上手く整理されてできれば，きっとこの推定は覆る部分が多くなるのではないか。もっとこの条文の仕組みで，いま自分はどこを反証しているのかという認識をもって尋問なり証拠を集めてこなければいけないということを，いままた再認識したところです。

〇**加藤**　最高裁の昭和39年判例は，論理的には実印でなく三文判でも本人の

意思に基づくものであれば推定できるという射程で理解されています。ただ，わが国における印章管理ないし実印に対する考え方からすると，三文判にまでそう簡単に推定を働かせていいかという点は，まさしく須藤さんのいわれるとおりでしょうね。

●実印の来歴

　実印というのは，江戸時代からあったのですね。町人や百姓はその印鑑を名主に預けておくことにされていて，改印の際にも届出を義務付けられていました。その届けられた印章を実印と呼んで重要な取引証文にはこれを用いていたという来歴があるのですね。

○馬橋　そうなのですね，うちの父親が地方公共団体の長をやっていたときに，印鑑証明があったことによって地方公共団体が多額の賠償責任を負わされるので，こんなことならもう証明手続を止めちゃった方がいいんじゃないかといっていましたけれども。ただ，あれは明治政府が全部名主から取りあげていわゆる市町村の業務とした経緯があるわけです。だからそう簡単に止めるといえない制度のようですし，いまさらに，問題になってきたのはカードで印鑑証明が出るということがございますので，そのカードでとった印鑑証明とあるいはいわゆる窓口でとった印鑑証明が添付されていることで，文書の信用性についてどういう違いがあるのかとかいう問題もあるように思いますね。

○加藤　いまは印鑑登録証明も，自治体が間接証明するというのが主流ですが，昭和49年頃までは直接証明一本の時代だったようですね。

○馬橋　そうですね。いまは，間接証明ですから，役所に届け出てある印影がこれであるとの証明書を発行しているにすぎないことになります。ですから，書類に印鑑証明が添付されているからといって，訴訟の見通しがパッと明るくなるわけではないのです，ぼんやりとは見えてきますが……。「間接照明」ということで（笑）。

○加藤　そうした印鑑証明のプロセスなども実務家としては頭に置いておく必要がありますね。

●推論の構造の二類型

○須藤　いまのお話をお聞きしていて思ったのですけれども，実務感覚としては，この印章の盗用や冒用が争点となっている事件で審理をしていますと，本

人の意思に基づく押印か否かという文書の成立の真正を判断するための補助事実が，実は単なる補助事実ではなくて，契約の成立に必要な意思表示そのものの存否を推認させる重要な間接事実であることが少なくないのですね。したがって，この点を審理していると，結果的に二段の推定を働かせるまでもなく，主要事実である有効な意思表示の存在そのものを推認できたり，もしくは逆に推認できないことが明らかになってしまうように思います。

　そのようなことから，これまでの実務では，事実認定の手法としての二段の推定というものをあまり重要視していない裁判官が多かったのではないでしょうか。ところが，比較的若い裁判官と話をしますと，事実認定が非常にやっかいだということがあるのかもしれませんが，この二段の推定を強く働かせたいという意見も出てくるのですね。確かに，二段の推定を強く働かせれば，簡単に文書の成立の真正が認められ，しかも，その推定を破りにくいということで，事実認定が簡単になるという一面があることは否定しませんが，個人的には，それは，ちょっと，どうかなと思いますね。やはり真実に基づく裁判でなければ国民に信頼されないのではないでしょうか。やっかいでも，面倒でも，補助事実というか，間接事実を，地道に積み重ねて事実を認定していく姿勢が必要ではないかと思います。したがって，実践的には，弁護士の立場であれば，二段の推定だけで勝負しないということが大切ですし，裁判官の立場では，二段の推定だけで認定しないということになると思います。

○加藤　昭和39年の最高裁判決は，文書成立の真正におけるリーズニングの構造について一定の枠付けをしたものです。それとは別の推論の構造として，本人の意思に基づく押印かどうかを推認させる補助事実が，契約成立に必要な意思表示そのものを推認させる間接事実になることは当然あり得るわけです。それはあまり明示的にいわれてこなかったかもしれませんが，いまの点は大変重要な指摘だと思います。

6　書証に関して押さえておくべき判例・文献

○加藤　さて，書証を読み解く場合に，押さえておくべき判例あるいは文献について少し触れておきたいと思います。

文献については,村田さん,いかがですか。

●事実認定に関する文献

○**村田** まず,文献について,よくまとまっているものとしては,先ほども紹介しました田尾先生と加藤さんの共編になります『民事事実認定』という本があります。この中には,かなりの分量の事実認定に関する論文が収録されていて,これまでに出版された文献で基本として押さえておくべきものは,ほぼここに収録されているといってよいのではないかと思います。なお,この他の文献につきましては,後掲**【事実認定に関する主な参考文献】**をご参照いただければと思います。

○**加藤** では,判例について,お願いします。

●書証と事実認定に関する判例

○**村田** 判例については,後掲**【書証と事実認定に関する主な裁判例】**を見ていただきたいと思いますが,若干の説明をいたします。

まず,①最判昭和32年10月31日と②最判昭和45年11月26日はいずれも,書証と事実認定を語る上では,大変重要な判例です。要するに,関係書証がある場合については,記載内容と体裁からして,特段の事由がない限り,その記載どおりの事実があったものと認めるべきであって,もし書証に反する認定をするなら,十分な理由を示さなければならないと判示した判例です。これらの判例はいずれも,民事裁判における書証の重要性を示す判例として一般に紹介されているものです。

③最判昭和45年10月30日は,馬橋さんからお話がありましたけれども,書証といっても,提出された時期やそれまでの主張との関係等をよく考えて,その信用性を判断しなさいということをいった判例です。この判例の事案では,控訴審になって金銭消費貸借に関する金銭借用証書がはじめて提出されました。そこで,被告代理人はその成立を強く争ったのですが,裁判所は反証をあまり許さなかったということです。原審裁判所は,被告の反証をあまり許さないにも関わらず,この書証を信用しましたが,この書証が提出されるまでは,双方とも書面の存在には言及せず,原告本人も本件契約は口頭の契約であると述べていたというのです。また,その記載内容には作成日付との関係で疑問がある部分があるのに,それについても何ら審理をしていないということなどか

ら，この書証の成立については考慮されなければならない事情があるということで，破棄差戻しとなりました。この判例は，書証については，その真否や内容の合理性だけではなくて，それが提出された時期や経過等についても考えなければならないことを教えるものだと思います。

また，④最判昭和52年11月15日，⑤最判平成2年9月27日は，いわゆる手形の裏書，隠れた手形保証に関する事案です。手形裏書自体は同じなのですが，書証の記載内容自体は同じであっても，それが手形保証のみをした趣旨であるか，あるいは手形保証のみならず，原因債権についても民事保証をした趣旨であるかは，その裏書がなされた背景事情や経過等をよく考えてみるべきで，その書面の記載だけから判断することはできないとした判例です。

最判昭和52年の事例は，いわゆる「間接頼まれ裏書ケース」といわれているもので，これは裏書を頼まれただけだから，民事保証まではしていないといったものです。これに対し，最判平成2年の事例は，「直接面前裏書ケース」といいまして，これは実際に手形保証とともに，民事保証をしたことが窺われるものということになります。書証は，その文面や内容だけではなくて，それまでにどういう交渉経緯であったか，あるいはどのような目的でその行為がされたか，あるいはその後どのような行為をしたかという観点からも，十分にその意味合いを考えるべきであるというのが，④⑤の判例の意図するところであろうと思います。

これまでご紹介した判例では，書面の記載だけではなくて，それがなされた行為の状況等をも考慮して書証の意味合いを考えることが重要だということでしたが，⑥最判平成13年3月13日は，遺言書の解釈問題という特殊性もありますが，遺言書の内容がある程度明確であるならば，あまりそれ以外の周囲の状況や，遺言書作成当時の状況を重視しすぎるのもいかがなものかと警鐘を鳴らした判例です。

これらの判例からは，書証を読み解くには，成立の真正や記載内容の信用性はもちろん，作成経過や提出経過等についても目配りをした上で，その意味内容を合理的に捉えていくという姿勢が大切であるという教訓を読み取ることができるように思います。

○**加藤** 須藤さん，何かコメントありますか。

第1章　書証を読み解く

○**須藤**　詳しいご紹介がありまして大変参考になりました。1点だけ補足しますと，領収書等がないことを理由に弁済の事実を認めなかった原審の判断を違法とした最判平成7年5月30日というのが，判例時報1554号に掲載された井上繁規判事の「最高裁民事破棄判決の実情(2)——平成7年度」19頁に出ていますので，これを付け加えておくといいのではないでしょうか。文書の不存在を理由に事実の存在を否定することが適当ではないとされており，事実認定の面では，逆の意味で大事な判例ではないかと思います。

●時系列による書証の並び替え

それから繰り返しになりますが，書証を読み解くという観点では，分かりにくくなったら書証を記録からはずし，時系列に並べ替えて，それを眺めて読み直すという方法が，簡単で，しかも，非常に有効かなと思いますので，重ねてお勧めしたいと思います。

また，書証があるなしを含めて，この事件で何が合理的な行動なのかを考える際に大切なのは，「合理的な行動」というものは，いつもア・プリオリに決まっているわけではなくて，状況によって変化し，異なるものだということを，よく頭に置いておかなければならないということですね。どういう状況の下で作成された書証なのか，どういう状況の下で作成されなかったのかなどをよく考えるしかありません。以上3点を申し上げたいと思います。

○**加藤**　馬橋さん，いかがでしょうか。

○**馬橋**　私の方から1ついえることは判例をどう見ていくかという問題ではないかと思うんですね。我々はもちろん普段でも判例はいろいろな情報の中で見ていくようにはしていますけれども，やはりこの書証に関する部分は相当中身を読んでいかないと分からない部分だと思うんです。ですから相当きちっと中身を読んで，なぜこの推定が働かなかったのかとか，なぜそこが認められなかったかを自分なりにきちっと整理しなければいけないのではないかなということが一番教えられた点なんです。

○**加藤**　そういう意味では事例判例を勉強していくことも重要です。村田さん，事例判例の関係も，整理していただいていますね。

●書証と事実認定に関し参照すべきその他の裁判例

○**村田**　後掲の【**書証と事実認定に関するその他の参考裁判例**】をご覧くださ

い。①から⑱までの裁判例を掲げておきました。これらの裁判例はいずれも，それぞれの事案で書証の重要性について判示したもの，あるいは書証があるからといってその内容は信用できないなどと判示したものです。これらは，ほぼ個々の事案ごとの判断であり，いわゆる事例裁判例ということになります。事実認定に関する裁判例は，いわゆる最高裁の裁判集に登載されるもの，判例時報に連載されている「最高裁民事破棄判決の実情」で紹介されるものがほとんどで，最高裁の判例集に載ることはそう多くありません。とはいえ，民事裁判における事実認定の重要性はいうまでもないことですから，読者の皆さんには，これらの参考裁判例についても是非一読をお勧めいたします。

7　むすび

○加藤　かなりの量の情報を提供しつつ，議論を進めてきましたが，ここで区切りにします。最後に，しめくくりのコメントをしていただきたいと思います。
○馬橋　今回いろいろなお話を伺いまして，裁判における書証の重要性はもちろん大事なのですけれども，裁判官がそれをどう見ているのかという点が改めて分かったような気がします。ただ，こういっては何ですけれども，驚きをもっては感じなかったのは，私はこういうことだと思うのですね。近頃弁論準備の中で例えば「争点はここである」とかあるいは書証に関しても，「この書証はこうなんですか」とかいうような形で，あるいは「こんな書証はないのですか」という形で書証の証拠価値を含めていろんな心証がざっくばらんにやりとりされていることがあると思うのですね。

　そういう点では，裁判官の事実認定というものと，代理人のもつ事実認定に対する感覚というものがだいぶ合ってきているのが現在の状況ではないかと思います。昔は相当違ったこともあるかもしれませんけれども，お互いに何か共通の土俵ができて，そこに向かって立証を尽くすという方向ができてきているのではないかなと，改めて感じました。ただ，代理人の立場からいいますと，裁判所はなぜこんなものを出さないのか，あるはずじゃないかとおっしゃられる部分もあると思うのですが，それはそれなりに出せない事情があったりするという点も，ご配慮いただきたいというところです。

第1章　書証を読み解く

〇**村田**　馬橋さん，須藤さんのお話を伺いまして，基本的には裁判官の事実認定の手法と訴訟代理人の事実認定の手法は変わらないのかなと思いました。ただ，そうはいっても，やはり客観的な審判者としての裁判官の事実認定と訴訟代理人としての事実認定とは若干違うところがあることなどもご説明いただき，その辺りの事情が大変よく分かりました。

　現実の訴訟では，ある書証がどういう内容で，どのような意味合いをもつものであるかは，裁判官と訴訟代理人がそれぞれの立場からそれぞれに判断すべきものなのでしょうが，書証の成立等に関して疑問がある，あるいは書証の内容等について疑義があるということであれば，裁判官と訴訟代理人とが弁論準備手続等でその点について十分に議論し合って，その意味内容等を明確にしていく必要があるということを強く感じました。終局判決で，これは信用できる，これは信用できないという判断を示すだけではなくて，やはり書証の取調べの段階である弁論準備手続等の争点整理において，その意味内容あるいは疑問点を明確にしていくという訴訟運営が安定感のある判断，事実認定に繋がるのではないかと思いました。

〇**須藤**　事実認定について，本当にいろいろ自覚的に考えなければいけないということを改めて感じました。民事の事実認定では，様々な証拠をめぐる問題と，それから経験則の適用をめぐる問題と，大きく2つの柱があるのではないかと思います。本章では，その証拠の中でも，処分書証を中心として書証を読み解くということでしたが，さらに，報告文書はどうか，人証の問題はどうか，検証や鑑定の問題はどうかなどと，次々と興味深い問題が発展していくことになるのではないかと感じています。また，もう1つの柱である経験則の問題もありますし，今後どのような形で議論ができるのか，大変楽しみになりました。

　いずれにしても，どういう立証をどの程度すれば適正な事実認定ができることになるのかというところに収斂していくわけですから，最終的には，立証の程度の問題や，立証の程度を高めるための前提となる証拠収集方法の問題，手続的正義の問題，そして，裁判官の自由心証主義の問題などに波及することになるのではないかと感じています。そういった大きな流れの中で本研究会がさらにより充実したものになっていくことを期待したいと思います。

〇**加藤**　お読みいただいた読者の方にはお分かりだと思いますが，本研究会は

抽象的な議論にとどまらず各参加者の体験したエピソードを披露して，具体性をもたせて，そこからまた汎用的な知見としてまとめるところを一つの特色として打ち出しています。このことが，よい面として出ていると幸いだと思います。

　また，今回も，契約の解釈などにも話が及びましたが，この研究会が対象とするテーマを過不足なく解明するためには，事実認定にとどまらず評価的な判断あるいは規範的な判断まで含めて考えることが必要であるように思います。そのように考えると，「事実認定と立証活動」研究会というよりも，広く「心証形成と訴訟活動」研究会と名乗った方がよいのかもしれません。そうした点も視野に入れて，さらに議論を深めていきたいと思います。

　須藤さんご指摘のように，この先は，報告文書の関係では，「報告文書の光と影」，人証の関係では，「偽証を見破る」などのテーマを設定し，研究会を続けていきたいと思います。次章以降もより充実したものにしていきたいと意気込みを述べまして，幕を閉じたいと思います。

【事実認定に関する主な参考文献】

①吉岡進「事実認定に関する2，3の問題」司研論集62号（1978）（⑨63頁に所収）
②吉岡進「民事法講話——事実認定について」書研所報32号（1982）（⑨87頁に所収）
③今中道信「事実認定について」司研論集76号（1986）（⑨127頁に所収）
④後藤勇「民事裁判における事実認定」司研論集83号（1990）（⑨155頁に所収）
⑤田尾桃二「事実認定の諸問題について」司研論集92号（1994）（⑨31頁に所収）
⑥伊藤滋夫『事実認定の基礎』（有斐閣，1996）
⑦土屋文昭「事実認定再考」自正48巻8号（1997）
⑧吉川愼一「事実認定の構造と訴訟運営」自正50巻9号（1999）
⑨田尾桃二＝加藤新太郎編『民事事実認定』（判例タイムズ社，1999）
⑩後藤勇『民事裁判における経験則』（判例タイムズ社，1990）
⑪後藤勇『続・民事裁判における経験則』（判例タイムズ社，2003）
⑫伊藤眞＝加藤新太郎編『［判例から学ぶ］民事事実認定』（有斐閣，2006）
⑬瀧澤泉ほか『民事訴訟における事実認定』（法曹会，2007）
⑭加藤新太郎「民事事実認定の基本構造」小島武司先生古稀祝賀『民事司法の法理と政策(上)』（商事法務，2008）
⑮田中豊『事実認定の考え方と実務』（民事法研究会，2008）

【書証と事実認定に関する主な裁判例】

①最判昭32.10.31民集11巻10号1779頁

　係争土地が原告の所有であることを窺わせる念書や金銭出納を記入した帳簿は，その記載文面及び体裁よりして，特段の事情のない限り，その記載どおりの事実を認めるべきであって，かかる場合に，何ら首肯するに足りる理由を示すことなくその書証を排斥するのは，理由不備の違法を免れない。

②最判昭45.11.26裁判集民101号565頁

　本件土地の売買契約公正証書，土地代金を受領した旨の記載のある領収書が作成されており，これらの書証の記載及び体裁からすれば，別に解すべき特段の事情が認められない限り，本件と土地について，売買契約（売買の予約）が成立したものと認められる。

【書証と事実認定に関する主な裁判例】

③最判昭45.10.30裁判集民101号313頁

　金銭借用証書は，原審ではじめて提出されたものであり，しかも被告訴訟代理人はその成立を否定していること，同書証が提出されるまでは，そのような書面の存在に言及したものがなく，原告本人も本件各契約は口頭の契約であると述べていたこと，同書証の記載内容には作成日付との関係で疑問のある部分があること，金銭借用証書が存在しながら停止条件付代物弁済契約に関する契約書が作成されていないこと（仮登記にも登記原因を証する書面がないものとして申請書副本を添付書類としてされていること）などもまた，本件各契約の成立の認定に当たり考慮されなければならない事情というべきであり，準消費貸借契約の成立を認めた原判決には審理不尽の違法がある。

④最判昭52.11.15民集31巻6号900頁

　金銭を借用するに当たり，借主甲が，借受金の弁済確保のため甲の振り出す約束手形になんぴとか確実な保証人の裏書をもらってくるよう貸主乙から要求されたため，丙に依頼して右手形に丙の裏書を受けた上，これを乙に手交して金銭の貸渡しを受けたという事実関係があるというだけでは，右手形が金融を得るために用いられることを丙において認識していた場合であっても，丙が手形振出の原因となった甲乙間の消費貸借上の債務を保証したものと推認することはできない。（間接頼まれ裏書ケース）

⑤最判平2.9.27民集44巻6号1007頁

　甲が乙から3回にわたって金銭を借り受けた場合に，丙が，乙とは旧知の仲で右貸借の紹介者でもあり，その貸借の都度，甲に同行して乙と直接会い，その場において，乙の求めに応じ，甲振出の約束手形に保証の趣旨で裏書をして乙に交付し，甲の支払拒絶後は，右3回目の貸金の弁済を求める乙の強い意向に沿う行動をとるなど判示の事情があるときは，丙は，他に特段の事情がない限り，乙に対し，右3回目の貸金債務につき保証をしたものと推認するのが相当である。（直接面前裏書ケース）

⑥最判平13.3.13判タ1059号64頁，判時1745号88頁

　原審は，遺言書に住居表示をもって表示された不動産の遺贈について，遺言書作成当時の事情をも考慮してその対象が同所にある土地建物のうち建物のみを遺贈したものと認めたが，遺言書の記載は，住所地にある本件土地及び本件建物を一体として，その各共有持分を遺贈する旨の意思を表示していたものと解するのが相当であり，本件では，遺言書の記載自体から遺言者の意思が合理的に解釈し得るから，遺言書作成当時の事情をもって遺言書の意思解釈の根拠とすることは許されない。

第1章　書証を読み解く

【書証と事実認定に関するその他の参考裁判例】

①最判昭34.6.23裁判集民36号763頁
　融資保証書等により手形の支払を保証したものではないとの原審の認定が違法とされた事例

②最判昭38.4.19裁判集民65号593頁
　弁済の領収書はないが，債務者が借用証書を所持している場合に，弁済の事実を認めなかった原審の判断が違法とされた事例

③最判昭38.6.4裁判集民66号355頁
　借用書の連名の借用文言の記載から被告とその妻の共同借受けと認めた原審の認定が違法とされた事例

④最判昭38.7.30裁判集民67号141頁
　賃貸借契約の期限付き合意解約書があるにもかかわらず合意解約の成立を否定した原審の判断が違法とされた事例

⑤最判昭40.2.5裁判集民77号305頁
　代理による売買契約の成立を認めた原審の認定が領収証の記載に照らし違法とされた事例

⑥最判昭42.5.23裁判集民87号467頁
　弁済の事実を認めた原審の認定が書証の記載内容に照らし違法とされた事例

⑦最判昭42.12.21裁判集民89号457頁
　協定書，契約書があるにもかかわらず，その記載内容が具体性を欠くとして，漁業被害等について補償契約の成立を認めなかった原審の判断が違法とされた事例

⑧最判昭43.8.20民集22巻8号1692頁
　契約書の記載から土地の数量を指示した売買と認めた原審の認定が違法とされた事例

【書証と事実認定に関するその他の参考裁判例】

⑨最判昭44.9.11裁判集民96号497頁
　被告名義の契約書等により被告を不動産の買主と認めた原審の認定が違法とされた事例

⑩最判昭46.3.30裁判集民102号387頁
　弁済の事実を認めた原審の認定が領収書の記載内容及び体裁に照らし違法とされた事例

⑪最判昭47.3.2裁判集民105号225頁
　国の職員が作成した売買契約に記載されていない特約を認めた原審の認定が違法とされた事例

⑫最判昭62.12.11判時1296号16頁（門口正人「最高裁民事破棄判決の実情(2)──昭和62年度」)
　抵当権設定契約書，委任状に押捺されている印影が本人の印鑑証明書の印影と同一であるとの鑑定結果に基づき，抵当権が本人の意思に基づき設定されたとの原審の認定が違法とされた事例

⑬最判平5.7.20判時1508号18頁（瀧澤泉「最高裁民事破棄判決の実情(2)──平成5年度」)
　消費貸借契約等の各契約書の連帯保証人欄の被告名下の印影が被告の印章によるものであることは当事者間に争いがないことから，いわゆる2段の推定により，同各契約書は真正に作成されたものと認められるとした原審の認定説示には，各契約書作成当時，出稼ぎにより自宅を離れていることが常態の被告が自宅に在宅中であったか否か，何らかの事情があって，被告が留守宅の妻に捺印を指示したものであるのか否かについて何らの言及がないとして，違法とされた事例

⑭最判平6.12.6裁判集民173号441頁
　根保証契約の保証限度額が明示されていなかったとしても，同時に根抵当権設定契約が締結されている場合は，根抵当権設定契約の限度額と同額であると解するのが相当であるとされた事例

⑮最判平7.5.30判時1554号19頁（井上繁規「最高裁民事破棄判決の実情(2)──平成7年度」)
　領収書等がないことを理由に，被告の預金口座から払戻手続をした現金を原告に交付したとの農業協同組合の職員の証言は信用できないとして弁済の事実を認めなかった原審の判断が，被告の預金払戻請求書があることなどからすると，同職員の証言は

第1章　書証を読み解く

信用できないものとすることはできないとして，違法とされた事例

⑯最判平11.3.9判時1708号38頁（生野考司「最高裁民事破棄判決の実情(2)——平成11年度」）
　有限会社の社員持分権を原告に贈与する旨の念書（ワープロで作成され，作成者の記名押印がある。）について，念書とその作成者が入院していた病院職員の証言によって贈与の事実を認めた原審の認定が，念書の体裁や病院職員の供述内容に照らし，違法とされた事例

⑰最判平11.4.13判時1708号40頁（生野考司「最高裁民事破棄判決の実情(2)——平成11年度」）
　領収書，和解契約書等があるのに，信用状開設を解消していないこと，領収書の金額と振り出された小切手の額面金額が異なっていることなどを理由に，弁済の事実を認めなかった原審の判断が違法とされた事例

⑱最判平14.6.13判時1816号25頁（杉原則彦「最高裁民事破棄判決の実情(2)——平成14年度」）
　関係者の供述のみに基づき，保証書及び保証委託契約書の記載等に反する認定をした原審の判断が違法とされた事例

第2章 報告文書の光と影

ゲスト　内田　実
解題　加藤新太郎

[目　次]
1　はじめに
2　証拠方法としての報告文書
3　報告文書を読み解く
4　陳述書の作成
5　陳述書作成の時期と立証活動
6　陳述書の証拠調べ
7　陳述書の証拠評価と反対尋問
8　陳述書を読み解く
9　むすび

第2章 報告文書の光と影

解　題

1　証拠方法としての文書

　文書は，処分文書（処分証書ともいう）と報告文書（報告証書ともいう）とに分けられる。第1章では，契約書，手形，遺言書など法律行為がその文書でされる処分文書の読み取り方に焦点を当てた。これに対して，本章は，報告文書の証拠評価に光を当てる。報告文書は，処分文書以外の作成者の見聞，判断，感想等を記載したものであるから，広範なものが含まれ，例えば，商業帳簿，診療カルテ，診断書，日誌，日記，議事録，手紙，電子メールなどが，これに当たる。

　報告文書も，作成名義人の意思が表明されていて初めて証拠価値をもつものであるから，処分文書と同様に文書作成の真否は問題となる。報告文書の成立の真正が認められると，文書作成者が過去の一定の時点において，ある事項について一定の認識・意見・判断をもっていたことが，動かすことができない形で確定されることになる。もっとも，何らかの理由で虚偽の事柄を書き付ける報告文書もないとはいえない（その例として，【エピソードⅠ-1-4】実体のない1,400万円の領収書）から，その記載内容が真実のことといえるかどうかは，さらに検討が必要である。そして，間違いなさそうだという心証が形成できる文書は，証拠価値が高いということになる。

2　報告文書の読み書き

　報告文書は，処分証書に比べて証拠価値が落ちるといわれることがあるが，その文書の作成者，作成時期，文書の内容・性質などによって，その証拠価値は大きく異なる。例えば，公証人による確定日付，公務員によって作成された証明書，業務の通常の過程において作成された商業帳簿，官公署の受付印，郵便局作成の配達証明等の送達報告書の記載などは，文書の性質等から類型的に証拠価値が高い。ただ，業務の通常の過程において作成されるはずの看護日誌などについても，何らかの理由による虚偽記載や改ざんがあり得ることに注意しなければならない（【エピソードⅠ-2-1】虚偽記載のあった看護日誌）。

　また，弁済の有無が争点の事件において，①債権者が弁済を受けた直後に作成した領収書と，②弁済から数年後に債務者自身が弁済したという事実を記載

した陳述書とは，いずれも報告文書であるが，経験則上，①の文書の方がはるかに証拠価値が高いといえる。作成時期は，証拠評価の上で重要である。

本章は，内田実弁護士をゲストに迎えて，報告文書を中心として，その諸相と証拠評価の在り方について，意見交換するものである。これまで，実務上登場してはいるが，議論の俎上に載ることの少なかった電子メール，録音テープの反訳書，専門文献，新聞・雑誌の記事，ビラ，統計資料・データなどについても話題にしているところは参考になろう。

3　陳述書に関する論点

人事訴訟や労働訴訟などで陳述書が使われることは従前からみられたが，それを意識的かつ効果的に利用していく手法は，1980年代以降のいわゆる審理充実プラクティスの中で登場した。当初は，直接主義との関係などから懐疑論もみられたが，陳述書の内容も工夫され，陳述書の提出を前提とした尋問の仕方などの改善などもあり，次第に一般化し，いまや，実務に定着したものになっている。陳述書は，ここでは「当事者その他の訴訟関係者の陳述内容を記載した書面であって当事者が裁判所に書証として提出するもの」として議論される。

二弁の民事訴訟改善研究委員会「陳述書に関する提言」（判タ1181号31頁）は，現在の実務における陳述書の問題点を明示しているものである。これは，陳述書利用における基本原則として，①口頭主義の堅持，②信義誠実・公正原則の適用，③陳述書は後に尋問が行われることを前提とする（反対尋問必須論）を挙げている。具体的には，集中証拠調べの活性化のため，争点について十分な記載のある陳述書の提出が必要であるとして，主尋問代替・補完機能，反対尋問準備機能の充実を提言する。これは，争点中心審理を目標とする平成民事訴訟法について1つの見識を示すものといえるが，争点整理目的の陳述書は適当でないとする点は議論の余地があろう。もう1つの問題は，反対尋問必須論である。というのは，現在の判例理論は，「①訴訟提起後に作成した文書でも証拠能力はある，②その証拠価値の評価は自由心証の問題である，③陳述書もそれに該当する，④したがって，反対尋問によりテストされることで証拠価値

第2章 報告文書の光と影

が増減することは一般論としてあるとしても,反対尋問をしないからといって証拠として使えないわけではない」というものだからである。本章は,これらの点についても,意見交換をしている。

　陳述書の証拠評価は,それのみにより行うのではなく,他の書証,人証との関連で行うことになる。陳述書を瞥見しただけで,これでは証拠価値はないと思われるもの(例えば,【エピソードⅠ-2-15】**準備書面を「です・ます調」にしただけの陳述書**)もないわけではないが,さすがに最近では,そのようなものは減ってきている。可能であれば,本人でなければ語れない事情の披瀝を含む迫力ある陳述書を提出するのが,適切な立証活動であるが,これができる訴訟代理人こそスキルフルな弁護士であるといえよう。

1　はじめに

○**加藤**　研究会『事実認定と立証活動』の第2章は,「報告文書の光と影」と題して行います。ゲストに内田実弁護士をお迎えしています。

　内田さんに自己紹介をお願いします。

○**内田**　弁護士の内田です。研究会にお招きいただき,ありがとうございます。私は昭和49年に弁護士登録をしてずっと弁護士をしております。修習は26期です。現在は弁護士24人が所属する虎ノ門南法律事務所におります。平成7年から司法研修所の民事弁護教官を務めました。その後,平成13年9月から平成16年3月まで,法制審議会の臨時委員として,平成15年,16年の民事訴訟法などの改正に関与いたしました。

　今回は,弁護士として訴訟手続で接することの多い陳述書を中心に研究することになると伺っています。陳述書の在り方は従来より様々な意見があるところですし,私自身にとっても,普段あまり深く考えないで行っている実務を見直すよい機会と思って,参加させていただきました。どうぞよろしくお願いいたします。

2　証拠方法としての報告文書

○**加藤**　早速,本題に入ります。第1章では,処分文書を対象にしましたが,本章では,陳述書を中心にして報告文書に関して議論を行います。まず,報告文書一般について,その証拠方法としての位置付けなどから入っていきたいと思います。

　村田さん,お願いします。

○**村田**　それでは,説明します。

●**報告文書の証拠調べにおける位置付け**

　まず,書証の取調べの対象となる文書については,通常,処分文書(処分証書ともいいます)と報告文書(報告証書ともいいます)の2種類に分けられます。処分文書とは,これによって証明しようとする法律上の行為がその文書に

よりなされたものをいい，例えば，契約書，手形，遺言書，解約通知書などがこれに当たります。これに対し，報告文書とは，それ以外の作成者の見聞，判断，感想等を記載したものをいいます。これに属するものとしては，例えば，商業帳簿，診療カルテ，診断書，日誌，日記，議事録などがあります。本章のテーマである陳述書も分類的には報告文書の一種ということになります。

●形式的証拠力

通常は，これらの書証に記載されている内容に合致した事実があるという立証のために書証を用いるわけですが，書証を用いるためには，その前提として，その書証に形式的証拠力があることが必要になります。書証に形式的証拠力が認められるためには，ご案内のとおり，その成立が真正であると認められる必要があります。通説的な立場からいいますと，文書が真正に成立しているということは，挙証者が文書の作成者であると主張する者の意思に基づいて文書が作成されたことをいうとされています。書証を事実認定のために用いるためには，まず何よりも書証（文書）に形式的証拠力があることが前提となります。

●書証の特質

書証の基本的な特質について申し上げますと，書証は，文書に形式的証拠力がある，つまり書証が真正に成立したと認められると，処分証書の場合は，その作成者が過去の一定の時点において法律上の行為をしたこと，報告文書の場合は，その作成者が過去の一定の時点において，一定の事項について一定の認識・意見・判断などをもっていたことが確定されることにあります。証言は証人の現在の認識等であるのに対し，書証では，報告文書の場合であっても，通常は，過去の一定時点における認識等が動かすことができない形で確定されることになります。この点が，事実認定において，処分証書，報告文書を問わず，書証が重視される理由のひとつでもあります。

●実質的証拠力

さて，そこで書証に形式的証拠力があると認められると，次に問題になるのが実質的証拠力です。これは証明力あるいは証拠価値ともいわれます。契約書などの処分証書であれば，その契約書に形式的証拠力があれば，原則として，その契約書によって直接に何ら他の事実の認定を介在させなくても，契約書記載の内容の契約が成立したことを認めることができるとされています。このよ

うに，処分証書は，そのような契約を締結したことを誰かが報告する文書ではなくて，その契約書自体が契約締結という行為を表示するものであるところに特色があります。

●報告文書の証拠価値

これに対し，一般に，報告文書は，処分証書に比べて証拠価値はかなり劣ると考えられています。しかし，一概に報告文書とはいっても，その文書の作成者，作成時期，文書の内容・性質などによって，その証拠価値は大きく異なることに注意を要します。例えば，弁済の有無が争点となった事件において，債権者が弁済を受けた直後に作成した領収書があるという場合の領収書と，弁済から数年後に債務者自身が作成した，確かに弁済したという記載のある陳述書では，その証拠価値は大きく異なります。

ここで，少し話を先取りするようですが，まず陳述書というものはどういうものであるかについて若干の説明をしておきます。陳述書とは，当事者その他の訴訟関係人の陳述内容を記載した書面であって，訴えの提起に際して，または訴え提起後に裁判所に書証として提出することを予定して作成されたものをいうと定義しておきたいと思います。このような陳述書と，領収書とではその証拠価値は全く違うということは明らかです。領収書は弁済が行われた直後に債権者によって作成されたもので，作成名義人に不利益な事実が記載された書面であって，特段の事由がない限り，これをもって弁済の事実は証明されたということができます。これに対し，陳述書は，弁済の数年後に債務者自身が紛争が生じた後に作成したものであって，作成名義人にむしろ有利な事実が記載された書面ですから，通常の場合，それのみでは弁済の事実が証明されたと扱うことはできないということになります。

後に議論されることと思いますが，特に，訴訟において当事者が強く争い，主張立証を尽くそうとしている争点，いわば真の争点となっている事実について，当事者あるいは訴訟関係人によって，紛争が生じた後に，訴訟提起後あるいは訴訟提起の直前に作成された陳述書等の書面は，それが信用できるということについて特段の事由がない限り，その証拠価値は一般にかなり低いものと考えられています。

報告文書の中でも，特に陳述書につきましては，一般にこの信用性が認めら

れる特段の事由をどのように考えるか，当該作成者の人証調べ，特に反対尋問の実施あるいは反対尋問の機会の保障を陳述書の証拠としての許容性あるいは信用性を認めるための絶対条件と考えるのか，あるいは絶対条件とは考えずにそれ以外の証拠方法等によって信用性を肯定することも認められるのか，どのような場合に当該作成者の人証調べを条件としないでその信用性を認めてよいのかということなどが問題となると考えられています。

　報告文書につきましては，公証人による確定日付，公務員によって作成された証明書，業務の通常の過程において作成された商業帳簿，官公署の受付印，内容証明郵便の郵便局長作成の証明文，郵便局作成の配達証明等の送達報告書の記載，行為当時あるいはその直後に作成された領収書，受領書など，文書の性質等から類型的に証拠価値が高いと考えられているものもあります。しかし，これらを除きますと，報告文書を事実認定に用いる場合には，一般にそれが形式的証拠力をもつものであっても，その証拠価値について慎重に判断することが求められるとされています。

○**加藤**　陳述書も含めて報告文書全般に関して，その証拠調べ，事実認定上の位置付けについてお話しいただきました。これを頭に置いて，実際に弁護士の立場から事件を受任した場合に書面，その中でも報告文書をどのように使うかというところからお話を聞いていきたいと思います。

　馬橋さんいかがでしょうか。

●**弁護士から見た報告文書**

○**馬橋**　いま，いろいろお話をお聞きしましたけれども，まず我々が最初に依頼者から相談を受けて，この問題をどう処理しようかというときに，処分証書があることは弁護士にとっては方向性を決める上で一番ありがたいことです。しかし，処分証書がない場合，あっても，処分証書が不完全なものである場合には，他の処分証書以外のいまおっしゃったような報告文書に属するような文書をまず探し出します。本人に持ってこさせる，あるいはこちらから指示してこういう文書はないのかという形で探させることによって，何とかこちらの主張を立証しようと努力するという過程が，まずあるかと思います。

　これは報告文書の中でも現在の時点よりも以前に作られたものという意味での報告文書ですけれども，それをどういう形で探し，他の書証とどう結びつ

けていくか，そしてどう事件を組み立てていくかというのが弁護士の1つの大きな最初の仕事ではないかと思います。ただ，これだけをやってまいりましても訴訟の進行等の中では，その書証と書証を結びつけることがうまくできなかったり，あるいはその書証が作られた状況等がきちっと説明できないというような場合も多々あります。そのような場合は訴訟の中で報告文書を作ることによって，そこの書証と書証の間を繋いでいくこともあると思います。そして最後には証人尋問を予定されたといいますか，証人尋問用に準備された，いまお話に出た陳述書があるかと思います。

　ただ，私どもが思いますのは，最初に事件を聞いて，依頼者から話を聞きます。それから訴訟の進行に従って話を聞いていく，「相手の主張はこうだけれどもどうなんだ」と聞いていく。そしてさらには，いざ陳述書を作るためきめ細かく事情を聞く段になってまいりますと，本来ならば最初に全部きちっと聞いていなければいけないのかもしれませんけれども，こちらがそれだけの力がないのかあるいは依頼者側も自分に不利なことをいわないのか，そこは両方あると思うのですけれども，やはり依頼者の主張なりがだんだん変わってくるということもあるわけです。その動きをきちっと捉えながら，主張なり立証なりをしていくかが訴訟代理人としての苦労ではないかと思います。

○加藤　依頼者に関係の書面を持参させた場合，それが相談の前に作成されたもので，その書面自体から作成状況が分かるというものであれば，事案の解明にも意味があるでしょう。そうした書面がない場合には作成状況を明らかにするような陳述書を作り，さらには人証で補うことにより争点を証明するというプロセスになるのですね。依頼者の言い分，主張をどの段階でどこまで聞き出すかという問題と，それを代理人としてどのように裏付けとなる書面で押さえていくのかという問題があると伺いました。

　内田さん，いかがでしょうか。

○内田　いま，馬橋さんもいわれた作業は私も大体同じですが，紛争になっている事柄には，処分証書が存在しない，さらには，双方の言い分を裏付ける書面がほとんどない，という事件が意外と多いと思います。だから紛争になるのかもしれませんが。

　また，文書と依頼者の言い分との関係は，なかなか面倒なものもありまして

例えば売買契約の成否が問題になっているケースで，処分証書である売買契約書はあるのですが，依頼者は，これは形式だけのもので本当は違うのだということがあります。それではあなたの言い分を証明できる書面はないのですか，と尋ねますと，当時作った念書が残っていて，そこには，「売買契約書は形式的なもので実際は売買をする意思はありません」と書いてあるとします。依頼者は念書がありますから大丈夫ですよね，といいますが，なぜこのような覚書があるのかを説明する必要があります。この主張を組み立てて裁判所に理解してもらうとなると，処分証書と報告文書のぶつかり合いみたいなことになって，念書という報告文書に依拠した，立証が難しい事件になるわけですね。依頼者の言い分を陳述書で補うとしても，果たして十分納得のいく説明ができるかどうか，こういうときの事情聴取というのは，神経を使う非常に難しいものになります。有利不利は別として何か他の文書はないですか，と依頼者に調べてもらったところ，同じ報告文書でも売買代金の領収書があったりすると，さらに話はややこしくなります。そういう意味では，処分証書の内容を否定する依頼者の話があって，それに沿うような報告文書が多少あるというような事件が，弁護士としては最も難しい事件のひとつであると思っております。

○加藤　須藤さん，コメントをお願いします。

●実務で問題となる報告文書

○須藤　報告文書についてみると，最近の実際の訴訟では，陳述書以外にもメールをプリントアウトしたものとか，それから直接ではないにしても多くの専門訴訟で書証という形でいろいろな文献が出てきていますので，これらをどう扱うのがいいのかという問題があると思います。また，新聞や雑誌の記事や統計資料もしくは統計を解析したものなどが書証として提出されることもありますので，こういったものについてもどう考えるのがよいのかという問題もあると思います。今回は，陳述書をめぐる議論が中心ですが，これらの点についても少し議論ができればいいかなと思いながら聞いておりました。

3　報告文書を読み解く

○加藤　最近使われる報告文書で主要なものを挙げてもらいました。陳述書の

議論の分量はかなり大きくなると思いますので，ここでその他の報告文書についてざっとさらっておきましょうか。

【エピソードⅠ-2-1】虚偽記載のあった看護日誌

例えば，私の経験ですが，医事関係訴訟で証拠として提出されていた看護日誌に虚偽記載があったことがありました。看護日誌などは，先ほどの村田さんの説明がありましたが，業務の通常の過程において作成されるものですから類型的に証拠価値は高いという位置付けがされるものだと思います。したがって，その記載を前提に事実を認識していくことになるわけです。しかし，このケースでは，人証の証拠調べ前の弁論準備手続期日で，被告の医療機関側の訴訟代理人から，「実は，直前の証人尋問の打合せの時に，看護日誌に虚偽の記載がされていたことが見つかりました。どうして虚偽の記載をしたかというと通常その病院の中でしなければいけないと決められていたことを看護師がしていなかったので，看護師長はそれはまずいと考え，実際とは違う記載をしたことを白状しました」ということを打ち明けられました。このケースではそういうことであるから尋問もやめて，和解をしたいということになりました。そうした経験がありますが，これは弁護士に功績があるといえるでしょう。被告の弁護士が，証人予定者と裏付けとなる資料を確認しつつ，打合せをする中で看護師長にぎりぎり聞いてみたところ，どうもつじつまが合わないところがあるということから，虚偽記載が発覚したわけです。弁護士の事前準備が適切であったために，裁判所で嘘をつくことがなくなったと受けとめたケースでした。

須藤さん，そのようなエピソードはありますか。

●電子メール文書の問題点
【エピソードⅠ-2-2】情報が断片化されているメール

○**須藤** 先ほど述べたところに関連していいますと，まずは，メールですね。これは，最近よく書証として出されるわけですが，メールは，情報の断片化が著しいという傾向がありまして，1つの文書としてプリントアウトされたものだけを読んだのでは意味が分からなかったり，誤解を生じるおそれが少なくないのではないかと感じております。事件の全体像を理解するには，やはりそれなりの一定のまとまりのものを出してもらわなければいけないと思うのです

が，そうしますと，今度はものすごい分量になってしまいまして，実際問題として，非常に読みにくくなってしまうのですね。この辺りをどうしたらいいのだろうかという悩みがありますね。

　それから，メールのもう1つの問題点は，メールでは，情報が瞬間的に交換されていることが多いので，内容が非常に瞬時性をもったものになっているのですね。瞬時性というと，何かタイム・ラグがない優れた情報という感じをもつことがあるのですが，実際はそうではないのですね。情報の断片性とも関連しているのですが，前に打ったメールの内容と，次に打ったメールの内容が全く逆になったりしているものもありまして，注意が必要なのですね。例えば，前のメールで提示された条件などが，後のメールでは撤回されていたり，さらに，その撤回自体が撤回されていたりすることもありまして，一定のメールだけでは，こういった流れがうまく把握できないこともあるのですね。自分に都合の良い部分だけを書証として提出することが容易である，つまみ食いが簡単に可能になっている，というところに危険性があるということを意識して読み解かないといけないと思います。

【エピソードⅠ-2-3】過激な表現になりがちなメール

　それから離婚事件などでも関係者で交わされたメールがよく出てきます。例えば，夫が不倫相手の女性に出したものや，不倫相手の女性から夫に来たもの，さらには，不倫を発見した奥さんが相手の女性に出したものなど，実に様々な種類のものがありますが，共通の特徴は，いずれもその記載内容が非常に過激なものになっているという点ではないでしょうか。愛情表現は当然ですが，奥さんが相手方に出した非難の内容なども，相当過激なものになっておりまして，これらを前提にして心証をとったりしますと，非常に大変な事件になってしまうという感じがいたします。特に，男性は，本音では奥さんとの関係を壊すつもりはなかったり，奥さんに未練は残っているのに，相手の女性の気をひくために，メールでは全人類の中で自分が愛しているのは相手の女性だけだというような歯の浮くような内容のメールを出したりしているのですね。いいのか悪いのか，問題はありますが，そういったものだけを信用して慰謝料などを決めていいのかなということを感じたりしますね。

○**加藤**　メールについては，馬橋さん，内田さん，何かコメントがありますか。

○**内田** メールが相手方から証拠として出されたケースがありますが，多くの場合，断片的にしか出てこない。そうすると反論する方も，そのメールの存在を認めるのか，その形で存在したことを認めるのか，といった出発点から検討せざるを得なくなります。一部しか出されない証拠にケチをつけるのは簡単なのですが，正面からの反論ができるか否かを考えますと，やはりメールを全部出してもらうしかないと思います。片や，メールを証拠として出す立場からしますと，やはり全部続けてきれいに出して，それについてきちんと説明をして，全体の流れが分かるようにしないと，本当の意味で裁判所に理解してもらえないのではないかと思います。ただ，やりとりの全部を出して説明するのは大変ですね。どちらにしても，提出する側もされる側も，負担が大きい証拠だと思います。

○**加藤** メールはリアルタイムで作られたものですから，後から作成する文書よりは信用性は高いといえます。全く虚偽のメールを作成・提出するケースも絶無ではないでしょうが，そのようなものは別として，通常のメールは実際に「その時点でそのようなやりとりをした事実」は認定できるわけで。しかし，確かに断片的なメールの提出により操作できるところはかなりありますね。

村田さん，どうですか。

●**メールを書証とする場合の注意点**

○**村田** メールについても，基本的には紙ベースの手紙と同様に考えてよいと思いますが，メールの場合には，アドレスとか日時とかそういう付属的な情報をも入れてもらわないと，実際の作成者や相手方，作成日時，前後の脈絡などが分からなくて苦労することがあります。メールの作成方法も，前の着信分を下に残しておいてその上に新たに文書を打って送信するという方法と，下の着信分は削ってしまって必要な部分だけを送信するという方法がありますが，メールを書証として提出する場合には，できる限り，生の形で文書全体を提出してもらうということも大切であろうと思います。また，一方当事者だけがメールを保存していて，相手方は保存していないという場合もあります。このような場合に提出者に都合の良いように取捨選択されてしまうと，事実認定を誤ってしまう危険性もありますし，かえって，提出されたメールでは前後のつじつまが合わなくなり，提出者側の主張等の信用性に疑念をもたれるというこ

ともありますので，その辺りも注意しなければならないと思います。
○加藤　最近は契約責任でも契約締結上の過失などの構成で，契約交渉をしている段階での当事者間のやりとりを出して，信頼させたのはどちらに責任があるのかという争点になるケースもありますから，メールなども証拠で出てくるようになっていますね。
　須藤さんはメールについては，全体的に信用価値，証拠価値は乏しいという見方ですか。
○須藤　いや，一般論としていえば，メールは，偽造でない限り，その当時に作成された文書であり，価値は高いのですが，先ほどお話ししたように，瞬時性のある情報で，内容的にも断片化されていたり，誇張されていたりしますので，そういう弱点もあるということをよく意識して，それが他の証拠などと矛盾がないかどうかを十分に検討しないといけないということを言いたいわけです。
○加藤　つまみ食いをするような形ではまずいということですね。

●録音テープの反訳書

【エピソードⅠ-2-4】録音テープもつまみ食いは厳禁
○須藤　つまみ食いという点では録音テープの反訳書にも同じような問題がありますので，触れておきたいと思います。最近はほとんどの電話に録音機能が付いていますので，実務では，電話での会話を録音したものもよく出てきますね。特に先物取引や証券取引の場合などには，会社の方はだいたい録っていますし，顧客も録っていることが少なくありません。ところが，反訳して書証で出されると，これが案外，矛盾していることがあるんですね。双方が都合のいいところだけを，つまみ食いで出しているわけですね。ですから，こういう電話などを録音したテープ等を反訳したものについては，やはりひとまとまりの全体を出してもらわないといけないと感じています。それから，電話での会話ですので，肯定なのか，否定なのか，語尾などがはっきりとしないときに，自分の都合の良いように反訳されていて，ちょっとニュアンスがずれてしまっていると感じることもあります。その辺りにも注意が要るのではないかと思います。
○加藤　語尾があいまいにしか聞きとれないのであれば，その事項が話題にはなったけれども，結局，どのようなやりとりかは認定できないということにな

るでしょうね。

　文献については，いかがでしょうか。

●医学文献の注意点

○**須藤**　文献については，特に医療訴訟で相当数の文献が双方から提出されますけれども，その読み方によっては判断を誤る可能性も出てくるのではないかということが気になっています。なぜ，こんなことを考えているのかといいますと，実は司法研修所での裁判官の研修で医療訴訟関係の研修もやっておりまして，大学病院の先生方といろいろお話をする機会に恵まれるわけですが，その中で，お医者さんの考えている医学文献の理解と，私たち法律家の考える医学文献の理解がずれているのではないかということを感じているからなのです。

【エピソードⅠ-2-5】陳腐化しやすい医学文献の限界

　4点ほど申し上げますが，第1は，医学の進歩が著しいため，旧い文献に書いてあることは，実質的に相当ではないことも少なくないということですね。先生方とお話をしていますと，5年ぐらい前の文献は，現在もその記載内容が有効か否かを確認しないといけないということをおっしゃる先生が多いんですね。極端な例では，5年以上前にやっていたような治療法が現在では間違いだとされている場合もあるとおっしゃるんです。それが裁判になると，昔の教科書から論文から，もう量で勝負という感じでたくさん出されてきて，裁判所は，どれが適切な内容なのか必ずしも正しく判断できませんので，どうしても同じことが書かれている文献が多いとそれに引っ張られる傾向がないわけではないように思います。もちろん，お医者さんから，それは違うといってもらえばいいのですが，先生方は，案外，裁判官は当然に分かってくれていると考えていて，はっきり指摘しないことも少なくないようなのですね。気をつけないといけないと思います。

【エピソードⅠ-2-6】理想を求める文献と現実の医療体制のギャップ

　第2は，特に医学の教科書がそうなんですが，教科書の記載は，現実の医療体制上の問題点，お医者さんの数や看護師さんの数，それから病院の物的な施設など諸々の具体的な条件を考慮せずに，例えばこういう病気ならこういう診断方法や治療法があり，こうすべきだという形で書かれているわけですね。つ

まり最善は何かという観点から書かれていますので，実際には，人的，物的な条件が整っていないために現実性のない選択肢にすぎない場合もあるということを意識しておかないといけないと思います。

●医師と法律家との言葉の壁

　第3は，医療文献の記述の仕方の問題です。第2の点とも関連しているのですが，お医者さんは客観的に最善の治療は何かという観点から考えていますので，自分が最善のものと考えなければ，そのような治療法は適切ではないとか，好ましくないという表現をすることも少なくないようです。私たちは，そういうものを読むと，権威者が好ましくないといっているのだから，そういう治療法などを選択すると，何となく違法じゃないかと考えやすいわけですね。ところがお医者さんは全然そういう目で見ていないんですね。幾つかある選択肢の中で，できればこっちがいいという程度の意味にすぎないというのですね。法律家のように違法と適法の問題を厳密に考えて記載されているわけではないというところも，十分注意して読み解かないと，誤解が生じるということを感じています。

　第4に，医学の研究論文に関する問題です。

【エピソードⅠ-2-7】先端的研究論文の受け止め方

　お話しをしていますと，多くの先生方が，医学の分野も専門領域が非常に細分化されていて，おびただしい研究論文が出ているので，医者だからといって関連の文献を全部読んでいて当然というのは不可能を強いることだというのですね。しかも，例えば，腎臓の専門家といっても，腎臓の部位によって専門が異なると考えられているようでして，本当に最先端の研究論文は，書いた人と日本でいえば数人の専門家しか是非が判断できないものもあるようなのですね。したがって，専門分野の研究論文があるといっても，そのことから直ちに一定の注意義務を導き出すのは危険な場合もあるということを理解しておくことが大切だと思います。

　それから，日本語の研究論文で重要なことが書いてあるとすれば，それは必ず先に英文の論文があるはずだそうです。最初に英語で考えて書いていて，日本語の文献は英文から訳されているので，日本語の表現が必ずしも適切ではない場合には，英語の文献でどういう表現がなされていて，どういう資料が使わ

れているのかを確認した方がよい場合もあるようです。

　また，著名な雑誌に研究論文として載っているような内容は，その当時としては一般性がないからこそ研究論文として意味があるという問題もありますね。つまり，新規性があるとして掲載されている研究論文は，逆にいえば，当時としては一般性がないことを証明しているわけで，その論文があることによって一般的な注意義務を設定するというのは実は誤りに近いのではないかという問題ですね。しかも，新規なものは，その当時，研究結果について追試がなされていないので，本当に有効な治療法かどうかすら分かっていないことも少なくありません。

　医学文献は，その重要性にもかかわらず，以上に述べたような意味で様々な制約があるわけですが，私たち法律家は，それらのことをあまり考えずに，この時点でこういった文献が出ている，したがって，この程度の注意義務はあるはずだという組立てになりがちなのです。医療文献を読み解く際には，それでいいのかどうかということを自覚的に考えて判断しないといけないということを感じている次第です。

○**加藤**　専門訴訟の領域で文献が書証として提出された場合における，その文献の位置付けの問題，表現とその読み取り方の問題，さらには研究論文，中でも先端的研究の受け取り方の問題を指摘していただきました。特に，医学文献の中で「何々は好ましくない」という言い方は，選択肢のひとつとして，その優劣を述べているだけであって，一定の基準枠からはずれた意味での「まずい」という意味を込めているわけではないという指摘は新鮮です。リスク対応の中での表現方法について，医学というディシプリンの中で，その意味合いをきちんと受け止めることが求められるのだろうと思います。

　また，先端的な研究論文に対するスタンスに関しては，実体法的な枠組みとしての医療水準論があるので，それがうまく機能すればいま，須藤さんが指摘した懸念はなくなるはずです。しかし，実際には医療水準論が適切に機能する保障はないという懸念かと思うのですが，これらの指摘についてはいかがでしょうか。

○**馬橋**　文献を近頃よく出してくる訴訟代理人がおります。私が困ったのはその代理人自身が書いた著書を書証として出してきた人がいたことがありました

第2章 報告文書の光と影

が……。確かに私どもは文献が提出されましても，提出者側に有利なことが書いてあるのだろうと思い込んでしまい，あまり深く読み込まないこともあります。しかし，文献が果たして現在やっている事件とどういう関連性があるのかとか，全体的にどういう立場で書かれているのかということを，やはりきちっと把握しなければいけないのだろうなと感じます。もしかすると，自分の方に有利な記述もあるかもしれません。特に一部のみが提出されたときは注意が必要です。

　それから例えば，建築関係の行政事件ですと中央官庁から出版されたような本を出すことがあります。しかし，それは単なる説明程度にしかならないのではないか，具体的な処分行為の違法性のないことの立証までにはならないのではないかという懸念を常にもっています。ただ依頼者の方ではそういうものを出したがるというところはありますね。

【エピソードⅠ-2-8】バックグラウンドにすぎない文献
○**加藤**　私が経験したケースでは，フランチャイズ契約にまつわる訴訟でコンビニの案件でしたが，『コンビニ・フランチャイズの闇』（仮名）という単行本を丸々1冊書証として提出されたことがあります。その本は，「コンビニ業界においては，フランチャイザーがフランチャイジーを収奪している」という論旨のノンフィクションでした。弁護士としては，そこから「本件でも，フランチャイザーがひどい」という事実を立証するつもりなのです。そのケースでは，それ以外には，本人尋問以外にほとんど個別の立証はしませんでしたが，こうした文献の使い方はあまり意味がないわけですね。せいぜい，「その業界について，このようにみている意見がある」というバックグラウンドにすぎないもので，当然のことですが，その内容の当否・信用性という問題もあります。そのようなことから，一般事件と専門訴訟では，文献の位置付けが相当に違うように思いますが，いかがですか。

【エピソードⅠ-2-9】国際標準から反証した振動障害の文献
○**内田**　もう30年も前の，私が弁護士になった頃の事件なのですが，振動障害，バイブレーションシンドロームの事件の代理人をしたことがあります。振動を伴う機械を輸入した会社が依頼者で，被告として製造物責任を問われたケースです。相手方から振動障害の医学文献がたくさん出てきました。それらは，主

としてロシアにおける振動障害の研究論文でして，それを読んで，何人かの研究者に聞いたりしたのですが，どうも欧米の考え方と違う印象がしました。それで，少しずつ欧米の文献を被告側で集めてみましたら確かに考え方が違う。ところが日本語に翻訳されているのはほとんどロシアの文献でした。そこで，立証をどうするかということになり，欧米の文献を翻訳して提出するだけでは足らず，結局，欧米から証人を呼んできて1週間かけて尋問をしました。いまはそうでもないでしょうが，当時，一般事件を扱う我々は素人なので，医学文献などが出てくるとすぐ納得してしまうのです。日本語の文献がそれしかないと特にそうですね。しかし先ほど須藤さんがおっしゃったようにそれほど簡単ではなくて，それも時間的なずれとか，地域によって研究の受け止め方が違うとか，いろいろ問題がありそうでして，当時は非常に勉強になったことを覚えています。

○**加藤** 振動障害というのは白ろう病ですか。

○**内田** そうです。当時は社会問題にもなっていました。

○**加藤** 国際標準をもって反証した事例ですね。

村田さん，いかがですか。

●**医学文献を書証として提出する場合の注意点**

○**村田** まず，医学文献につきましては，確かに大量の医学書が原告から取捨選択されないで提出されることも多いように思います。これに対し，被告の方は専門家で，もともと医療機関ですから，ある程度スクリーンをして，この事件ではこの文献ですということで限定して提出されることが多いように思います。原告側としては，やはり自分に有利なものは取りあえず提出しておきたいということでしょうから，心情的には理解できないではないのですが，時として提出された各種文献の記載中に矛盾・抵触する記載があって，これをどのように解するべきかが明確でない場合もありますので，医学文献を書証として提出する際には，このような点についても事前に十分に吟味検討しておく必要があるように思います。

また，専門訴訟につきましては，原告から提出された文献については被告の方にじっくり読んでもらって問題点を指摘してもらい，被告から提出された文献については原告の方でチェックして問題点を指摘してもらうということにな

ります。しかし，そのような争点整理が行われても，まだ提出された各種文献の記載内容やその射程範囲などがよく分からないという場合には，争点整理のために専門委員を選任して各種文献の射程範囲等を確定していくことも必要であろうと思います。

○**加藤** 専門訴訟の場合には，特に医学文献などについては須藤さんが指摘されたような点は被告訴訟代理人がきちんと反駁をして，裁判官に対して注意を喚起することが，現在の民事訴訟手続の中では期待されているところなのでしょうね。

●**医学と法律家との相互理解はまだまだ低い**

○**須藤** いまおっしゃったとおりで被告側からチェックされるということもありますけれども，ただ，いろいろ見てみますと，被告の代理人もある程度専門にやっている人もいれば，そうじゃない人もいるのではないかと感じます。その辺がちょっと難しいところかなと思います。

それから，先ほどお話ししたように，お医者さんと話をしていますと，実はこちらが思っている以上に，法律に対して自分は素人だという気持ちをおもちのようで，例えば，病院の顧問の弁護士さんなどがこうしましょうというと，「いや，それは古い文献なんですよ」などということを言ってはいけないように誤解しているのではないかと感じることがあります。これは裁判所というよりは代理人の問題なんでしょうが，もう少し病院の実状を踏まえた代理活動というものが必要なのではないかと（笑），そういう感じを実は抱くことがございます。

○**加藤** なるほど。

●**医学文献を提出することの新たな位置付け**

○**村田** 先ほども原告と被告とで立証のスタンスが違うというようなことを申し上げたのですけれども，原告側にしてみれば，当時の医療水準がどうであったかは別にして，最善の，いわば最高水準の医療としてはこのような治療の方法があったにもかかわらず，そのような最善の治療が行われていないのではないかとの思いから，最新の，しかも高水準な医療機関向けの医学文献を提出して，「だから被告の治療行為は不適切であり，過失があるといえる」と主張するようなことがあります。それに対して，被告は，医療水準論の観点から，「当

時の医療水準等からすると，原告の主張するような治療行為をすべきであったとまではいえない」と反論することがあります。医療関係訴訟における，このような主張立証活動の在り方は，仮に，本来的には被告の主張の方が正当であるとしても，当該訴訟の意義や効用，原告側の納得ということを考えますと，原告による最新文献等の提出は訴訟上無意味であるというわけではなく，むしろ，それは納得のいく裁判の実現という意味で必要な手続過程といえる場合もあるのではないかと思います。したがって，そのような文献は一律に提出すべきでないとするのでなく，提出してもらった上で，裁判手続の中で十分な吟味検討を行うことが大切なこともあるのではないかと思っています。

○加藤　目的意識をきちんと頭に置いた上での文献提出であってほしい，その上で必要な議論を展開してほしいということですね。

○村田　はい。

●新聞・雑誌の記事について

○加藤　学術文献以外のものも新聞，週刊誌の記事などがありますが，これは須藤さんいかがですか。

○須藤　新聞や週刊誌の記事は，事件では，背景事実や関係事実の立証として出てくることが多いのですが，本当に信用できるのかどうかが裁判官からすると問題ではないかと思います。

　新聞記事は，客観的にいつ，こんなことが起きたというアウトラインでは大体正確だと思いますが，ただ，その時にどういうやりとりがあったかなど細かな点になりますと，限界があると感じています。

　週刊誌の記事になりますと，これはもういろいろで，単なる噂を電話取材しただけで，しかも相手がこれに応じなかったりすれば，それだけで真実のように書いている事件も経験しましたし，私自身が関与した判決を批判している週刊誌の記事で，そもそも判決すら読まずに書いたとしか思えないものや，判決の認定事実を思いつきだけで批判しているものなどもありまして，ほとんど信用できないのではないかと感じたこともあります。その辺りをどこまで考えて書証としての提出を認め，また，読み解くのがいいのか，なかなか難しいですね。例えば，フランチャイズ契約などの不当性が問題になっている事案で，一般的にフランチャイズ契約の問題を指摘した本や他の当事者について書かれた

週刊誌の記事などを書証として提出して，この業界はこういう実状なんです，だから自分のところも同じような被害者なんですとか，もしくは違法なんですという使い方をするのであれば，それは立証としてはどうかなと思いますね。出す側も読む側も十分に検討しないといけないと感じておりますので，一言申し上げたわけです。

○**内田**　新聞もいろいろありますが，夕刊紙などはどうなのですか。

○**須藤**　いや，いや，あまりいいますと語弊もありますので，その辺は個々のご判断にお任せしたいと思いますが（笑）。

○**加藤**　週刊誌記事でも，取材チームを組んでやるような調査報道としての目的意識をもったものと単発的なものとでは自ずと違うという印象もあります。いずれにしても，個別性が強いのでしょうね。

○**須藤**　そうですね。

○**馬橋**　新聞や雑誌の記事に頼って主要事実あるいは重要な間接事情を立証しようとするのは本来の姿ではないと思います。それは名誉毀損のような事件は別として，いまいわれた例えば背景事情とかを新聞記事を使って立証するというのはあまり信用性のないことになるのではないでしょうか。私どももよく新聞で報道されたり報道してもらったりいろんな立場がありますけれども，これを証拠として出すことはしません。それはなぜかといいますと，やはりいまおっしゃったようにすべてが真実として書かれているわけでもないですし，真実であるかどうかは別の点で立証できているわけですから，かえって余計な情報を出すことになるというような感じがします。

○**加藤**　村田さん，いかがですか。

●新聞記事等と周辺事情との関係

○**村田**　私も，新聞とか週刊誌などを提出して，これで具体的な事実を認定してくれ，事実認定資料としてくれといわれると，それはいかがなものでしょうかと申し上げるだろうと思います。ただ，当事者の行状等に関してこのような記事があって，こういうような噂がありますよと，これでそのとおりのことがあったと事実認定してくれとまではいいませんが，こういう噂があることは知っておいてくださいということであれば，厳密に考えると，単なる事情に関する証拠ということになるかもしれませんけれども，他の証拠との関係等に

よっては，心証形成にも微妙な影響があり得るかもしれませんので，それはそれとして，証拠として排斥することまではしないように思います。

これに対し，ある新聞記事に争点事実に関する記載があるので，争点事実を立証対象として新聞記事を証拠として提出しますといわれた場合には，通常は新聞記事のみで争点事実が立証できるものとは考えられないので，他の立証方法も検討してくださいということになると思います。

●ミニコミ誌・ビラ・チラシについて

〇加藤　マスメディアの記事のほかに，ミニコミ誌とかビラ・チラシの類が書証として提出されることがあります。これらはむしろ個別性，事件との関連性が強いものが多いように思いますが，いかがでしょうか。

【エピソードⅠ-2-10】作成目的と全体の位置付けが不可欠な労働事件のビラ

〇須藤　私は，初任の時と，右陪席の時と，裁判長になってと，3回，労働事件の専門部・集中部の経験があるのですが，いつも当事者双方から大量のビラやチラシが書証として提出されるので，これをどう扱うのがよいのかについて，考えたことがあります。組合がビラでいろいろ書けば，会社は会社で社報などでいろいろ書いて，双方が自分に都合の良いことを書き合うのですが，これらも，結局は情報が断片的だったりしますので，それだけを読むともっともらしく見えるのですが，全体の中ではやはり適切ではない場合も少なくないのですね。つまり，1つ1つのビラやチラシや社報などの記事自体が間違いということは少ないように思うのですが，情報の一貫性という意味では，それだけに逆にかえって危険性もあるのではないかとの印象をもっていまして，メールほどではないのですが，全体をよく見通して理解しないといけないと思います。

例えば，同じ組合のビラやチラシでも，執行部寄りの人とそうでない場合とではやはり中身に違いが出ることがあります。会社でも，ずっと一貫して同じ内容というわけではなくて，前は実権を握っていたA専務がいったのでこういう内容，その後は社長派が巻き返して方針変更の内容ということもあるので，その辺りをきちんと見極めて読まなければいけないこともありますね。もちろん，ビラやチラシの中には全くガセネタというのもありますが，そういったものはすぐに分かるので実際には問題は少ないと思います。

第2章　報告文書の光と影

○**馬橋**　そうですね，労働事件というか労働委員会などの経験を踏まえてみますと，ビラは結構提出されます。ただ，そのビラの中には，当事者以外が作成に関与しているビラも結構あります。本来対象となっている組合はともかくもその上部団体の方から出されているビラ，そこで作成されたビラなどいろいろあるわけです。大体そういうのは会社側が組合側の姿勢を立証するために出てくるのでしょうけれども，いまおっしゃったようにどこが作成したのか，そしてどういう目的で作成されているのかというのは，やはりきちっと把握する必要があります。上部組合として一般に知らしめるため多少オーバーに書いている部分もあります。それを当事者である組合側そのものの姿勢であるというのはちょっと危険だと思います。

○**内田**　企業をめぐる争いなどでもよく作成者不明の怪文書が飛び交ったりしますね。紛争解決のためにこれをどう扱うかはよくある問題です。私はそういうのはもちろん訴訟には出さないのですが，ときどき相手方が書証として出してくる場合があります。作成者が分からない書証ですので，裁判所がこれを信用することはないと思ってはいるのですが，真実をついていると裁判官が考えないとは断定し難く，放っておくわけにはいかないときがあります。

　それとは別ですが，依頼者たる会社の社長とか専務を誹謗・中傷するような内容の陳述書が出てくる場合がありまして，内容が争点とは無関係に思われるときにも，これを真面目に相手にするべきかどうか，結構悩ましいことがあります。裁判所は，強く争わないと，認めたとはいわないまでも，何かまずいことがあるのではないかと思われる節がときどきありますので，真剣に争うべきかというので逆に悩んでしまうことはありますね。

○**加藤**　陳述書の問題は後で扱いますが，相手方を中傷する内容の陳述書に限って議論しましょう。

○**馬橋**　依頼者がそういう陳述書を表に出してくれという要求は大きいですね，だからそれをいかに押さえるかというか説得してやめさせるかというのは，苦労する点ではないでしょうか。

○**内田**　そうですね，押さえるのは大変ですね。

●争点と無関係な書証への対応

○**村田**　ビラとかチラシ，部内誌の問題については，立証対象との関係をまず

確定しなければいけないと思います。もちろん名誉毀損との関係では，こういうチラシを出したから名誉毀損だとか，あるいは雑誌記事も含めてここにこういう記載があるから名誉毀損だということであれば，それが非常に重要な書証になることはもちろんです。しかし，いまいわれている問題点は，名誉毀損に当たるかどうかではなくて，そこに書かれている事実が本当かどうかということですから，例えば，事件の要証事実に関することが書かれている，あるいは関連した記述があるという場合に，これを書証として用いることはどうかということだと思います。それが作られた段階を考えますと，ビラとかチラシに作成名義などがちゃんと書いてあるような場合には，仮にそれが事件が起きた直後に作成されたものであれば，その作成者の認識はそこで固定化できることになりますから，訴訟提起前後に作成された陳述書よりも，むしろビビッドな印象を与えることになります。それを信用するかしないかは別の話ですが，少なくとも作成者の認識はその後に書かれた陳述書よりは，より事実に近い認識であっただろうという推認といいますか，推定ぐらいは働かせてよいのではないかと思います。

●相手方を中傷する陳述書

　次に，強く争うべきか，争わないでもよいかという先ほどの点について，内田さんが述べられたのは，いわば誹謗・中傷が当該事件の争点とは全く関係のないものであるとはいえ，何となく，こちら側の悪性立証をされているようで嫌な感じを受けるということではないかと思います。それが作成名義がない文書の場合には，書証としての信用性を認められることはまずないでしょうが，感情的な部分や単なる誹謗中傷する部分は除いて，何らかの事実記載がある場合には，そのような文書等が出回っているということ自体が証拠の信用性に関する1つの補助事実，すなわち，いずれ人証調べ等をした場合の供述の信用性に関する補助事実となる可能性もありますから，争点と関係がないから強く争うのも大人げないという感覚はよく理解できますし，実際上も，いわゆる勝ち筋の当事者ほど，そのような立証に寛容な態度を採ることが多いようですから，そんなに目くじらを立てて争う必要まではないと思いますが，そのような事実はないという場合には，念のために争うという態度を明確にしておく方がよいように思います。そうしておけば，裁判所が争点に関係のない証拠から不

当な影響等を受けて，証拠評価を誤るという危険も減少するように思います。

しかも，提出された時点では，当該事件における真の争点とは全く関係のない証拠や，誹謗中傷といった類の証拠にみえる場合であっても，記載内容や，その後の主張立証の状況等によっては，他の証拠の証拠評価・信用性評価に関する補助事実になったり，間接事実の間接事実，再間接事実になったりすることもあって，争点に関する認定と全く無関係であるとはいい切れないということもあり得ますから，それが事実でないというのであれば，そのことを簡潔に明らかにしておく方が，裁判官もやはりこれは問題がある証拠・記述なのだということを意識して心証形成を行うことになりますので，良いのではないかと思います。

○**須藤** いまの点は，実は証人尋問の際に自ずと出てくることが多いのではないでしょうか。書面ではきちんとしていて大人しそうな感じをもっていた人が本当は品がなかったり，逆に書面では品がないのでないかと思っていた人がちゃんとした人だったりすることもあり，その辺は尋問の際にある程度は分かってくることが多いので，実際にはあまり問題はないように思います。もしも全然尋問の対象となっていないような人で，しかもある程度何かいっておかなければいけないようなレアケースであれば，その部分については何か別な報告書や陳述書でも出しておく必要があるかもしれないという程度ではないでしょうか。

○**加藤** 基本的に，争点に関わるかどうか不分明な，激昂したまま書かれた書面は代理人レベルで押さえることが相当でしょう。しかし，それでも押さえきれずに出てきた場合には，争点に関わる事項には否認なり反論をしておくことになります。争点に関わりがない事項については，ほっておいてもよいでしょうし，あるいは，そうしたものでも，準備書面に「争点に関わりないので，こちらは相手にしない」と応酬し，それなりのメッセージを送るという対応もよろしいということになるように思います。

●**統計資料・データについて**

続きまして，内容それ自体は比較的信頼度の高い統計資料等について，これはいかがでしょうか。

【エピソードⅠ-2-11】解析手法が異なると結論が違う統計データ

○須藤　私は，大分前に，いわゆる環境訴訟，公害訴訟といわれるものについて国の代理人をやっていたことがありまして，その時の経験なのですが，いろいろな調査結果が書証として出てくるわけですね。調査の際の生の数字だけを見ても，それが何を意味するのかはよく分からないことが多いのですね。そこで，書証としては，その調査結果を解析し，意味付けを与えたものが調査報告書として提出されることになるのですが，これが非常にもっともらしくできていて，あっ，そうか，と納得してしまいそうなのですが，訴訟準備のための勉強会などで専門の先生方にお聞きすると，「いや，手法を変えれば違う結論はいくらでも出るんですよ」とおっしゃる先生もいるんですね。私は，統計資料が出てくると，昔の経験がトラウマのように思い出されて，これは本当に信用していいのかどうかが気になってしまうのです。特にコンピュータの発達によって解析手法がますます複雑かつ高度化しているようでして，データの処理いかんによっては全く逆の結論が導き出せるというような話を聞くと，どうもすっきりしないといいますか，どう理解したらいいのか，個人的には懐疑的になってしまうことがありますので，付け加えておきます。

○内田　裁判ではないのですが，ついこの間まである中堅ゼネコンの更生管財人をしていたのですが，耐震強度が社会問題となった際に，耐震強度の解析の手法について説明を聞きました。やはり，いまおっしゃったように，手法によって結果が違う例のひとつのようで，入力方法や解析方法に大分幅がある。データ入力の仕方もいろいろあるし，解析方法も複数あって，難しい問題を抱えている手法だそうです。それから，裁判では，先ほどの振動障害の事件で，やはり統計資料が出てきて疫学的な手法の議論になりました。もともとのデータがどうやってとられたのか，いささか心もとなくみえる資料をめぐって議論になり，最後は和解になった事件なので結局裁判所の判断は出ませんでしたが，統計の取り方についても相当問題になることがある，と思いました。

【エピソードⅠ-2-12】雨量の数値の読み取り方

○馬橋　統計というほどのことではないのですが，道路冠水による車輌の水没事故でどのくらいの雨が降ったかが争点になりました。近くの消防署に雨量計があり，その記録を見ましたら1時間で80ミリぐらい降っているんですね。こ

れは相当な量だと思うのですが，ただ80ミリというのが1時間ずっと降った累積が80ミリになっているとしたら，道路管理者としては，その間にいろいろ防衛策が採れたのではないかという指摘もあるわけです。ところが，さらに15分ごとの雨量を記録したデータが見つかって，これを付け合せてみたら，1時間で80ミリとはいうものの，実はその1時間のうちの15分間で70ミリ近いものが降って，その後はもうやんでしまったことが分かりました。このように瞬時の豪雨となりますと，道路の管理や，安全対策を採る余裕もないということで道路管理者の責任が否定されたことがありました。数値をどう見るか，別の角度や他の詳細な数値はないかに目を配らなければいけないと感じたものです。

○加藤　村田さん，どうですか。

●統計資料等の証拠評価の方法

○村田　環境訴訟等で，工事が現在ある環境にどのような影響を与えるかが問題になる事件では，実験結果や統計的な数値に基づく分析資料等が提出されることが多いですね。

○加藤　アセスメントですね。

○村田　ええ，環境アセスメントです。それが問題になったときに，やはりいろんな統計資料が出てくるんですね。それで実際に実験をやってみましたということになるのですが，この場合に，まず第1に問題になるのは統計の手法あるいはアセスメントの内容自体の問題があります。第2に，その実験結果・資料を得るためにどの場所を選んで，どのような基礎資料を前提としたかという基礎資料の問題，それから第3に，その統計処理の問題があります。その3つぐらいの問題点がありますが，当事者双方がそれぞれに，これが実験の結果であり，統計的な資料ですといって全く異なる内容のものを提出した場合には，裁判官としては，よく説明を聞いてみないと分からないということになります。統計的な資料についても，相手方から問題のある点を指摘してもらい，さらに提出者側から再反論をしてもらって，その位置付けあるいは証拠価値を考えていくという作業が，それぞれ指摘された問題点ごとに行われ，その結果，証拠価値が明確になっていくように思います。

○加藤　事件類型によっては統計資料あるいは測定値，測定記録などに意味が

あるというケースはあります。東京都道路公害訴訟の一審判決（東京地判平成14年10月29日判時1885号23頁）など見ますと，「本来役所がそういうデータをとるべきであるのにとっていない。データが不十分である」という趣旨のくだりがあり，役所もそんなことではまずいなと思わされます。

須藤さんのいわれた，「統計資料も解析手法によって随分意味合いが異なり，結論も違ってくる」という点は，法律実務家として深刻に受けとめるべきだと思います。つまり，専門家の解析手法というさじ加減一つで同じデータから違う結論が導かれてしまうわけです。この点は，当該専門分野の人たちの倫理の問題というか考え方の問題が背景にあります。学問的良心の下，その解析手法を用いているのか，科学技術の装いの下，素人を翻弄し，言葉は悪いですが，半分ごまかすために，その解析手法を取ろうとするのか，十分吟味することが求められます。だます方が悪いのか，だまされる方が悪いのかという問題に引き直せば，答えは明らかですが，それで問題が解消されるわけではありません。

もう1つは，日本の社会的政策決定の中で，どこまでそういった客観的な統計的なデータに基づいた政策決定がされているかというところが背景にあるのだろうと思います。自分たちの都合のいいデータに基づき，都合のいい解析手法を使って，都合のいい結果を出してきて，政策のバックデータ・根拠にしていることが仮にあるとすれば，そうした社会の中で司法だけだまされないようにうまくやりなさいといわれても，それはもとより課題ではありますが，実際には，なかなか難しい面があるように思います。

○須藤　いま，加藤さんからうまく説明していただきましたけれども，そういう問題かなと思います。

●判決書について

○加藤　やや毛色が違いますが，別の事件の判決書が提出されることがありますね。民事訴訟法学の議論としても，山木戸先生が判決の証明効について考察しておられます（山木戸克己「判決の証明効」『民事訴訟法論集』〔有斐閣，1990〕145頁）。これついてはいかがですか。

○須藤　実務では，既に類似の訴訟があり判決がなされているようなものもあり，その別事件の判決が書証として出てくることも少なくありません。別事件の書証が膨大なので，判決書だけ出して勘弁してくださいというわけですね。

これをどうするか，全く同じであればいいんでしょうが，二重起訴に触れないのであれば，やはり個別的に違いがあるわけですから，それではちょっとまずいのですね。もちろん，別事件の判決書があれば，そのような判決がなされていることは直接証明されていますが，判決書の中で認定されている事実関係については，その判決書が直接証明しているわけではありません。ただ，理屈をいえば，現行法では，提出される書証に制限はなく，自由心証主義が前提となっていますので，一定の事実を認定した判決書が書証として提出されれば，認定された事実が存在することを推認させる資料にはなるわけで，しかも，自分のものではなくても同じ中立公正な裁判官の判断は信頼できるはずであるという一般論を強調しますと，別事件の判決書の存在だけで一定の事実を認定してもよいということになるかもしれません。

　しかし，やはり事実認定はそれぞれの裁判官が五感の作用を総動員してなすべき判断そのものであり，現行法では直接主義が採用されていますので，昔の事件で直接証明することのできる証拠がもはや存在しないような例外的な場合を除いては，他の裁判官がその事実を認定した判決書が存在するという間接事実を大きく評価することは，相当ではないと考えられます。したがって，日本の裁判官は，通常は別事件の判決書だけで事実を認定したりはしていないはずです。ですから少なくともその判決書を出したら，大筋でそこで認定されている事実に見合う主要な証拠を併せて出すのが通常のやり方だろうと思います。代理人としては，その大どころをうまく選択して出してくれるかどうかが腕の見せどころなはずですが，実際には困った代理人がいて，別事件の判決書があるからいいんだと頑張る人もいるんですね（笑）。ちょっと違うよということをいっておきたいなと思います。

○**加藤**　確かにそうです。誰がした判決かにもよるということがありますか。須藤さんの法廷に村田さんの判決が出てきても証拠として使わないけれども，村田さんの法廷では須藤さんの判決を使うということが……（笑）。

○**須藤**　いや，私もちゃんと使います（笑）。

○**加藤**　村田さん，いかがですか。

【エピソードⅠ-2-13】古い事実と判決書の証明力

○**村田**　実際に直前あるいは3年前とか近いところで判決を受けた，証拠も必

ずあるはずだというときに証拠を何も出さないといわれたら，それは何かやましいところがあるんじゃないですかとなりますが，20年前，30年前の出来事でその当時の判決があるだけですという場合は，やはり20年前，30年前の判決で一応ある程度の事実は推認しても許される場合があるのかなと思います。証拠が出せるのに出さない場合には過去の判決のみで事実認定するのはどうかと思いますが，実際に証拠が出せない事案もあり得ますから，そのような場合にはある程度過去の判決の重みといいますか，判決を使って事実認定をしても許されるのではないかと思います。

○加藤　それは，その案件において，最良証拠，best evidence は何かという問題なのでしょうね。

【エピソードⅠ-2-14】刑事事件判決と異なる構図の主張

○内田　ある大きな会社破産事件で管財人代理をしていた時のことですが，破産会社の役員が被告人となった背任の刑事事件がありまして，判決が出て有罪になりました。架空取引によって多額の金銭が破産会社から流出していたのですが，確定した刑事事件記録をよく読んでみると，判決で認定された事件の構図と，こちらの集めた事実を加えたうえで見た事件の印象が違いまして，いろいろ関係者に事情聴取もしてみたのですが，どうも刑事判決のとおりではないのではないかと思いました。それでは，どういう主張立証ができるかというとこれが難しい。しかし，放置するのはいかにもスワリが悪いというので，ある大手商社を相手に不当利得返還請求というあまりいい形ではない訴訟を提起したことがありました。訴え提起について破産裁判所の許可はいただいたのですが，立証が難しい事件で，刑事判決と同時に膨大な刑事記録がありますので，それも書証として提出しました。その上で受訴裁判所に証人尋問までしてもらいましたが，最後は「なかなか管財人の主張を立証するのは難しいですね」ということで和解になりました。多額の和解金をもらえた和解ではないので，実質的には敗訴の事件でした。刑事判決と異なる主張をするというのも，大変難しいことを改めて実感しました。

○加藤　このエピソードとは異なりますが，刑事事件では，例えば，会社の従業員が多額の横領をしていてもその一部しか起訴していないことなどがあり，刑事判決から受ける印象と事件の全体構造とは違うということはしばしば経験

しますね。

○**内田** 事実の一部を切り取って組み立てることも，起訴する立場としては仕方がないとは思いますが……。

○**加藤** 検察官は，固いところでしか起訴しませんから，その点が，民事事件にあまり良くない波及をする場合があるということなのでしょう。

○**内田** 先ほどの事件は，通常の依頼者がいる事件でしたらまずやれないだろうと思いましたが，破産事件なので債権者のために管財人としても納得できるところまでやるべきだろうということで訴訟までしたのですけれどもね。

○**加藤** なるほど。馬橋さんいかがですか。

○**馬橋** 判決の使い方はなかなか難しいと思いますね，書証としてそれを出すというのは。本件とまさに表裏一体となすような判決もあれば，単なる似たような事実の判決を出してくる代理人もいますが，どちらにせよ先ほどの刑事事件でもそうですけれども，やはり判決だけではなくてそこで出てきた主張証拠あるいは尋問調書なども全部含めて出すようにしていかないと，それほど意味はないのではないかと思います。

それからよその裁判体がやったというのは情報としては意味があるのかもしれませんが，事実関係が全く同じというわけではなかったら，裁判所は全く考慮しないでしょうから，私の方ではプラスになるものではないと考えていますが。

●**内容証明郵便の立証趣旨は？**

○**加藤** 残りの報告文書の中では，内容証明郵便についてはどうですか。

○**須藤** 訴訟ではよく内容証明が書証として出されるわけですね。ところが，これはいったい何を立証したいのかがはっきりしていない場合が多いのではないかと思うことがあります。単に遅延損害金の起算日ということで提出されているケースは非常にレアで，実務では何か漠然と出されているのではないでしょうか。内容証明郵便は，ほとんどの場合，一方当事者が訴訟を前にして相手方に投げつけた一方的な要求であったり，もしくは紛争が起きてから自分の立場を相手方に宣言しただけの文書で，もちろん，訴訟になるまでの紛争の経過の一端が分かることは分かりますし，そう問題にすることもないのですが，訴訟における立証ということを漠然と捉えている感じがして，そこが非常に

……。
○加藤　催告などの事実を証明するものであれば……。
○須藤　ええ，いいんですけれども。
○加藤　惰性に流れているのではないかという指摘ですね。
○須藤　いやいや，まぁ……（笑）。

●内容証明郵便を書証とすることの意味付け

○村田　司法研修所での法曹教育との関係で申し上げますと，民事弁護科目では，民訴規則53条1項を受けて，訴状には要件事実を中心にして記載された請求原因とは別に，これと関連する事実を書くよう指導されています。関連事実について，実際に何をどのように書くべきかというのは難しいところがありますが，訴訟提起に至る経過についても重要な点は書くように指導されているようです。それを実務に投影させてみると，関連事実というのを書かなければいけないとなると，訴え提起前にこのようなやりとりをしたことを内容証明郵便で立証することになる場合が少なくないように思います。例えば，原告からの内容証明郵便に対して，被告は何らの応答をしませんでしたというような関連事実の立証のために，内容証明郵便が書証として提出される場合も少なくないように感じております。

○馬橋　1つはすぐ訴訟を起こしたわけではないのだと，これだけのことをやった上で私は起こしているんですと，だからいかにも紳士的なところを見せるという面もありますね。そして，相手方に不意打ちの訴訟を起こしているわけではないんですよという意味での内容証明，これは何ら要件事実的には意味のないことかもしれないけれども，一応そういう通知を出してきたのに，相手方からは何もきませんでしたというところはやはり事情としては書きたいし，主張したいところですね。

○内田　これは内容証明を訴訟には出さなかった例なのですけれども，当事者間で内容証明をやりとりしているのですが，どう考えても感情的なんですね。
○加藤　どちらが感情的なのですか。
○内田　両方とも（笑）。私どもの依頼者も感情的でして，内容証明を出すなら両方出してしまえばいいのでしょうけれども，出しても仕方がないからということで，その事件では全く出さない対応をしました。すると，相手方も何も

第2章 報告文書の光と影

出してきませんでしたから，お互いこれでいいのかなと思いました。ただ，紛争発生から訴え提起まで間があいている事件では，裁判所から見て，当事者はその間に何やっていたのかと受け止められるのは嫌だということで，村田さんがおっしゃったように，提訴まで時間の経過している事件はやはり無駄な内容証明でも出しますね。

○**加藤** 馬橋さんの指摘された事柄は，日本人のメンタリティーとして分かりますね。日本人の法使用の在り方は，堪忍袋の緒が切れてやむにやまれず民事訴訟を提起しますというもので，当事者は特にそれをいいたいという法社会学者の指摘などもあるところです。そう思うと，内容証明郵便ぐらい，提出してもいいではないかなという気もします（笑）。

ほかに報告文書についてのエピソードはありますか。
○**馬橋** メモについて述べた【エピソードⅠ-1-16】もそうでしょうか。
○**加藤** 【エピソードⅠ-1-16】目も当てられないメモでしたね（笑）。

4　陳述書の作成

○**加藤** それでは，ここで報告文書全般についての話は区切りをつけまして，いよいよ大きな柱であります陳述書に移ります。陳述書は，まず弁護士が立証活動としてどのように作成し，使っていくのかという問題，それを受けて証拠調べでどのように扱うのがよいか，さらにはそれをどのように証拠評価していくかという3つのプロセスごとにエピソードをまじえて意見交換していきたいと思います。

まず，弁護士として，陳述書をどのように作成するか，利用するかというところから入りたいと思います。
○**内田** 実務的なところからまず入るとすれば，陳述書はその作成者である依頼者や関係者が作成する場合と，弁護士が原案を起案して作成名義人に見てもらう場合の，2つに分かれると思います。陳述書の性質上作成名義人が作成するべきとの考え方もありますが，実務上は弁護士が作成名義人からの聴き取りをもとにして原案を作成し，本人に加除訂正してもらって提出することもなされています。ここでは，陳述書の意義を議論するための参考として，弁護士が

陳述書案を起案する場合に何を考えながら書いていくかという辺りから、お話しします。

●時系列で生の事実を

まず、内容は大体時系列で書くことが基本だと思います。書く事実についてはどうしても弁護士の立場上整理してしまっていることが多いのですが、本当は、整理していないでなるべく生の事実を書く方が迫力があるのではないかと思っています。次に、背景事情について詳しく書く。これは陳述書の利点でして、同じことを準備書面でやりますと、この部分は陳述しないことにしましょう、などと裁判所からいわれますが、陳述書ならば全部とってくれますから、書きたい背景事情は十分書く。それから、間接事実を詳しく書く。最近の裁判所は、間接事実を細かく書けという指示が多いようですので、それも丁寧に書かざるを得ない。そうすると陳述書がだんだん長くなってくるわけですね。さらに、書証や争いのない事実を適度にまぜないといけない、というところまで考え始めます。こうなるとかなり準備書面に近くなってしまって、リアリティが今度は落ちるということになります。

そこまではいいのですが、問題はそこから先で、弁護士として注意すべき点がいろいろあります。後でまたご議論いただけると思うのですが、まず、あいまいな記憶を断定的に書いてしまうことが問題となります。作成者の記憶していることを聞いていって、はっきりしていることはスパッと書けるのですが、「そうかもしれません」とか「そうだったと思います」という話をどう書くか、ということには注意が必要です。これを断定的に書きますと、記憶していることとは微妙に違うことになりますし、尋問の際に回答とずれが生じる可能性があります。

●実体験か、伝聞か

2番目は、ある事実が作成者の体験したことか伝聞かということの区別が問題です。裁判官の書いた文献などを読みますと、これをはっきり分けて書きなさいとあり、それは分かっているのですが、弁護士は、どの程度これを区別して書くかを悩むことがあるのではないでしょうか。反対尋問をする立場からみるとこれは基本的なチェックポイントで、経験事実か伝聞かというのは必ず分析して反対尋問すべき事項に入ってきます。これをきちんと区別して書ける事

第2章　報告文書の光と影

件は問題ないのですが，ある事実を語れる人が伝聞で聞いた人しかいないときなど，どう書くかは問題になります。

●事実か，意見か

3番目に，これも似たようなことなのですが，事実と意見の区別も必要です。意見については，それが当時の意見か現在の意見かも，よく混同しがちです。

4番目に，相手方の主張への反論の扱いです。これをあまりやりすぎると意見ばかりになってリアリティが落ちてしまい，準備書面と変わらなくなります。他方，依頼者などは，相手の準備書面に反駁したいと思うのが常ですから，全く書かないのもかえって不自然です。ということで，反論をどの程度入れるかは悩ましい。

●感情面の取扱い

5番目に，馬橋さんが先ほどおっしゃっていましたが，陳述書作成者がどうしても入れてくれという事柄，特に怒りなどの感情的な部分を入れた方がいいのかどうか，が問題となります。入れた方がリアリティがあるという説もあるとは思うのですが，感情などを書き込むにも程度があります。あまり生のままに本人の思いを書いて，独断と偏見に満ちた人格だと攻撃されるのも依頼者に気の毒だと思うのですが，依頼者にはここを書いてくれという人が結構いまして，オブラートに包んで書く努力をしなければならない場合が結構あります。

●不利な事実の取扱い

それから，都合の悪い事実をどこまで書くか，どう言い訳しておくかということですね。これは主尋問でも悩むところなのですが，当方に不利な事実とか当然反対尋問されそうな事実というのは，陳述書に書くか書かないかをどこかで決断をしなければいけない。

最後にもう1つ，当然書いていなければおかしい事実，多分裁判官が見て，ここがなぜ触れていないのだろうかというように疑問に思うような事実を，どのように陳述書に盛り込んでいくか。これも書きながら一番頭の痛いところであります。

取りあえず全体を網羅的にお話ししました。

○**馬橋**　いま，内田さんのおっしゃったとおりなんですけれども，私は最初，この陳述書という言葉を聞いたのは弁護士になって2，3年の頃ですからもう

4　陳述書の作成

　25年以上も前の話だと思います。一般事件で裁判官から「当事者の陳述書を書いてください，尋問は反対尋問から始めます」と言われたときは，本当に驚き，どう書いてよいのか悩んだ記憶があります。それから相当時間は経ちましたが，私は陳述書はやはり本人が書いたものというか，本人が書いたという意識をもたせたものでなければいけないのではないかと考えています。

　ですから，昔は本人に順を追って書いてご覧なさいといって書かせてそれを直したこともございました。しかし，やはりそれですと争点からはずれてしまったり平坦で大事なことが抜けたりしているということで，いまでは大体の骨子はこちらで書いて，それで本人と打合せをしながら合わせていくようにしています。ただ，重要な争点となっている事実は，事前にこちらで書かずに，もう1回本人と打合せをしながら作成していく形をなるべくとるようにしています。これは本人がまさにどこが問題で，自分は何のためにこの陳述書を作り，将来尋問に出るんだということを認識させるためにも，それから後でそんなことをいった覚えがないとかあるいはそんなことは知らないというような信用性が失われるようなことを避けるためにも，やはり重要な部分は本人と相当綿密な打合せをして，本人も了解した上での形で作成していかなければいけないのではないかと考えています。

　そうしますと，後は先ほど内田さんのおっしゃった点で，どこまで書くかという問題に常にぶつかってしまいます。それは，自分は代理人としてその人の主尋問で何を聞くのかということにも繋がる部分があります。代理人によっては大事な部分は詳細には書かず主尋問で聞くというような方もいるようですが，私は，これは本来の陳述書の役割とは違っているのではないかと思います。やはり陳述書に書かれた内容と何か関連する事項とか全体的な大きな事情とかというものを聞く部分としては尋問に残しておくという程度にとどめているところです。

　このように，本人との間で自分がこの陳述書を作って裁判所に提出するんだという認識をきちっともたせるということに配慮していると，次に本人の感情的な部分をどう表現するかという問題もあります。感情的な点はやはり本人がいいたいといえば，できる範囲でそれは入れてやってもいいでしょうし，被害感情のようなものであれば入れるべきであるし，単なる民事の契約上の問題で

の感情的なことは入れる必要はないけれども，損害賠償であれば入れてやるとかいうように対応しています。

　また，相手方が反論してくるようなこと，当然に反論されるようなことについても一応は触れておく，先走ったような形になりますけれども，一応本人とそこで話し合ってそれも入れておくというような形で陳述書を構成しているというのが現状です。

○**加藤**　馬橋さんは，陳述書作成の段取りとして，骨子は弁護士で作ってやって，本人が書き込んだところをやりとりしながら完成していくということですか。

○**馬橋**　そうですね，重要な点は相当綿密な打合せをしていくということ。多少の濃淡があると思いますが。

○**加藤**　内田さんはどうですか。

○**内田**　私は，作成者と回数を重ねて打合せをして，それからこちらでまず下書きをしてみることが多いですね。そして作成者に見てもらって，添削してもらいます。ただ，家事事件とか，複雑で特殊な事件だと依頼者本人にまず書かせ，打合せをしながら完成させます。弁護士が案を作成するときは，準備書面を書くときよりもはるかに時間をとり回数も多く打合せをして，本人になったつもりで書いてみる，というようなやり方をしています。

○**加藤**　なるほど。本人に書かせている弁護士もいるようですね。私が，そういう弁護士さんに聞いたところ，まず，陳述書の意味を説明して，テーマも話す，そして他の事件の陳述書をサンプルとして示してやる，フォーマットをe-mailで送って依頼者がそのフォーマットに書き込んでいく，それがe-mailあるいはファクスで戻ってくる，それを整理して添削してまた返す，そして確認をする。これを繰り返し，その間にはもちろん打合せもするということで本人主体で作成するということでした。それはそれで上手くいっていればよいのでしょうし，いろいろなパターンがあるということなのですね。

○**内田**　添削という意味では，弁護士が起案する場合ももちろん本人に直してもらいます。また，起案後に打合せをやって，ここはこういうのでいいですかというようなことを確認し，直しが入ったときはこちらのどこが違っていたのかも聞いたりしてやりますから，整理と添削を重ねることは同じだろうと思う

のですが，最初のスタートが違うという感じですね。

【エピソードⅠ-2-15】準備書面を「です・ます調」にしただけの陳述書
○加藤　私が経験したのでは，準備書面を「です・ます調」にしただけの陳述書がありました。弁護士が作成していることはよく分かりましたが，生の事実は何もなく，事実認定に利用するためには全く役に立たないものでした。そこで，「これはいかがなものでしょうか」と苦言を呈したつもりでいましたら，「これで，私が全然事実を加工していないということがよくお分かりでしょう」と返されました（笑）。「それは，事実を加工していない根拠になると同時に，すべて加工しているという根拠にもなるとはいえませんか」と軽口を言おうと思ったけれども，やめたということがありました（笑）。

5　陳述書作成の時期と立証活動

●陳述書の記載内容に関する協議

○村田　お伺いしたいのは，裁判官が陳述書を提出してくださいという場合に，どういう点に重点を置いて作成してほしいという記載内容等に関するやりとりが行われているかどうかということです。例えば，本件ではこの事実がポイントなので，この事実の有無を中心にした陳述書を作成してくださいとか，あるいは，この点は軽く触れる程度にしてくださいとか，そういう陳述書の記載内容に関する具体的なやりとりが行われることは多いのでしょうか。それとも，陳述書の記載内容について，裁判所と訴訟代理人が協議等をすることはさほど多くなくて，訴訟代理人あるいは当事者本人の側で記載内容を独自に決めて作成されることが多いのでしょうか。

○加藤　その前提として，裁判所はそもそもどのタイミングで「陳述書を作成してください」と言っているのですか。

○村田　私がお尋ねしたのは，陳述書提出の時期としては比較的多いといわれるケース，つまり争点整理の終了段階で陳述書が提出される場合を想定しています。

○内田　私の経験でも争点整理の最後の場面が多いですね。その中でも，裁判所から，こういうことが争点になっているから漏らさず書いてください，と指

示されたケースはあります。その場合も争点整理が終わった辺りで，各争点に沿って陳述書を書いてくれませんか，こういうことを盛り込んでおいてくれませんか，といわれました。事案は請負代金請求事件なのですが，契約成立の経過とか仕事の完成の有無が争点になっていたので，この点についてはここで書いてくださいというような指示がありました。あまり指示が細かくなく，しかも時系列に沿っての指示だったので書きやすくて抵抗感はなかったですね。ただ，一般の実務では，裁判所から指示が出ることはそう頻繁には経験していませんね，何回かぐらいの経験です。

　なお，確か医療事件では，東京では裁判所から陳述書のひな型が出されて，医者，患者がそれぞれ争点に沿って記載するようなフォーマットがあるというようなことでしたね。しかし私どもの扱う通常事件ではそうたくさんはない印象です。

○**馬橋**　私の事務所にいる若い弁護士が交通事故の事件の被害者の陳述書を書いていまして，見ましたら，事故の状況だけを書いてあってその後の症状や被害感情がどうこうというところは書いていないわけです。その弁護士にこれどうして書いていないのかと聞きますと，裁判官から事故の模様についてだけ書けといわれたので書いているというのです。これはちょっと細かく分けすぎているのではないかと（笑）。

　さっきの医療事故とはちょっと違うのではないか。つまり事情を聞くときは一連に聞いてもそれほど時間的に違うわけでもないし，逆にいえば裁判所はもうそこだけしか争点として見ていないのかもしれないのですけれども，代理人としては陳述書を作成するのに裁判所に合わせてそこまで細かく分ける必要はないのではないかと申しまして，被害者の事情を詳しく書くように指示したこともあります。

○**加藤**　裁判官が「陳述書を提出してください」と明示的に言わなくても，最近は，弁論準備手続を実施する中で，人証取調べの前までには全部書証は揃うことが多いのではないでしょうか。私の経験でも，まずは陳述書が出てくるのが多いように思います。

●不十分な内容の陳述書への対応

○**村田**　裁判官に対する信頼感や，裁判所の訴訟指揮の違いかもしれませんけ

れども，実際の事件では，「次回期日までに陳述書を必ず出してください」と一言いっておかないと提出してくれない弁護士さんもかなりいらっしゃると思います。また，私の担当事件では，基本的に，争点整理手続で詰められる真の争点と無関係な記述のある陳述書が早い段階から何通も提出されるのは，陳述書ばかりが増えて記録が厚くなってしまい，裁判官の事件に対するモチベーション維持のためにもよくないと考えています（笑）。そこで，準備書面と陳述書を除く書証によって争点整理が進まない場合は別ですが，通常の場合には，争点が確定される段階までは陳述書の提出を留保してもらい，裁判所と当事者間に真の争点に関する共通認識が醸成された後に争点に関する踏み込んだ記載のある陳述書の提出をお願いすることにしています。このような運用で，実際に困るのは，「争点はここですから，この争点に踏み込んだ陳述書の作成をお願いします」といって提出を要請するのですけれども，期日の1週間前とか1カ月前に提出されたものを読むと，準備書面の内容と同じ程度のことが書いてあるだけで，相手方からも「これでは困りますと，もっと具体的に書いてもらわないと，こちらも具体的な事実を書いているのだから」と言われることが何回かありました。当事者の立場からは，陳述書の記載内容について，かなり丁寧な踏み込んだ内容の陳述書を出したのに，相手方が通り一遍の陳述書を提出してきたときの対応等については，どのようにお考えなのかを聞いてみたいと思います。

　先ほどのように，裁判所がこの点について書いてくれといったのに書いていない陳述書もあるでしょうし，準備書面を「です・ます調」に変えただけの陳述書というようなもの，「です・ます調」に変えただけではないけれども，争点等の肝心なところの記載が薄い陳述書というようなものなどもありますが，このような不十分な陳述書が提出された場合，相手方代理人としては，どういうふうに対応しようとお考えになるかをお聞きしたいということです。

○加藤　それは，勝負あったという評価にはならないのですか。
○村田　いや，そこまでいい切れない部分があるのではないかと思います。
○加藤　現在の争点中心審理においては，早めに主張・証拠を出して，早くいうべきことを述べ，裏付けるべきことは証拠で裏付けをします。そして，それに対して相応の反論・反証がされなければ，裁判所としては，まともな反論は

できないんだなと見通すことが多いように思いますが。

●不十分な内容の陳述書と反対尋問の準備

〇**村田** ところが，人証調べ前に提出されるような陳述書の場合には，「人証でどうせやりますよ」ということをいわれるわけです。最後の砦として人証があるものですから，陳述書は不十分かもしれませんが，不足する部分は人証でやりますというスタンスですと，不十分な陳述書しか提出できないのだからもう勝負ありですねというわけにはいかないと思います。また，そのような代理人の場合には，準備書面の内容も具体的な証拠に基づかない主張，いわゆる空中戦的な主張が多いでしょうけれども，内容的にはともかく書くことは書いてあるということになりますと，このような訴訟活動はある意味で不熱心訴訟であり，代理人の義務に懈怠があるといえるとは思うのですが，これにどのように対処すべきかは，相手方としても，裁判所としても，なかなか悩ましいところがあるのではないかと思うのです。裁判所の立場では，相手方代理人は反対尋問の手段が制限されることになって，人証調べの準備に困難を感じておられることと拝察していますが，このような陳述書では困りますという方といわない方がありますね。

〇**加藤** 裁判所は，「争点に沿った形で，証拠開示機能をもたせるようなイメージで陳述書を書いてください」と双方の当事者に指示した場合に，片方はそれを実践したが，相手方は実践しないということであれば，指示に従わない訴訟活動ですから減点評価することになるのではないですか。

●不十分な陳述書提出のサンクション

〇**村田** そこは評価の問題だと思うのです。減点の仕方とその程度はどのようにすべきかということだと思います。実際には，「争点については陳述書でも触れていますよ」と言われ，「これ以外の事実は尋問で明らかにするという趣旨です」と言われることもあるのです。そのような場合に，「いやいや，それは裁判所の指示に従っていないじゃないですか，減点です」と加藤さんなら強くいって，当事者の理解も得られるのでしょうけれども，なかなか普通の裁判官にはいえないこともあるように思います（笑）。

また，この点については，後に議論にされる予定の第二東京弁護士会民事訴訟改善研究委員会の提言（**【陳述書についての主な参考文献】**⑱)，以下「提言」

といいますが，ここでも，陳述書についての実務家の理解はかなり浸透しているけれども，争点についての十分な記載を欠く陳述書が散見されるとして，陳述書提出に当たっては，必要な事項についての記載を漏らさないように指示するとともに，提出された陳述書の内容に不十分・不明確な点があると考える相手方当事者は，求釈明の要請など適宜な方法を用いて，反対尋問に必要な情報を得るように努めるなどと提言していますね。そこで，実際に不十分・不明確な陳述書が提出された場合には，この提言のように対応されているかということです。

○**加藤** それは，弁護士は一応指示に従ってはいるけれども，その陳述書が証拠開示機能という点からは不十分なので不満があるということですね。

○**須藤** いまの話を聞いていて，やはり裁判官によって訴訟指揮が違うのだろうということを感じました。村田さんのやり方は，証拠調べの直前に陳述書が出てくるという前提のお話ですね。それがいまでは少なくないのかもしれませんが，私が自分で事件をやっているときには，大体弁論は1回で訴状を陳述して答弁書を陳述する，そして，次回にはもう弁論準備手続に回すわけですね。そして，「弁論準備期日には陳述書を用意しておいてくださいね」と伝えておくわけです。もちろん，弁論準備の最初の期日には主張を追加したいので，陳述書は待ってくださいという代理人もいますが，最初の弁論準備期日に陳述書を出してくれる代理人も少なくありません。そこで，弁論準備期日では，準備書面と陳述書などの書証を併せて読みながら争点整理も行うことになります。証人や本人の尋問を決めるときには，必ずその証人予定者や本人の陳述書を事前に出してもらって，読んでから採否を決めると，こういう状況でやっていましたので，村田さんがいわれるような問題状況にはほとんどなっていないんですね。

○**加藤** 私も同じでした。「弁論準備手続の1回か2回で出せる資料は全部出してください」と言えば，必ず出てくるという感じでしたね。

【エピソードⅠ-2-16】抽象的な陳述書の反対尋問

○**内田** いまの村田さんのお話でちょっと思い出したのですが，相手方の陳述書が抽象的で反対尋問がやりにくかったことがあります。問題となっているのはある取引なのですが，これが結構複雑な取引で，関係証拠もたくさんあり，

第2章　報告文書の光と影

取引の仕組みを説明するのに苦労して陳述書も書いたのですが，相手方の陳述書は抽象的なことしか書いてなくて，「そういうことやっていません」とただ否定するような内容だけでした。そのまま尋問に入り，主尋問でもそれほど詳しく突っ込んだ説明がなくて，反対尋問は用意していったものを全部やりましたが，なかなか反対尋問がやりにくいケースでした。双方の言い分が真っ向から対立しているものですから，裁判所もどうやって心証をとるかというのは大変苦労したようでした。

　そういうことですから，やはり抽象的な内容だと反対尋問がやりにくいのは確かだと思います。

　ただ，さはさりながら，「もう少しここを書いてくれ」とか，「ここは書いていないじゃないか」といったことを相手方代理人の方から言いますと，それはもう手の内を明かすようなものです。そこは注目していますよ，そこを尋問で聞きますからね，といっているようなものですから，当然，警戒されて事前に対策を採られてしまうので，代理人から指摘するのも躊躇しますね。だから先ほどの事件でも陳述書の不備を指摘しないで，そのまま尋問に入ってしまいました。

○加藤　それはもう結果は出ましたか。
○内田　出ています。
○加藤　どうなりましたか。
○内田　負けました（笑）。

6　陳述書の証拠調べ

○加藤　弁護士の立証活動と陳述書の関係は一応区切りにしまして，裁判所の証拠調べにおける陳述書というテーマに入ります。これまで陳述書がどのように扱われてきていて，現在はどうなのかという歴史も含めて，村田さんから説明してもらいます。

●陳述書に関する文献

○村田　はい，陳述書につきましては平成6，7年頃からいろいろな問題点あるいはメリット，デメリットについて議論されております。特に陳述書につい

ては，最近までの文献ということになりますと，かなり膨大な文献の中で触れられている問題でございます。それだけ陳述書についての関心が訴訟関係人あるいは裁判所に高かったということを物語っていると思います。後掲の【陳述書についての主な参考文献】には，その中でも基本的な文献と，代表的な文献と思われるものを挙げております。

　まず，①の座談会，それから③のシンポジウムでは，もともと表題から見てもらって分かるのですが，すべて民事訴訟の審理の在り方ということの中での大きな1つの項目として陳述書の在り方が論じられています。①③は民訴法学者，裁判官および弁護士をまじえた民事訴訟の審理をめぐる座談会，シンポジウムについての報告で各立場から陳述書についての問題点あるいはメリット，デメリットに関する指摘と議論が展開されています。

　なお，実は陳述書はもともとの経過からいいますと，計算関係あるいは経歴関係といったものについて人証調べではむしろ聞いてもややこしくなるだけ，複雑になるだけで，むしろ書面の利点を生かす方がいいんじゃないかというような事柄について利用されてきたという経過がありまして，それが争点についての陳述書を提出することはどうかということに問題が移ってきたということです。機能的にいいますと，もともといわれ出したのは主尋問代用補完機能，つまり尋問時間を短縮できる機能をもつから便利だというところから始まっているわけですけれども，しかし，それでは，口頭主義，直接主義の観点から問題ではないか，いかに便利だからといってそれだけを目的とした陳述書というものはどうだろうかという議論がありまして，途中からといいますか，その後，陳述書の機能として，事案提示機能，証拠開示機能，反対尋問準備機能というようなもの，あるいは尋問準備機能などがいわれ出しまして，特に，最近では，証拠開示機能，事案提示機能を重視した陳述書の運用をしてはどうかということが議論になっております。

　文献の紹介に戻りますと，②⑦につきましては陳述書のプラクティスに関する裁判官の分析と提言で，特に⑦の文献につきましては争点整理段階での事案提示機能を重視した陳述書の活用について提言しております。また④⑩⑫⑬の文献はいずれも学者による陳述書の位置付けあるいは分析をした文献ということになります。

第2章 報告文書の光と影

　⑤⑧⑨⑭⑯につきましては弁護士さんが訴訟代理の視点から陳述書のメリット，デメリットあるいは利用方法，陳述書の活用あるいは利用についてのガイドラインなどを論じた文献です。これを見ますと弁護士さんの中にも陳述書の機能を評価してその活用を積極的に進めようという立場と，そのデメリットを重視してなるべく活用を控えるべきだという立場があることが分かります。

　また⑥⑪⑮⑰の文献は，裁判官の観点から陳述書の機能とその役割などについて論じたものでございまして，特に⑰の文献は比較的最近の文献で，これまでの陳述書に関する議論がまとめて論じられておりますので参考になります。

　また⑱につきましては，後に触れられると思いますけれども，第二東京弁護士会が最近の陳述書に関するプラクティスを踏まえて陳述書の利用についてのガイドラインを提示したものということになっております。また，⑲⑳は，⑱の提言を受けて，これについて論じられている文献です。

○**加藤**　人事訴訟や労働訴訟などで陳述書が使われることは以前にもありました。しかし，最近の「陳述書を効果的に使いましょう」というプラクティスは審理充実との関係でいわれているということですね。そして当初は，直接主義原則との関係などから懐疑論がみられたけれど，陳述書の内容，陳述書の提出を前提とした尋問の仕方などの改善もあって，だんだん一般的になってきました。いまや，実務に定着した，欠かせないものになっているということですね。

　説明にもありましたが，二弁の民事訴訟改善研究委員会から，「陳述書に関する提言」が出されています。これは，現在の実務の中で問題関心を最もはっきり打ち出しているものと受けとめるべきだと思いますが，これについて簡単に説明していただいて，意見交換をしたいと思います。

●「陳述書に関する提言」の骨子

○**村田**　それでは説明します。まず，第二東京弁護士会民事訴訟改善研究会の「陳述書に関する提言」は，陳述書利用における基本原則として3つを挙げています。1番目に「口頭主義の堅持」，2番目に「信義誠実・公正原則の適用」，3番目に「陳述書は後に尋問が行われることを前提とする」というのが基本原則だとしています。この点につきましては1番，2番の口頭主義の堅持あるい

は信義誠実・公正原則の適用などは理念的にも問題はないのではなかろうかと思います。3番の「後に尋問が行われることを前提とする」ということですが、これは必ず尋問が行われなければならないということではなくて、原則として後に尋問が行われることを必要とするということのようです。原則としてということであれば、例外をどのような場合に認めるべきかというところが議論になるところかと思います。

次に、具体的提言として、集中証拠調べの活性化のための陳述書の利用ということを重視するのだという観点から論じられています。この提言では、陳述書の主尋問代替・補完、反対尋問準備機能の充実ということが重視されていて、争点について十分な記載のある陳述書の提出が必要であると提言しております。この点については、これまでの議論では、少し古い議論になりますが、陳述書には争点に関する記載をすべきでないという意見もあったところですので、ある意味で、現在のプラクティスを踏まえた提言、現在行われている陳述書の実状に即した提言となっているように思います。

第3に、これが問題なのですが、証人尋問の予定がない者の陳述書はどのように利用されるべきかということについて、提言は、原則は提出してはいけない、あるいは証拠として使ってはいけないという立場なのですが、証人尋問あるいは反対尋問の予定がない場合であっても、陳述書を使える場合があるとしています。それはどのような場合かといいますと、反対尋問が不要とされるべき場合であるということです。提言は、反対尋問が不要な場合として、「専門家による陳述書」、「客観的な理由により出頭不能である者の陳述書」、それから「提出者に不利益な内容を含む陳述書」を挙げています。これらは、証人尋問等の予定がなくても陳述書を証拠として使用できるといっています。

さらに、相手方当事者が陳述書を証拠とすることについて異議権や反対尋問権を喪失した場合も証人尋問の予定のない陳述書を証拠としてよいとしています。では、具体的に異議権を喪失する場合というのはどのような場合かといいますと、陳述書が提出されたときに即座に事実上の異議、こういう陳述書は提出してもらっては困るというようなことをいいなさいと義務付けた上で、そのような形で事実上の異議をいわないと、民訴法90条の訴訟手続に関する異議権の喪失と同様に、陳述書を証拠とすることについて異議権を喪失したものと

みなすということです。

　また，いったん事実上の異議を述べても，陳述書を提出した者が，人証調べは予定していません，人証申請もしませんといったときに，相手方の方から，いわば不利益な事実ですから敵性証人なんですけれども，敵性証人であっても証人尋問を申請すべきであると義務付けた上で，相手方から敵性証人の人証申請をしないと，これも異議権を喪失したものと扱ってよいとしています。提言がこのように考える理由については，現在の実務に受け入れられやすい，現在の実務と乖離が少ないような形で考えると，このような運用が妥当ではないかと考えたということのようです。

　さらに，提言は，反対尋問権が保障されない場合の陳述書の取扱いはどのようにすべきかという問題提起もしています。これには，「証拠として採用すべきでない」という見解と，「書証としては採用しても事実認定に利用しない」ということで足りるという見解があるとしています。前者の証拠として採用すべきでないという見解は，そのような陳述書には証拠能力を認めないという見解であろうと思います。後者の見解は，証拠価値の問題として自由心証の範囲内で解決すべき問題であって，事実認定法則といいますか，経験則の問題として，反対尋問を経ていない陳述書の信用性の判断は慎重にしましょうということですから，むしろ証拠の信用性の問題あるいは事実認定の問題として考えるべきであるという見解です。ただ，前者の証拠能力の問題と考える見解は，その趣旨とするところは理解できますが，現在の判例や実務の状況を踏まえて考えますとなかなか採用は難しいように思います。

　次に，争点整理目的の陳述書の問題点について論じています。提言では，「争点整理目的の陳述書」とは，争点整理に用いることを直接の目的とし，必ずしも後に尋問があることを前提としない陳述書をいうとしています。その上で，集中証拠調べのための陳述書を争点整理目的に流用することに問題はないが，集中証拠調べのための陳述書は，その性質上，人証採用決定の前後に提出されるのが通常であるから，事実上，争点整理目的に流用できるケースは少ないと考えられると説明しています。そして，争点整理目的の陳述書については，原則として適当でないといい，争点整理というのは主張レベルで整理していくのが本来の形であるべきで，そうであるならば書証である陳述書ではなく，準備

書面で準備されるべきであり,書証をもって準備書面に代替することは現行法の予定しないところであるといいます。しかし,これについては,現在の実務における争点整理手続,例えば弁論準備手続では,民訴法170条2項に基づいて書証等の証拠調べを実施しながら,主張のみの整理にとどまらない,間接事実や証拠評価を含めた,一歩踏み込んだ形の「争点及び証拠の整理手続」を行っていますので,そのような争点整理の在り方に照らすと,提言の内容には疑問を感じる部分があります。

　また,争点とは,ご案内のとおり,主要事実にとどまらず,間接事実,証拠の証明力に関する補助事実にまで及ぶと解されていますので,その点からしましても,書証等の証拠に基づいて争点整理を行う,あるいは陳述書をもって争点整理を行うということは当然に許されてよいのではないかと思われます。また,提言では,陳述書の提出時期についても問題にしていて,争点整理目的の陳述書では,少なくとも争点が不明確な段階,いわば争点整理手続に付されて直後の段階で出される陳述書を予定していることになるが,そうなると,提言の立場では,人証調べが予定されていないような陳述書は原則的に証拠として認めるべきでないということですので,いずれは人証調べされるかもしれないが,されないかもしれないのであるから,この点からも争点整理目的の陳述書は認めるべきではないとされています。しかし,現在の陳述書利用の在り方等を考えると,この点についても大いに議論の余地があろうかと思います。

　ただ,争点整理目的の陳述書を利用するのが適当な場合もあるとして,このような例外的な場合として次のような場合を挙げています。当事者が能力不足で争点整理ができない場合,早期の和解が見込まれる場合,争点が専門的・複雑である場合の3つの場合に限って,争点整理目的の陳述書を利用するのが適当であるといいます。実際の実務を考えますと,特に争点整理目的の陳述書が利用されているのは,提言のいう例外的な場合が多いのではないかとも思いますので,結論的には現在の実務とそれほどの乖離はないのかなというふうにも思います。

○**加藤**　以上が,二弁の提言ですね。

●**陳述書についての判例理論**

　これとの関係では,村田さんに,陳述書に関する裁判例をまとめていただい

たものがありますので，参考として末尾に付けておきます。現在の判例の立場によれば，「①訴訟提起後に作成した文書でも証拠能力はある，②その証拠価値の評価は自由心証の問題である，③陳述書もそれに該当する，④したがって，反対尋問によりテストされることで証拠価値が増減することは一般論としてあるとしても，反対尋問をしないからといって証拠として使えないわけではない」ということになります。この二弁の提言では，反対尋問必須論といいますか，証人尋問を予定することが陳述書を利用する前提だとする点と，さらに争点整理目的の陳述書は適当でないとする点の2点が大きな特色です。これらについて，意見交換をしたいと思いますが，弁護士の立場から見てどうでしょうか。

○**馬橋**　これはやはり陳述書を弁護士がどう考えているかにあるのではないかと思います。つまり我々世代というか比較的経験のある弁護士は尋問を重点とする訴訟に慣れています。その中で出てきたのが陳述書であって，あくまでも証人調べに代わるものというか，それを補完するものだと陳述書を捉えている傾向があります。そうしますと，いまいわれたような例えば準備的な意味での陳述書には消極的にならざるを得ないのだと思います。

　ただ，見方を変えて，陳述書というのはあくまでも書証なんだと割り切れば，それはさっきおっしゃったようになるべくたくさん早いうちに書証として出せばよいことになる。訴訟に有利に働く場合が多いとすればそれは陳述書だって他の書証と同様出した方がむしろいいのではないかということになると思います。そして陳述書のうちのあるものについては反対尋問が必要な部分があり，その場合は証人尋問における陳述書として使われることになる。ただ，それ以外の役割を果たす陳述書というのがあってもよいわけです。二弁の提言と必ずしも一致しないのですが，裁判所から書きなさいといわれて書くものが陳述書だと思っていれば狭くなってしまう，いや，自分の方でどんどん立証活動として行うのが陳述書だと考えれば，その使う範囲はむしろ広いものではないかなというふうに考えます。

○**加藤**　戦略的にいろいろ使うかどうかという観点ですね。

○**内田**　二弁の提言の中でいまの争点整理目的の陳述書という表現があるのですが，争点整理を目的として陳述書を書くことの是非というよりも，陳述書を

早めに出したときに争点整理にそれは使えるのか，あるいは使っていいのか，という議論かと理解しています。自分自身が争点整理目的の陳述書を積極的に書くかというと，必要なのは訴訟の序盤戦でしょうが，あまり書かないと思います。結果的に争点整理に役立つ陳述書は書いているのでしょうが。

　むしろ，いわゆる事案提示型陳述書で事件の背景とか全体像を示すことができるケースの場合には，早めに陳述書を書いて出すのが適切と考えています。証拠がきれいに揃っていて，事案の全体が代理人にも最初からある程度分かるという場合にはこれは有効であると思いますので，そういう陳述書が出されたとき，争点整理にそれを裁判官が使うというのは，抵抗感がないです。ただ，弁護士の立場からしますと，訴訟の序盤戦で全体像を出せる事案というのはそう多くはなくて，自分の持っている証拠と相手方の証拠と全部合わせないと全体が正確には見えないという場合が多いでしょう。依頼者の話を全部そのまま書いてしまってすべて事実と合致しているかというと，そのような自信のある事件は少ないので，序盤戦で全体像を示す陳述書を書くというのは実際には難しいと思います。

〇**加藤**　争点整理目的の陳述書という場合，争点整理目的だけの陳述書というニュアンスがありますが，そこは何とも違和感がありますね。判例理論からも，その証拠価値は別として当然書証として使えるということですから，その点はどうかなと感じますね。

●**反対尋問権が制度的保障であるとは**

〇**須藤**　何点かあるのですが，第1は，口頭主義や反対尋問権の問題ですね。私は，民事訴訟における口頭主義や反対尋問権の保障は制度的な保障として意味があるのであり，必要なときに口頭での弁論や反対尋問ができるように保障されていればよいと考えていますので，当然にすべての場面で適用にならないとだめだとは考えておりません。もともと口頭主義や反対尋問権の保障というのは，そういったものが保障されていない時代の反省を含めて19世紀後半から20世紀前半ぐらいにドグマとして定着して日本の民事訴訟法に繋がっていると思いますが，現在では民事訴訟手続自体が十分に民主化されており，公権力による民事裁判への干渉や裁判官による不公正な訴訟指揮などというものは実際にはあり得ません。したがって，現在の民事訴訟の原則といわれているも

ののうち，公権力による民事裁判への干渉や裁判官による不公正な審理を排除するための制度として保障されているものを過大に言い立てて，そのことを理由に，例えば陳述書などのように効率的な審理の実現に寄与するものを排除すべきだというのは，あまりにも形式論であり，現在の日本社会や民事裁判の実状に合わないのではないかと思います。陳述書について常に反対尋問が必要なのではなく，必要なときに反対尋問ができれば十分だと思います。

そのような前提で考えますと，この陳述書に関する第二東京弁護士会の「提言」は，馬橋さんもおっしゃったように，様々な問題点を網羅的に検討し，いろいろの目配りもされていて大変優れた内容であるわけですが，ただ，ちょっと原理・原則に厳しいところがあるのかなという感想をもっております。

●陳述書を見て尋問の要否を決める

まず，陳述書は，後に尋問が行われることを前提にした人についてだけ提出されるのが原則だとされているのですが，先ほど申し上げたように，早い段階で陳述書を出してもらって，書証の理解や争点整理にも役立てるということを考えますと，後に証人として予定されるかどうかの問題ではなく，陳述書を出してもらってから，その陳述者を証人として尋問する必要があれば証人として調べることになるだけであって，当然に尋問が予定されていないといけないというのは賛成できないのです。ただ，この点は聞いていてある程度分かったのですが，村田さんや裁判官によっては陳述書の提出を求める時期が争点整理終了後で集中証拠調べの直前だということになりますと，その陳述書は証人尋問のための補助的な位置付けになりますから，尋問が予定されているものに限るという議論が意味をもつのかなと思います。ただ，それでは陳述書の使い方として非常に窮屈なものになっているのではないかと感じます。

●「提言」に対する意見

それから，この「提言」では，反対尋問を不要とする場合というのが3つほど挙げられていまして，「専門家による陳述書」，それから陳述者の「出頭不能」，「不利益な内容を含む」陳述書が示されています。しかし，私からみると，逆にこういったものは陳述書を使わせることが適当ではない場合も少なくないのではないかと思います。最初の点は「専門家」というのが誰を想定しているのかの問題かもしれませんが，医療過誤訴訟やその他の専門訴訟でも，専門家に

よる意見や判断が記載された陳述書については，弁護士さんから，反対尋問をしたいとか，反対尋問とはいわないまでも確認のための尋問をしたいという要請はかなり強いのではないでしょうか。それなのに，これらの場合にはオーケーだというのは，いままでの議論とちょっと逆になっていないかなという疑問です。

○加藤　非代替性を強調するあまり，「非代替的であるのなら人証で聞くべきではないか」という議論が飛んでいるという指摘ですね。

○須藤　そうですね，2番目の陳述者の「出頭不能」の場合ですが，出頭不能で反対尋問ができないような人の陳述書の提出をフリーパスで認めることで本当にいいのでしょうか。現在の実務では，書証に制限はありませんから，そういったものも当然出てくるわけですが，裁判官の自由心証の問題として反対尋問ができない以上ほとんど信用しない，使わないというのが実務の取扱いであり，それでいいと思うのですが，弁護士会の「提言」で出頭不能ならいいんだというのは，刑事の伝聞供述の議論に引っ張られすぎの感じで，民事事件としては感覚的にちょっとどうかなと思います。

●不利益な内容にも誤解はある

それから「提出者に不利益な内容を含む」陳述書ですが，不利益な内容が記載されているからいいんだというのは一方的な議論で，裁判所から見たらなぜ不利益なことを認めているのか，その理由をやっぱり一度は聞いてみたい，もしくは相手方がその点をどういう切り口で切り込んでくるかを聞いてみたい，さらにそのような不利益な陳述書を提出した当事者の代理人が後で不利益な記載に気が付いて何でそうなったのかを聞いてみたい，普通なら，そういうことを当然思うのではないかと考える。だから，この提言のいっていることは必ずしも私の個人的な感覚と合っていないのです。

●争点整理目的の陳述書について

それから，争点整理目的の陳述書が適当な場合として三つ挙げられていますね。つまり，①が当事者の能力不足，これは代理人も含めてですが……。②が早期の和解が見込まれる場合，③が争点が専門的・複雑である場合が挙げられており，ご苦労いただいたことは分かるのですが，ちょっとどうでしょうか。そもそも「争点整理目的の陳述書」という言葉に賛成できませんが，その点を

置いても，私の経験ではほとんどの訴訟はこのいずれかに該当するのではないかと思いますので，果たして有効な基準になり得るのか疑問なのですが……。
○**内田** ①番もですか（笑）。
○**須藤** ①番も含めてです（笑）。誤解がないように順番に説明しますと，③の専門的・複雑であるか否かという切り口で分ければ，実際の訴訟では，専門的なものや複雑なものも結構多いですね。そして，この専門的・複雑なものは陳述書がオーケーとされているのですね。そこで，専門的ではないもの，複雑ではないものはどうなるかというと，一言でいえば，簡単な事件ということになりますから，そのほとんどは，②の早期の和解が見込まれる場合に該当すると思うのです。さらにいえば，早期の和解を見込めるはずなのに和解ができない事件というのは，私の経験では，本人や代理人の事前準備が不十分であったり，能力不足ではないか，もちろん人格的に変わっている人もいないわけではないのですが，それも広い意味では①に該当するのではないでしょうか。

　このように，まず③か，③じゃないかが問題で，次に，③でないものは，②か，②じゃないかが問題です。そして，②でないものは，もう①か，①ではないかということになりますが，私の個人的な感覚では，③にも②にも①にも該当しないような事件というのは実際にはほとんどないのではないかということです。そうすると，この「提言」でいう争点整理目的の陳述書が使えない事件というのはほとんどないということになって，せっかく要件が示されているのですが，有効な基準になり得ていないのではないかということなのですね。もっとも，私は，「陳述書」を早期に提出してもらう立場ですし，「陳述書」について証拠としての機能を第一としながらも，副次的に争点整理に役立つことを否定するものではありませんが，「争点整理目的」に限った「陳述書」という言い方は概念矛盾ではないかと思いますので，この冒頭に申し上げたように，賛成できないことを付け加えておきたいと思います。

7　陳述書の証拠評価と反対尋問

○**加藤**　この二弁の提言が，本来どういうところを問題にし，それをどう次の課題に繋げるかという観点で見てみますと，反対尋問権をできるだけ保障する

ようにしようということなのですね。反対尋問でテストする機会をきちんと与えることが意味があるという理解ですから、手続保障をした上で証拠価値をきちんと判定するという判断プロセスには資すると思います。

そこで、議論したい点が2つありまして、1つは、「現状の陳述書は常に反対尋問によるテストを必要とするようなバイアスのかかったものであったり、あるいはそれ以上の虚偽事実が紛れ込ませているようなものなのか」という問題です。二弁の提言は、その危惧ありという含意があるように思われますが、そうだとすると、確かに反対尋問のテストをしないとまずいということになるでしょう。もう1つは、反対尋問を常に実施するというのも現実的ではなく、判例理論にも整合しないとした場合に、自由心証主義が機能するわけですが、その場合、「裁判官としては、陳述書の証拠価値を判定するために、どのようなファクターを見ていくか」という問題があります。

この2つの問題のうち、前の方から議論していきたいと思います。その陳述書を作るプロセスで、バイアスのかかった陳述書あるいはそれを超えて過剰な記述を盛り込む陳述書になる危惧があるかという点ですが、いかがですか。

【エピソードⅠ-2-17】あいまいさを払拭し断定する陳述書

○**馬橋** やはりいざ紙の上に字で表すとなるとそれなりの形を整えなければならないし、本人の主張をそのままというよりは、やはり立証に合わせたような陳述になってしまう傾向があります。先ほど内田さんがおっしゃいましたが、書く場合に「そうでした」になってしまう場合、依頼者が「そうだったと思います」と言ったら、陳述書作成に苦労している代理人としては、いや、「思いますじゃ困るんだよ」と、「どうだったんだよ」と、「本当はどっちなんだね」というような形で迫ってしまい、書面上は「そうでした」となってしまうという可能性も結構あるのではないかと思います。本来、陳述書の大きな目的は主尋問の内容を明確にさせ、かつそれによって事前準備させることによって反対尋問を充実したものとして、そこから真実を浮かび上がらせることにあったはずですが。そこではいま述べたように意識しないところで陳述書が汚染されたものになってくる可能性もあります。

【エピソードⅠ-2-18】作成することで思い込む形態の汚染

私なんかはよく会社とか役所の担当者と陳述書を作成し、これでいいだろう

となりますと，陳述者が，「陳述書をちょっと上司に見せてきます」と言い出して，それが相当上の上司の幾つもの捺印欄があるような決裁書類で回ってしまう。そうすることによって本人の記憶，本人の認識した事実とは大分違ったものに変遷してきてしまうということもないわけではありません。私は陳述書には何かそういう面があると思っています。

　これはただ反対尋問でそこを厳しく突いて，「いや，実際はちゃんと見ていたわけではなくてそう思っただけです」と言わせればそれで崩れるわけですけれども，一番困るのは，日弁連法務研究財団の研究（日弁連法務研究財団編『法と実務(3)』〔商事法務，2003〕113頁）や日弁連のパネルディスカッションで議論したときに出されたこともありますが，本人自身がそう思い込んでしまう。つまり「そうだったと思います」が，何度も打合せをしているうちに記憶そのものが「そうだった」に変わってしまうということで，陳述書が汚染されているにとどまらず，その陳述者そのものが汚染されてしまい，そこでは反対尋問によってもこれを崩すことは困難となり，真実が浮かび上がることはないことになってしまうのではないかとの懸念があります。

○**内田**　馬橋さんのおっしゃる通りですが，バイアスがかかる，あるいは虚偽な内容であるというものの線の引き方はなかなか難しいところがありますね。本人の記憶喚起のレベルでとまっていれば，例えば，本人が忘れていたことを打合せで記憶喚起して最終的に陳述書をまとめるところまでなら，いわゆる汚染とはいわないと理解していますが。ただ，そこから先は明らかにバイアスや汚染ということになる。全く虚偽の内容の陳述書を書くというのは，あまりないとは思いますが，普通の人には相当勇気がいる。なぜ勇気がいるかというと1つは相手方による反対尋問があるからです。もう1つは，裁判官が見てこの陳述書はとても認定に使えないと見られてしまうことへのおそれではないでしょうか。

　私は，反対尋問の意味のひとつは，バイアスのある陳述書を作成するブレーキになることではないかと思います。ですから，反対尋問の機会を保障するという原則は維持した方がいいと考えています。ただ，反対尋問にさらされない陳述書を全部とってはいけない，という極端な意見はもっておりません。その証明力は相当落ちるとみておけばいいと思います。

○**須藤** 私も，先ほどから，制度的保障としての反対尋問を留保しておくことは必要であるといっているわけで，必要なときには反対尋問をするわけですが，ただ反対尋問を充実させるための補助的なものとして陳述書があるという前提で，尋問を申請する予定がない者については陳述書が認められないというのはどうかなということです。問題の本質は反対尋問が成功するかしないかではないはずです。実際の訴訟では，枝葉の問題で相手を困らせて溜飲を下げるということはあるにしても，本質的なところで心証を覆すような効果的な反対尋問というのはほとんどないわけで，……まぁ，ないという言い方はちょっと極端かもしれませんが，ない場合が多いわけですから（笑），効果がない反対尋問を充実させるために陳述書を提出させるというような問題ではないのではないかと思います。反対尋問権の保障はあくまでも何か確認したいことが出てきたときに反対尋問ができればよいわけで，そういった意味での制度的保障が必要だということに尽きるのではないでしょうか。

　実際には，陳述書が早い段階で出てきますと，争点整理手続をやっていますので，その中で相手方代理人や本人から，この点は違いますよとか，その点は違いますよという指摘が出てくるわけですね。争点整理手続の中で実質的には反対尋問の一部前倒しのようなことが行われるわけで，いい加減な陳述書を提出して争点整理段階で話がだめになったりすれば，取り返しがつかない大きなダメージを受けることにもなるので，通常であればそういういい加減な陳述書は出てこなくなると思います。ただ，その辺りの理解については，立場によってどうも議論が分かれているのかなと感じます。

○**加藤** 早い段階で陳述書が提出された場合，相手方がその内容についておかしい，事実と違うと受け取れば，相手方から当然指摘があります。したがって，弁論準備段階で，空論が一人歩きすることが是正されますし，そんな言い分しかないのであれば和解をしませんかということになります。そうではなくて，人証取調べまでいくようなケースについて，争点に関わる陳述書を事実認定に使おうということになると，それはテストしたいと考えるでしょう。陳述書をテストするとして，人証調べをして反対尋問にさらした方が吟味しやすいというところまでは異論はないのでしょうね。

○**須藤** ええ，そうです。

【エピソードⅠ-2-19】虚偽の陳述書作成・提出に基づく不法行為訴訟

○加藤　陳述書が民事訴訟のプラクティスに現れてから,「陳述書にこんなことを書かれたが,それは真実と違う。その陳述書のために敗訴したが,これは不法行為であるから損害賠償を求める」というケースがちらほら出てきています。何人もが談合をして同じように口裏を合わせて陳述書が書かれたために,自分は負けたし,それは名誉毀損でもあると主張するケースもあります。私も,そういうケースで判決をした経験があります。東京地判平成13年4月25日（判タ1076号281頁,【陳述書に関する主な裁判例】⑥）がそれですが,この原告は私の係以外にも幾つか同様の訴訟を提起していました。訴訟が訴訟を呼ぶサテライト・スーツ（衛星訴訟）の一種ですが,陳述書に対する不満・不信の根拠として主張するところは,構造的なもので,陳述書を活用するプラクティスのやむを得ないマイナス面でしょう。特に反対尋問をしない場合には,そういう不満を残すことは少なくないかとも思います。

村田さん,何かコメントありますか。

●反対尋問を経ない陳述書と裁判官の感覚

○村田　須藤さんがおっしゃった専門家による陳述書についてですが,専門家による陳述書が提出される場合には,それによって事実認定するわけではない場合もあるのではないかと思います。もし事実認定するような場合にはやはり反対尋問をしなければいけないですし,鑑定証人的な立場にある人の場合には必ず反対尋問をしなければいけないだろうと思います。ただ,一般論としての専門的知見に関する意見書的な陳述書であれば,文献と同じという扱いで代替性があるのですから,反対尋問をするよりは,他の専門家の陳述書を提出することで足りる場合もあるのではないか,むしろその方が合理的な場合もあるのではないかとも思います。

もう1点は,実は,提言の根底には,反対尋問を経ていない陳述書でも裁判所は自由心証の問題なのだから広く信用性を肯定してしまうのではないかという危惧感があるのではないかと思います。ところが,我々裁判官の立場からいっても,反対尋問を経ていない,あるいは人証調べを経ていない陳述書は,それが信用できることについて合理的な理由がない限り,あるいは立証事項との関係,相手方の訴訟対応,陳述書の内容と他の証拠関係との整合性等を考慮

して信用性があると判断できる特段の事情がない限りは，その信用性はかなり低いものだと考えるのが通常であろうと思われます。多くの裁判官はそのように考えて訴訟運営や事実認定を行っていると思いますので，そこはあまり過剰に反応して，陳述書が証拠として提出されているから，その信用性が安易に肯定されてしまったり，これに基づいて事実認定されてしまうのではないかなどと疑念を抱く必要はないのではないかと感じます。

8　陳述書を読み解く

○**加藤**　それはよい指摘ですね，それに続いて，陳述書を読み解くためのスキル，あるいは，陳述書による事実認定をするための留意点というテーマに入りたいと思います。須藤さん，お願いします。

●**作成者は誰か**

○**須藤**　陳述書を具体的な事実認定にどう使うかということになりますと，ご指摘のように，それを読み解く技術が必要になりますので，幾つか注意点を申し上げたいと思います。

●**直接作成型陳述書のメリット，デメリット**

　1つは，その作成者の違いによる特徴ですね。一番簡単なものは本人が直接作成している陳述書で，これには自筆のものもありますけれども，ワープロで作成されていても自分が書いていれば直接作成型といえます。この型の陳述書のメリットとしては，第三者は関与していませんのでそういった意味でのバイアスはない，もちろん自分に不利な事実も結構書かれている，法的な争点に限らず紛争の全体像，背景事情を含めてよく分かる。そして，その点と関連しているのですが，本人が何を気にして訴訟になったのかがよく分かります。この点は，実は審理の方針を決める際に大変参考になることが多い，そこのところには和解の糸口もたくさん含まれていることが多いので，非常に役に立ちますね。

　デメリットとしては，とにかく内容が整理されていない，主語と述語がめちゃくちゃだったり，文章になっていないとか，法的に無意味なことや，他人への中傷・誹謗が多い，それから分量もいたずらに長い，字も読みにくかっ

り，そもそも前提が整っていない。そして，実は大きな問題なのですが，本人の陳述書にも結構思い違いが少なくないという点ですね。そもそも本人は熱くなっていますので，どうしてもこうしたい，ああしたいという思いと客観的にあった事実との区別が不十分になりがちで，馬橋さんや内田さんからもご指摘があったようなことが前提となって，客観的な事実と齟齬していることも少なくないわけです。裁判官としては当然に気をつけて読んでいますので，書いてあれば何でも信用されてしまうということはありませんので，安心していただきたいと思います。

●弁護士作成型陳述書のメリット，デメリット

次に，代理人である弁護士さんが作成している弁護士作成型というのがあります。本人が直接作成したものではなく，第三者が入っているという意味では間接的に作成されたものなのですが，弁護士が作成していますので，読みやすいというメリットがあります。内容が整理されていますし，文章も整っている，分量もほどほどであり，主張との対応も意識されていますし，必要な事実が必要なところに補充されて書かれているので分かりやすい。しかも，「提言」でもいわれておりますが，陳述書の作成過程で弁護士さんが事案に対する理解を非常に深めるという効果，つまり事前準備の促進機能といわれているもの，これが非常に認められると思います。それから弁護士さんがこれからどういう方向で訴訟を進めていこうかとするかの方向性が，何となく読み取れるというところにも大きなメリットがあるのかなと感じています。

デメリットとしては，整理されすぎで，準備書面の上塗りになりがちなこと，それから本人のいいたいことを正確に反映していない場合があること，さらに弁護士自身の考え方がこの陳述書を作成する過程で固定されてしまうという問題があり，先ほど本人の汚染ということが話題になりましたが，実は弁護士の汚染ということもあるのではないかと思います。

●間接作成型陳述書の問題点

もう1つは，間接作成型とでもいうべきもので，代理人である弁護士以外の，当事者本人や関係者が本来証人となるべき者から聴取して陳述書を作成したものです。メリットとしては一応の情報が提供されること，本人などが何を考えているのか一応分かるということですね。デメリットとしては意図的な改変の

危険性が非常に高いこと，仮に意図的な改変はないとしても，能力の欠如等によって内容の正確性にかなり問題があることなど，先ほどの直接作成型のデメリットが極端に現れているところに問題があるわけです。

陳述書が提出された場合には，この中のどのタイプかに注意して，意識的に作成者の違いによるそれぞれのメリット，デメリットを考えながら読み解くことが大切だと思います。

●陳述書の記載内容による違い

陳述書を読み解く際の2番目の注意点としては，どのような事実が記載されているのかということをよく考えて読まなければいけないということです。これは結果的には本人尋問や証人尋問の内容を理解するときの注意点とほぼ同じことになるわけですが，普通は陳述書が提出され裁判官が読む段階ではまだ反対尋問はなされていません。裁判官として，そのまま鵜呑みにすることはありませんが，陳述書を読むとどうしても内容が頭に入ってきますし，最初に誤解してしまうと，なかなか切り替えるのが難しくなりがちですから，意識的に注意して読まないといけないのですね。最終的に反対尋問が保障されているかどうかではなくて，裁判官が陳述書を読む際には自分自身の頭の中で反対尋問をするつもりで読まないといけないのですね。

●事実と評価

少し具体的にいいますと，陳述書の記載内容も，証言を理解する場合と同じで，大きく事実と評価に分かれます。次に，事実は事件のバックグラウンドになっているだけの背景事実と，事件に直接関係している関係事実とに分かれます。そして，関係事実は自分が直接体験した経験事実と，直接体験したことではない伝聞事実とに分けることができます。このうち，経験事実は，後で少し詳しくいいますが，客観的事実と主観的事実に分かれます。伝聞事実は，一次伝聞と二次伝聞といいますか，二次伝聞以下の再間接伝聞といいますか，そういったものに分かれるのではないかと考えています。

評価の典型例は自分の考え方などですけれども，契約条項の理解，つまり，どういうつもりで契約をして，どういう意味で問題の条項を盛り込んだかなどの理解は，客観的な事実というよりも，自分はどういうつもりで契約をしたかという考え方ですから，評価だということを認識しておかないと，混乱する可

能性があるのではないかと思います。

　しかも，陳述書を読み解く際に注意しなければいけないのは，体験した事実といっても，実際には客観的な事実と主観的な事実とがごちゃまぜになって書かれていることがほとんどなので，意識的に区別して理解するということだと思います。例えば，これまで客観的な身上，経歴，それからいつ，どこで，誰と会ったという限度であれば客観的な事実で問題はないわけですが，会った時にどういう内容の話をしたかということになると，これはもう主観的な評価が入り込んでいると考えておかないといけませんね。そもそも発言には前提となる意図があるはずですが，その意図はお互いに明確には表現されないまま交渉が進んでいくわけで，後からこれを思い出す時には，そのような主観的な意図と実際の発言内容とが一体化して，このような内容を発言したという形で陳述書に書かれてくることになりがちです。ですから，実務をやっていますと，同じ機会に同じ内容を聞いていたはずなのに，当事者双方の話が大きくずれていることを何度も経験するところです。もちろん，記憶の構造の問題もあるとは思いますが，実際には，発言の意図と実際に発された言葉とを一体で理解してしまうことに原因があるのではないかと思います。

●伝聞か，体験か

　もう1つは，伝聞と伝聞ではないものとが明確に区別しないで書かれていることが多い。したがって伝聞であるか否かを意識的に考えながら読まないといけません。しかも，伝聞も，直接誰々さんがいっているのを聞いたという一時的な伝聞なのか，誰がいったか分からない話を間接的に聞いたというのとでは，全く質が違うわけですね。ところが，特に日本語の特徴のひとつである主語が不明確であることからくる問題がありますね。陳述書でも主語が書かれていないことも多いのですが，そのような場合に，文脈の中で読んでいて行為主体を誤解してしまうということもないわけではありません。私自身，本当は伝聞だったのに，主語がないために体験した事実だと誤解してしまったり，本当は二次伝聞だったものを一次伝聞と誤解してしまい，弁論準備期日に代理人や本人と話をしているうちに，誤解に気付いたという経験を何回かしています。

　それから，これはいままでにも何回かいわれていることですが，もともとはっきりしていなかったところを，陳述書だと割合はっきり書かれていること

が多くて，誤解をもたらす原因のひとつになっているという問題がありますので，注意が必要だと思います。

　話が大分長くなりましたので，最後に，私が経験した反対尋問ができない陳述書の問題についてご紹介しておきたいと思います。

【エピソードⅠ-2-20】本人死亡のため署名・押印のできない陳述書

　それは，セクハラ訴訟の原告から提出されたもので，病院に入院中の元同僚の陳述書なのですが，その人の署名がないものが出されてきたのです。「どういうことですか」と尋ねますと，「自分が上司からセクハラを受けたことをその元同僚に相談していたので，証人になってもらおうと思ったら，病院に入院しているというので，病院に訪ねて行って元同僚と話をして，確かにセクハラの相談を受けていたといってくれたので，その内容を清書して改めて署名・押印を求めに行ったところ，元同僚は話を聞いた6日後に癌で死んでしまって，署名・押印をもらうことができなかった」というのです。

　これは先ほど申し上げた分類では，原告本人が証人予定の人のところへ行っていろいろ聞いたところをまとめて作成された間接作成型の陳述書ということになります。もともと相当程度バイアスがかかっている可能性が高いもので，取扱いが難しいものなわけですが，そのほかに，手続上の問題として，誰の文書として提出するのか，亡くなってしまった証人予定者の陳述書として提出するのか，それともいわば聞取書きとして原告の陳述書として提出するのかという点も問題になりました。署名・押印がない亡くなった人の陳述書ということであれば，未完成の文書であるのに提出を認めていいのかという問題になるのですが，先ほどの「提言」の関係でいいますと，これは死んでしまって代替性がない陳述書なのだから，必要性が高いということで提出が認められることになるのでしょうか。しかし，そもそもdying messagesが常に信用性が高いという経験則はないのではないかと感じています。

○加藤　推理小説で登場するdying messagesは別として（笑）。

○須藤　そうですね。推理小説では，『ダヴィンチ・コード』でもそうでしたが，dying messagesには深い意味が隠されていたりするわけですが，実際には，そんな簡単ではないように思います。

　このセクハラの事件では，署名・押印ができなかった元同僚は話をした6日

後に癌で入院先の病院で死亡したのですから，話をしたという時には末期癌で入院していたわけですね。そうすると，そのような人が果たしてきちんと話ができたのだろうかという疑問があったのです。実は私も家内を癌で亡くしたのですが，後から思い返しますと，末期癌で全身の痛みが激しいために亡くなる2～3週間前には痛み止めのモルヒネを打っていました。そのために，痛みを訴えない時には，意識がもうろうとしていたり，軽い幻覚を見たりしていて，きちんとした話ができる状況ではありませんでした。こうですかと聞けば「はい」と答えるし，とんでもないこと言ったりもします。もちろん，モルヒネが切れて意識がはっきりしている時もありましたが，そもそも点滴で栄養を補給している状態で体力も気力もかなり衰えていて，痛みをこらえながら何とか簡単な話ができる程度でした。そういった体験がありましたので，元同僚という人がどの程度きちんと話ができたのか，例えば「看病に当たっていた家族の人や病院の看護婦さんなどから，どのような状況だったのかについて説明した陳述書か何か，支えになるものを出すことを検討してください」と言ったのですが，それは何も出てこなかったんですね。そこで，「どういう形で提出するかもさることながら，提出されても信用性がほとんど担保されていないので実質的には考慮できませんよ」と言ったのですが，原告本人が提出にこだわりまして，原告の陳述書の添付文書として提出されたということがありました。自由心証主義の下で証拠評価・信用性の問題として処理すれば足りるという議論があることは承知していますが，私個人としては，裁判所の訴訟手続の中で，このような未完成で，反対尋問もできず，特信状況について何も支えがない陳述書の提出を認めることには疑問を感じておりますので，お話をしておきたいと思います。

○加藤　陳述書に関する一般的な証拠価値判断の注意事項について，述べていただきました。【エピソードⅠ-2-20】との関連で，内田さんが亡くなった人の供述録取書を生前作成しておいて死後に提出した例を経験されているということですが，これを紹介していただけますか。

【エピソードⅠ-2-21】生前作成した弁護士名義の供述録取書

○内田　もう25年ぐらい前の話でして，今日のように陳述書が議論される時代ではなかった時の話なのですが，病気が悪化した関係者がおりまして，この

人は重要証人になりそうな人だったのですが，訴訟が始まっても証人尋問まで生命がもたないのではないかと危惧をしておりました。そのために，訴え提起前に当時のボス弁護士と私がこの人を訪ねまして，いろいろ話を聞いて供述内容をまとめ，これを書面化して供述録取の形にしました。署名をもらえればよかったのですが，もう署名ができない状態でした。

○加藤　弁護士名義の供述録取書をとられたのですね。

○内田　そうですね。その方はその後数カ月後に亡くなってしまいました。訴訟は亡くなった時点で始まっていたのですが，訴訟手続で供述録取書を出しました。提出する時に，これがどの程度役に立つのか，私どもも分からなかったですね。事件としては勝訴できたのですけれども，この供述録取書の証明力がどの程度あったのかは，分かりませんでした。

○加藤　他の証拠で勝訴している可能性もありますからね。

○内田　ええ，勝訴したので深く考えなかったという意味でも，よく分からないままでした。先ほどの須藤さんのお話を伺っていると，あまり役に立ったとは思えませんが……。

○加藤　まだまだ議論をすべきことはあるかと思いますが，ここで研究会の参加者の経験したエピソードを幾つかアラカルト的に紹介していきたいと思います。

内田さんから，アトランダムで結構ですので，お願いします。

【エピソードⅠ-2-22】後日内容にクレームがつけられた陳述書

○内田　では，私から1つ，2つ申し上げます。ある事件で，重要証人に署名してもらった陳述書を訴訟に提出してあったのですが，途中から，作成者に内容が間違っているといい出されたケースがあります。この人は依頼者の会社の担当者で，訴訟提起前から協力はしてくれていたのですが，訴訟中に退職してしまい，退職した経緯に不満があったようでした。何度か打合せをしてから，私の事務所の弁護士が陳述書を起案し，メールで送って修正をしてもらい，署名捺印もしてもらいました。ところが，その後，裁判所で人証の採用決定をし，いざ証人尋問となりましたら，その人から「陳述書の内容が違っている」というクレームがありました。

これは後で分かったのですが，クレームがあったのは相手方と接触があった

すぐ後のことでした。結局，裁判所で陳述書と違っていると思うところを全部話してもらいました。この件では，残っている資料が十分でないせいもあって，全部については裏付けをとれないまま，証人のいっていることを文書化せざるを得ませんでした。その後，証人の記憶がどこかでぐらついたわけでして，将来証人になる人は十分気をつけて陳述書を作成しないといけないと思いました。

○**加藤**　相手方との接触の後ということですと，相手方から汚染された可能性も想定できなくはないと思いますが，それはいかがですか。

○**内田**　ええ，接触の事実は後で分かったのですが，相手からの汚染なのかもしれません。

○**加藤**　これは，陳述書を作成する段階で裏付けをきちんととるべきであるという教訓ですね。

【エピソードⅠ-2-23】山なす紙爆弾としての陳述書

○**内田**　たくさんの陳述書を相手方が提出している事件で，証拠調べが全部終わり結審の予定である日に，また分厚い陳述書と書証が出されたことがあり，しかも陳述書は前の証人尋問期日での証言を攻撃する内容のものでした。

○**加藤**　それは多数当事者訴訟ですか。

○**内田**　いや，1対1の事件です。相手方本人は熱心な人で，一生懸命陳述書を書いてきているのですが，さすがにこれは放っておけないので，裁判所に時機に遅れた攻撃防御方法ではないかといいました。「正式に申立てますか」と裁判官から聞かれたので，いままで一度も申立てをしたことがなかったのですが，今回は「はい」と言いました。裁判所は長く合議をして，多分その日に提出された書証を全部読んだと思うのですが，結局，控訴されれば控訴審で提出されることになるのだからということで申立ては却下され，全部採用されました。この事案自体，その陳述書で結論が変わるとは到底思えませんでしたので，証拠の採用自体に特に異論はありませんでした。判決の結論は勝訴になったのですが，陳述書を山と築けば勝てるのかという，先ほどお話に出た自由心証主義との関係での不安感というのを弁護士はもっておりまして……。

○**加藤**　自由心証主義でなく，書証の重量心証主義になってしまうと困りますね（笑）。

○**内田** そうですね，たくさん出した方が勝ちとされないかという心配は常にありまして，その意味で，ちょっと気になったケースでした。
○**加藤** それとは反対のエピソードもありますか。

【エピソードⅠ-2-24】最後の陳述書で敗訴判決

○**内田** それとは別の事件のお話をします。同じように証拠調べが終わった後，結審の日に，担当者の簡単な陳述書を相手方が出してきました。証拠調べも終わっているし，この陳述書を事実認定に使うことはないだろうと思いまして，特に異議も述べずに，放っておいたのですね。そうしたら，裁判所がこれを引用して私の方の敗訴判決を書いてしまいまして……。実は，これを引用しなくても敗訴判決が書けた事例なので，結論は仕方がないのですが，フェアでないのではないか，という後味の悪さをもちました。あのとき何かいっておけばよかったと後悔しました。
○**加藤** それは陳述書そのものの問題というよりは訴訟運営の問題と受けとめるべきでしょうね。

　馬橋さん，いかがでしょうか。

【エピソードⅠ-2-25】尋問途中で陳述書を見たいというリクエスト

○**馬橋** そうですね，私の方は準備段階では先ほど申し上げたように組織内で陳述書が作られてしまって，当初の事実と大分違うものができてしまって，あわててそれを直させたという経験もあります。それから，やはりきちっとした打合せが足りなかったということなんでしょうか，尋問の途中で「陳述書を見せてくれ」と言われたことがありました。これはその人がいいたいことが書いてあるのに，その人からそれを見せろといわれては，信用性が失われてしまうではないかと冷や汗をかいたことがありました。

【エピソードⅠ-2-26】真摯（紳士）な陳述書と実際

　また，あるときは，相手方が提出した陳述書を見ますと非常に丁寧な言葉で述べられていて，こんな言葉遣いの紳士を反対尋問するのは大変だなと思っていたのですが，いざ尋問になると，文体と現実の姿が違って非常に品位のない，言葉遣いも非常に粗いような証人が出てきたということもありました。
○**加藤** 相手方ですね。
○**馬橋** そうです，相手方の陳述書です。反対に，当方が提出した陳述書で，

相手方側からの尋問で困ったのは，事前の打合せで，ここはどうも触れない方がいいだろうと思って，書かずにおいたところを反対尋問で突かれますと，「いや，そのことは私も実は話したかったことなんです」と喜んで話し始めるということもありました。やはり陳述書の作成に当たっては，その取捨選択の理由をきちっと陳述者に説明しておかなければならないなということでした。

それから内田さんもおっしゃったように最後の頃になって相手方から，陳述書が出てきたとき，あるいは裁判所が相手方にそこは陳述書を出していただければいいですからと，こういわれたときに，自分としては何かいわなければいけないのかなと思いつつもいわずにおいてそのままにしてしまい，果たしてあの陳述書はどう評価されちゃうのだろうという不安をもったことはよくあります。ただ，今日のお話を聞きますと，大分安堵いたしました。

○加藤　村田さん，いかがでしょうか。

●検討不足の陳述書の危険性

○村田　私も実はいま内田さんがいわれた大量の陳述書が提出される事件を経験しています。通常の建物明渡請求事件です。双方に弁護士さんが付いておられ，弁護士さんの準備書面も通常のペースで提出されるのですが，これとは別に，相手方の準備書面や証拠が出るたびに本人及び訴訟関係人作成の陳述書が幾つも提出されるということがありました。「新たな事実が出たわけではなく，同じ内容の陳述書が何通も提出されているのだから，もう提出しなくてよいですよ」と裁判所から本人に言ったのですが，次回になると，また新たな陳述書が提出されてくるのです。しかも，よく読むと微妙に事実関係などがだんだん違ってきているということがあり，判決するのに少し苦労したことがありました。この事件では，後には，代理人の主張書面のみの提出を許しますから，陳述書は提出しないくださいと制限せざるを得ませんでした。この事件を経験して，本人作成の思いつくままの陳述書よりは，やはり代理人の目を通った，まとまった形の，いわば争点指向性の高い陳述書を提出していただいた方が心証がとりやすい場合もあるなと再確認しました。

【エピソードⅠ-2-27】事実関係の同じ別件訴訟で提出された内容の異なる陳述書

もう1点は，別件訴訟がありまして，そこでも時系列を中心した陳述書が出されていたのですが，そこで述べている事実と本件訴訟で提出されている陳述

書に書いてある事実が違うということがありました。本件訴訟では，売買の対象がA社の株式であったか，B社の株式であったかが問題となり，本件訴訟において新たに作成された陳述書では，準備書面の記載と同様に，A社の株式が売買対象であったと述べられていたのですが，別件訴訟のために作成された陳述書では，本件訴訟における売買の対象が争点となっていなかったこともあるとは思いますが，時系列の中の一部分に「○月○日に本件訴訟の当事者との間でB社の株式を売買した」との一文がありました。代理人は多分見逃されているのではないかと思いますが，裁判所にとっては，非常に心証をとりやすかったのですけれども，代理人の訴訟活動としてはいかがなものかと思いました。

【エピソードⅠ-2-28】尋問で馬脚があらわれた陳述書

　さらに，抵当権設定登記抹消登記請求事件で登記名義人である原告は，少し生活能力のない30代の男性で，父親が非常にその生活や行く末を心配して，自分の土地建物を原告名義に変更していたんですね。それに風呂場の改装費用等を被担保債権とする抵当権が設定されていたのですが，それは原告が設定したのではなく，父親が原告に無断で行ったもので無効だと主張した事件です。この事件では，抵当権の設定は子どもである原告の了解を得ていませんという父親の陳述書があったのですが，その証人尋問を実施してみると，確かに，子どもである原告の承諾は得ていないというところまではよかったのですけれども，どうして承諾を得なかったのですかということを聞くと，「だって，あれは私のものですよ」と供述するものですから，さらに「これは原告のものでしょう」と聞くと，「いやいや，実はあれは私のものなんです。登記名義を原告名義にしただけですよ」という話になってしまいました。その後，この父親は，いってはならない真実を吐露してしまったことに気付いたようで，最終的には当初の供述を変えましたが，時既に遅しということで，事件は取下げとなりました。陳述書を読み解くに当たっては，いろいろ注意すべき点があるなと思った次第です。

9　むすび

○加藤　いずれも興味深いエピソードでした。読者の方にも，それらからどの

第2章　報告文書の光と影

ような教訓を引き出すべきか考えていただきたいと思います。

　さて，本章では報告文書をめぐって陳述書を大きな柱として幾つか議論をしてきました。一言ずつ感想，印象を述べていただき，むすびにしたいと思います。

●基本原則の意義を考え直す

○**須藤**　様々な切り口から報告文書，特に陳述書の問題点や機能，在り方などについて教えていただきまして大変参考になりました。最後に，感じたことを2つほど申し上げたいと思います。第1点目は，陳述書については口頭主義や反対尋問権の保障という観点から問題が指摘されているわけですが，そもそも民事訴訟の基本原則といわれているものの多くは，良くも悪くも近代社会の社会制度やその当時の民事紛争を前提として語られたもので，いわば近代的訴訟観に基づくものですから，飛躍的な質的変化をとげている現代社会の民事裁判にそれをそのまま適用しなければならないとするのは，かえって適当ではないと感じることも少なくありません。研究者の先生方にも，その辺りを所与のものとして硬直的に考えるのではなく，新しい21世紀の民事訴訟原則をうち立てるつもりで柔軟に研究していただければありがたいと考えています。

●手続の透明性をできるだけ高める努力を

　第2点目は，内田さんや馬橋さんのお話をお聞きしていて感じたのですが，やはり当事者から見た場合には手続の透明性というものがかなり大きい問題なのだということですね。もちろん，裁判官は裁判官なりに十分考えてはいるつもりなのですけれども，裁判官から見て手続の透明性が確保されているということだけではなく，当事者サイドにも手続の透明性を実感してもらえるようなものにしていくことが大切なんだということを，改めて自覚いたしました。

　お二人からは，陳述書を読み解く際にも，証人尋問との関連性が問題であるとのご指摘もあり，ますますこの研究会が刺激的になる予感がいたします。ますます楽しみだと申し上げたいと思います。

○**馬橋**　いろいろ報告文書についてお話ができてよかったと思います。なかでも陳述書，従来は何か証人尋問と常に結びつけて考えられていたようですけれども，いまやそれだけではなくて，争点整理のためのものや書証として処分証書等と他の書証との間を繋ぐ意味での報告文書ということもあるんだというこ

とを改めて認識しました。

　それとともに代理人としては，やはりいかに依頼者や関係者からきちっと話を聞き出すか，が問われることになります。平成17年夏の日弁連の研修会「依頼者との面接技術」で会場アンケートを取りながらパネルディスカッションを行ったところ，90％以上の弁護士が事件を受ける際に聞いた事情と陳述書を作る時になって聞いた事情が異なっていると回答しました（日本弁護士連合会編『現代法律実務の諸問題〔平成17年度研修版〕』〔第一法規出版，2006〕1050頁）。先ほど証人汚染とか書証汚染の問題も出ましたけれども，それは決して弁護士が意識してやっているわけではなくても，何か知らないうちにそのようになってしまうおそれに常に我々は置かれているのではないかと思います。今日のお話を伺って，それから弁護士の面接技術，つまり最初に事件を受けた時から常にどういう陳述なり，どういう最終準備書面を書くのかという意識をもちながらきちっと事実を聞き出していくという面接技術がこれからは必要になってくる。それも迅速な面接技術が必要になってくるというように感じました。

○**村田**　我々裁判官は，訴訟の中で日常的に陳述書を目にしていて，「この陳述書は出来がいい，これは出来が悪い」なんていっていますけれども，馬橋さん，内田さんのお話を伺いまして，陳述書の作成に当たっては，弁護士の先生方がいろいろな点に配慮され，非常にご苦労されていることがよく分かりました。今後は，提出された陳述書の向こうに，苦悩されている先生方の姿が見えるようで，陳述書を見る目が違ってくるかもしれないと感じております（笑）。

　また，実際に最近のプラクティスとしては，陳述書の活用が大前提となって現在の民事訴訟が運営されていると思います。陳述書については，これまでの経過の中ではかなり否定的な見解もありましたし，現在でも陳述書の運用に関する理念・理論的な部分にはいろいろご意見があろうかと思いますが，実際の事件で陳述書をどのように活用するかについては，裁判所と代理人の理解の間にそんなに大きな違いはないことが確認できたことは，大変よかったと思っています。

○**内田**　ゲストでお招きいただき，しかも大変参考になるお話を伺いまして，ありがとうございました。普段は陳述書の作成に関与する立場に在りながら，目の前の事件の処理に追われて，訴訟制度の中での在り方を深く考えていませ

んでした。皆さんのご意見を伺っていて，陳述書は民事訴訟手続の中でどのように使われるべきかを考え直す非常にいい機会だったと思います。特に作成に当たってバイアス，汚染を避けること，それから真実義務の問題もあると思います。弁護士として心がけなければいけないことを改めて痛感した次第です。

　もう1点は，裁判実務を経験していて，自由心証主義の闇のようなものをずっと感じていたのですが，裁判官の方々に陳述書の問題を議論していただいて，陳述書の見方も弁護士が見ているのと共通点がかなりあるということを認識でき，ある部分光が差したということで，「光と影」を知る非常に有益な研究会でした。

○**加藤**　大変によい締めをしていただきました。これで終わります。

【陳述書についての主な参考文献】

①伊藤眞ほか「座談会・民事集中審理の実際——東京地裁・大阪地裁における試み」判タ886号（1995）17頁

②大藤敏「東京地裁における審理充実方策」判タ886号（1995）52頁

③滝井繁男ほか「シンポジウム・新民事訴訟法のもとでの審理のあり方」判タ938号（1997）4頁

④山本克己「人証の取調べの書面化——『陳述書』の利用を中心に」自正46巻8号（1995）54頁，同「陳述書問題について」判タ938号（1997）69頁

⑤那須弘平「争点整理における陳述書の機能」判タ919号（1996）19頁

⑥西口元「陳述書をめぐる諸問題」判タ919号（1996）36頁

⑦司法研修所編『民事訴訟の新しい審理方法に関する研究』（法曹会，1996）76頁〔篠原勝美ほか〕

⑧中本和洋「陳述書のガイドライン」判タ937号（1998）54頁

⑨北尾哲郎「陳述書の運用準則」判タ937号（1998）57頁

⑩高橋宏志「陳述書」『新民事訴訟法論考』（信山社，1998）107頁

⑪坂本倫城「陳述書をめぐる諸問題」判タ954号（1998）4頁

⑫木川統一郎「争点整理過程における鑑定・検証・本人陳述書の取扱いについて——比較法的資料を我が実務にそれだけ使えるか」司研論集102号（1999）1頁

⑬藤本利一「陳述書提出事件の実態分析——陳述書の利用状況把握に向けた準備的考察」立命2000年3＝4号(下)（2000）1422頁

⑭加藤新太郎編『新版民事尋問技術』（ぎょうせい，2001）32頁

⑮大段亨「陳述書の利用——裁判所の立場から見ての問題点と改善の期待」上谷清＝加藤新太郎編『新民事訴訟法施行三年の総括と将来の展望』（西神田編集室，2002）253頁

⑯松本伸也「陳述書の利用——訴訟代理人の立場での問題点と改善の期待」上谷清＝加藤新太郎編『新民事訴訟法施行三年の総括と将来の展望』（西神田編集室，2002）274頁

⑰生島弘康「陳述書の活用」門口正人編『民事証拠法大系(3)』（青林書院，2003）177頁

⑱第二東京弁護士会民事訴訟改善研究委員会「陳述書に関する提言」判タ1181号（2005）31頁

⑲第二東京弁護士会民事訴訟改善研究委員会「陳述書の運用に関するシンポジウ

⑳笠井正俊「陳述書の活用と審理原則」ジュリ1317号（2006）78頁

【陳述書に関する主な裁判例】

①最判昭24.2.1民集3巻2号21頁
［要　旨］
　訴訟提起後に，当事者自身が，係争事実に関して作成した文書であっても，それがために，当然に，証拠能力をもたぬものではない。裁判所は自由な心証をもって，かかる書類の形式的，実質的証拠力を判断して，これを事実認定の資料とすることができるのである。本件において，右書証の成立については，当事者間に争いのないところであり，原審はその自由裁量によって，右書証の証拠価値を判断した上で，その挙示する他の疎明方法と綜合して判示のごとき事実関係疎明の資料に供したのであって，この点において，少しも，所論のごとき違法はないのである。

②最判昭25.5.18判タ13号63頁
［要　旨］
　訴訟提起後一私人によって作成された書面であっても，裁判所が自由な心証によって，その成立及び記載内容を真実であると認める場合には，かかる書面を疎明方法として判断の資料とすることを妨げない。

③最判昭26.5.18裁判集民4号779頁
［要　旨］
　甲第一三号証が本訴提起後一私人によって作成された証明書と題する書面であって，上告人等が不知としてその成立を争っているものであることは所論のとおりである。しかしかかる書面であっても裁判所が自由な心証によってその成立及び記載内容を真実であると認める場合には，これを判断の資料となすことができるのであって，殊に疎明の場合にはかかる書面を判断の資料とすることは毫も妨げない。

④最判昭32.7.9民集11巻7号1203頁
［要　旨］
　訴提起後，挙証者が作成した文書であっても，当然に証拠能力をもたぬものではなく，裁判所は自由な心証をもつて事実認定の資料とすることができることも，当裁判所の判示したところ（上記①の判例）である。

【陳述書に関する主な裁判例】

⑤最大判昭56.12.16民集35巻10号1369頁〔大阪国際空港公害訴訟上告審判決〕

［多数意見の要旨］

　人が，本件において問題とされているような相当強大な航空機騒音に暴露される場合，これによる影響は，生理的，心理的，精神的なそればかりでなく，日常生活における諸般の生活妨害等にも及び得るものであり，その内容，性質も複雑，多岐，微妙で，外形的には容易に捕捉し難いものがあり，被暴露者の主観的条件によっても差異が生じうる反面，その主観的な受けとめ方を抜きにしてはこれを正確に認識，把握することができないようなものであることは，常識上容易に肯認しうるところである。したがつて，原審が検証を実施した際に受けた印象や，被上告人らに陳述書，アンケート調査等に所論のような主観的要素が含まれているからといつて，その証拠価値を否定することができないことはもちろん，原審がこれらに対してかなり高い証拠価値を認めたとしても，そのことをもつて直ちに採証法則ないし経験則違背の違法があるとすることはできない。

　（注）多数意見に対し，原審が書証として提出された被上告人らの陳述書の記載とアンケート調査の結果の証拠価値を高く評価し，これを補強するような客観的資料を欠くまま被害及び因果関係を認定したのは著しく不合理であり採証法則に違背するとする4名の裁判官の反対意見がある。

⑥東京地判平13.4.25判夕1076号281頁

［要　旨］

　書証として訴訟手続に提出される陳述書は，作成者が証言をすることになったときにはそれを補い，もしくは証言に代わるものとしての機能を有し，その意味で，作成者が証人として証言する場合に類似したものということができるから，当該陳述書の内容が，要証事実に関連性を有し，明らかにする必要性がある限り，他人の名誉を毀損し，もしくは侮辱することになったとしても，それが真実と認められる場合には，証言の場合と同様，違法性を阻却し，不法行為に当たらないものと解される。

第3章 効果的立証・検証・鑑定と事実認定

ゲスト　山浦　善樹
解　題　馬橋　隆紀

［目　次］
1　はじめに
2　効果的立証
3　検　証
4　鑑　定
5　むすび

解　題

1　証拠収集の第一歩

　弁護士にとって立証活動は，訴訟遂行のなかで大きな比重を担っています。この研究会によって改めて認識したことは，立証活動は依頼者と初めて会ったその時から始まるということでした。例え法律相談であっても，相談者の話からどのような法律構成が考えられるのか，そして，この事件にはどんな関係書類があるのかを常に念頭に置きながら話を聞き，その解決方法を考えなければなりません。その過程で，依頼者がどんな証拠を持っているかを把握することは大事なことです。ただ，依頼者自身に証拠の選択をさせることは危険です。依頼者は自分の思い込みで判断してしまいます。依頼者に関係書類を全部持ってこさせて，弁護士自らの目で証拠を探すことが立証活動の第一歩かもしれません。訴訟が進むなかで，相手からの主張が出されると，あわてて依頼者が「先生，こんなものがあるのですが」と重要な証拠を手にして現れるのはよく経験することです。

2　証拠に迫る意欲

　依頼者の持っている証拠が十分でないとなれば，弁護士の証拠探しが始まることになります。我々弁護士が苦労するのは，証拠が自分の手元にない場合です。これについては，民事訴訟法は新たに訴訟提起前の照会制度を定めていますが，この研究会にもあるように，その利用率は決して高くないようです。
　また，国や都道府県，それに市町村といった行政機関は多くの情報を持っています。情報公開請求をすることによって，証拠になりうる情報も得ることができます。ただ，これについては，個人情報を理由に公開されなかったり，その部分を墨塗りにされるなどして出されるために証拠として十分使えないものもあります。また，我々がよく使う弁護士法23条の2に基づく照会も，個人情報に阻まれることも少なくありません。ただ，代理人が心すべきは，一つの手段をもって獲得できなかったとしても，手を変え品を変え，何とかその証拠に迫ろうとする意欲だと思います。法律上，それも，民事訴訟法のみならず，いろいろな法律や制度によって認められた手段を使って証拠獲得を試みることが必要です。本章での山浦さんの実践は大いに参考になるはずです。

この姿勢は訴訟が始まってからも同じです。当事者照会制度，調査嘱託，文書送付嘱託，さらには，文書提出命令を駆使しながら証拠に迫っていかなければなりません。この研究会でも話題になっていますが，調査嘱託や文書送付嘱託については最高裁判所からの通達もあって，嘱託先も法令によるものとして個人情報も含めて提出されるようにもなってきています。私は，自ら所持している証拠ですが，これに個人情報が多く含まれているため，むしろ文書送付嘱託を申し立てて，文書所持者からこれらの文書を裁判所に提出させた上で，個人情報も含めてこれを証拠としたことがありました。今，行政機関や企業は個人情報の管理に神経を尖らせています。文書等の所持者が安心して弁護士や裁判所にその文書を提出したり，情報提供をできる制度を確立していくことも必要なことだと考えます。
　そして，この証拠はただ集め，提出すればよいものではありません。裁判所に対し，何を立証しようとしているのかを主張と関連付けながら明確にしておかなければならないことになります。

3　訴訟外活動への応用
　ここでは，主に訴訟における証拠収集が語られていますが，我々弁護士にとっては，それはどんな証拠を揃えておけば紛争を防止し，また，仮に紛争になっても自己に有利に解決できるかということにもつながります。近頃企業のコンプライアンスが叫ばれ，また，個人においても契約や取引を行う前に弁護士に相談するということが多くなってきました。弁護士は法律問題とともに具体的にどんな文書を作成するか，相手から何をとっておけば安全かを指導しなければなりません。この際，訴訟において証拠収集に苦労したことが役に立つはずです。契約時に当事者で日付入りの写真を撮っておくのも一つでしょうし，録音テープを残しておくこともあるかもしれません。

4　証拠の吟味
　証拠は自己にとって有利なものばかりではありません。この研究会でも，相手から出された証拠の矛盾をつくことや，自己に有利な事実を見つけ出したエ

第3章 効果的立証・検証・鑑定と事実認定

ピソードが紹介されています。また，鑑定についてもいろいろな意見が出されています。証拠は提出されれば両者に共通な資料です。やっと収集できたことに喜んで，中身を詳細に検討することなく提出することは危険です。また，相手方が提出した証拠だから，自分に有利なことはないと決め付け，その吟味をしないのも代理人としては失格ということになります。相手の提出した証拠にも「宝が埋もれている」ことがあるかもしれません。

5　あくなき好奇心
　ところで，この研究会では，弁護士が証拠収集について既成の概念にとらわれることなく，いろいろなアイデアを考えながら証拠へ近づいていく姿がよく表れています。昔の写真を探し出してこれを証拠にするなど，なかなか気づかないことです。これは，天性のものもあるのでしょうが，普段からいろいろなことに興味を持ち，いろいろな人と話をしていくなかで養われるものとも思われます。我々は法律問題だけでなく，社会に生起するあらゆる出来事に常に注意を払っていくべきでしょうし，いろいろな分野の人や年齢の人から話を聞いていく，こんな日常の好奇心がいざという時の証拠収集や証人尋問の場で生かされていくように思います。

1　はじめに

○**加藤**　第3章は「効果的立証・検証・鑑定と事実認定」をテーマにします。

　これまで，この研究会では主として書証について（第1章），あるいは人証についての観点から事実認定，立証活動の問題（第Ⅱ巻第2章）を考えてきました。さらに，観点を変えて，推論の構造という切り口から経験則（第5章），事件のスジ（第Ⅱ巻第3章）などについて考えてきました。

　今回は，それらとは少し趣を変えて，これまでに扱われなかった証拠方法である検証・鑑定，あるいはこれまでにも触れられてはきたけれども，補充しておきたい項目について，効果的立証というまとめをして，意見交換をして理解を深めていきたいと思います。

　今回は，長い弁護士経験をお持ちで，かつ司法研修所の教官経験もあり，現在は法科大学院でも教えておられる山浦善樹弁護士をゲストとしてお迎えしています。山浦さん，自己紹介をお願いします。

○**山浦**　ご紹介いただきました山浦です。東京弁護士会に所属しており，司法研修所は26期ですから，もう三十何年弁護士をしております。

　事実認定について本格的な勉強をするきっかけになったのは，司法研修所所付や教官として裁判官との意見交換をするとき，弁護士と裁判官とは事実認定に対する姿勢・考え方が必ずしも同じではないということを感じたときでした。それ以前はどちらかというと裁判官とぶつかり合うといいますか，法廷で相手を蹴散らしてくるとか，そんな感じの仕事をしていたような気がします。今から思えば恥ずかしい限りです。法廷は喧嘩をする場所ではなく，ちゃんとコミュニケーションをして，自分の言い分を述べ，相手の言い分を聞いてくる，そういう場所だということをようやく分かったのです。それ以来，そうか，裁判官は情報を欲しがっているのだ，自分が主張していることを裁判官がどの程度理解しているかを考えないで，自分が好き勝手に言っているだけでは駄目なのだということを考えながら仕事をするようになってきました。

　今回は大変難しいテーマですから，難しく考えるととてもついていかれませんので，私は，できるだけ易しく，実際の裁判の中で，弁護士はどんなことを

第3章 効果的立証・検証・鑑定と事実認定

考えて立証活動の工夫をしているかという切り口から参加させてもらえればと思っております。どうぞ，よろしくお願いします。

○加藤　山浦さんについて1つエピソードを添えておきますと，訴訟代理人と裁判官という立場である事件に関わったことがあります。山浦さんは詳細な準備書面を書かれまして，それは要件事実を整理して間接事実のレベルまで下り立って推論の構造を明らかにした上で，証拠と関係づけて論じるとともに，反論を加え反証を挙げるという模範的なものでした。その事件は和解で終わりましたが，その準備書面をその部で修習中の司法修習生に見せましたら大変感激しましたので，そのコピーをその修習生に進呈しました。「これはもう，裁判修習の最も大きな成果です」と言って喜びましたが，私としては，裁判実務についても懇切に教えたつもりなのですけれども，山浦さんの準備書面をもらったのが最大の成果だというわけですから，「それはないだろう」と笑い合ったことでした（笑）。

2　効果的立証

○加藤　本章は3つの柱を立てておりまして，1つは事実の認識として検証の問題，2つは事実の評価として鑑定の問題，もう1つは効果的立証という観点から各種の証拠を扱うということにしたいと思います。

まず，山浦さんに，効果的立証という角度から，これまでの経験したエピソードを披露していただければと思います。

(1) 調査活動と当事者の記憶喚起

○山浦　最初のエピソードは，検証手続で具体的な成果が上がったという例ではありませんが，目の前にある証拠を見てそれを判断するのではなく，まずは効果的な情報を集めてくるという意味で，お話をさせていただければと思います。

【エピソードⅠ-3-1】虚偽の出生届事件——半世紀前の事実の解明と裏付け

かつてある研究会でお話ししたことがあります（加藤新太郎＝河野正憲ほか「座談会・民事事実認定の実務と課題」『法曹養成実務入門講座(2)事実認定——

渉外事件』〔大学図書，2005〕11頁）が，親子関係不存在確認訴訟で，現在であれば血液とかDNAとかいろいろな鑑定ができたのでしょうが，少し前の時代でもあり，両親がもう亡くなっており，相手方は全く協力しないという状況の中で，どんな方法で立証しようかということでいろいろ考えました。考えてみると当たり前のことですが，親子でないということは，どこからかもらってきた子であると，では，どうやってもらったのかということで，いろいろな関係者に話を聞きましたら，今から約50年前に東京からもらってきたこと，もらうきっかけが新聞の三行広告を見たこと，朝刊に掲載された広告を切り抜いて，大切にポケットに入れて上京し，赤ん坊をもらって家（新潟）に帰ったということをおぼろげながら覚えている80歳近いおばあさんに会うことができました。お話を聞きましたが，それだけではとても証明というレベルに達しませんので，お話の中から，新聞広告を切り抜いたということに注目しました。その方は新聞の広告を見て東京に行ったというのですから全国紙のはずです。記憶では，真ん中辺りに載っていたというのです。では，私が，その半世紀前の新聞広告を捜しに行けばよいのだということに気付き，それから約50年前の全国紙を一つ一つ探し始めたのです。国会図書館に通って，本人の戸籍の出生届の日付，昭和16年3月何日のそれから1週間ぐらい前のところに集中して調べました。昭和16年といえばパールハーバーの年です。朝日新聞は駄目，旧毎日新聞も駄目，読売新聞も駄目でした。約1週間ほど通い続けた結果，ようやく報知新聞のマイクロフィルムの中に「子ども差し上げます」という広告を見つけたのです。その新聞を拡大コピーして当時のままに復元して，おばあさんに見せましたら，だんだん記憶が鮮明になってきまして，ついこの間のような感じのお話が幾つか出てきました。「私，そのとき生まれて初めて汽車に乗ったのよ。朝，新聞広告を持って新潟の駅へ行って，それで上野駅に着いたのはお昼過ぎていた」と言うのです。少しその話を聞いて，私は「あれ，そんな時間で行くかな？」ということで，急に心配になったので，すぐに，秋葉原の交通博物館へ行って昭和16年冬の時刻表（戦前のものですから古文書並みです）を借り出して調べましたら，朝6時頃出ると1時半過ぎ頃に上野に着く汽車があったので，「あ，これだな」と確信しました。その次に，今度は，おばあさんが「私，初めて乗ったんだけれども，すごいのね，汽車の中にはちゃ

んと食堂が付いてるの」って言うのです。私は，「いや，それはちょっと違うな」と思ってまた不安になり，今でいうとレストランマークが付いているかと思って時刻表を詳しく見たのですが，ありませんでした。心配になり，交通博物館の係員に聞きましたら，「いや，戦前はそういうマークは付いておりません」と言うのです。そして，「ただ，2等車には客車の隅の方にビュッフェが付いていましたから，それをおそらく食堂とお考えになったんじゃないですか」。私は，これは見事だ，真実は必ず現れると思いました。それから，その新聞広告には広告主の電話番号が載っていましたから，電話帳から住所を調べて，「赤ん坊を差し上げます」という広告主がご存命かどうか確認しようと思い，次は，大手町の通信博物館に行きました。昭和16年当時の電話帳がありまして，その写しを入手して，広告主の住所氏名をもとに，戸籍や住民票などを確認しましたが，その方は既に高齢で亡くなっておりました。お子さんたちがいらっしゃいましたが，さすがにお子さんのところまで行って「あなたのお母さんは子どもを売ったのよ」とも言えませんから，そこまでで調査はやめましたが，そういう幾つかの情報を集めましたら，もう本当に記憶がすごく鮮明に戻ってくる，それをきっかけに関係者も芋づる式に記憶がよみがえってきたという経験があります。

　近代科学に基づく論証ではありませんが，親子関係に相当接近できた，大掛かりな制度を利用しなくても，着想，考え方次第によっては結構，良い立証活動ができるという意味で，この話を申し上げた次第です。

○加藤　古い事実の認識・解明の仕方のサンプルとして興味深いエピソードですね。事実の裏付けをとるために新聞記事を求めて国会図書館に，データを求めて，あるいは交通博物館，通信博物館に赴いたというのは，既存のリソースを上手く利用して成果を上げたという良い例ですね。

(2) 写　真

【エピソードⅠ-3-2】養子縁組の状況写真

○山浦　次のエピソードは，養子縁組の案件ですが，この場合は養子縁組をした直後に養父が亡くなられたケースで，そうなると当然，法定相続人から養子縁組無効確認請求というのが出てくるわけです。養子縁組のとき，結婚式と同

じように養子縁組の場合も晴れ晴れしい披露宴などがあればいいんですけれども，なかなかそんなものはないですから，私が立ち会って，それぞれが養子縁組届に署名押印して，それで軽く食事をして終わりにしたことがありました。そのときに，たまたまカメラを持っておりました。まだデジカメ普及前の頃です。養子縁組をやっている最中，ちょこちょこスナップ写真を撮りまして，スナップ写真を撮るときは，いずれそういうこともあるかなという気はないわけではなかったのですが，そこまで意識せずに撮ってました。そうしましたら，案の定というか，養子縁組無効確認の裁判です。

そこで，その当時の写真を取り出して見ましたら，写真の最初の方にあるのは，書類を書きながら，下を向いて眠っているような，いかにも意思能力のないような状態の写真が何枚も出てくるのです。「いや，これはまずいな」と思っていたら，最後の方へいきましたら，その書類を書き終えた後，その養子になる人に向かって人差し指で差しながら，いろいろ注意をしている姿が写っていました。これは，「養子縁組したんだから，お前はちゃんとこれこれしなさい」という訓辞を垂れているという写真が綺麗に残っていまして，それで，その終わりの方の写真まで全部揃えて並べて見ると，下を向いているのは別におかしな状態ではなくて，一生懸命サインしている状況だと説明ができまして，証拠として，ずらっと揃った写真を出しましたら，相手の先生は「なるほど，そこまで写真が撮れていて，終わった後，いろいろと注意までしている」ことを理解しました。写真の順番は，前なのか，後なのか，結構難しいのですが，ネガも残っていましたから，ネガの順番はしっかり残っていますから全然大丈夫，ベタで焼くと正確に分かります。今でいうとビデオがあれば問題になりません，……しかし，ビデオも編集できますから何とも言えませんが，ネガまでちゃんと用意できていましたら，それによって，法定相続人の疑いが綺麗に晴れて，「あ，やっぱりそうだったのか」ということで，気持ちよく理解してもらった上で和解ができたという事例です。

写真も，ちょっとしたその周辺の情報が入ることによって，何といいますか，ぐっと，クローズアップするとか，立体化されるとか，そんなようなイメージでこの話は考えています。

〇加藤　写真といってもデジタル技術が進んできていまして，写っている人を

消したり，写っていない人を登場させたりすることができるような状況になっていますので，「写真も眉につばをつけてみなければいけない」と若い人には教えているわけですが，ネガで連続性，前後関係が分かるというのは真偽の判断の大きなポイントですね。

【エピソードⅠ-3-3】熱海マンション眺望写真

○山浦　さて，写真そのものというよりも，写真を撮ったことがきっかけで和解になったという例ですが，これは熱海に別荘をもっている方が債権者で，私の依頼者は建築業者で，別荘の隣にマンションを建てようということでした。債権者はマンションによって眺望権が侵害されるので，東京地裁に，工事禁止の仮処分を提起しました。

　債権者側の証拠を見ますと，確かに建築後に予想される別荘からの眺望が写真に書き込まれており，こういう形になり眺望が侵害されるということでした。私は「ああ，これはすごいな」という感想を持ちましたが，「申しわけないけれども写真ではちょっと難しいので，一度お宅の庭，あるいはベランダ，縁側から，海を見せてもらえませんか」という話をしましたら，「眺望の良い場所が大変なことになることを理解してほしいから，是非来てください」ということでした。次の日曜日，早速，熱海に行きました。そこで，私ども関係者と相手方の関係者がその別荘の中から熱海の海を見ると，確かに綺麗な海が見えて，いい場所なわけです。私が気になったのは，写真（カメラ）の位置をちょっと変えるだけで相当その見方が違ってくることに気付いたものですから，債権者に対して，確かに応接間から見ると海が見えなくなるけれども，ちょっとこっちへ来ると見えるんじゃないですかって……チラチラ言いながら，カメラを少しずつ移動して写真に撮りました。最後に，「じゃ，庭に出て皆さん並んでいるところをちょっと記念写真でも撮らせてもらえますか」って，記念写真っていう言葉を言ったかどうかは別として，「みんな折角集まったので撮りましょう」と言って，全員並んでいるところを写真に撮りました。後で写真を見ましたら債権者を含め，全員がニコニコして，後ろには熱海の海が見えるわけです。それは予定建築物を黒塗りにしても，そこは全然眺望が侵害されていないカメラ位置から撮ったわけです。それを次の仮処分審尋のときに提出しましたら，裁判官がご覧になり，にやっと笑いながら，「余りにも皆が仲

良く写っているのは，これは建築反対，建築禁止の仮処分というレベルの話じゃないね」と言うのです。最後の写真一枚に写っている当事者の「顔に書かれた」とでもいいますか，和気あいあいの雰囲気ですから，裁判所はすぐに和解しませんかということになり，相手方の先生も「いや，山浦さんにいい写真撮られちゃったね」と言いながら，「これは和解しかないね」ということで，すぐ和解が成立したというような事案です。

このときに気付いたのは，やっぱりその写真あるいは証拠というのは，書籍もそうですけれども，表紙，本の帯，いろいろなものを読むのと同じように，その周辺まで全部見ていくという姿勢が重要で，そこに写真の面白さといいますか，証拠の面白さがあるなということを感じたわけです。

【エピソードⅠ-3-4】施主の葬儀の写真と建物の引渡時期

写真の話が続きますが，もう一つ，私の依頼者は建築会社で建築工事の完成引渡しの時期をめぐる紛争でした。それは当然，遅延損害金などに影響するわけですが，ちょうどそのころ，施主の株式会社の社長さんが亡くなられて，その直後に奥様が代表者になったケースです。

その奥様は，その完成された建物の中で亡くなったご主人様のお葬式をされたのです。当然，建築業者も施主の社長様の葬儀ですから参列しております。そのときにたまたま社長様の祭壇が立派ですから，写真を撮っていたわけです。その後，この建物がいつ完成して引き渡されたかということが争点となりました。私は，依頼者から葬儀の写真があるというので見たところ，葬儀の祭壇が綺麗に写っていました。葬儀のときということはご主人が亡くなったという意味で確定日付があるわけですから，そのときに施主が既にこの建物を使っていた証拠として一番適切なものですから，「じゃ，葬儀のときの写真を出そう」ということにしました。相手方の弁護士もそれを見て「ああ，そういうことなのか。じゃ，仕方がない」ということで，引渡しについては事実上争いがなくなったということで審理は進んでいきました。しばらくして和解の勧試がありました。ある程度進んでから，最後の詰めの段階で，その奥様が和解期日に裁判所に来まして，いろいろ話をされました。そして，まだ完成引渡の時期にこだわっているようですから，私が「いや，写真があって，奥様はこういうご葬儀されたでしょ，だから，その問題は解決しているんですよ」という話を

しながら，奥様にその写真を見せましたところ，それは和解の席ですから裁判所の記録に編綴されているわけですが，それを見て奥さんが怒りだしまして，まぁ，簡単にいうと，自分の知らないところで自分の夫の葬儀の写真が，こともあろうに引渡しの訴訟の不利な書証として提出されていたという事態を全く知らなかったわけですね。

　それで，当たり前といえば当たり前ですけれども，大変ご立腹されまして，それまではもう少しで和解がまとまるというところにきていたのですけれども，とても和解ができるような雰囲気ではなくなってしまったものですから，裁判長に私だけ呼ばれまして，「山浦さん，この写真はちょっとまずかったね」と。「証明しようとする気持ちは分かるけれども，何とか調整できないだろうか」と言うから，「分かりました。私の方の不手際です」。これは証明しようとする気持ちが強かったために，相手の気持ちを考えずに，他の証拠方法を考えればよかったのに，結果としては，葬式の写真を勝ち誇ったように出したわけですから，これはとんでもないことをしてしまった……ということで，「代理人として心からお詫びしますということで，和解の席で謹んでお詫びをするということでいかがでしょうか」と。それで，裁判長は「それなら何とかなるかもしれない」ということで，私は，頭を下げて，奥様に対してお詫びをしたのです。けれども，それでもやっぱり奥さんは納得しなかったのですね。

　「いや，これは困ったことだ」ということになり，裁判長が「そうですか，では，奥様，こういう方法ではどうだろう」と言って，裁判長が，紙とのりを持ってきまして，その写真の上に，「奥様，今から見ていてください。これはもう誰にも見せないようにしますから」と言って，その写真の上にのりで紙をベタッと貼り付けまして，「これでもう安心ですよ。こうすれば，奥様が気にされるように写真が不埒な形で扱われることは一切ございませんから」という話をしたら，奥さんがハッとして，その瞬間から心を開き，何といいますか，裁判長がそこまでやってくれたことについて，奥さんは理解しまして，それで上手く和解ができたという事案ですね。

　そのときに私は，写真は，百聞は一見に如かずで，ものすごい効力がありますが，あり過ぎたために，後でそのことが別のところで相手方の心を傷つけたということになったと気付きました。そういう意味で，私が謝ったのは，今か

ら思えば私も立派だったと，自分でもよく気付いたなと思いますけれども（笑），それと同時に，裁判長がそこで当意即妙といいますか，関係者の気持ちをつかんで，細かいルールと言い出したらキリがないですけれども，ルールにとらわれず，訴訟の究極の目的である関係者の納得による紛争解決ということを見事に実現したという意味で，なるほどということで，私はそのとき本当に感銘を受けました。ちなみに，このときの裁判長が加藤新太郎裁判官でした。

○加藤　最後のところは，活字にするときは削るかもしれません（笑）。

　このエピソードは私も大変印象に残っていまして，弁護士の執務における倫理にも関係すると考えて，別の論考でこのエピソードを使ったことがあります（加藤新太郎「相手方に対する配慮」『コモン・ベーシック弁護士倫理』〔有斐閣，2006〕152頁）。山浦さんが先ほど言われたこととの関係で私の記憶を言いますと，山浦さんの側の訴訟活動については，争点となっている建物の引渡時期を明らかにする最良証拠であり，無断で撮影したものでもありませんから，施主の葬儀の写真を提出することは何も問題はないと考えました。それに反して，被告訴訟代理人が，この訴訟の過程で，こういう証拠が出ていますと，きちんと被告本人に報告をしていなかったところが大きな点だと思いまして，そうした趣旨のこと及び遺憾の意を被告訴訟代理人には伝えました。

　その上で，「この事態を打開するためにどうしたものか」という協議をしたところ，山浦さんが，「いや，私が悪かったということで頭を下げましょう」ということになったものです。ですから，山浦さんが，「私も立派だった」と言われたのはまさにそのとおりで（笑），結果的に，これにより和解的な解決が図られたという展開になるわけですね。私のしたことは，和解が見込まれていたので，そのようにしたというだけのことです。

　写真にまつわる幾つかのエピソードをご披露いただきましたが，コメントないしご意見はありますか。

●写っていないことにも意味がある

○須藤　先ほどの山浦さんから，一連の写真で養子縁組をした際の最後に訓辞を与えているような場面が写っていて効果的だったというお話がありまして，それは大変よかったと思いましたが，仮に，一連の写真に写っていなかったらどうなったんだろうかということを考えてしまいました。今は写真に写ってい

る意味が取り上げられているわけですが，逆に，写っていないことの意味が問題になる場合もあるのではないでしょうか。

【エピソードⅠ-3-5】100枚の争議行為の写真に写っていない組合員

　私の経験では，少数組合が争議行為の一環として会社事務所に押しかけて業務に支障が出たとしてなされた懲戒処分の効力が争われた事件で，会社事務所に押しかけて双方がもみ合っている場面など多くの写真が提出された事案がありました。会社側も，組合側も何人も現場で写真を撮っていて，双方から100枚以上の写真が証拠として提出されたのですが，処分を受けた組合員のうち一人だけ全然写っていない人がいたのですね。その本人は，争議行為後に組合の報告集会をするための会場を借りに行っていたので，会社事務所には立ち入っていないというわけです。会社側の複数の報告書の中には，彼も会社内に立ち入って業務妨害をしていたという内容が記載されているのですが，写真には一枚も写っていないのですね。双方が写真を撮りあって多くの写真が提出されているわけですが，もちろん提出されているのは一部で，他にも写真もあるわけなのに，そのどれにも写っていないということは，やはり彼は現場にはいなかったんじゃないか，ということになりまして，処分は重すぎて相当性を欠くとしたことがあったのですね。写真が一枚しかない場合には，仮にそれに写っていなくても，そこにいなかったということにはならないでしょうが，一連の写真としてたくさん出ているのに，そこに写っていなかったりすると，写っていないことの意味が問題になる場合もあるのではないかと感じました。

【エピソードⅠ-3-6】アナログ写真による現場写真の捏造

　それから，写真といっても最近はデジタルが多くなっていて，簡単に加工ができるのではないかというお話がありましたが，デジタルじゃなくても写真を加工するのは案外簡単だという事件がありましたので，紹介しておきたいと思います。

　事案は下水道工事の一環として行われた工事の，元請と下請との間の代金請求なのですが，工事ミスがあるかどうか争われた事件がありました。東京都の工事なので，工事の様子を逐一写真に撮ってあるわけですね。ところが，工事の証拠として原告が提出した写真がインチキなんだと言うのです。提出した代理人は，工事現場で作業中の写真なんでそう簡単にインチキはできませんよと

言うのですが，被告の担当者は，そんなものは簡単に偽造できます，次回までに持ってきますと言って，次回期日には，自分がインチキして作った写真だと言って，現場での作業中の写真を持ってきたことがあるのです。それが，原告が提出した現場写真と全然区別つかないような仕上がりなのです。どうやって作ったかというと，工事報告書に添付されている写真は，何枚も撮った写真の中でいいものだけ何枚か選んだものなので，それ以外にも現場の写真は何枚もあるのだそうです。実際には，余っている写真というのがたくさんあって，それを適当に組み合わせて，もう一回焼き直すと，いかにもそれらしい別の写真ができあがるようです。私は，最後までは担当しなかったのですが，現場写真だから証拠として確実だとは限らないという例もありました。

　私たちは，写真を見るとそれがいかにも確実で間違いがないことのように考えてしまいがちですが，すべて裁判で争われている事案で出てくるわけですから，いろいろの可能性というものを考えながら検討しないといけないのではないかと感じたことがあります。

○**加藤**　写っていることの意味と，写っていないことの意味をその写真からきちんと受けとめるということは重要なポイントですね。

【エピソードⅠ-3-7】植栽業者の日付のない作業完了証拠写真

　関連して思い出したので話しますが，これは訴訟の場面ではありません。私の居住していたマンションの庭に，130本ほどあるはずの樹木のうち34本もの落葉高木が植えられておらず，それにもかかわらず，実際には存在しない34本の樹木の剪定，施肥，虫除け剤の噴霧などの請負代金が業者から請求され，管理組合はそれと知らないまま払い続けてきた事件が発覚したことがありました。その植栽業者は，マンションの庭園の造園工事をした業者でしたから，樹木の本数を間違えることは通常は考えられませんから，過失ではなく故意ではないか，マンション管理会社と共謀していたのではないかなどの疑惑が生じました。長くなるので，関係部分に限りますと，植栽関係の作業完了の証拠のための写真にも疑問が持たれました。というのは，植栽関係で請負工事を完了しますと，証拠写真を撮りますが，看板を置いてどこの場所をいつ実施したということを書き込み，作業内容と現場とを合わせて写すのが通常です。ところが，そうした証拠写真もありましたが，ある時期以降の証拠写真からは，看板に場

所については表示されているのに、日時の表示がなくなっています。そこで、業者にそのようにした理由の説明を求めると、「官庁では予算年度内に予算執行しなければならないという関係があり、時期によっては日時を表示しないでくれと言われることがあるので、そうすることがある」という回答です。しかし、そのマンションは庭も含めて私有物件ですから、その説明では意味をなさないので、どういうことかとさらに業者に確認したところ、まともな説明ができなくなりました。

どうも、業者の動機を推測すると、植栽管理契約が継続され、これからもずっと何年もそのマンションの庭の植栽管理をしていくことを見越して、おそらくこの先のある年度に、手を抜いたけれどもやりましたという証拠写真として使い回しをする意図で日時をあえて入れない写真を撮っていたのではあるまいかということがうかがわれました。もちろん、業者は、最後までそうだとは言いませんでしたが、合理的な説明は全然できませんでしたので、極めて怪しいと思われました。これも、普通は看板に書いてある日時が書いていないということから、写っていないことの意味を忖度し、以上のように推論したというエピソードです。

【エピソードⅠ-3-8】契約情況を映し出す写真

○**村田** 山浦さんのお話を聞いていて思い出した事件があります。

それは、サラ金業者が貸金債務の保証人の相続人に対して保証債務の履行を請求したという事案です。サラ金業者が保証債務の履行請求をした時点では、保証人は既に死亡していたことから、保証人の子を被告として訴えを提起しました。これに対し、被告は、「私の父親はお金には特に厳格な人であったから、友人の保証人などには絶対にならない。契約書の保証人欄の父親名義の署名も父親のものではないように思います」などと言って争いました。原告は九州の地方都市のサラ金業者であったのですが、原告から被告の父親が保証したことの証拠として提出されたのが、ある写真でした。その何枚かの写真には、被告の父親が、右手に阪神が弱かった頃に阪神が勝ったことを劇的に報ずるスポーツ新聞を持ち、左手に保証契約書を持って、微笑む姿が写っておりました。また、その写真には、保証契約書と同じ日付が印字されているほか、スポーツ新聞の阪神勝利の大見出しとともに、新聞の日付も撮影されておりました。この

写真が提出されたことで，被告も，こういう写真があるのであれば「自分たちの知らないところでそんなことがあったんですね」ということで，この事件は和解で解決しました。

　この当時は，デジタル技術やIT技術なども現在ほど進んでおらず，また一般化もしていなかったことから，写真の偽造・変造，信用性などについて争いもなく，写真が決定的な証拠となりました。ただ，現在では，デジタルカメラやIT技術が普及しており，相手方の争い方によっては，この事件のように上手くいかないかもしれません。保証などの契約類型では，保証する動機・理由，契約することによる利益の有無・内容等の事情が証拠関係から明確とならない場合も多く，特に契約者本人が死亡しているような場合に，被告（相続人）が契約書の成否等を強く争うときは，契約の成否の判断が非常に困難となることがあります。そのような場合に，先程のような写真が提出されて，仮にその成否及び信用性について争いがないということであれば，それが「決定打」となり，裁判官として心証形成が大変容易になります。契約書ではなく，写真によって，契約当時の情況等を活き活きと再現することができた事件として印象に残っております。

○**加藤**　その状況でそのように写真を撮っておくことは，普通は余りしないことかもしれませんけれどもね（笑）。

○**村田**　事件が終わった際に，原告であるサラ金業者に，「どうしてここまで手間ひまをかけて証拠を残そうとしたのですか」と尋ねたところ，この業者が言うには，「これまでにも原告となって訴えた裁判で被告から保証否認をされており，実際には本人が契約したにもかかわらず，裁判所に本人が保証したものと認めてもらえず，負けたことがあったことから，契約の状況等を日付入り写真に残そうと思いました」ということでした。どこでも「必要は発明の母」ということですね。

【エピソードⅠ-3-9】裏のある写真の話

　もう一件は，これは写真自体ではないんですけれども，写真にも表と裏があるという話です。原告が被告に対し，被告が勤務先の社長であった原告の夫と不貞行為を20年以上も継続していると主張して慰謝料の支払を求めたところ，被告は，原告の夫との不貞行為を完全に否認し，高齢である原告の夫の面倒を

みたことはあるが，不貞行為などはしていないと主張して争った事案です。この事案で問題となったのは，原告の夫と思われる男性が，被告と思われる女性と不貞行為をしているようにみえるポラロイド写真の存在です。原告の主張では，このポラロイド写真は，原告の夫が押入れの鞄の中に厳重に包装して保管していたものを原告の息子が偶然に発見したものということでした。

　これに対し，被告は，このポラロイド写真に写っているのは，被告であるが，男性は原告の夫ではなく被告の前夫（故人）であり（このことは写真からは明確ではありませんでした），この写真は被告の前夫が当時ポラロイド写真を趣味としていたことから，その前夫が撮影したものであって，被告の自宅に保管していたものを引越しの手伝いに来た原告の夫が見つけて被告に無断で持ち出したものであると主張しました。ところが，原告の夫も，二十数年前にはポラロイド写真を趣味にしており，20年以上前に原告の息子の中学校卒業式の写真や家族の写真をポラロイド写真で何枚も撮っていたことから，それらも証拠として提出されました。そして，この不貞行為の写真として提出されたポラロイド写真と，原告の夫が撮影した原告の息子のポラロイド写真とをみると，製造ロット番号は全く同一の番号でした。

　被告の主張のとおりであるとしますと，原告の夫と，被告の前夫とは，二十数年前に偶然にポラロイド写真という同じ趣味をもっていたということになりますが，当時ポラロイド写真がそんなに人気のある趣味であったのだろうかということも疑問になりました。そこで，ポラロイド写真の裏の製造ロット番号を手掛かりにして調べてみようということになり，原告代理人による調査の結果，ポラロイド写真の裏に記載された製造ロット番号によって，写真フィルムの製造時期がある程度特定できること，同一のロット番号のものは数万枚程度あるということ，製造ロット番号が同一のポラロイド写真フィルムは同一の地域の販売場所でほぼ同一時期に販売されたものであるということが判明しました。

　そうすると，被告の主張では，被告の前夫と原告の夫は，偶々，二十数年前のほぼ同じ時期に同一のポラロイド写真という趣味を持っており，しかも，原告の夫と被告の前夫とは異なる地域に住んでいたにもかかわらず，たまたま同じロット番号のポラロイド写真フィルムを使って，それぞれ別個に同じ時期に

ポラロイド写真を撮ったということになりますが，それは余りにも不自然・不合理ではないかということになりました。そのようなことも一つの間接事実として，原告の夫と被告との不貞行為の有無とそれが開始時期などを認定したというようなことがありました。写真でも何でも，表だけを見て物事を判断しがちですけれども，何でも裏があるんだなと思った次第です（笑）。

○加藤　馬橋さん，いかがですか。

【エピソードⅠ-3-10】固定資産税課税対象物件の航空写真

○馬橋　写真に限って言えば，上方からの写真・上空からの写真が大きな意味をもつことがあります。最近でも，例えば，一昨年の暮れには墓地が完成していたから，次の年の「課税」は墓地として税額を減額した課税をするのが正当であり，雑種地として課税したのは誤りであるという，課税取消訴訟が課税後約半年ぐらい経ってから出されました。その時点では墓地そのものは完全に完成した状態でした。昨年の1月の時点でどんな状況だというのは，実はなかなか分からないのですね。そういうときに，たまたま，課税の評価の切り替え時期でして，上から航空写真で市内の全部の写真を撮っていたということがありました。役所では，1月4日とか正月早々に撮るんですね。そのときに撮った写真では，現地はまだ工事中であって，道路が整備されていない，建築機材が置きっぱなしになっているという光景で墓地としては使用できるような状況になかったことが明らかになりました。写真が有効に使われた例でした。

【エピソードⅠ-3-11】水路の有無と航空写真

それから，上空からの写真はいろいろなところでいろいろな時代に撮られています。例えば，もう30年も前の話ですが，ある事件で水路があったかどうかということが争いになったことがありました。そのときも，都市計画法が施行されていわゆる線引きをされた時点では，その時点で調整区域となるところに宅地，建物が建っていたかどうか，つまり，既存宅地であったことを認定するために写真撮影がされていました。ですから，その写真を使えばある程度そのときの状況というのが分かるといった例がありました。

また，一般の事件でも，昭和20年代の事件でさえ，戦後すぐ米軍が写した写真というのがあるようでして，それをそこから借り出してきまして，当時隣地の状況が畑であったというようなことを立証したという経験があります。

こういう形で，やはり横からの写真というものでは分からない部分というのがあって，上空からの写真ですとこれを有効に使うことができます。
○加藤　これは，もともと別の目的で撮られていた写真を使ったということですね。
○馬橋　そうですね。どこで写真がいつ撮られているか分かると，そういう形で使えるということになると思います。

【エピソードⅠ-3-12】古い写真の効用

また，隣地境界の事件がありまして，もう30年前に，そこに車庫がありまして，ここの範囲まで使っていたことを主張する必要がある事件がありました。七五三のときに，当時車がまだ珍しかったんでしょうか，車の前で撮った写真というのがありました。その写真には被告自身が七五三の格好をして撮ってる写真があって，30年前にも車庫があったことの立証に使えました。ただ，この場合，重要なのは七五三で写っている顔と今現在三十何年経ったそこにいる人との顔が一致しないと困るんですが，たまたま私の依頼者は非常に昔の面影の濃い方でして（笑），そこは何ら問題なかったという事例でした。
○加藤　いろいろなケースがあるものですね。

●電子情報として存在するデータの提出の仕方

○山浦　先ほど，最近はデジタル写真の加工をするという話がありました。いろいろな加工ができますね。弁護士はデジタル技術に関する知識がないために，見えない部分があるような気がします。写真も，ワードやエクセルなどの文書と同じように，必ず，プロパティの部分があり，作成日時，更新日時，アクセス日時が全部，保存されています。プロパティは写真や文書を改ざんすると，そのまま記録に残るんです，データの中に。だから，プリントしたものだけじゃなく，プリントされているデジタル情報のままの状態まで一緒に証拠に出すとか，プロパティをプリントアウトするとかして出さないと，本来の情報が正しく出てこない。写真の場合には，画面の他に，何月何日何時何分，何秒も確か記録されると思うんですけれども。それが全部，詳しく明らかにされると，さっきの例でいくとネガが並んでいるようにデジタルも並んでいるはずです。だから，その辺りのところを，訴訟代理人はちゃんと揃えて出さないと，本当はいけないのかなという感じがします。

○加藤　電子情報については，データとしてプリントアウトしたものだけではなくて，そのもとになっているものも合わせないと証拠価値は低いのではないかという指摘ですね。それは全くそのとおりではないでしょうか。

●航空写真で占有状況が分かることもある

○須藤　1点いいでしょうか。馬橋さんがおっしゃった航空写真の問題ですが，航空写真は時効取得が問題になっているときなども，かつての占有状況がよく分かりますので実に有効ですよね。例えば，昭和20何年から畑として使ってましたと言っていた事案で，当時の航空写真が出てきたら，まだ山だったということがありました。しかも，今は，航空写真は以前と違って簡単に入手できるんですね。パソコンで国土地理院や日本地図センターのホームページを開くと，入手可能な年代や縮尺や値段などが紹介されていますのでご紹介しておきます。

○加藤　それは現在の分の航空写真ですか。過去分もあるのですか。

○須藤　はい。過去のものもあります。私がPRするのも何なのですが，境界確定訴訟の関係で調べたことがありまして，日本国中，年代と地域ごとに，縮尺と，どれぐらいの大きさなら幾らなのかなどが全部分かるようになっています。

○馬橋　過去の航空写真は，レンズの技術が劣っていたせいかちょっと隅の部分がぼけているのですけれども，今のはきちっとしていますね。

○村田　そうですね。とはいえ，現在の技術でも，レンズを用いたコピー機を使用してコピーを作成すると，レンズの屈折率の関係などで周辺部の縮尺が異なってくることがあるようです。図面の正確な縮尺が問題となるような事件では，このような点にも注意しておきたいですね。

○須藤　今だったら衛星写真もありますからね（笑）。

【エピソードⅠ-3-13】建物の高さまで読めた航空写真

○山浦　私も同じような経験があります。私の依頼者の庭の部分が境界だという原告の請求に対して，昔はどうなのかということで航空写真を取り寄せました。すると，ものの見事に，しっかり写っていました。かつて，庭に室（むろ）をつくったという記憶があり，その室がそっくり写っており，日光の加減がちょうど朝の9時頃だったと思うんです，ちょうど影が写っており，建物は高

さと比べて，影の長さから立体的に室の高さがほぼ分かるわけです。その一枚の写真だけで工作物の高さまで読めました。これはやはり気持ちの問題ですよね，とことん調べてやろう，真実は何か，絶対調べてやろうという，そういうところに，真実が見えてくるのだと思うんです。

(3) イラスト

○加藤　事実の認識についてのエピソード，また，残りの分を幾つかご披露いただけますか。

●イラストの活用は効果的

○山浦　次に，イラストの利用というのをテーマに考えました。イラストが証拠なのか主張の一部なのか異論はあると思いますが，例えば，実際に見聞きしたものを記録にまとめて，本来ならば写真を編綴して報告書にするというときに，写真を撮れればいいのですが，必ずしも撮れるとは限らない。撮れても写真というのは肉眼と比べて鮮度が違うし，着眼が違います。音もそうですが，人間の目，耳はものすごく鋭いのですけれども，カメラや録音機になると，そこが鈍くなるので，見たとおりに写っていない場合が多いものです。

【エピソードⅠ-3-14】建物地盤のイラスト

そこで，次のエピソードですが，これは新興住宅の建物が築後ほんのわずかの間に傾きだして，欠陥住宅ではないかということで業者が呼ばれて，業者はいろいろ調べたけれども分からない。原因を調べるため地中を掘ってみましょうということになりました。建物には手をつけるわけにいきませんから，基礎を固めて，それで床下をずっと深く，2，3メートル掘っていったところ，中からゴミが出るわ，出るわ，枯れ木だの古タイヤなど，いろんな粗大ゴミみたいなものがたくさん出てくる，それが見つかったわけです。

そこで，私は，早速，週末でしたが，現場に行き状況を見たら，すごい状態でした。そこで考えたのは，証拠保全の手続かなとか思ったわけですけれども，ちょうど梅雨シーズンだったものですから地盤が崩れる危険もあり，このままでは3日ももたないうちに倒壊するかもしれないというような状況だったものですから，関係者と相談して，とにかく大至急地盤を固めて，建物を支持するような堅固なものを造らないとえらいことになるということで，ほんのわずか

2 効果的立証

の時間の間に写真を撮って，穴の中をのぞいて，それでまた基礎をつくって埋め戻しをしたのです。

建物自体はそれでしっかりしたものに戻ったのですけれども，さて，写真を見ましたら，小っちゃい穴で，ほとんど真っ暗闇の中でしたから，中に入れないような状態，人間が入るのは本当怖いぐらいの状態のところでしたから，写真は撮ったものの，余り上手く撮れていないのです。さて，困ったなということになりました。

掘り出したゴミは山のようになっていますので，こちらは写真には撮れるんですけれども，裁判所に対して地中の状態をどうやって説明しようか悩みました。そこで掘り起こして中の様子を見たという報告書を，私が作成者としてつくることにしました。私は絵が好きなものですから，その絵を断面的に描き，上の方は黒土の層があって，この辺から関東ローム層で……こうやって，地層ごとにどんなものが埋まっていたのかということを絵に入れました。そこには，ゴミとして，例えばブリキの板があったり，要らなくなったスポンジがあったり，ぞうりが置いてあったり，いろいろなゴミが入っている状態をイラストでやると，イラストは綺麗に描けますから，写真よりもっと雄弁に語れるわけですね。

それにはっきりしない写真を添付して裁判所に出しましたら，それを見た裁判官が，「いや，とてもよく分かる」ということでした。相手の弁護士も，それを見て黙ったままでした。裁判所のアドバイスで，これは

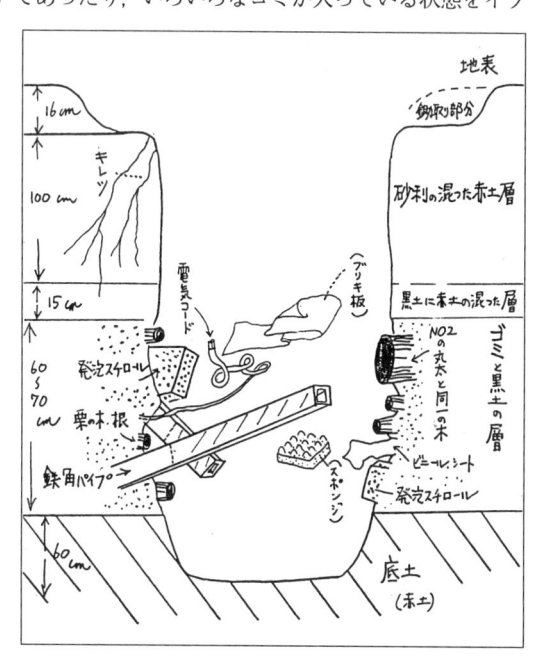

161

和解で解決しましょうということになり，これも上手く，良い条件で早期に和解ができました。そのときのイラストは，恥ずかしいようなものですが，若い弁護士の参考になればと思い，持ってきましたので，ご覧ください。

　最初は，裁判所がイラストを見て何て言うのだろうか，証拠保全をしなかったことについてどういう指摘があるだろうか心配しましたが，証拠保全のタイミングがなくても，裁判所にも，相手方の弁護士にも理解してもらえる程度のものをつくり上げたという意味で，イラストというのは，結構，使えるかなという感想をもちました。

　もちろん，決して上手いわけじゃないのですが，ただとにかく克明に，黒板に概念図を書くようなものですから，細かくいろんなものを書き出してやったことが成果につながりました。

　その前後からですが，私は，他の事件でも，例えば，山の境界事件なんかは，普通は，写真を撮るのですけれども，写真だとワイドにしても，全部が全部撮りきれないものですから，特徴的なのはイラストに描いてやると，この山のこの部分はこうだとか，たくさん細かくコメントが付けられる。それから，土地の境界なんかも，実際には，土地の断面は見ることは不可能ですが，高さはこのぐらいです，ここで切った場合の断面はこうなるとか，自分でイラストを描いて説明するわけです。

【エピソードⅠ-3-15】関東大震災のころのイラスト

　先ほどの航空写真の関連ですが，大昔の話で写真も残っていない，あるのは関係者の記憶だけだというケースがありました。関東大震災の頃に，ここにあった建物が倒れた，ここで転んで這って逃げたとか，どうのこうのっていうおばあさんの話があったのだけれども，それをしっかりと境界との関係で説明しなければなりませんでした。じゃ，それをイラストにしましょうということで，当時の記憶に基づいてイラストに描こうか，写真ではないけれども，これは言葉で言うととてもイメージがつかめないので，おばあさんと二人で一緒になって当時の様子をイラストで復元してみようということでやった記憶があります。そのときも裁判官が分かりやすいとコメントしてくれました。

【エピソードⅠ-3-16】遺産分割した土地の境界を明示するためのイラスト

　もう1つは，口頭による遺産分割事件です。兄弟二人が並んで住んでいる土

地のどこかに分割線が引かれ，そこを基準にして遺産分割したのですが，分筆しないまま何年も経て，そこが問題となりました。そのときに，口頭により土地の分割の境界線が引かれたということの証明のために，写真などはありませんので，依頼者の記憶に基づいて，水道の蛇口がどこにあったか，街灯の位置がどこにあったか，壊れた自転車がこの辺に放置してあったとか，庭の植木の種類を全部説明して，いつ植樹したのか，それから朝顔やヒマワリの花がどこにあったか，娘が小学生時代の理科の実験で植えたヘチマの種がここにこうなっていたとか，死んだ猫のお墓をここにつくったとか，約10年ぐらいの間の出来事，あらゆることを全部，克明にイラストに描くとすごくリアルに（ビジュアルに）分かってもらえます。それを裁判官に証拠として提出して，口頭による遺産分割の立証が成功した事例があります。

　確かに，イラストというのは，絵ですから，ある意味では作者の主観が入りますから相当問題はあるのですが，では言葉だったらどうかといえば，みんな同じですよね。言葉による説明と，イラストを使った説明との違い（同じ）と考えて，依頼者の説明することを整理する，相手方も，そのイラストに異論があれば，反論すればいいわけで，もちろん限界はありますが，そういう意味でツールとしては写真とかという科学的なものも重要だけれども，それではできないもの，あるいは時間などの関係でできないものは，そういうことの方が割といいかもしれないということをこのとき考えました。

○加藤　そのイラストは山浦さんが描かれるのですか。

○山浦　私が描くのです。

○加藤　それはイラストレーター兼山浦弁護士にして初めてできることで（笑），余り一般化できないかもしれませんね。

○山浦　そうですか，いや，でも黒板に概念図を書いたりするじゃないですか。

○須藤　内輪ネタで恐縮ですが，山浦さんの年賀状には，毎年，自筆でご家族の近況を示すイラストが描いてあるんですね。あの腕前を知っているので，今，お話を聞きながら，多分結構細かくいろいろな情報を盛り込んで描いてあるのだろうと想像できます。

●イラストや図表を用いた準備書面等の工夫

○村田　準備書面とか陳述書でも，一面文字ばかりで説明されている場合，大

変分かりづらいことがありますね。書かれた内容等について，文字ばかりでは，具体的にイメージできない場合がありますので，陳述書や準備書面でも，文字で説明するとともに，一覧性のあるイラストや，図表などを工夫することによって，具体的なイメージを明示していただくと，分かりやすいのにと思う場合があります。裁判所に提出する書面等にイラストや図表を多用すると格式や格調に欠けるといわれる方もおられますが，裁判官としては，分かりやすいのが何よりですので，準備書面や陳述書にも，その記載すべき事項・内容によっては，イラストや図表などをも多用していただき，ビジュアル的にもご配慮いただいて，裁判官が具体的なイメージを持ちやすい書面の提出をお願いできれば，毎日膨大な文書の山と格闘している裁判官には大変ありがたいことであろうと思います（笑）。

○山浦 【エピソードⅠ-3-15】は，千葉地方裁判所の事件だったのですが，準備書面にフリーハンドで絵を描いて出したとき，大先輩の裁判官から，これはいいねって誉められたのが登録2年目あたりの若い頃だったんですよ。で，それ以来そういうことに興味をもって，そうか，言葉にする表現もあるけれども，絵にする表現も間違っていないということに気付いたのです。

○村田 そういう意味では，裁判官も複雑な事件ですと自分で図やイラストを描いて手控えに入れておいて，必要に応じて，事案の内容等がぱっと見て分かるように工夫している方が多いようです。裁判官においても訴状や準備書面などを読んだ上で自分なりに要約したりはしていますが，それでは一覧性がないので，図表とかイラストとかを自分なりに工夫して描いたものを利用しています。そういう意味では，山浦さんのようにしていただくと，裁判官にも喜ばれるのではないかと思います。

○須藤 今，村田さんが言ったのはまじめな話ですが，実は裁判官の中にも，弁護士さんが本当にどうにもならない尋問をしたりしていると，その弁護士さんの似顔絵を描いているという話もありますよね（笑）。

(4) 模 型

【エピソードⅠ-3-17】模型による航空機事故の説明の功罪

○須藤 イラストというビジュアルつながりで思い出した例が1つあります。

大変複雑な事件で，一方当事者の代理人も替わり，裁判官の一部も異動で交代したので，まだ，新民訴法以前でしたが，昭和60年に進行協議期日を設けて模型を使って事件の概要を説明するということを経験したことがあります。結構有名な事件で，昭和46年に盛岡の雫石上空で全日空機と自衛隊機とが空中衝突して，全日空機の乗員・乗客が全員死亡し，全日空が被害者に対して補償をした後，国と全日空とで過失割合を争っていた事件があったのです。その控訴審を国の代理人として担当していたのですが，事故の実態はF86という朝鮮戦争当時の旧式の戦闘機を使って訓練で飛んでいたところへ，後ろから，その年に導入されたばかりのボーイング727という最新鋭の全日空機が飛んできて，全日空機の方がスピードが速いものですから，後ろから自衛隊機に衝突したという事故なのです。ところが，事故当時の報道では，自衛隊機が民間機を標的代わりに訓練をしていて空中衝突したなどと逆に報道されました。私も，代理人になるまではそう信じていて，最初は何を争っているのだろうと不思議に思ったくらいなのです。

●模型の縮尺がデタラメで不利を招いた

私は，その事件を担当するようになって説明会まで時間がなかったものですから，その具体的な内容についてはほとんど知らなかったのですが，航空自衛隊の人たちが1メートル以上ある箱形の結構大掛かりな模型セットをつくっていて，説明会の席上，その模型を操作し動かして裁判官に事故の状況を説明しているわけです。見ていたら，やはり模型の全日空機に模型の自衛隊機がぶつかっていくような動きになっていたわけです。しかも，全日空機（長さ約45m）と自衛隊機（長さ約12m）の縮尺がバラバラで，全く大きさが違うのに同じような大きさになっているし，双方の距離感も全然合っていないわけですね。私は，見ていて，ええーって，こりゃもう駄目だと感じてしまいました（笑）。航空自衛隊が作った模型なのに，自衛隊機が全日空機にぶつかっていくんですよ。裁判官に完全に誤った印象を与えてしまったわけで，終わってから青くなってこれをどうやって取り返せるかと考えました。

実際は，最新鋭の全日空機が何キロも先にいた旧式の航空自衛隊の練習機に追いついて衝突していますので，これを全部模型で再現することは不可能だったのですね。そこで，縮尺をバラバラにして1メートル程度の箱の中に全部を

納めようとしたために，おかしなことになってしまったわけです。そこで，模型はあきらめて，飛行機の大きさや距離などの縮尺を正確にした巻物式の大きい図面を作成してもらいました。幅が70〜80センチで，長さは約10メートルくらいあったと思います。この図の中で，高度差は表現できませんでしたが，双方の飛行機が刻々と動いていく様子を正確に描いてもらって，二機の位置関係や衝突部位なども分かるようにしてもらいました。もちろん，裁判所に提出したわけですが，その前に，大きな図ができあがってきて，国の関係者一同で見たときに，全員が，「おおーっ」と声を上げました。それまでと全然感じが異なって，それを見た全員が本当に全日空機が自衛隊機に後ろから衝突したということを初めて納得したのです。

●分かりやすさと正確性とは矛盾することがある

　前の模型を作った人たちは，限られた大きさの模型セットの中に，できるだけ簡単にしていろいろ詰め込んで，それなりに分かりやすく説明しようとしたのですが，肝心の飛行機の大きさや距離感などがデタラメになってしまい，かえって事実の正確さが損なわれてしまったんですね。分かりやすさと正確性とは矛盾することがあるという点を十分に考えておかないといけないと身にしみて感じた事件でした。

　そんなことを思い出しながら，山浦さんのお話を聞いていて，多分，非常に分かりやすくしてお出しになったと思いますが，その分，相手方からしたら，やられたという悔いが残った事件ではないかと（笑）。

○加藤　なるほど。それは確かに示唆的なエピソードですよね。平面的なものを分かりやすくビジュアルに出すというのがイラストであれば，立体的にそれを出していくのは模型による説明，証明ですね。私は冷凍庫発火事件のケース【エピソードⅠ-5-6】で，建物がこのようにここから焼けたというところを，原告訴訟代理人が建物の模型を持ってきまして，それで説明を聞き，また反論も聞いたことがありますが，確かに分かりやすいという利点がありますね。

　ただ，分かりやすくなり過ぎるところが，また注意を要するところでもあるわけですね。

(5) 録音テープ

○加藤　次は，録音テープ関係のエピソードをお願いします。

【エピソードⅠ-3-18】相手方当事者からの電話を録音したテープ

○山浦　今は，もう交渉の状況を録音するのは当たり前といいますか，隠しカメラ，隠し録音が平気な時代になってしまったのですけれども，この話はその前の時代のものです。

　私が経験したのは直接，事実関係の証明というのではないのですが，これは私の依頼者が魚屋を経営していまして，ご主人が亡くなったので奥さんが廃業しようとしたところ，従業員が二人おりまして，二人がその建物を占拠して，理由はこの店は自分たちのものだ，建物の賃貸借で自分たちが経営しているのだということで明け渡さないものですから，明け渡しの裁判を起こしたという事件です。第1回口頭弁論期日に，相手方は自分が当該建物を賃借して営業しているのだと主張しました。もちろん訴訟代理人がついております。ところが，第2回口頭弁論の直前になって，被告の一人から私に電話が来まして，「いや，私は借りたなんて言ってはいないんです，ずっと従業員で社長が死んだので，もうこれでやめたいと思っている，退職金を少しもらえれば他の会社に移りたいんだけれども，弁護士に相談したら，いや，それは争った方がいいと言われて，自分は店を経営しているんだと，建物の賃借権があるんだということになり，桁違いの請求をするようになっちゃったけれども，実はそうじゃないから，少しもらえないだろうか」という話を電話でしてきまして，代理人がいる場合に私の方から電話したらもちろん弁護士倫理に直接抵触します。しかし，向こうから電話が来たのです。そのとき最初にご自分が依頼した「弁護士を介してください」と言って断ればよかったのかもしれませんけれども，何だろうと思って聞いているうちに，どんどんそういう話になったものですから，慌てて，電話の途中から，録音に切り替えまして，それで今説明したような内容の会話を録音することができました。もちろん相手方の先生は，そんなことは一切知りませんから，法廷では賃借権の主張をずっとされています。しばらく経って和解の勧試があり，和解の席上（被告退席）で，裁判官に対して「実はこういう録音テープがあるのですが，私は証拠に出すのはちょっと憚られるので今はするつもりがないのです。というのは，山浦法律事務所では録音テープを仕掛

けて話を聞いているんだとなっちゃうとこれはよくないし（笑），これは困っちゃいました。だが，出せばはっきり分かるし，出さないとこれでまたこんがらがるし，裁判官にどうしましょうか」という相談をしたのですが，そしたら裁判官が「そりゃ，是非聞きたい」と言うので，多少さわりの部分を反訳して，今から考えると相手不在の和解の席だったので法的には微妙だったのですけれども，これを見せたところ，裁判官は，「相手の先生に少し話してみましょうか」ということで，先方には上手く話してくれたのだと思いますが，そこで話し合いができて，相手方は，借家権の主張をせずに，単純な退職金相当の100万円ぐらい渡してすぐ解決したという事例です。

　このときに，ああ，録音テープっていうのは怖いなと。プラスになる場合もあるし，マイナスになる場合もあって，さっきの葬儀の写真のように，それをそっくり出しちゃったら関係者の顔をつぶすし，また，山浦法律事務所は，隠して録音テープ取ってるんじゃないかって言われるし，非常に怖い方法だなと感じて，それ以来，録音テープを取ることはしていませんけれども，そういうことが少し昔の話ですけれども，ありました。そんなことで百聞は一見に如かずということで，やっぱり記録に残っている証拠は圧倒的な強さがあるという感じを持ったということで。

○加藤　録音テープに関連して馬橋さん，いかがですか。

【エピソードⅠ-3-19】録音テープは反訳書面をしっかり確認

○馬橋　そうですね，録音ですと，我々もきちっと自分の耳で聞けばよいのでしょうけれども，反訳が出てきますとそういう内容だということを前提で話を進めたり，考えてしまいます。しかし，現実の録音を聞いてみますと，非常に語尾が曖昧だったりすることがあります。私の事件では「ヘッドハンティングして僕の会社へ来ないか」ということで，相手はもう約束までしたと言うのですけれども，うちはただ誘っただけだという立場です。相手は盛んに「録音されているのだ」と言って，それらしき反訳も出てきたのですが，実際聞いてみますとなかなかそこの部分は微妙でして，こちらも採用するかどうか非常に曖昧な言い方をしていると。ただ，反訳という形になると，なぜかそこがはっきりしています。まぁ，せざるを得ないのでしょうね。そういう部分があるから，やはりそこは自分できちんと聴取しなければならないと感じました。

それから，依頼者が「録音を取った，取った」と言っているんですが，大体大事なところはよく取れていないというのが実情で，私どもも証拠に使えた録音というのは，極めて少ないと感じます。「テープを聞いてください，聞いてください」とよく依頼者は言うのですけれども，まともにそこがきちっと録取されていて，証拠価値があるものは実際は少ないのじゃないかと思います。

【エピソードⅠ-3-20】付加・修正の容易なデジタル録音

　それからもう1つは，さっき話題となった写真のデジタルのところで思い出したのですが，これは私どもが司法研修所の教官をやっているときに，当時の加藤事務局長のおかげで大きな予算をいただきまして，「民事尋問技術」というビデオを製作したことがありました。その中で反対尋問役の弁護士が演技に熱中し，原告本人に対し，「常識じゃ通らないんだよ」というような強い調子の尋問をしたのですね。撮影終了後に教官皆で検討したときに，どうもあそこはちょっと強いんじゃないかと。「通らないんですよ」に直させようということになったのです。私どもはきっとそこを撮り直すとか，声を新しく録音するのだと思っていたんですね。そうしましたら，そのやり方っていうのは，「だよ」をはずして「ですよ」って彼が尋問の他の場所で言っているところを引っ張ってきまして，それをそこのところへくっつけちゃうんですね。そういう編集をやっているときに，技術者に「これデジタルでやって，後でくっつけたとかそういう修正したのが分かるんですか」って聞いたら，「いや，全く分からないんです」と，言われたのですね。それ以来，肯定的な言葉も否定的な言葉に変えられるということになるので，録音テープ，ましてデジタル録音というのは相当注意して検討しなければいけないと肝に銘じています。

○加藤　その技術は馬橋さんもマスターされたのですか。

○馬橋　いや（笑），まだそこまではやっていないですけれどもね。

○加藤　謙遜されるのは，少し怪しいですね（笑）。

○山浦　そういえば，確か，音楽CDでも，ライブレコーディングするときそうですね，コンサート会場で録音したデータの不具合を直したりして発売しますね。

○馬橋　跡が残らないというのが恐ろしいところで。

○須藤　司法研修所のビデオ教材の作成は，専門の業者に頼むのではなく，実

は企画課などの職員が行っているものも多いんですね。裁判官研修用のビデオ教材のほとんどは，職員が本来の仕事の合間に編集作業をしているわけですが，それなりの機材を揃えていますので，本当に簡単に入れ替えや貼り付けが可能なんですね。編集の過程を残そうと思えば残るようですが，そうすると大きな容量が必要になるので，普通は残していないようです。最近の裁判官研修用のビデオ教材は，職員も素人なりにいろいろ工夫して本当に見やすくなっていますが，そうすると，講師やこれを見る若手の裁判官などからさらに編集についていろいろ注文が出てきます。プロではない司法研修所の職員が一生懸命やっていることをPRしておきたいと思います。

●ICレコーダーなどで録音したものは簡単に編集できる

　それから，この関連で最近直接感じたのはICレコーダーなんです。当事者で，裁判官が法廷であぁ言った，こう言ったと，逐一かぎ括弧で正確に書いてくる人いますよね。多分，あれはICレコーダーなどを持ち込んで録音しているのではないかと書記官と話をしていたら，その書記官がですね，「いや，私も持っていますよ」と言って，胸ポケットからICレコーダーを出したんですね（笑）。法廷で実際に口頭弁論のときに録音してみたというのですが，これがものすごく明瞭にとれているんで，驚きました。しかも，ICレコーダーだと編集機能が付いているので，順番だって簡単に変えられるそうです。パソコンに取り込めばかなり複雑な編集だって可能になるようです。そういうことが若い人にとっては常識なのかもしれませんが，大きな機材がなくても簡単に会話を編集できるとしたら，証拠の信用性という観点からはかなり危険な状況ではないかと感じているわけです。裁判官としては，ICレコーダーの普及を素直には喜べないですね。

○加藤　村田さん，いかがですか。

【エピソードⅠ-3-21】作為がうかがわれる録音テープの証拠価値

○村田　私も録音テープの関係ではエピソードがありまして，原告は高齢の女性なんですけれども，原告の夫と被告との不貞行為を理由として損害賠償をした事案で，訴訟提起後に原告の夫が別居中の原告を呼び出して，この訴訟は原告が勝手に被告と原告の夫が不貞行為にあると勘違いして提起したものであるということを認めさせて訴訟を取り下げるように求めました。原告も当時は原

告の夫をある程度信頼していたものですから，原告の夫の言うとおり，実はその誘導に乗ったということですが，いったんは不貞行為を疑ったのは原告の間違いかもしれないということを言ったり，被告に損害賠償を求める意図はないと言ったり，原告の息子が強く勧めるものだから訴え提起をしているだけで，早晩訴訟の取下げをしたいというようなことを言ったという会話が録音された録音テープが提出されました。

　そこで，その録音テープの内容を聞いてみますと，どうも原告の夫が前提として話している部分が何か余りよく聞き取れないんですね。これに対し，原告自身の言葉はかなりよく聞き取れました。そうすると，原告の夫が，会話の前提として，いろいろなことを，嘘や本当のことをない交ぜにして，なだめたり，すかしたり，脅したりしていることが何となくうかがわれるのですけれども，その部分はよく聞き取れませんでした。ただ，原告の夫による誘導とか誤導とか，あるいは脅し，脅迫とかによることがうかがわれ，全体としてどうも胡散臭いということで，この録音テープ中の会話は原告の真実の意思に基づくものではないのではないかと判断したことがありました。やはり先ほど来お話に出ているとおり，録音テープについても，その録音の仕方によっては随分違う印象を与えられるんだなと思いました。しかも，それに現在のIT技術が駆使されると，もう全く違う内容に簡単になってしまうということですから，録音テープあるいは写真，電子データなどの，これまでは客観的，物的な証拠で，それ自体で信用性が高いとされてきたものについても，これからは，ある程度その成立等について疑ってからなければならないなと思いました。ただ，その信用性等に疑問があると主張する場合には，何よりそのように主張する根拠について十分な検討・吟味を加え，証拠固めをすることが大切です。

●再生による証拠調べも効果的

○加藤　録音テープでは，馬橋さんが言われた言葉の調子などは，反訳書面では分からないというのはその通りですね。法廷で録音テープを流して聞くと，皆が「ああ，こういう言い方をしたのだな」ということが分かりますが，それが必要であると考えて，法廷で再生の方法による証拠調べをしたことがあります。時間がかかりますから，普通は，そうはしないことが多いわけですが，そうした方が効果のあるケースでは，やったらいいのですね。

もう1つは，別人が電話に出た録音テープだという反論をされたケースがありましたが，それは真正の問題ですね。しかし，相手方の訴訟代理人は声紋鑑定を申請するという意向を示していましたけれども，結局そこまではしなかったので，ためにする反論であるという判断をしたことがあります。

(6) 違法収集証拠の関連

【エピソードⅠ-3-22】隠し撮り写真と無断録音

●**団体交渉の様子を無断録音したテープ**

○**須藤** それに関連して1つ。もう25年以上前の経験なのですが，団体交渉の様子を無断で録音していたものが証拠として提出されたことがありました。そのときに，先ほどのニュアンスとの絡みなのですが，組合側が「はい」と何回も返事をしているところが録音されていまして，これが，オーケーしているつもりなのか，それともオーケーしていないのかということが問題になったことがありました。

○**加藤** 単に相槌を打っているだけかもしれないのですね。

●**無断撮影の写真では社長が上半身裸で威嚇していた**

○**須藤** そうなんです。組合は，ただの相槌だと言うんですけれども，テープでははっきりしないわけです。どうなったかと言いますと，実は，録音テープだけじゃなくて，無断で写真も撮られていたんですね。組合関係者が会社に無断で撮影していたもので，いわゆる盗み撮りなのでなかなか証拠として出さなかったんですが，もめたので最後に出てきたわけです。その写真を見ると，テーブルを挟んで会社側と組合側とが座っていて，その回りを双方の関係者が大勢取り囲んでいるわけですが，その中で，社長が，上半身裸で組合側に指差しをしながら怒鳴っているような姿が映っていたのです（笑）。そこで，これは駄目だと。社長が組合員を威嚇しているような状況で，組合が任意に了承して，オーケーのつもりで「はい」と言ったはずがないということですね。盗みどりのテープや写真などが違法収集証拠として証拠能力を排除すべきかどうか，かなり争われたことがありましたけれども，そういった問題も背景にあったのですね。全く秘密の会合などであれば，無断録音の内容や無断撮影の写真について証拠能力を認めることには躊躇を感じますが，大勢が出席していた団

体交渉の場ですから,自由心証の問題として証拠能力は認めました。
○**加藤** それは組合側が,後で会社側に有無を言わせないように,隠し撮りをしたということなのですか。
○**須藤** その点はよく覚えていないのですが,多分,どんな状況になるか分からないのでたまたま撮っていたときに,そのような場面に出くわしたということだったのではないかと思います。
○**山浦** 先ほどの村田さんのエピソードとも関連しますが,意図的に録音・録画しようとしてやってるのが見えちゃうんですよね,最初から録音を取る作戦のときは。だから,あらかじめ取ろうとしてやっている場合と,たまたま取れた場合とで,随分,ニュアンスは違いますよね。

●録音テープ反訳書の検証の必要性

○**村田** 作為的,意図的に録音されたテープと,意図しないでたまたま録音されたテープとで,その証拠価値が違うことはもちろんありますね。先ほど紹介した事例では,訴え提起後に,被告の側にいることがうかがわれる原告の夫が,原告をわざわざ喫茶店に呼び出して,原告との会話を録音したものであることが明らかでしたから,やはりそこはおかしいなという感覚,一種の不信感のようなものを持って録音テープの証拠価値を判断しました。

　なお,録音テープについては,実際にはその反訳書が提出されることが多いのですが,若手の弁護士の中には,提出された反訳書の内容について,どうも録音テープの実際の内容との照合,突き合わせをしていないのではないかと思われる方がおられます。しかし,録音テープの反訳書が証拠提出された場合には,相手方訴訟代理人としては,実際に録音テープの録音内容と反訳書の記載内容に違いがないかを検証・確認しておくことが是非とも必要です。確認をして,録音内容と反訳書の内容に違いがある場合には,裁判所に対し,「この部分が違う」,「この部分はニュアンスが違う(肯定的な回答ではなく,否定的な回答である)」あるいは「この部分はテープから聞き取ることができない」などといった意見を明確に述べて欲しいと思います。
○**加藤** そのとおりですね。
○**山浦** 先ほどの馬橋さんのお話で,音を取り替えても分からなくなるというのが,私は気になってしようがないのですが,文書の偽造・変造をしているよ

うなもんですよ，それは一見（聴）したところ区別が付かないけれども，やはりどこかで違いはあるのではないですか。完全に分からなくなるものなのか……。というのは，例えば，具体的なCDの名前が言えないんですが，クラシック音楽を再生すると，録音した場所の下に地下鉄が通っているから，レコーディングのときにホールの地下を走行する地下鉄の音が一緒に収録されているので，聞こえますか，聞こえるならあなたのプレーヤー，アンプ，スピーカーは一流品です，こういうのがあるんですよね。その逆で，例えば，いくら聴いても，途中で編集したCDは，どっかで音が変わっていたり，何かは変わっていたんじゃないかなと思うんですが，それはヒトは（犬などと比べて）耳が悪いから，設備・技術がないから，最先端の技術によってごまかされちゃう，最先端の技術が我々の手元にあれば，これとこれは違っているというように，指紋が違っている，声紋が違っている，空気の流れが違っているというか，何か違うんじゃないのかなって気がつくと思うんです。そのレベルまで行かないと，ごまかされちゃうということではないのでしょうか。

○**馬橋** そこはよく分からない。さっきのは同じ時期にやったものの中からその1時間の範囲内でただ欲しい言葉をくっつけていますから。やっぱり例えば，声の調子も同じだし，なかなか難しいんですよね。

○**山浦** 例えば映画の世界ですが，座頭市はわずかな音の違いでいかさま賭博を見破り，サイコロの音で丁半を判断します。もし市さんが聞いていたらね，どこかで編集していると分かると思うんだ（笑）。音が途中で切れていると。それが素人には分からないようにやっているだけではないのでしょうか。そうでないと，これ，準文書というのは，本当に危なくてしょうがない。危なくて，完全にもう見えなくなることになりますね。

○**加藤** そこは，かなり危なくなっている時代ではないでしょうか。繰り返しになりますが，我々は，そうしたことを頭に置いて証拠調べに臨まなければならなくなっているのですよ。最近，「パパラッチ」という映画（2004年，アメリカ，ポール・アバスカル監督）を見ていましたら，悪役であるパパラッチの一人が，パソコンを使って，有名人を写したデジタル写真の背景も変えるし，同伴している人物の入れ替えも平気でするという一場面が出てきます。そういう細工を加えてスキャンダル風にした写真をタブロイド誌に売るわけですね。

技術はそこまできていて，簡単にできるのですから，そういう写真が証拠として出てくるのを覚悟しないといけないと思いました。
○**馬橋** 民事尋問技術のビデオでは司法研修所の壁の色まで塗り替えちゃいました（笑）。法廷教室で撮影したのですが，セットの高さが足りなくて，画面で壁が出ちゃうんですよね。そこの色をセットに合わせるんですよ。

(7) パソコン
○**加藤** それでは，効果的立証の関係でもう1つエピソードを山浦さんからお願いします。

【エピソードⅠ-3-23】復活ソフトを使えばパソコンは証拠の宝庫
○**山浦** 先ほどITの話が出ましたが，これはパソコンを使った立証だったのですが，事件は従業員が退職間際に会社のデータ，住所録などをコピーして，それで新しい会社に行って使った，それを差し止める，不法行為に基づく損害賠償というようなケースです。当然，不正競争防止法も問題になります。

　従業員が使っていたパソコンは会社が貸与して，一人ひとりが別々のPCを使っていたわけですが，退職する間際に，全部自分の部分を抹消していきました。残っているのは，OSとオフィスなどのアプリケーションソフト程度の状態にしていました。そのPCを後任者が使うときに，「ちょっと待って」，私にPCを見せてくれないかと言って私が調べたわけです。フォルダを一つずつ確認しますので，相当な時間がかかりました。それでも抹消されてしまっているデータは分かりませんでした。そこで，抹消データの復活ソフトを買って，復活をかけましたら，出るわ出るわ，いろいろなものが残っていました。その中には退職する直前の活動内容が出てきまして，メールも復活できました。メールの中には他の社員に退職を勧めているメールだとか，新会社の作業をしているメールだとか，それからもちろん就業中に開いたアダルトサイトのログも出てきました。さらに，勤務中に会社の住所録を自分なりにカスタマイズしていることも分かりました。最初はどのフォルダに入っているか分かりませんけれども，小まめに見ていきます。それから，余りコンピューターをいじくってしまいますと，今度は証拠としての価値がなくなってしまいますから，ハードディスクをそっくり抜いて，他のパソコンのサブ・ディスクとして開くという

ことにすると，そのハードディスクには新しい情報は記録されませんし，抹消もありませんから，そのままそっくり保全されます。特にリーセントのフォルダは過去3か月ぐらいの作業の結果が残っていました。それから，テンポラリーファイルにも相当残っています。他にインターネットテンポラリーファイルにはWEBにアクセスした結果がほとんど残っていました。ジョブログになると，機械が設置された頃からの記録の全部が残っています。

　最近よく言われていますけれども，パソコンというのは抹消すれば消えると思ったら大間違いで，もう完全に初期化するか，それこそハードディスクをブッ壊さない限りは相当の部分が残っているということで，パソコンに多少腕の覚えのある弁護士は（笑）こういうふうに，これも重要な証拠に使えるというかなという感じがしました。

○加藤　これを逆用すると，弁護士としては，「パソコンを残して退社するときは，証拠を残さないために，初期化しておきなさい」というアドバイスをすることになりますか（笑）。それは，倫理的にはもちろんどうかと思いますが，興味深いエピソードでした。

3　検　証

○加藤　事実の認識の手段としての検証の問題に移りましょう。

　検証は，裁判官が，その五感の作用によって，直接に事物の性質・形状・現象・状況を検査・観察して得た認識・事実判断を証拠資料とする証拠調べです。ある意味で，かなり特殊な，直接的な証拠調べの方法ですが，事件の内容によっては最もそれが適切な場合があります。とりわけ，不動産関係の境界確定，所有権確認の範囲などについては，現地を見ることによってよく分かることがあるといわれていますし，また，その証拠調べをして適正な事実認定をするという効用以上に，現地に足を運んだことそれ自体から，当事者の納得性が高くなるともいわれます。

　検証について，事実認定という観点から，いろいろなエピソードを取り上げて，意見交換をしていきたいと思います。

　須藤さん，検証プロパーの問題についてはいかがでしょうか。

3 検証

●文書の原本の提示に伴う検証

○**須藤** 検証については，厳密に言えば，書証として提出された文書の紙質や印影やインクの色などを裁判官が検討して補助事実とする過程も検証ということになりますね。この研究会でも，そのような観点から書証の信用性判断に役立ったケースが幾つも紹介されましたが，実務では，そのような場合は書証の取調べの一環として処理されてしまいますので，ここでは，現場検証の場合について触れたいと思います。

●現場検証

【エピソードⅠ-3-24】双方の訴訟代理人が共に現場に赴くことによる理解の共通化

　裁判官の立場から言いますと，現場検証は，非常に有効である場合もある反面，ほとんど有効ではない場合もあるのではないでしょうか。例えば，建物が老朽化している状況などについては，写真ではどうしても実物よりも綺麗に撮れてしまうことが多いので，実際に出かけていって見てみると，そのひどさに驚くことがあります。騒音や悪臭などについても同様ですね。まさに「百聞は一見に如かず」という感じです。

　ところが，現場検証が申請されている多くのケースでは，分かるものは現場に行かなくても分かり，分からないものは現場に行っても分からない，ということが少なくないのではないかと思います。例えば，家が傾いていることや，壁にクラックが走っていることや柱と梁とがきちんと接合されていないことなど，現場で見て客観的・物理的に認識できることであれば，現場でよく分かることが多いのですが，冷静に考えると，そのような場合には，写真や図面などを出してもらえば，現場に行かなくても大体分かるはずですね。これに対して，微妙なキズの有無とか，クラックの原因が何かとか，環境汚染の原因などということになると，現場を見ただけでは何ともいえない，つまり，現場に行っても分からないということになりがちです。境界確定や所有権の範囲などについても，裁判官が初めて現場に行って簡単に分かるようなケースであれば，実は現場に行く前に，写真や図面などを見て大体分かるはずなんですね。もし本当にもめている事件で，裁判官が初めて現場に行って簡単に分かるのであれば，弁護士は一体何をしていたんだということになりませんか。一見して分かるぐらいなら，双方の代理人が一緒に行って見てくるだけで分かるはずで，裁判に

はならないはずではないでしょうか。

　個人的な経験としても，建築瑕疵の事件で，壁紙がゆがんでいるとか，柱がまっ直ぐではないとか，いろいろ言ってるんですが，どうも双方代理人の言ってることがかみ合っていない。そこで，双方の代理人に一緒に現場に行って見てきてくださいと頼んでおいたのです。嫌がっていたのですが，結局一緒に行ってくれて，次の期日に聞いたら大体もう和解ができる状況になっていたということがありました。双方の代理人がそれぞれの当事者からバラバラな説明を受けていたために紛糾していただけだったのです。

●準備の大変さに見合うだけの効果が見込めるか

　民事裁判は，真実は何かということを前提にして判断しないと国民の信頼を失ってしまいますから，真実発見は大切ですが，他方で，民事裁判は限られた人的・物的資源の中で，社会的な制度として運営されているわけですから，無駄なことをしないということも大切です。検証が採用されると，当事者双方は大変な思いをして何日もかけて準備をしますね。代理人との打合せや下見や現場指示事項の確認など大変ですね。裁判所は裁判所で，地図や時刻表などで現地までの交通手段を調べ，宿泊が必要であればビジネスホテルなどを調べて予約し，旅費などを計算して請求したりして，結構面倒な準備をしなければならず，他の事件処理にも少なからず影響が出てしまうわけですが，そこまでしてやる意味が本当にあるケースなのかどうかですね。実務的には，現場に行けば分かるというけれども，現場に行かなくても写真や図面などを見れば分かるものであれば，つまり検証に代わる代替的手段があるような場合であれば，真実発見の手段という意味での検証としては，ほとんど必要性がないのでないかとも思えます。

●現場での1回限りの体験が決定的な効果をもたらすことはよいのか

　もちろん，現場検証に行ってよく分かったと感じることもないわけではないのですが，落ち着いて考えてみると，実は1回限りの印象で決定的な効果をもたらしてしまうわけで，そのように印象が強過ぎることは，本当は事実認定を誤ることにならないのかという懸念ですね。いろいろな意味で公正さと法律との兼ね合いなども考えると，どうでしょうか。現場検証というのは非常に難しいという感想を持っております。

この現場検証をどういう方向でやるかというのが，先ほど申し上げたように真実発見の要請や代替的手段の有無，それから効率，公正さというものを常に考えながら選択していくのが大事である。しかも，現場で見た1回限りの印象で本当に判断していいのかどうか，これはかなり議論する必要があるように思います。

【エピソードⅠ-3-25】横浜港内での大波，小波の現場検証

具体的な例を1つ申し上げます。昔，国の代理人をやっていたときの経験ですが，横浜港で港湾局の船が通った際に，その航跡波で係留していたはしけが岸壁にぶつかって壊れたとして損害賠償を請求された事件がありました。原告は港湾局の船がものすごいスピードで走っていたので大きな波が岸壁に打ち寄せてはしけが壊れたという主張で，こちらは，はしけが老朽化していたのと，係留方法が悪かったのが原因だという主張でした。

港湾局の船は毎日のように横浜港を走っているわけで，その波ではしけが壊れたなどということは，それまでありませんでしたから，いいがかりのような訴訟だと思っていたのですが，担当の裁判長がどうしても横浜港で同じ船を走らせてどれくらいの波が立つのか見たいというのです。でも，横浜港で現場検証をするとなると，これは大変なんですね。その時間帯にその現場周辺に他の船が通行しないように止めないといけませんが，結構大きな影響がでるわけですね。しかも，横浜港ではタグボートなども結構頻繁に通行していたのですが，タグボートは大型船を引っ張ったりしますので，見た目以上に底が深い船で，馬力も大きいので，これが1隻通った後は表面的には波があるように見えなくても，水面下の下の方の波が解消されず，他の船が通行すると波が競合して大きな波が出ることがあるそうです。したがって，その時々で湾内の波の状態が異なるので，現場検証で1回だけ見てもあまり意味がないと説明したのですが，裁判長がどうしてもと言うので，大変な準備をして横浜港で実際に港湾局の船を走らせて検証をしたことがありました。

●一発勝負の現場検証の悲しい結末

結果がどうなったかと言いますと，検証に立ち会った港湾局の関係者などは，「普通の波でどうってことはなかった」という感想だったので，一安心という気持ちだったのですが，後で裁判長から，「あんな大きな波が立つんだか

ら，はしけが壊れてもやむを得ないんじゃないか」と言われて，びっくり仰天してしまいました。「あの程度の波は，横浜港では珍しいものではありません」と説明して，慌てて，日頃の波の状況などを計測して追加資料も出したのですが，検証のときの波が印象的だったようで，成功だと思っていた現場検証が実は失敗だったという経験があります（笑）。検証というのは一発勝負という面がありますし，裁判官がどの程度理解しているのかも分からないところがありますので，真実発見という意味では，「功罪，相半ばする」というところもあるように思います。

○**加藤** 検証に関しては，裁判官が多忙のためもあって余り積極的でないということがいわれることがあります。そうではなく，むしろ検証目的とコストパフォーマンスを考えて，代替的な証拠方法がないかも考えてその採否をしているという指摘ですね。

村田さん，いかがですか。

●検証申立ての必要性とその具体的な方法

○**村田** 検証については，相手方が立ち入ることができない場所や物件で，相手方が訴訟外で見せてくれと言っても見せてくれない場所や物件の検証については意味があります。先ほどもお話のあった瑕疵の部分について，請負人側が，「瑕疵があるのであれば修補するから，取りあえず確認させて欲しい」と言っても，注文者側としては「自分の家だから，勝手に立ち入ってもらっては困る」とこれを拒否することがあります。このような事例ですと，やはり請負代金請求訴訟等が提起され，実際に瑕疵の有無・内容が問題になった場合には，請負人である原告からの検証の申立てをすることになるものと思いますし，このような場合には，裁判官も原則として検証をするものと思われます。ただ，場合によっては，裁判官が具体的な必要性等を判断して調整をした上で，原告である請負人側と被告である注文者側に打ち合わせてもらい，訴訟外の現場検証をしてもらうこともあります。この場合には，請負人側（あるいは注文者側）において，その情況等を写真やビデオに撮影し，これをそのまま，あるいは写真やビデオの必要箇所をプリントアウトして，証拠として提出してもらうことがあります（通常は，合意書面的な証拠として取り扱うことで了解を得ています）。その意味では，訴訟外で現場検証をするについても，検証の申立てが戦

略的に使われているように思います。

　実際には，今，須藤さんがおっしゃったとおり，進行協議期日等で裁判官と当事者双方が現場に臨んで，現場をみて両当事者から指示説明を受けますが，証拠としては，その際に撮影された写真・ビデオを提出していただき，その上で，その写真等を見ながら法廷で証言等を聞くという手続が多いのかなと思います。実際には正式な現場検証はそれほど多く実施されていないように思います。

　また，実は，正式の検証手続においても，現場に臨んで指示説明を受けて，これを書記官が詳細な検証調書にするのではなく，ビデオを用意して現場に臨み，両当事者が指示説明している状況，現場及びその周辺の状況，具体的な瑕疵の状況等をビデオに撮影するのみで，詳細な検証調書は作成しないという方法がとられることも少なくないようです。その場合には，検証する手順や進行方法等について，両当事者と裁判所で事前に十分に打ち合わせておくことが必要です。例えば，現場の見取図などを用いて，どこから撮影を始めるか，どの部分をどの角度から撮影するか，何分間程度撮影するか，誰がどこで指示説明するか，どの順序で撮影を進めるかなどの具体的な検証手順等について綿密に決めておき，現場では検証の情況をビデオにおさめ，検証調書は簡略化して，別添ビデオ（撮影）のとおりであるということで実施させていただいています。その上で，両当事者には，ビデオをダビングしてもらって，そのうち特に必要なところはビデオの停止画像をプリントアウトして，さらに詳しい内容の写真撮影報告書を作成してもらうというような扱いもかなり実施されているところであろうと思います。ビデオは確かに実際に見る手間は非常にかかるのですが，再現性なども高く，必要なところは画像をプリントアウトすることもできますので，それで十分に検証の目的を達することができているようです。

○加藤　目的とコストパフォーマンスを考えて，検証の実施をするということに尽きるのでしょうね。地方の裁判所では，畑の境界の検分に出かけたところ，書記官が肥だめに落ちて大騒ぎになったけれども，それ以降，その書記官がトントン拍子に昇進して，皆から「検証で，ウンが着いた」と言われたという伝説が残っていたりしますね（笑）。

　私はひところ，自分がマンションを買おうと思い，勉強していた時期があり

第3章 効果的立証・検証・鑑定と事実認定

まして，マンションの構造や仕様に詳しくなったことがあります。その時期には，マンションなど建築瑕疵に関する検証の申立てがあると，気軽に行って現地に赴いて説明を聞きました。そして，自分の知識で質問すると，説明者もよく分かっていないところがあって，おそれいって和解になったという事例が幾つかありますが，やや自慢めいていますので詳細は割愛します（笑）。

それとは別に，現地における検分により，事実の認識を，どういう形でしていくことが効果的であるのかという問題を考えることは，意味があるように思いますが。馬橋さん，何かコメントありますか。

【エピソードⅠ-3-26】検証に対する当事者の期待

○馬橋　事件によっては当事者が検証を求めたがる傾向があると思うのですね。例えば，私が経験した例で，ある施設からお子さんが転落して亡くなったという不幸な事例があったのですが，代理人がその施設を是非検証して欲しいということを当初からおっしゃっているのです。果たしてどういう時期に検証をやればいいのか，そもそも検証が必要なのかどうかというのは意見のあるところです。私が感じたのは，裁判所はその申出を受け入れ，「見に行きましょう」と，こう言ったのです。そして，「受命裁判官に行かせます」と言ったときに，ちょうど被害者の家族が一緒に弁論準備で手続に出席していたのですが，「裁判長さんは行ってくれないんですか」と，こうおっしゃるのです。これを聞いて，やはり事件の被害者にとっては，裁判官なり裁判長も含めた判断する人に現場を見てどういう形で事故が起こってどうなったかを知って欲しいという気持ち，代理人の立証活動としてもさることながら，被害者の家族，被害者本人にはそういう感情があるということを強く感じたことがありました。そして，そうしたことを実施すれば，後の訴訟手続や和解が割とスムーズにいく面もあるのではないかと思います。そういう点で，我々訴訟に関わる者にとって，検証は大変ではありますが，相応の配慮も問題解決の上で必要なのではないかというのが印象です。

●当事者はとにかく現場を見て欲しい

○須藤　私は，若いときに国の代理人をやっていましたので，そのときに，いろいろの現場に行った経験がありますが，地方自治体の関係した事件ですと，自治体の職員などが必ず現場を見に来て欲しいと言います。「行かなくても，

地図や写真や，場合によってはビデオなどを見せてもらえば大体分かりますよ」と言っても，これはまず納得しません。何とか時間を作ってとにかく現場に行って，少しでも一緒に見て説明をしてもらうと，職員はもう全部分かってもらった気持ちになって，非常に喜びます。そういった意味で，現場に行くということは，当事者の満足度が非常に上がるものなのですね。これは間違いないと思います。それから，現場に行くと，原告側の本人の納得を得やすいということもあります。

【エピソードⅠ-3-27】富士五湖での大学生の溺死事件の検証

富士五湖の1つの精進湖で大学生が冷水帯に入ってしまって溺れ死んだという事件があって，原告側は，国立公園内の湖ですから，国立公園に指定し管理している国や県や村が冷水帯の危険性を警告していないところに過失があるという主張でした。死亡した大学生のご両親から，現場検証をして欲しいという強い希望がありまして，私は，まだ若かったので，理屈を言って，「現場に行って湖面を見たところで，どこが冷たいのか，どこが危険なのかなどが分かるわけではないので，検証の必要性はない」と反対したのです。しかし，裁判長が行くとおっしゃって，行く時期は富士吉田の火祭りの前日がいいと（笑）。余談ですが，これも大変困りました。精進湖は結構不便なところにある上，火祭りの前後は近辺の交通機関も混雑し，県の職員なども火祭りの関係で忙しいのに検証の準備もしないといけないことになりますので。そして，検証の際は，村と県から人とボートとを出してもらったり，いろいろ準備をして，湖の沖の方の冷水帯があるといわれる辺りに行ったり，ボートをこぎ出した地点と冷水帯がありそうな地点との距離を測ってみたり，とにかくいろいろやってみたわけです。ご両親は，花束を用意してお供えしたりしていました。

●当事者は現場検証で納得した

それで，どうなったかということですが，次回期日に，ご両親が，「裁判所にあそこまでしてもらったので，もうお金は結構です。その代わり，二度とそのような事故が起きないように，ここは冷水帯もあるから危険ですという注意の標識や立て札を立ててくれれば，訴訟は取り下げます」ということになりました。国の代理人としては，苦労したのは裁判所よりも国や県や村なのにと思いながらも，関係者と協議して連名の立て札を周囲に立ててたりして期日でそ

の内容を報告し、訴訟は取り下げで終了しました。

　ユーザーの満足度という意味で、やはり現場に行く重みというものを軽視できないわけですね。ただ、実際には、そのことと、先ほど申し上げたように、公正さや真実発見や効率性などとの関係をどのように考えるべきかが難しいのですね。検証は必要性がないと言ったのは結果的には誤りで、裁判所の判断が正しかったという思いがあり、今でもよく覚えている経験の1つです。

○加藤　我々裁判官は、おそらくその事実認定そのもの、心証形成そのものがきちんとできていればいいと考えがちです。しかし、当事者にとっては、適正な心証形成の結果ということに加えて、どういうプロセスで心証形成されるのか、当事者にも分かるような形でされる方が好ましいということなのでしょうね。そうした点から、【エピソードⅠ-3-26】【エピソードⅠ-3-27】は大変含蓄のあるエピソードだと思います。

●相手方弁護士に来て欲しくないという当事者のメンタリティ

○山浦　さっきの立ち入りできない場所だとか、今の例もそうだけれども、当事者としては相手方の弁護士が来るのはウェルカムじゃないのですよね。しかし、裁判官にはぜひ来てもらいたいという、そんなこともありますよね。要するに、弁護士の立場と裁判所の違いがあって、やはり裁判とはそういう意味が色濃くあるということは、特に検証の場合に感じます。

　最近は余りないのですが、比較的昔は検証は多かったですよね。検証の場で当事者双方からお話を聞いたり、現地和解もありました。私の経験では土地境界のケースですが、一方の当事者の家でお茶を飲むわけにいかない、こっちで飲めば相手の方でも飲まないといけない、こっちの時間と向こうの時間も同じでなければならない、裁判官が行ったり来たりしてくれて、両家のところをね、こっち10分行ったら向こうも10分。ちゃんとやってくれると、そういうことが、何て言うのだろう、今の話で当事者双方ともがおそれいったと、そういう場合は、ありがとうございましたと、自分の事件をこんなに丁寧にやってもらったというので、すごく感謝する。我々弁護士がいくら頑張っても、とてもそういう状況はできない。

●検証に代わる現場での進行協議期日

○村田　検証手続を実施することによって当事者双方に非常に納得してもらう

ことができたというお話ですが、現在では、検証という方法とともに、現地和解といいますか、進行協議期日として、現地に臨んで、現場を見て説明を受けながら、機運の高まりを見ながら、和解をするということが比較的多いように思います。このような手続でも、裁判所の労苦を多として、ご納得していただいているようです。そこは、検証の手間と準備など裁判所の負担などもありますので、事案によっては、是非ご理解を賜りたいと思っております。

●検証実施における演出

〇山浦　そうですね、実際に検証となるとおおごとになりますね。訴訟代理人の場合は、裁判官に例えば家の中を全部見てもらう場合、折角来てもらうのだから、漏れてはいけない、ここで何を見てもらうと番号を振って、全部、準備しますね。裁判官も、事前に大体終わるまでの時間を見計らって番号を付けてくれと指示してきますよね。当事者は、それを決めるときに、依頼者と打合せをして、「奥さん、ここで大きな声を出しなさい」と、「ここでは悲しそうな顔で説明するんですよ」とか、準備するわけですよ（笑）。当然ですよね。私（訴訟代理人）が、部位を指示説明するだけじゃなくて、「ここでこうなったのよ！」って奥さんが言わなきゃ駄目ですよと、全部、シナリオを作っておくわけです。こういう説明は本当に必要なのかなと思いながらも、やはりそこはそうやりますよね。裁判所は、記録に残すということは大変なことだから、「それは指示ですか、意見ですか」って言われますので、「いや、当人の説明は撤回して、現場指示だけにします」とやるわけですよね。全部シナリオを用意して、しかも、裁判所にも同じようなショックを受けてもらうように、「うわ、すごいんだ」と思ってもらえるように、あらかじめ、どういうアレンジ、演出をしたらいいかと、いろいろ考えるわけですよ。だから、さっきの1回行っただけの人がそんな心証とれるかというようなことを前提にして、逆にとれないだろうから、とにかくショックを受けてもらいたいわけですよ（笑）。どれだけの効果があるかは分かりませんが……。

〇加藤　今の山浦さんの検証に備えて演出をするというのは大変率直な状況のご説明で、裁判官はそういうこともあり得ることを頭に置いて、検証に臨むということが必要なのでしょうね（笑）。

〇山浦　でも、弁護士なら、普通、やるでしょう。

○馬橋　それは1つの舞台が揃っているわけですからね。
○須藤　どう演出するかというところまでいかなくても，実際には，例えば，雪が降るところですと，冬はもう雪が積もっちゃって現場そのものを見ることはできないということになりますし，夏は夏で，草ぼうぼうのところでは，これまたよく分からないということになって，検証に適する時期が非常に限られてしまうということもありますね。

　それから，境界確定訴訟で，当事者が「ここを掘ってもらえれば昔のどぶの跡があるんです」というのですが，現在は道路の一部になっていて勝手に掘ってはいけない場所だったりすることもあるのですね（笑）。また，私は滋賀県の大津で修習していたのですが，そのときに，「ここ掘って，もし文化財が出たらどうするんですか」って言われたケースがあったんですね。冗談じゃないかと思ったのですが，京都や大津は歴史が古く，必ずしも冗談ではないということを聞いて，検証をするときには，土地柄も考えて事前にいろいろ検討しておかないといけないのだと考えさせられました。

4　鑑　定

○加藤　続いて，鑑定に移りましょう。鑑定については，法解釈などに関する私鑑定の問題もありますが，これについては，高橋宏志ほか「座談会・現代型訴訟と鑑定」（NBL782号〔2004〕4頁）が最近の問題状況について議論しています。ここでは，証拠方法としての鑑定について，それぞれエピソードを紹介いただき，意見交換したいと思います。

　馬橋さんからお願いします。

(1)　**不動産境界の鑑定**

【エピソードⅠ-3-28】5センチの境界の鑑定
○馬橋　今までも幾つかの鑑定，例えば，合名会社の持分の評価をどのくらいにするとかいうような鑑定も経験したことがありますけれども，5センチの境界をめぐって争っていた事件，つまりブロック塀の半分をめぐって争っていた事件があったのですが，ただ，長さとすると50メートル以上の長い距離です

ので面積は多少あったのかもしれませんけれども，それを裁判所が鑑定にかけまして，土地家屋調査士さんが鑑定人になってそれをやっていただいたということがありました。

○**加藤**　これは，境界の確定のための鑑定ですね。

○**馬橋**　その土地の境界ということになりますね。やはりどういう人が鑑定人になるかによって違うのだと思うのですが，もちろん資格を持っていらっしゃるし，過去の地図の読み方，過去のその土地の経緯についての知識はあるわけですね。そういうことに基づいて境界を出すのですが，むしろそれは相手側である原告の有利な方に固まっていたという事例がありました。

●鑑定の前提事実のチェックの必要

ただ，注意しなければいけないのは，土地家屋調査士のような慣れた人は逆にいいますと，過去の区画整理とかそういうものがきちっとできていると，正確にされたものだという前提で物事を積み重ねていくという鑑定が非常に多いと思うのです。私はこの他にも2，3件あったのですが，やはり皆同じような手法でやっています。

ただ，区画整理は個々に見ていきますと非常にラフに行われていますし，まして地境のところは何か横から土地をくっつけたようなところもあれば，数字も合っていない部分がたくさんあるのが実際です。ということで，そういう点を細かく逆に調べて，おかしいのではないかという点を尋問していったら，鑑定そのものが崩れたというケースがありました。

そこから得たのは，鑑定も過去の事例の積み重ねで判断しているのでしょうが，代理人としてはそこにはその前提となるものがきちっとされているかどうかという吟味をしていかないと誤った鑑定に引きずられてしまうことがあるということです。

○**加藤**　鑑定を吟味する際に，その前提とする事実の正確性，信用性はどうかというところを押さえなければいけないという教訓ですね。

(2) 不動産価額の鑑定

○**加藤**　境界の鑑定はそういうことですが，不動産については価額についての鑑定も，よく鑑定を活用する典型例です。これについて，須藤さん，何かあり

ますか。

●**不動産鑑定の本質は何か——裁判官は何をみるべきか**

○**須藤** 不動産の価格などの鑑定についてですが，いくつか局面に分けてお話しします。不動産競売などでは，売却基準価額を決定するために不動産鑑定士の方々に多大のご協力をいただいていて，適正な価額での迅速な売却に貢献していただいており，大変感謝しています。私は，この点については不満はありません。これからお話ししようとしているのは，一般民事事件で不動産の価格が問題になる場合についてです。そして，一般の民事事件では，裁判所による正式な「鑑定」よりも，いわゆる私的鑑定が多いのですね。当事者双方がそれぞれ別の不動産鑑定士さんに鑑定を依頼して，それぞれの鑑定書を書証として提出してくるのですが，これが常に大幅に額が食い違っているのですね。こういったものばかり見せられると，本当に鑑定の名に値するものなのかという素朴な疑問が湧いてきたりしますね。

　一般に不動産鑑定では，公示価格や取引類似事例を参照して基本となる価格を割り出し，それに個別修正の有無を検討して減価率を導き，これを掛けて計算するという構造になっています。この公示価格や周辺の取引事例の額については，素人がその資料を集めにくいのは事実ですが，公表されているものがほとんどですから，集められないわけではありません。問題は，個別修正をどれくらいにするかという点が素人では難しいのですが，それは，案外，定型的なものなのですね。類似取引事例を幾つかポイントを取って，例えば交通の利便性，生活関連施設の整備の有無，土地の広さや形の良し悪し，各種規制の有無，接道条件などの項目を比較し，これくらいなら売れるだろうとして価格を出していくわけで，本質は推認なんですね。事実認定のメカニズムとしては，より細かな間接事実から，それよりやや大きめの（重要な）間接事実を推認していることになるのですね。特に不動産鑑定については，鑑定理論というものが言われていて，○○方式などと名称も付けられていて，いかにも権威がありそうなのですが，先ほど申し上げたように，原告側の鑑定と被告側の鑑定とで差がありすぎて，経験が少ないときには困ってしまったこともありましたが，鑑定書をよく見ると，取引事例があるといっても，本当に近いところでそんなにたくさんの取引があるわけではないので，なんだかんだと理由をつけて結構遠い

ところの事例も参考にしたりしているわけですね。基礎となる数字やデータなどの情報さえきちんと入っていれば，後は自分で判断できる部分も少なくないので，法律家が余りそれに振り回されるのはどうかなと感じたりします。特に，継続賃料の問題などについては，賃貸人と賃借人との関係，それまでの賃貸借期間の長短，賃料額改定の経緯，更新料支払の有無，不動産取引の現況等を総合評価して判断するわけで，もともと相当幅のあるものなのですが，私的鑑定書の多くは，鑑定理論，鑑定手法というドグマを前提に，それぞれがこれが客観的に正しいと書いてあり，違和感を感じることも少なくありません。

　しかも，やや脇道なのですが，不動産鑑定料が非常に高いものが多いですね。そこで，これだけ費用をかけたのに，この程度の小幅の値上げや値下げでは，和解ができないなどと，かえって問題の解決を困難にしてしまう場合すらあります。また，当事者双方に経済的な格差があり，一方の当事者だけが私的鑑定書を提出して，裁判所の鑑定は申請しない，相手方当事者は私的鑑定をしたり，裁判所の鑑定を申請するだけの資力もないという場合にも，困った問題になりますね。私は，あまり高額の争いではない多くの一般民事事件であれば，わざわざ不動産鑑定の形をとらなくても，街の不動産屋さんなどから類似事例について一定の情報を提供してもらえば，ほぼ足りることも少なくないと思います。弁護士さんにも，何が何でも鑑定ということではなく，事案に応じて柔軟にお考えいただければいいのではないかということを，一言申し上げておきたいと思います。

○**加藤**　その点では，私は，不動産鑑定士が特定の土地価額の鑑定を頼まれたときに，どういう手法をとるかについて，判事補の頃先輩裁判官から聞いた話が記憶に残っています。どうするかというと，「不動産鑑定士は，その近辺の不動産屋で信用できそうなところを3軒くらい回り，値段を聞いてきて，その平均額になるように合わせて鑑定手法を駆使して土地の相当価額をつける」というのです。半分笑い話のような話ですが，不動産の価格形成要因には様々なものがあり，具体的な価額とのつながりは，簡単に説明できるものではないので，そのようなものかもしれないと思ったことはありますね。

　それから，大手の不動産会社の関与した不動産鑑定評価書でも，相反する複数のものが提出されることがありますが，重視するファクターをシフトするだ

けで数字が動くところがあり，しかもそのファクターの優劣を決める規準が必ずしもはっきりしていないように感じることがあります。当事者も，そこが争点であるという構えを示しますから，そうすると，正規の鑑定をしていくことになります。

　以前，正規の鑑定結果と私鑑定として出される不動産鑑定評価書とのいずれが，判決で採用されるのか関心を持って，裁判例を調べたことがありました（加藤新太郎＝中野琢郎「鑑定結果の証拠価値」『新・裁判実務大系(14)不動産鑑定訴訟法Ⅰ』〔青林書院，2001〕17頁）。その結果は，①鑑定結果採用・不動産鑑定評価書排斥型が多いのではないかと予測していたのですが，②鑑定結果排斥・不動産鑑定評価書採用型もあり，さらに，③鑑定結果・不動産鑑定評価書双方採用型，④鑑定結果・不動産鑑定評価書双方排斥型のほか，⑤鑑定理由部分斟酌型もみられました。③は，鑑定結果と不動産鑑定評価書の結論を平均するようなものです。④は，鑑定主文や不動産鑑定評価書の結論部分を排斥しつつ，鑑定理由や不動産鑑定評価書の理由部分を利用して裁判官が独自に結論を導くもので，⑤の鑑定理由部分斟酌型と重なるものが少なくありませんでした。

　こういうことを頭に置いて，訴訟の場面ではどのように不動産価額についての鑑定結果を評価していったらいいのかが，我々の課題ですが，ここら辺は，山浦さんはいかがですか。

○**山浦**　不動産の適正賃料の鑑定と継続賃料の鑑定とは大分ニュアンスが違います。新規賃料は，そのときの借り手がいるかいないか，その接点があるかないかで決まってくるが，継続賃料となってくると別の要素が入ってくる。

○**加藤**　既に継続的な関係があるわけですからね。

○**山浦**　そうです，継続してきたわけだから。昔は，よく裁判官が全部，不動産鑑定士任せでやるんだという話があって，鑑定が出たらそのまま結論をコピーして，はい，判決っていう時代があり，批判されたと思うのだけれども，そこは僕も感じていまして，須藤さんが言われたとおり，その先を，借地借家法などの法解釈などを踏まえて，裁判官に考えてもらいたいので，そのために不動産鑑定士に基礎となる情報を提供してもらうっていうのですよね……。

　私の経験では，原告と被告が互いに増額・減額請求した事例で，鑑定士が原

被告の主張する幅を乗り超えた（増額請求の当事者の主張より高額の賃料）鑑定をしてこられたことがありました。こういう鑑定ですと，借家法に基づく増減額請求権の要件事実も，処分権主義も弁論主義もおかまいないわけで，両方とも弁護士の立場がありませんでした。だからデータだけ揃っていれば，そこから先は裁判所が増減額請求権の要件事実に基づいて判断すればいいのだけれども，これが正しい継続賃料であるって出されたときには両方の弁護士がびっくりして，先ほどのように，データだけ揃えてくれて，その後の判断は裁判官に，この事件に応じた判断をしてもらった方がいいという，そんな感じを持ちますね。

●不動産鑑定に関する改善点
○村田　不動産の継続賃料の鑑定については，原価法，取引事例比較法，収益還元法等の鑑定手法がありますね。実際の鑑定では，例えば，「原価法で積算された賃料：取引事例比較法で積算された賃料：収益還元法で積算された賃料を，1：2：3の割合で考慮して適正賃料としました」などと鑑定されることが多いように思います。しかし，各種の鑑定手法で積算された賃料の割合をそのように配分した理由については，結局のところ「知識と経験」になってしまうことが少なくないようです。しかし，それでは，裁判所としても判決にその採否の理由を記載する際に困ってしまうことが多いので，是非，その「知識と経験」（これが専門的知見ということになると思います）を裁判所が検証可能な形・方法で提示して欲しいと思っています。

　また，最近の不動産の継続賃料額が問題となる事例では，私的鑑定書が当事者双方から提出されることも少なくありません。これらによって，ある程度の取引事例は分かりますし，最近ではインターネットでもかなりの取引事例を集めることができます。しかし，ここでも問題は，当事者双方の意見書のいずれもがその結論を記載するのみで，その前提となっている専門的知見が検証可能な形・方法で示されていないことです。特に不動産賃料の私的鑑定書を読んでいて思うのは，不動産鑑定士としての専門的知見を純粋に適用して鑑定意見を出されているというよりは，鑑定を依頼された方に有利（原告の依頼であれば原告に有利，被告の依頼であれば被告に有利）にバイアスがかかった鑑定意見となっているのではないかということです。本来は私的鑑定であっても専門的

知見を純粋に適用すべきものであることは改めていうまでもないことですが，実際には，不動産鑑定というのは，さじ加減といいますか，胸先三寸といいますか，そのようなところもあるのかなとも感じております。ともあれ，鑑定士としての職業的な良心に照らして，適正な判断結果であると胸を張っていえる鑑定書を提出してもらいたいと思っています。

(3) 筆跡鑑定

○加藤　続いて，筆跡鑑定について議論しましょう。

●筆跡鑑定についての判例など

○村田　筆跡鑑定につきましては，前提として，皆さんご存じのとおり，刑事事件に関する最判昭和41年2月21日（判時450号60頁）では，いわゆる伝統的筆跡鑑定方法は，多分に鑑定人の経験と勘に頼るところがあり，ことの性質上，その証明力には自ら限界があるとしても，そのことから直ちに，この鑑定方法が非科学的で，不合理であると言うことはできないのであって，筆跡鑑定におけるこれまでの経験の集積と，その経験によって裏付けられた判断は，鑑定人の単なる主観に過ぎないものといえないことはもちろんであると判示されています。また，最判平成8年2月22日（判タ903号108頁）では，「第1審が，重要な書証の署名部分について書証を提出した当事者の筆跡鑑定の申出を採用することなく，その部分が真正に成立したものと認めていた場合に，同署名の筆跡とその名義人が宣誓書にした署名の筆跡とが明らかに異なると断定することができないなどの判示の事情の下においては，控訴審が改めて筆跡鑑定の申出をするかどうかについて釈明権を行使することなく第1審の判断を覆すことには釈明権の行使を怠った違法がある」と判示しています。しかし，実務的な感覚としては，筆跡鑑定についてはその証拠価値は慎重に再吟味する必要があろうかと考えております。

【エピソードⅠ-3-29】間接事実による筆跡の私鑑定の評価

兄弟姉妹である原告らが被告に対して被相続人である父親名義の遺言の無効確認を求めた事案で，比較的よくある遺言の無効確認訴訟ですが，原告らから，「当該遺言書の筆跡は，父親の作成が明らかな文書・日記等の筆跡と対比して父親のものではない」という趣旨の私的鑑定意見書が提出されました。こ

れに対し，被告の方からは，「当該遺言書の筆跡は父親本人のものである」とする，全く正反対の結論の私的鑑定意見書が提出されています。このような事例で，双方当事者とも，裁判所において筆跡鑑定してもらってもいいです，必要があれば筆跡鑑定の申立てをしますと言っている場合には，当事者双方がそのような希望を有している以上，裁判所において筆跡について正式鑑定をすべきであるかもしれません。しかし，正式鑑定を実施せず，間接事実として，被相続人である父親の生前の言動や，生前に書いたもの，あるいは子どもたちに対する思いなどを反映するような事実を中心とした事実認定をまずして，これに遺言書の内容等を加味した事実認定をすることによって原告らの請求を認容した事例がありました。

　筆跡鑑定については，特に私的鑑定書がよく出てくるのですが，そのどちらを信用するかということを主たる問題とするのではなく，むしろ，間接事実による事実認定をまず行って，これによく符合する私的鑑定書は正しいものだという取扱いを主にしています。そういう意味では，重要書証等について誰が書いたのかが問題になるような訴訟では，当事者から筆跡鑑定の申立てがあったり，筆跡に関する私的鑑定意見書が提出されることが多いのですが，余り筆跡鑑定に重きを置かないで，審理判断しているのが通常ではなかろうかと思っております。

〇加藤　確かに，筆跡鑑定は，各種の鑑定の中では精度に問題があると言われているものの1つです。ただ，私は，村田さんの挙げられたエピソードとは逆のことを経験したことがあります。これは，既に，【エピソードⅠ-1-13】字は似ているが偽造の遺言書として紹介しています。

【エピソードⅠ-1-13】字は似ているが偽造の遺言書
●筆跡鑑定を先行させた遺言無効確認請求

　そのケースは，親族ではない女性に遺贈した遺言がありまして，これが甥・姪などの親族から無効であるという遺言無効確認請求です。遺言した老人も女性で，被告は，その親族でなくて赤の他人ですけれども，死ぬ間際までいろいろ遺言者を世話していた人です。被告は，遺贈をしたことも当然であるという間接事実を主張・立証したいという意向でしたが，裁判所としては，それは主張してもらっても結構だけれども，まず筆跡鑑定をやり，その上で進行を考え

ましょうという仕切りをしました。それというのも，遺贈者の生前に書いていた字，亡くなる直前に書いた字と遺書の字という具合に，比較的サンプルをそろえることが上手くできたからです。そして，その鑑定結果は，「遺言書は別人の筆跡のものであり，本人の字ではない」というものでした。鑑定理由も説得的に思われましたので，もうそれ以上間接事実の争いには入らずに判決をする運びにしました。控訴しましたが控訴も棄却，上告も受理されませんでした。

このケースでは，その後民事判決が確定してから，民事判決が契機となって，そこから捜査が始まり，刑事事件（有印私文書偽造・同行使等被告事件）として民事事件の被告が起訴されたという後日談があります。刑事事件でも無罪主張をして争いましたが，懲役4年の実刑判決が下されました。

このケースで鑑定をした後に，間接事実の争いをさせるとなりますと，おそらく遺言者の面倒を日常的にはみていなかった，放ったらかしにしていた姪や甥よりも近くにいた被告の方が親身に世話していたということになったでしょう。しかし，その話と遺言書を誰が書いたかというのは別で，そこは割り切った方がよいのではないかと考えて，そのような進行にしたのです。

○**村田**　筆跡が問題となる事件といっても，いろいろあるということですね。誰が見ても明らかに同一人の筆跡であるとか，同一人の筆跡でないとかが分かるものから，筆跡だけでは素人的には同一人の筆跡かどうかが全く分からないものまであります。筆跡自体から同一人の筆跡でないことが明らかであるような場合に，これは別人の書いたものであるというような鑑定意見書が提出されていれば，それは筆跡鑑定のみによる事実認定でも問題はないと思うのですが，そうではなくて，裁判官が素人的に見て，筆跡だけでは同一人が書いたとも書いていないとも判断できない事件でも，加藤さんのように取り扱うべきであるかは慎重に検討しなければならないと思います。

○**加藤**　わざと似せて字を書いているのですね。これまでも，【エピソードⅠ-1-13】のほか，【エピソードⅠ-1-12】字は似ていないが自筆の遺言書というエピソードを議論してきていますが。

　山浦さん，何か関連したエピソードがあるということですが。

○**山浦**　私は余り筆跡鑑定については重きを置いていません。依頼者も，ときどき，筆跡鑑定を求めてくるのです。しかし，通常，筆跡鑑定というのは精度

が低いから余り期待しては駄目だと助言しています。巷間よく私立探偵に頼むと時間ばかりかかっていつまで経っても証拠がつかまらない，追いかけて尾行しているだけでも金をとられるって聞きますが，同じではないかという感じですが（笑）。それというのも，私自身がイヤな経験をしたことがあるのです。

【エピソードⅠ-3-30】筆跡がすっかり変っていた経験

それは，イソ弁で勤めていた事務所から10年経ったので独立することになり，預金を解約して新しい事務所へ移ろうと思って，預金通帳と取引印を持って行ったのです。私は運転免許もありませんし，身分証明書ももちろんありません。銀行のカウンターに行き，解約依頼書を書いて出しましたら，「ちょっと奥へ来てくれませんか」って言われて二人の銀行員に奥の部屋に通されて，「もう一度名前を書いてください」って言われて，そこで，私，意味が分からないものですから，なんでやるのだろうって思いながら，また書きまして，そうしたら銀行員がぐちゅぐちゅ言っているんですよね。「どうしたんですか」って言ったら，「あなた，この預金通帳，どこで手に入れました」って，こう来たのです。よく見たら彼らが疑うのは無理もない，筆跡が全く違うんですよね。10年の間に，これ誰の字だろうと思うぐらいに自分の字が変わっていたんです。ワープロを打ち始めて，手書きの時代からワープロに変わった時代，それから若い頃はまじめに書いている，特に新規のときだから丁寧に書いたのだろう，それが解約する頃になったら筆跡がこうも崩れていて，私が見ても，ああ，これは別人に違いないというようなことで，銀行員が私を疑って奥の部屋まで連れて行ったということが分かりました。銀行員としては，注意義務を立派に果たしたわけですから，問題ないわけですが，こういう経験をしたものですから，筆跡っていうのはどうもいろいろある。筆跡は状況とか時間とかいろいろな問題の中で影響してくるので，鑑定はどちらかというと依頼者との関係において特別の理由があるときに，ためしにやってみるかというぐらいのものでしかないかというのが，私の個人的な経験に基づく感想です。

○**須藤** 筆跡については，民事訴訟では私的鑑定がよく出てきますが，正直なところ，対照文字と似ていると言われても納得できないものもあれば，似ていないといわれても，いや，似ているのではないかと思ってしまう文字もあるということではないでしょうか。前に，遺言の文字が全く似ていないので問題に

なったところ，病気をしていて文字が全く変わってしまったというケースをご紹介したことがありますが，文字は，同じ人が書いても，そのときの気分や体調でかなり変わるものですから，余り当てにならないこともあるということをどこまで考えるかですね。

●裁判所に提出されている訴訟委任状の文字や印影と対照するのも効果的

　この関連で，簡単で効果的なものとして言われていることですが，保証契約などの際の筆跡が本人のものか否かが問題になっているケースなどでは，訴訟提起の際に裁判所に提出されて記録の第三分類に綴られている委任状の文字と印影を照合するという方法ですね。多少の緊張はしているでしょうがあまり作為がなく書かれているので，契約書の字体とよく似ていたりして，印影も独特の印鑑がちゃんと委任状に使われていたりすれば，これはもうどうやったって争いようがないと，実質的な心証が取れちゃうこともあります。ただ，最近，訴訟委任状全部がワープロで打たれていて，住所，氏名が本人の手書きではないものもあるんですね。印鑑も三文判だったりして，その手が使えないものもあります。代理人には，なるべく本人の手書きの委任状を出させて欲しいですね（笑）。

○**村田**　確かに，筆跡の判別については，私も須藤さんと同じような手法を用いています。それで，問題となっている契約書の被告の筆跡と訴訟委任状の被告の筆跡を比較して，全く筆跡が異なっている場合には，比較的早期の段階で，当事者に対し，これらの筆跡が異なっていることを指摘しています。しかし，そのような場合にも，被告代理人から，裁判所に提出した訴訟委任状は，代理人本人あるいは事務員において被告の氏名を書いたものに，被告の印鑑を押してもらいましたので，訴訟委任状の署名は被告本人のものではありませんと言われた事件もありました。このような場合には，決定的だと思っていた証拠がなくなり，改めて心証の立直しが必要になりますので，少し落胆することがあります（笑）。

○**加藤**　弁護士事務所の事務員さんが書いたりする例もありますね。

○**村田**　はい，確かにありますね。ただ，訴訟委任状の署名欄には，やはり本人自身の署名押印がある方がいいですね。

(4) DNA鑑定

○**加藤** 次は，DNA鑑定に移ります。須藤さん，エピソードありますか。

●DNA鑑定をかたくなに拒否すると不利な心証になるのか

○**須藤** DNA鑑定は最近ではほぼ確立したものとして，これが出てくれば大体みんな，あぁそうですかという感じになると思うんですが，私はアナログな人間のせいか，ときどきDNA鑑定って本当に正確なんだろうかという疑問がよぎることもないわけではありません。一人の人間にはものすごい量の遺伝子の配列があるのに，そのごくごく一部分だけを採ってきて分析して，合っている，合っていないということで，本当に間違いないのだろうか。裁判官としては文句のつけようのないところで，はい，そうですかとしか言いようがないわけですが，本心から納得しているわけではなく，どこか腑に落ちないという感じも残っているのですね。ただ，親子関係の有無などについては，DNA鑑定が安く，早くできるようになったので，本当に助かっていることも事実ですから，あまりどうこう言えませんね。

その関連で，DNA鑑定がここまで普及しているのに，たまに，どうしてもDNA鑑定は嫌だとかたくなに拒否する当事者がいますね。その場合，どうしてもDNA鑑定を受けないということが，親子関係の有無を否定したり，肯定したりするための間接事実になりうるかという問題がありますね。DNA鑑定の精度が高いことについて社会一般にも認識されていますし，一般的には，その結果によって不利益を受けそうだから拒否していると考えるのが相当ですから，間接事実に該当するとしたり，弁論の全趣旨に含まれるとして，事実認定の際に考慮することも考えられると思います。

○**加藤** 確かにそうですね。当然，鑑定を受けて然るべき側の当事者が理由もなく受けないということであれば，場合により，証明妨害ないしその類推ということで，そういう判断をしますということになるわけですが，第三者が協力しないと鑑定できないという状況になっている場合は悩ましいところですね。

一方，DNA関係は，評価の確定した鑑定といっていいのではないですか。確定した自然科学法則の適用であるというところは，クリアしていると見ていいのではないですか。

○**須藤** もちろん判断するときはそうするんですが，気持ちの中でですね

第3章　効果的立証・検証・鑑定と事実認定

……。

○**加藤**　それは「内なる非科学性」が抵抗しているだけのような感じもしますけれども（笑）。

【エピソードⅠ-3-31】DNA鑑定と訴訟の進行

　私の事件でなく，陪席裁判官の担当事件で，劇的な印象を受けたケースがありました。親子関係を前提とした遺贈の範囲が争いになっていて，当事者が訴訟代理人と共に毎回の弁論準備期日に来ていて，その手続で，必ず激嵩して怒鳴りはじめる女性がいました。裁判官室の隣の和解室や，裁判官室の応接セットで大声が聞こえるのは，その事件であるという時期があり，皆閉口していたのですけれども，DNA鑑定がされ，結局親子関係はないことが分かってしまってからは，その女性が本当にシュンとしてしまい，その後の手続がスッと進行していきました。その激変ぶりは，それまでの経緯を別として，いささか気の毒に感じるほどでした。鑑定結果が，事実と違っていればそこでもう一悶着あったと思いますが，そういう結果が出て，ばれたかという感じで進んでいったのですね。

【エピソードⅠ-3-32】DNA鑑定と当事者の人生

○**山浦**　今，思い出したケースですが，お母さんが子どもを産んだ直後に夫から自分の子じゃないと言われるので，DNAじゃなくて当時は血液検査をしたんですね。母親は「いや，間違いないです」と，「夫の子です」と自信をもって言うので，血液鑑定をするということになり，裁判所の指定する病院へ行って検査をし，鑑定結果が出たわけです。そしたら何と，全く父子関係がないという結果が出たのです。私の依頼者は，先ほどの例と似ているのだけれども，どうしてそこまで突っ走ったのかなって，それから，ずっと，私，悩みました。母親としては，要するに立場上，そこまでいかざるを得ない，どんどん行った結果，その結果が出た。その結果が出たことが彼女の人生で大変な結果となったわけです。私は鑑定の前に，当然のことですが，彼女が子を産む直前の生理だとか何かを全部ヒアリングして，矛盾はなかったのですが，一体，どういうことだったのだろうって，いまだに分からないのですが，でも彼女は黙ったまま，その子の父親は分からないということで人生を一人で歩み始めたわけです。彼女は，その鑑定には一切争わないで，私にも弁解を一切しないで，「あ

りがとうございました」で終わりました。それが真実なら真実でいいのですが，しかし，鑑定の問題ではありませんが，弁護士というのは，依頼者のその次の場面まで視野に入れてアドバイスしなければいけないと反省しています。今，たまたま思い出したケースですが。

●20年前の出生の秘密

○**馬橋** 山浦さんと同様の思いはありますね。離婚請求事件なんかやっていますと，相手方の夫がもう20歳ぐらいの子どもについて，「実はあの子だって私の子じゃないのだ」と，言い出すことがあります。そうすると，若い弁護士さんはすぐ「DNA鑑定でもやりましょうか」と，こう言うのですが，それが大きな争点じゃないのですよね。今，離婚事由の有無が争点で，20何年前どうこうっていうことは争点じゃないし，だから，それをやることがどこまで意味があるか，また，どんな影響があるのかはやっぱりそれは考えなきゃいけないなと思います。本当の争点であればやらざるを得ないのは当然ですけれども。

(5) 医療鑑定

○**加藤** それでは，医療鑑定についての話題に移りましょう。

医療鑑定については，最近の最高裁判例では，鑑定書・意見書の評価の適否にかかわるものが出されています（例えば，医師の過失判断に際しての鑑定書・意見書の評価の適否に関するものとして，最判平成18年1月27日判タ1205号146頁参照）。鑑定書をそのままなぞる判決は論外ですが，裁判官が，鑑定書・意見書を批判的に点検しなければならないという判例が幾つか出てきているのが現状です。医療集中部におられる村田さん，どのように受け止めておられますか。

●東京地裁の医療集中部における鑑定運用の概要

○**村田** 平成19年4月から医療集中部におりますので，東京地裁医療集中部における鑑定の実情等についてお話しします。東京地裁医療集中部では現在原則としてカンファレンスの方式による鑑定を行っています。ご案内のとおり，このカンファレンス方式による鑑定，カンファレンス鑑定というのは，原則として3名の鑑定人が事前に鑑定事項に対する意見を簡潔な書面にまとめて提出した上で，口頭弁論期日において口頭で鑑定意見を陳述し，鑑定人質問に答える

という複数鑑定の方式です。

　東京地裁の医療集中部では，カンファレンス鑑定を実施するについて，東京都内に医学部付属病院を有する13大学（東京大学，東京医科歯科大学，慶應義塾大学，順天堂大学，杏林大学，昭和大学，帝京大学，東京医科大学，東京慈恵会医科大学，東京女子医科大学，東邦大学，日本医科大学，日本大学）にその協力を仰いでいます。

　これは，従来は単独の鑑定人による書面鑑定が一般的に行われていましたけれども，この方式による場合には，鑑定人経験者から訴訟の帰趨を決しかねない鑑定意見を一人で作成するというのは非常に精神的に負担があるとか，大量の鑑定資料に基づいて詳細な書面を作成しなければならず，鑑定意見書を作成することの時間的負担が過大であるというようなことがあって，鑑定人の選任に非常に困難を来しており，このことがひいては，医療訴訟の重大な遅延を招く1つの原因となっていたということです。

　また，鑑定事項や鑑定資料を送付して鑑定意見書の作成を鑑定人に委ねるというだけでは，裁判所や当事者が鑑定を求めた趣旨が鑑定人に伝わらないこともあり，鑑定を求めた趣旨から大きく外れた鑑定意見書が提出されることもあったようです。

　これに対し，カンファレンス鑑定は，これら従来の鑑定の弊害と指摘されていたものを克服して，迅速かつ実効的な鑑定を実施するために，医療機関，弁護士会，裁判所との協議会での協議に基づいて誕生した新しい鑑定の方法だといわれています。

●カンファレンス鑑定の特徴

　カンファレンス鑑定の特徴ですが，カンファレンス鑑定では，複数の鑑定人から，あらかじめ提出された鑑定内容の要旨を簡潔に記載した書面，意見書を用います。この意見書に基づいて鑑定意見が述べられ，これに対して裁判所及び当事者からの質問が行われることになります。カンファレンス鑑定では，何よりも裁判所が鑑定を求めた趣旨に的確に答えた鑑定意見書が提出されることが大前提となっています。これをもとに，複数の鑑定人が同席して口頭で意見を述べ合い，必要に応じて鑑定人間で議論をすることなどによって，鑑定人の判断が正しいのかどうか，なぜそのような結論になったのかということを質す

ことで，各鑑定人の意見の内容や鑑定人間での意見の違い，あるいはその鑑定人の意見の具体的な理由を鮮明にし，鑑定結果の信頼性を確保することを目的とする制度です。

さらに，カンファレンス鑑定が公開の法廷で行われることによって，手続の透明性が図られ，複数の鑑定人による鑑定意見，鑑定結果の形成過程が明らかになるというメリットもあります。このように，カンファレンス鑑定では，鑑定結果の公平性，客観性，信頼性及び透明性が確保されるよう配慮されています。

●カンファレンス鑑定の評価とその検証

私自身が実際にカンファレンス鑑定を実施してみた感想として，鑑定人を複数選任することから，従来の鑑定に比して準備の段階において負担が重いということはありますが，3人の鑑定人の鑑定意見が提出され，複数の鑑定人の意見の形成過程を他の鑑定人の意見なども踏まえて確認・検証することができますし，しかも，複数の鑑定人を選任しますので，例えば，産婦人科の専門医と小児科・新生児科の専門医というように，複数の診療科目の鑑定人を選任することもできますから，裁判官にとっては，とても信頼感・安心感のある有益な制度となっているのではないかと思いました。

一般的に，カンファレンス鑑定の結果は，当事者の理解が得られやすく，裁判所の心証形成に大きく資することになるほか，複数の鑑定人による鑑定であることから，鑑定人の精神的負担が軽減され，口頭による鑑定意見の陳述で足り，事前に提出する書面も比較的簡潔なものであることから，鑑定人の時間的負担が軽減されるというようなことで，鑑定人の確保を容易にするものであるとして，鑑定人側からも支持されているようです。

ただ，このカンファレンス鑑定については，特に，そのユーザーと言いますか，当事者・訴訟代理人の声として，特に患者である原告側の訴訟代理人，弁護士の方々から幾つかの疑問も呈されているところです。基本的に，カンファレンス鑑定では裁判所の質問の後に当事者代理人の質問の機会が与えられることになりますけれども，鑑定人の意見が不利な場合に，それをその場で，このカンファレンス鑑定の場で有効に弾劾するのは極めて困難であるということです。カンファレンス鑑定では，当日の進行について，裁判所が主に鑑定人に質

問をし，手続の進行が図られますから，代理人として積極的に活動をする余地が少なく，いわば裁判の場におけるプレゼンテーションという意味で，余り訴訟代理人が活躍しているとの印象を与えないということであり，手続的に当事者側にインパクトを与える余地が少ないとの指摘です。

　また，簡単な鑑定意見書が提出されただけの鑑定人質問等では，訴訟代理人の活動が鑑定内容に影響を与える可能性が小さい制度となっているのではないかという指摘もあります。カンファレンス鑑定で事前に提出される意見書は比較的簡潔なものであることもあって，意見の前提となる医学的な知見が明確にされていないために，カンファレンス鑑定の場が単なる感想を述べあう会となってしまっていることがあり，カンファレンス鑑定の場，鑑定人質問の場で，医学の専門家でない訴訟代理人が鑑定人の意見の信頼性等を有効に弾劾することには難しい面があり，しかも，プレゼンテーション面にもおいても，訴訟代理人の活動が効果的に見えない部分があるとして，カンファレンス鑑定に批判的ないしは懐疑的な評価をする弁護士もおられるようです。ただ，個人的には，カンファレンス鑑定について検討するについては，カンファレンス鑑定に特有の部分と専門的知見が問題となる鑑定全般に共通の部分とを明確に区別して議論することが大切であろうと思っています。

　カンファレンス鑑定については，現在，どのような運用や在り方が望ましいかということについて，先ほどの都内13大学の医療機関の医師の方々，原告側，被告側の弁護士及び東京地裁医療集中部の裁判官・書記官との検討会（医療訴訟対策委員会）等を定期的に実施しているところです。このような検討会によって，医療界と法曹界の相互理解がますます深まるとともに，この検討結果などを踏まえて，より良いカンファレンス鑑定となることが期待されています。

○**加藤**　カンファレンス鑑定は，複数の専門家に依頼するという点と，意見の出し方を書面でなくて口頭でカンファレンスの形で出してもらうという点に特色があるのですね。

　私は，東京地裁で行われた第1回目のカンファレンス鑑定を傍聴したことがありますが，この方式は，確かに，裁判所としては複数の専門家が見てくれるわけですから安心だなと思いました。ただ，カンファレンスという形での意見

表明については，医師の中にもいろいろな人，押しの強い人，あるいは多少気が弱い感じの人がおられ，出身大学もそれぞれということで，どうも押しが強くて自信を持ったブランド大学の人が大きな声を出すと，「ああ，そうですね」という展開になりはしないか。寄らば大樹の陰式のことが絶無ではないのではないかという感じを持ちました。しかし，現実にはどうもそんなことはなさそうで，上手くやられているようです。そうすると，一般的には，複数の医師の専門的知見を使っているわけですから，より判断の質は上がるであろうと受けとめています。

●カンファレンス鑑定は迎合的になるとの批判について

○村田　実際にカンファレンス鑑定で鑑定人に選任された医師のアンケートなどを見ますと，これまでのような書面鑑定の鑑定人にはなりたくないが，カンファレンス鑑定であればもう一度鑑定人をやって良いという意見がほとんどです。また，医師の本音の部分として，例えば，先輩であり，当該専門領域の権威の先生が鑑定人としてカンファレンス鑑定で意見を述べたときに，他の鑑定人がその意見に迎合的になることがないかといわれると，「迎合的になることがないとはいわないけれども，ただ，自説を大きく曲げてまで迎合的になることはない」といわれています。微妙な点に関する意見の違いについては，議論をしながら各意見の対立点の理由などを鮮明にし，あるいはこれをすり合わせていくというのもカンファレンスのメリットだと思いますし，微妙なところのすり合わせではなくて，重要な部分での対立点が，「権威の先生がそのように述べておられるのであれば，これと異なる私の意見は間違っていることを認めます」などいうようなことはないのではないかと思っています。

○須藤　私も，従前は医療事故に関する損害賠償請求を何件もやっていて，昔の医事鑑定もそれなりに経験しています。これはもう時間はかかる，一人で鑑定する医師の負担が大きい，評価が客観化されにくいなど，幾つも問題が指摘されていたわけですが，それを今度のカンファレンス鑑定では，村田さんから紹介があったように，専門家3人で，公開の法廷で，口頭で，必要があればディスカッションも取り入れてやるということで，鑑定人の負担軽減を図りながら，客観的で，裁判所としても分かりやすいという，大きな3つのメリットがあると言われているわけですね。

●カンファレンス鑑定を可能にしているもの

東京地裁では，このカンファレンス鑑定を円滑に実施するために，医療機関と弁護士会と裁判所とで協議する場が設けられていて，その実質的な議論をするために幹事会が行われています。私も，オブザーバーとして2年ちょっと参加していましたが，そこでの議論を聞いていますと，やはりこれは東京だからできるという面が強いのですね。日本でトップクラスの13の大学病院が完全に協力してくれているからこそ可能な制度で，まずその前提がなければこの枠組みが維持できないわけです。そして，この枠組みを維持しながら，どうすれば有効で使いやすいものになるのかを三者で真剣に議論していることが，最大のポイントなのだろうと思っています。医療事故等に対する社会的な批判の厳しさなどを受けて，医療機関側も真剣に考えていることがよく分かりますし，弁護士会側もかなり妥協しているのですね。最近は，よく言えば相互理解が深まってきたことの証拠なのですが，幾つかお互いの立場や考え方の違いも明らかになってきて，分からなかったときにはお互いにあきらめていたことが，だんだんお互いにあきらめきれないところも出てきているような印象も受けています。

●医療サイドは実体的真実重視，法律サイドは手続重視？

どのようなことかと言いますと，さっき村田さんからも紹介があったように，医療関係者は，代理人から一問一答方式で聞かれて，聞かれたことだけ答えることに慣れていないのですね。ただ，そういう制度だとあきらめていたわけですね。ところが幹事会の様子を拝見していると，大学病院のそうそうたる先生方から，「そもそも代理人の質問が的はずれの場合にどうすればいいのか，質問されてはいないけれども，本当の争点は質問とは別のところで，ここじゃないかとまで言いたい」などという本音が出てきたりするのです。医師は自然科学で教育されていますので，まさに実体的真実主義なのですね。ところが，代理人サイドは，「自分が分からないことや準備していないことを急に言われても困る，質問したことだけに答えて欲しい」と言うわけですね。また，カンファレンス鑑定の際に医師3人だけで少し話をさせてくれれば，すぐに結論が出るのにという本音の話も出てきました。一流の医師同士ですから，何か一言聞けば，多分，囲碁や将棋の定石のように，パッと一定の結論まで瞬間的に分

かってしまうのでしょうが，代理人にしてみれば，急に3人の医師の意見が一定の方向に収束してしまうので，なぜそうなったのか分からないし，依頼者にも説明できませんから，困るわけですね。しかも，カンファレンス鑑定は1回で終わりますから，その場で聞いておかないといけないのですが，事前に提出されている鑑定書に代わる書面が比較的簡単なものでもいいとされているので，それも困る，できれば詳しいものを事前に出して欲しいという本音もあるわけです。

●デュー・プロセスだけではなく，客観的な説明も大切

それから，もう1つ重要な点は，医師と法律家とは，発想も違うし言語も違うということをお互いに余り分かっていなかった，ということが分かってきたのですね。お互いに，ベテランになればなるほど，お互いの分野の特殊な言語，特殊な発想が身に付いていますから，相互理解のためには，どうやってそれをクリアしていくか，真実と納得というのは医療の問題で実に大きな問題なのですが，これを同時に充たすためには，法律家的な，デュー・プロセスの発想だけでは駄目なのではないかと思うこともあります。どちらかといえば，M&Aのときに問題となるような，デュー・デリジェンス的な発想で，客観的な基準で客観的に評価し，これを客観的に表現していかないといけないのではないか。医師や医療関係者と話をしていると，こちらが思っていた以上に数字で，検査結果などの数字で，多くの人が客観的に共通の理解ができるような形で議論をしているのですね。大学病院での症例検討会にも参加させてもらったことがあるのですが，何らかの医療事故が起きたときに，客観的に何が原因だったのか，医療機関としてはどうすればよかったのかなどについて，とにかく検査結果などの客観的な数字を前提に，徹底的に検討し議論しているわけです。素人の付け焼き刃では到底太刀打ちできないですね。

そして，実は，そういったことは何も医療の問題に限らないのではないかと思うのです。デュー・デリジェンス的な，数字をもとにして，それを検証できる材料を揃えて，それを客観的に説明することが，法律家にも必要なのではないか。これまでの法律家的な，単にデュー・プロセス的な要求をぶつけているだけでは駄目なのではないか。裁判におけるユーザーの満足度を高めるためには，それぞれの関係者が理解できる方法で説明できなければならないと思うわ

けです。事実認定についての議論からやや離れますが，併せて申し上げておきたいと思います。

○**加藤** 専門訴訟の典型である医療訴訟で専門家がどのようにかかわり，どのような評価をするかという点は，重要なポイントですね。専門的知見をいかに取り入れていくかという取り入れ方の方法の問題と取り入れ方のスタンスの問題とがあるように思いますが。

●医療関係訴訟におけるエビデンスということ

○**村田** 医療関係訴訟で実際にカンファレンス鑑定を実施してみますと，裁判所も，医療機関も，鑑定人も，いずれも当該医療行為にエビデンスがあるかどうかということを重視していますが，それぞれが要求しているエビデンスの質や内容が違うんじゃないかと思うことがよくあります。確かに，医療機関，鑑定人がエビデンスがあるという場合，それは数値あるいは現象として確実に医学的に証明できる場合にエビデンスがあるというんですね。ところが，我々裁判官や法曹関係者は，ルンバール事件判決（最判昭和50年10月24日民集29巻9号1417頁）や長崎原爆訴訟上告審判決（最判平成12年7月18日判タ1041号141頁）にみられるように，医学的には明確に説明できない，あるいは矛盾する部分があっても，例えば，因果関係が問題となるような場合，疫学的にみて，この事実があって，こういう結果は起こり得ますかということを問題にして，起こり得るということであれば，証拠の総合検討から，特定の事実が特定の結果発生を招来しうる高度の蓋然性が証明されたとして，司法的にはエビデンスがあると考えていいのではないかという思考方法を採っているように思います。

●医師の用語と法曹の用語の違い

また，医療関係者と裁判所を含めた法曹関係者で，用語の意味・含意やニュアンスが異なっている場合もあります。例えば，このような患者の状況であれば大学病院等の他の高次医療機関に転送しなければならないというように鑑定人が述べる場合に，転送しなければならないというのは，医師の法的義務・注意義務として転送しなければならないという趣旨か，それとも転送するのが適切であるという趣旨か，転送するのが望ましいという趣旨かというところが問題になることがあります。ところが，患者を転送することが法的義務であった

かどうかというのは過失があるかどうかという法的判断そのもので，司法機関である裁判所がその権限と責任において判断すべきことですから，鑑定意見の趣旨やそのニュアンスの違いを確認することに苦労することがあります。

●カンファレンス鑑定に対する期待

さらに，カンファレンス鑑定は，裁判所にとって準備との負担が重い手続となっています。裁判所では，カンファレンス鑑定を実施するについてはその準備等に大変な時間をかけていますが，それは訴訟代理人の側でも同じことであろうと思います。被告代理人は医療機関側ですから担当医師からの事情聴取等によってよく勉強されていますし，患者側である原告代理人も医療訴訟に慣れた弁護士さんが多く担当されるようになっておりまして，協力医からの意見聴取等によって大変よく勉強をされているように思います。カンファレンス鑑定は，都内13大学の医療機関の先生方のご協力はもとより，当事者及び裁判所の十分な事前準備等を前提にして，初めて円滑な運用が可能となっているものです。

確かに，カンファレンス鑑定では，裁判所及び当事者にとって，その進行に応じて，適時に適切な質問をしなければならないという負担はありますが，それに応えられるようなレベルの事前準備を前提としたシステムとして成り立っています。カンファレンス鑑定では事前に簡単な鑑定意見書が提出され，これをもとにした口頭の鑑定であると述べましたが，最近では提出される鑑定意見書の内容もかなり豊富で充実したものとなっていますし，引用文献のコピーなども添付されていることもありますから，裁判所及び当事者が事前準備をする上で資料等がなくて困るということは余りないのではないかと思います。カンファレンス鑑定は，東京地裁の医療集中部のみが実施しているものですが，現在の実施状況からすると，特に鑑定人の意向等を踏まえると，少なくとも東京地裁では，なかなかもとの書面鑑定のプラクティスには戻りにくいように思います。また，医事関係訴訟については，専門委員制度との絡みもあるとは思いますが，専門委員制度は，医事関係訴訟では，原告代理人，被告代理人の理解と協力を得ることがなかなかに難しいところがあって，その利用は極めて少ないというのが東京地裁医療集中部の現実です。そのようなこともあって，カンファレンス鑑定が，使い勝手がよく，公正性，客観性，透明性があり，信頼で

きる制度となることを大いに期待しております。

○**加藤** それはそうなのでしょうが，オールジャパンでやれることではないという限界はありますよね。

○**村田** もちろん，そのようなご指摘があることも承知しております。カンファレンス鑑定は東京地裁医療集中部のみが実施しているもので，地域の情況等を踏まえた，地域限定版の制度運用ですから，そこは是非ご理解いただきたいと思っています。

○**加藤** コメントは，ありますか。

○**山浦** 最初の説明の中に，カンファレンス鑑定の意見が不利な場合に，いきなりのことなので，その場で効果的に弾劾するのは困難だという不満があるという説明がありましたが，もしいきなりで弾劾できないというのが実情だとすると，実質的な反対尋問権の保障という観点から，不安を感じます。1日で終わるのが普通なのですか，それとも必要があれば，続行することはあるのですか。

○**村田** 制度として質問の続行ができないわけではありませんが，これまでに続行した例はないようです。

○**山浦** 通常の事件で，例えば，書面による尋問手続だと，事前に，裁判所と双方代理人間で尋問事項に関する打合わせが何回かありますね。繰り返しもできる。本人は自宅にいながら回答できるので，繰り返しても負担がかかりません。書面による回答だけで済めばいいのですが，疑問が残る場合には，最終的には証人尋問をすることもできる。鑑定嘱託も似たような手続ができます。ところが，今の説明ですと，鑑定人がそこへ出てきたらその場で終わりで，それがいきなりなので弾劾すらできなくなると感じたのですが，カンファレンス鑑定の場合には，準備の段階から一番重要な本番まで，どのようにつながっているのですか。

○**村田** まず，鑑定人による鑑定意見書が事前に提出され，当事者及び裁判所ではこれを読んで必要な準備等を行った上で，鑑定の場，鑑定人質問の場に臨んでいますので，その場ではじめて鑑定人の意見やその根拠などを聞くことになるわけではありません。ただ，例外的であろうとは思いますが，事前に提出された鑑定意見書に記載されていない事項・内容が，鑑定人質問の場ではじめ

て問題となるようなことがあれば，場合によっては，的確な質問ができず，鑑定意見を十分に弾劾することができないことがあるのではないかということであろうと思います。

これまでに実施された多くのケースでは，十分な争点整理が行われた上で，概ね事案に即した的確な内容の鑑定事項が定められているように思いますし，多くの場合には，原告と被告の主張が争点ごとにまとめられた争点整理書面（主張要約書）も作成されています。鑑定意見書もかなりの内容のものが事前に提出されていますので，鑑定人質問の場で，鑑定人の意見の意味や位置付けなどが分からず，立ち往生するというようなことは余りなかったのではないかと思います。

ただ，整理された争点以外の部分，鑑定事項以外の部分について話が及んでいった場合などに，はじめて聞く内容の意見が述べられることがないとはいえません。そのような事態は，現行民訴法が採用する争点中心審理の観点からは問題なしとはしませんが，例外的ではあっても，起こり得ないとはいえず，そのような場合に，十分な質問ができないことがあるということであろうと思います。

○**山浦** そういう場合には，裁判所も分からなくなりますよね。相手方の代理人は分かっているのかもしれないが，裁判所にとっても，サプライジングなことになりませんか。

○**村田** そのような場合がどのくらいあり得るかは分かりませんが，そのような事態となった場合には，裁判所としてもどうするかを考えないといけないと思いますね。

○**山浦** そういうことですか，分かりました。

●鑑定人の鑑定に対するスタンスの違い

○**村田** 少し付言しますと，先ほど須藤さんがおっしゃいましたけれども，鑑定人にも，争点はここですと言われたら，①鑑定人としてその争点以外には触れてはいけないというスタンスの方と，②争点以外にも気付いた問題点があるときはその点に関する意見を述べるべきだというスタンスの方がいらっしゃるようです。②のタイプの鑑定人の場合に，当事者及び裁判所が余り準備していない争点以外の問題点について意見が述べられたときは，当事者及び裁判所

が，あるいは対応できないこともあるのではないかと思います。このようなことは，争点整理が失敗した医事関係訴訟では起こり得るものであろうとは思います。

○**馬橋** 3人の中でもあるわけですね。そういう組み合わせは。

○**村田** はい。そのような組み合わせとなることもあります。しかも，先ほど述べましたように，3人が同じ診療科目でないという場合もあります。例えば，周産期における医療事故では，産婦人科の専門医と小児科・新生児科の専門医を鑑定人に選任するという場合があり，3人が同一の土俵に立っていないということもあります。裁判所としては，できるだけ鑑定人質問の場でサプライズが起こらないように，事前に提出される鑑定意見書について，ある程度詳しく書いてもらうなどの工夫をしているところです。確かに，従来の書面鑑定の鑑定書に比べれば簡潔にみえるかもしれませんが，ある程度の内容（結論と理由など）は記載していただいており，参考文献等もできれば写しを添付していただくようにして，それを前提にカンファレンスを実施していますので，サプライズはさほど起こっていないのではないかと思います。

5　むすび

○**加藤** 本章は，効果的立証，事実の認識として検証を中心とした，事実の評価としての鑑定を扱って意見交換をしてきました。

　最後に一言ずつ感想を述べていただき，結びにしたいと思います。山浦さん，馬橋さん，村田さん，須藤さんの順でお願いします。

○**山浦** 弁護士は，すべての事件を証人調べ，鑑定，検証など，ギリギリのところまで進めて結論を出すというのではなく，その前の段階で，どうやって依頼者を納得させ，相手方にも納得してもらい，ほどほどのところで和解をし，早期解決するかというところに大きな関心がありますから，実は長い弁護士人生の中で，そこまで究めて訴訟をやっているケースはそうはないんです。そういう中で，今回はいろいろな事件について，ギリギリ詰めたところで事実認定をどうやっていくのか大変勉強になりました。

　さて，これをどうやって実務に生かすかについてですけれども，やはり私た

ちの考えは，今言ったように半分怖いというんですか，とことんやったら負けたというのでは話にならないわけだから，どこまでやるか，どこで止めるか，ここら辺りのところをバランスとりながらやってるというのが実情で，裁判所とはそういう微妙な息づかいでコミュニケーションができればなと思っております。

○**馬橋** 我々は立証活動が大事だ，大事だと言いながらも，やはり書証，証言等に頼っているという現状はあると思います。本来は証拠として使えるものを十分に使っていない部分というのがあるということ，こんなものを使ったら上手くいく方法，そして，これを使うにはこんな点が実は問題があるというお話を聞けてよかったと感じます。

我々もいろいろな形で証拠を詰めていくことになるのでしょうけれども，さらにそれを今までの書証や証言といかに上手く結びつけて説明して，裁判所にその写真なりの意味をきちんと説得しなければいけないのだと思います。ただ写真を出すだけではなくて，これが今までの訴訟の経緯とどういう関連性があるかをきちっと説明できるような形で提出していかなきゃいけないでしょう。また，相手方の立場からすれば，出てきた写真にも，あるいは自分にとっても有利なものも写っているかもしれないし，テープにもあるいは自分の優位なことがあるかもしれない。あるいは曖昧さがあるのかもしれないと検討してみる姿勢が必要であると感じました。

やはり，その写真なりテープなりをきちっと，写真なら現場で見る，録音ならば反訳に頼ることなく聞くことによって，自分にとって優利な部分，相手にとって不利になる部分をきちっと探して行かなければならない。写真や録音などですと，何か客観的に正しいものという錯覚に陥りますが，常に疑いや冷静な目で見分していかなければならない。科学技術が進歩する中でだんだんそれは非常に難しいけれども，そういう姿勢は常に持ち続けていかなければいけないと感じました。

○**村田** 類型的に立証活動が難しいと思われる事件であっても，いろいろな資料を総合して，丹念に証拠を探し出して考えてみると，思いがけず，いい証拠が出ることも少なくないのだということを知りましたし，特に立証の場におけるプレゼンテーション，山浦さんはプレゼンテーションもいろいろ考えておら

れるようですが，立証の場でもプレゼンテーションを考えなければならない部分もあるのかなと思いました。やはり芸は身を助くといいますか，趣味はいろいろな場面で活きるものだと感心いたしました（笑）。

　また，例えば，録音テープ，写真等といった客観的にみえる証拠が提出された場合には，どうしても裁判官はその証拠の本来的な性質等からして客観的で作為のないものだと思い込みがちです。お話を聞いてみて，一見客観的にみえる，あるいは作為がないようにみえる証拠であってもでもやろうと思えば，ごまかしや嘘を混入させることができるということですから，そのような証拠方法あるいは証拠資料であっても，先入観や間違った前提を置くことなく真摯な態度で検討しなければいけないものだなと改めて思いました。

　ただ，その証拠価値等について的確に判断するためには，原告代理人，被告代理人に，その証拠価値等に関する情報や意見を述べていただくなど，ご協力をお願いしておかなければならない部分も少なくないと思います。裁判官は，そのようなご意見やご指摘を参考にしながら，提出された証拠について，その見かけに惑わされることなく，その証拠価値を的確に定めていかなければならないということを再確認しました。弁護士の方々が各種の配慮と工夫を重ねておられることを知ることができ，いろいろな面で大変勉強になりました。

●分かりやすさと正確性との調和

〇須藤　今回は山浦さんから個別的には大変興味あるたくさんの事案を教えていただいて，本当に参考になりました。そして，村田さんもちょっと言っていましたけれども，訴訟では，やはり事実の全部じゃなくて，一部だけが切り取られているという面もあるということを感じました。そこで分かりやすさと正確性とが両立している場合もあるし，両立していない場合もある。裁判官としては，そこを柔軟に考えて対処していかなければいけないんだなということを感じたというのが1つです。

●真実発見とコスト感覚

　もう1つは，真実発見とそのためのコストの問題，真実発見に役立つ制度をどの程度整備すべきかという問題がどうしても不可避的にかかわっているということを改めて感じました。例えば，鑑定をするとなると，高額の鑑定料が問題になります。特に不動産関係の鑑定や株価や会社財産の鑑定などでは，もう

大変な額の，多分弁護士の報酬よりも高いのではないかと思われる鑑定料をとられるということがありますね。また，村田さんからも説明があった医療鑑定であれば，有効に機能する枠組みをつくって動かすこと自体，実に様々な制度的な問題を一つひとつ解決しないと，進まないものなのですね。その中で，裁判所ももちろん，人的にも物的にも限られた資源の中で裁判制度を運用して多くの事件を処理しているわけですから，建前だけでは駄目で，そういったコスト感覚をもって，様々の意味でのコストを上手くマッチさせていかないといけないと感じています。書証や人証など，分かりやすいところではそういった問題は意識されにくいのですが，本章で問題になったような点からみると，コストの問題も極めて重要な問題ではないかと思います。事件を担当する裁判官や弁護士も，この問題をもっと考えながらより良い事件処理の方法を考えることも大切ではないかということを期待したいと思います。

〇**加藤**　今回の研究会では基礎となるデータを効果的に的確に事実認定につなげていく，あるいは紛争解決につなげていくということの重要性を特に教えられたように思います。冒頭，山浦さんの出された【エピソードⅠ-3-1】などは，いかにデータを収集して関係者の記憶喚起につなげていくかという，一編のドラマを聞くような思いがしました。

　第4章では，同じメンバーでデータの収集というテーマで意見交換をして，その観点から事実認定と立証活動について理解を深めていきたいと思います。

第3章　効果的立証・検証・鑑定と事実認定

【効果的立証・検証・鑑定と事実認定に関する参考文献】

1　全　般
①門口正人編『民事証拠法大系(4)各論Ⅱ書証』（青林書院，2003）
②門口正人編『民事証拠法大系(5)各論Ⅲ鑑定その他』（青林書院，2005）

2　写真，録音テープ，電子データ等の活用
①春日偉知郎「録音テープ等の証拠調べ」鈴木忠一＝三ケ月章監『新・実務民事訴訟法講座(2)』（日本評論社，1981）191頁
②夏井高人「電子記憶媒体に関する若干の考察(1)～(4)」判タ653号（1988）48頁，654号39頁，655号34頁，657号29頁
③宇野聡「準書証」三宅省三＝塩崎勤＝小林秀之編『新民事訴訟法大系(3)理論と実務』（青林書院，1997）85頁
④加藤新太郎「新種証拠の取調べ」『手続裁量論』（弘文堂，1996）210頁
⑤加藤新太郎「新種証拠の取調べ」竹下守夫編『講座新民事訴訟法Ⅱ』（弘文堂，1999）243頁

3　鑑　定
(1)　鑑定一般
①野田宏「鑑定をめぐる二，三の問題」中野貞一郎編『科学裁判と鑑定』（日本評論社，1988）1頁
②中野貞一郎「科学鑑定の評価」同編『科学裁判と鑑定』（日本評論社，1988）27頁
③中野貞一郎「鑑定の現在問題」『民事手続の現在問題』（判例タイムズ社，1989）141頁
④加藤新太郎「民事鑑定の今日的課題」『手続裁量論』（弘文堂，1996）242頁
⑤中本敏嗣「医療関係事件と鑑定」大阪地方裁判所専門訴訟事件研究会編『大阪地方裁判所における専門委員制度等の運用の実際』判タ1190号（2005）77頁
⑥田中敦「建築関係事件と鑑定」大阪地方裁判所専門訴訟事件研究会編『大阪地方裁判所における専門委員制度等の運用の実際』判タ1190号（2005）97頁
⑦小久保孝雄「その他の事件と鑑定」大阪地方裁判所専門訴訟事件研究会編『大阪地方裁判所における専門委員制度等の運用の実際』判タ1190号（2005）112頁

(2) **医療鑑定**

①山口和男「医療鑑定」根本久編『裁判実務大系(17)医療過誤訴訟法』(青林書院，1990) 390頁

②前田順司＝髙橋譲＝中村也寸志＝近藤昌昭＝德田園恵『専門的な知見を必要とする民事訴訟の運営』(法曹会，2000) 94頁

③佐々木茂美編『医事関係訴訟の実務〔新版〕』(新日本法規出版，2005) 309頁

④福田剛久＝高瀬浩造編『医療訴訟と専門情報』(判例タイムズ社，2004) 90頁

⑤東京地方裁判所プラクティス第1委員会「医療過誤訴訟の運営について」判タ1018号 (2000) 42頁

⑥塩谷國昭＝鈴木利廣＝山下洋一郎編『専門訴訟大系Ⅰ医療訴訟』(青林書院，2007) 203頁以下

⑦東京地裁医療訴訟対策委員会「医療訴訟の審理運営指針」判タ1237号 (2007) 67頁

⑧「東京地方裁判所医療集中部における鑑定の実情とその検証(上)(下)」判時1963号 (2007) 3頁，1964号3頁

【効果的立証・検証・鑑定と事実認定に関する主な裁判例】

1　効果的立証──写真・録音テープ・磁気データ等に関する裁判例

①大阪地判平6.3.17判タ864号248頁

［要　旨］

交通事故により腰椎椎間板ヘルニアとなり歩行障害が生じたとして提起された損害賠償請求訴訟において，原告の外出時の様子が隠し撮りにより収録されているビデオテープに基づき，原告が右ビデオテープ収録時までにほぼ正常に歩行できる状態に回復していたと認定した事例。

②東京地判平8.10.16判タ951号162頁

［要　旨］

現行犯逮捕当時の様子を撮影したビデオテープに極めて高い信用性があるとした事例。

③東京高決平11.12.3判タ1026号290頁
［要　旨］
　本件ビデオテープは，その撮影内容を調べるものではあるが，その内容は人の思想，意思表示，事実報告情報等の表現内容を代替的に記録したものとしての内容が問題とされるものではなく，その撮影対象との関係，その撮影記録の状況等撮影態様の客観的存在状態や記録状態が問題とされるものであるから，検証物として証拠調べをするのが相当である。

④大阪高決平16.11.12労判887号70頁，大阪高決平17.4.12労判894号14頁
［要　旨］
　磁気ディスク上に存在している電子データであっても，ディスプレイの画面上で文字として閲読することができ，当該文字を画像として印刷することもできる以上，文書化することが閲読の通常の方法であることを否定することができず，民事訴訟法231条にいう「準文書」として，書証の方式による証拠調べをすることが許される。

2　違法収集証拠に関する裁判例

(1)　書証と違法収集証拠に関する裁判例
①名古屋高決昭56.2.18判時1007号66頁
［要　旨］
　当該書証が窃取等正当な保持者の意思に反して提出者によって取得されたものであり，かつ，これを証拠として取調べることによってその者あるいは相手方当事者の個人的秘密が法廷で明らかにされ，これらの者の人格権が侵害されると認められる場合（私的な日記帳，手紙などがその適例である。）には，その書証を証拠方法とすることは許されず，その証拠としての申出は却下を免れない。

②名古屋地判平3.8.9判時1408号105頁
［要　旨］
　民事訴訟の当事者が挙証の用に供する証拠は，それが著しく反社会的な手段を用いて採集されたものであるなどの事情がない限り，その証拠能力を肯定すべきものであるとして，妻から夫の不貞行為の相手方に対して提起した損害賠償請求訴訟において，妻が夫の住居から無断で持出した信書の証拠能力を肯定した事例。

③鹿児島地判平5.4.19判タ820号130頁〔鹿屋夫婦殺し事件無罪国賠訴訟第一審判決〕
　〔要　旨〕
　罪質の比較的軽い別件詐欺事件の起訴後の勾留を利用し，未だ逮捕勾留を根拠付けるる証拠に乏しい殺人事件について，長時間，長期間，連続して被告人を取り調べたことは，少なくとも別件の第1回公判期日の後には，明らかに違法であり，これにより得られた被告人の供述証書は，証拠能力が否定される。

④東京高判平10.3.30税資231号437頁
　〔要　旨〕
　訴訟が提起された後は原被告は対等であり，所轄税務署長は税務調査権に基づいて調査をする権限はなく，裁判所に対して証人尋問等の申出をせずに本訴提起後の調査に基づいて作成した証拠を提出することは，裁判の対審は公開の法廷で行うとの憲法の原則にも反するとの納税者の主張が，所轄税務署長が本訴提起後に関係者から任意に事情を聴取する等し，これを書面にして提出したとしても，違法な収集によるものということはできないから，証拠能力がないとはいえないとして排斥した事例。

⑤東京地判平10.5.29判タ1004号260頁
　〔要　旨〕
　Xが妻Aの不倫相手Yを相手に提起した損害賠償請求事件において，X本人尋問において，Y訴訟代理人Bが反対尋問で使用しようとした大学ノートは，Xが提出した陳述書の原稿ないし手元控えであるが，Aが別居後X方に入り，これを密かに入手して，Yを介して，Y訴訟代理人に預託したものと推認されるところ，この大学ノートは，その文書の密行性という性質及び入手方法において，書証として提出することに強い反社会性があり，信義誠実の原則に反するから，このような証拠の申出は違法であり，却下を免れない。

(2)　録音テープと違法収集証拠との関係に関する裁判例
①東京地判昭46.4.26判時641号81頁
　〔要　旨〕
　被録音者の同意なしに収録した録音テープを反訳した書面も，それだけで証拠能力を肯定するのが社会通念上相当でないとはいえないとして，被録音者の同意なしに収録した録音テープから反訳された書面の証拠能力を認めた事例。

②大分地判昭46.11.8判時656号82頁
　［要　　旨］
　対話の相手方の同意のない無断録音テープは不法手段で収集された証拠というべきであり，法廷においてこれを証拠として許容することは訴訟法上の信義則，公正の原則に反するものと解すべきであるから，被告の同意を得ずして原告により秘かに録音されたものであることの明らかな録音録取書は証拠として採用し難いとした事例。

③東京高判昭52.7.15判夕362号241頁
　［要　　旨］
　録音テープに証拠能力を認めるか否かは，その録音の手段方法が著しく反社会的と認められるか否かを基準とすべきである。

④最決平12.7.12刑集54巻6号513頁，判夕1044号81頁
　［要　　旨］
　本件で証拠として取り調べられた録音テープは，被告人から詐欺の被害を受けたと考えた者が，被告人の説明内容に不審を抱き，後日の証拠とするため，被告人との会話を録音したものであるところ，このような場合に，一方の当事者が相手方との会話を録音することは，たとえそれが相手方の同意を得ないで行われたものであっても，違法ではなく，右録音テープの証拠能力を争う所論は，理由がない。

⑤高松地判平15.1.20訟月50巻3号927頁
　［要　　旨］
　調停委員会の許可を得ることなく，ひそかに調停期日のやり取りを録取した録音テープの反訳文の証拠能力を認めた事例。

3　検証に関する裁判例

①最判昭31.9.18裁判集民23号137頁，最判昭46.4.22判夕263号210頁
　［要　　旨］
　文書の存在自体を証拠とする場合には，その文書が真正に成立した事実は，必ずしも証明される必要がない。

【効果的立証・検証・鑑定と事実認定に関する主な裁判例】

②大阪高決昭61.6.23判タ609号102頁
　［要　旨］
　訴訟当事者が占有する物の検証決定に対して独立の不服申立をすることは許されないが，検証の決定に併せてされていると解すべき検証物提示命令に対して，即時抗告をすることが許される。また，検証物提示義務は一般的な国法上の義務であって，何人も正当な事由のない限り提示を拒むことができない。

4　鑑定に関する裁判例

(1)　筆跡鑑定に関する裁判例
①最判昭41.2.21判時450号60頁
　［要　旨］
　伝統的筆跡鑑定は，多分に鑑定人の経験と勘に頼るため，その証明力に限界があるとしても，直ちに非科学的で不合理であるといえず，自由心証により罪証に供することができる。

②東京高判平12.10.26判タ1094号242頁
　［要　旨］
　筆跡鑑定は，科学的な検証を経ていないという性質上その証明力には限界があり，他の証拠に優越するような証拠価値が一般的に存するものではないから，事案の総合的な分析検討をゆるがせにすることはできないとして，筆跡鑑定の結果を根拠として自筆証書遺言の自筆性を否定した原審判が取り消され，遺言者と相続人との生活状態や遺言内容の合理性などから，本件遺言は遺言者の自筆によるものであるとした事例。

③最判平8.2.22判タ903号108頁
　［要　旨］
　重要な書証中にある署名の真否がその者の真正な署名と対比しても必ずしも明白とはいえない場合において，右署名の真正を主張する当事者が第一審では筆跡鑑定の申出をしていた上，控訴審における準備書面中で「裁判所が書証の成立に疑問があるとする場合には釈明権の行使に十分配慮されたい」旨指摘していたにもかかわらず，控訴審が右当事者に対し筆跡鑑定の申出をするかどうかについて釈明権を行使しないまま第一審の判断を覆して右署名の真正を否定する判断をすることは違法である。

第3章 効果的立証・検証・鑑定と事実認定

(2) 医事関係事件の鑑定に関する裁判例
①最判平9.2.25民集51巻2号502頁,判タ936号182頁
［要　旨］
　本件鑑定は,患者の病状のすべてを合理的に説明し得ているものではなく,経験科学に属する医学の分野における一つの仮説を述べたにとどまり,医学研究の見地からはともかく,訴訟上の証明の見地からみれば起因剤及び発症日を認定する際の決定的な証拠資料ということはできない。そうすると,本件鑑定のみに依拠した原審認定は,経験則に違反したものというべきである。

②最判平11.3.23判タ1003号158頁
［要　旨］
　鑑定人Hの鑑定は,診療録中の記載内容等からうかがわれる事実に符合していない上,鑑定事項に比べ鑑定書はわずか一頁に結論のみ記載したもので,その内容は極めて乏しいものであって,本件手術記録,患者のCTスキャン,その結果に関する各記録,本件剖検報告書等の記載内容等の客観的資料を評価検討した過程が何ら記されておらず,その体裁からは,これら客観的資料を精査した上での鑑定かどうか疑いがもたれないではない。したがって,その鑑定結果及び鑑定人の証言を過大に評価することはできないというべきである。

③最判平18.11.14判タ1230号88頁
［要　旨］
　患者の相当多量な血便や下血,ヘモグロビン値やヘマトクリット値の急激な下降,頻脈の出現,ショック指数の動向等からすれば,患者の循環血液量に顕著な不足を来す状態が継続し,輸血を追加する必要性があったことがうかがわれ,第1審で提出された医師Aの意見書中の意見が相当の合理性を有することを否定できず,むしろ,原審で提出された医師Bの意見書の追加輸血の必要性を否定する意見の方に疑問があると思われるにもかかわらず,両意見書の各内容を十分に比較検討する手続を執ることなく,原審の第1回口頭弁論期日において口頭弁論を終結した上,医師Bの意見書を主たる根拠として,担当医が追加輸血等を行わなかったことにつき過失を否定した原審の判断には,採証法則に反する違法がある。

(3) その他の鑑定に関する裁判例
①最判昭31.12.28民集10巻12号1639頁,判タ67号68頁
［要　旨］

【効果的立証・検証・鑑定と事実認定に関する主な裁判例】

営林当局者の考えている字境の実測図の作成を鑑定事項として営林技手に鑑定を命じた場合に，訴訟手続外で入手した実測図謄本を鑑定の資料としても，同人が特別の知識経験から正確と認めたことが明らかである以上，その鑑定の結果を証拠に採用しても違法ではない。

② 最判昭33.12.25民集12巻16号3367頁
［要　旨］
認知の訴において父子関係存在の認定の資料とされた鑑定の結果中，ABO式血液型に関する鑑定部分が不十分なものであつて証拠として採用することが許されないものとしても，MN式血液型，S式血液型，指紋掌紋等による鑑定部分によりその認定を首肯できるときは，その採証につき判決に影響を及ぼすべき違法があるものとはいえない。

③ 最判昭58.5.26判タ504号90頁
［要　旨］
鑑定の結果が受訴裁判所の心証形成の資料に供されたのちに，鑑定の申出を撤回することは許されない。

④ 名古屋高決平8.7.29家月48巻12号52頁
［要　旨］
不動産が遺産中の相当部分を占めている場合に，参与員の意見内容を終局審判の資料とできるのは，相続人全員の同意がある場合，右意見内容の合理性が明らかな場合，鑑定実施が極めて困難な場合などに限られるとして，参与員の意見を資料として不動産を評価した原審判を取り消し，差し戻した事例。

⑤ 大阪高決平9.12.1家月50巻6号69頁
［要　旨］
当事者の合意を得ないまま，調停委員の簡易な評価意見のみを基礎とする遺産評価に基づいてなされた遺産分割審判に対する抗告審において，不動産の分割に加えて金銭上の分割をも行う遺産分割の場合には，不動産の取得者と金銭の取得者間の実質的公平を図るために，不動産の客観的価額を専門的知識に基づいて算出するのが望ましいから，専門家による鑑定を採用するのが相当であるとして，原審判を取り消し差し戻した事例。

第4章 証拠・データ収集の方法と事実認定

ゲスト　山浦　善樹
解　題　須藤　典明

［目　次］
1　はじめに
2　弁護士照会
3　当事者照会
4　提訴前の証拠収集処分
5　各種嘱託
6　文書提出命令関係
7　むすび

解　題——証拠収集方法の実効性

1　はじめに

　民事裁判は，主張と証拠の争いである。原告も被告も，それぞれ自分に有利な主張を展開し，主張した事実の有無を証拠によって立証し，裁判官を納得させなければならない。もちろん，ほとんどの場合，原告本人も被告本人も事件の関係者であり，自分にとって何が有利で，どのような証拠があるのか知っているはずであるし，そのような証拠を自ら保持しているはずなのであるが，実際には，そう簡単ではない。すべての書面が常に保存されているわけではないし，そもそも書面化されていないことも少なくない。また，自分の記憶ですら時間が経てば曖昧になってしまうし，ときには肝心な関係者や自分の記憶が間違っていることも珍しくない。裁判で勝利するためには，自分の主張を客観的に証明してくれる証拠を確保しなければならないのである。

　本章では，そのような証拠を確保したり収集する方法として，「弁護士会照会」，「当事者照会」，「提訴前の証拠収集処分」，「文書送付嘱託」，「調査嘱託」，「文書提出命令」などを取り上げ，弁護士としての苦労や，裁判官としての疑問など，興味深いさまざまなエピソードが紹介されている。エピソードの詳細は本編をお読みいただくとして，その理解を深めるために，まず，民事訴訟法等が用意している証拠やデータ等の収集方法等を簡単に整理して，それぞれの実効性について紹介しておこう。

2　民事訴訟法等が用意している証拠やデータ等の収集方法等

(1)　訴訟提起前になされるもの

　証拠の収集は，民事裁判を提起する前から始まっている。このようなものとして，「弁護士会照会」（弁護士法23条の2），「証拠保全」（民訴法234条），「訴え提起前の証拠収集処分等」（民訴法132条の4以下）などがある。このうち，実務的によく利用されているのが「弁護士会照会」である。弁護士が弁護士会に請求して，弁護士会から公務所や公私の団体に対して照会回答を求めるものであり，相手方に知られずに一定の情報を得ることができるのがメリットである。訴訟前のものとして，「証拠保全」もよく利用されている。訴訟の提起を前提として，改ざんされるおそれのある証拠などを保全しておくものであり，

申立代理人とともに裁判官が実際に対象文書等が保管されている病院等に臨場してカルテ等を確認し、写真やコピーを取るなどして記載内容を保存しておくものである。訴訟提起前に裁判所が関与して実施されるものとしては、「訴え提起前の証拠収集処分等」もある。裁判所は、書面による訴え提起の予告通知がなされたことを前提として、訴訟提起前に文書送付嘱託（同1項1号）、調査嘱託（同1項1号）、意見陳述嘱託（同1項1号）、執行官による現況調査（同1項1号）などを実施することができる。

なお、「行政機関の保有する情報の公開に関する法律」（平成11年法律42号、いわゆる「情報公開法」）などが整備されたことにより、行政機関が保有している公的情報については、情報収集が容易になっているが、私的情報については、「個人情報の保護に関する法律」（平成15年法律57号、いわゆる「個人情報保護法」）などの制約が問題になっている。やや性格が異なるものとして、公証人の面前で私署証書の作成者がその記載内容が真実であることを宣誓した上で署名した場合などに、公証人が認証する「真実宣誓認証」の制度（公証人法58条の2）もある。ただ、この制度は、アメリカで広く行われている証言録取手続（deposition）のように事前に裁判所外で証人尋問をしたりするわけではなく、実際にはほとんど使われてはいない。

(2) **訴訟提起後になされるもの**

これに対して、民事裁判が係属した後に利用されるものとしては、「調査嘱託」（民訴法186条）、「鑑定」（同212条以下）、「文書提出命令」（同220条以下）、「文書送付嘱託」（同226条）、「検証」（同232条）などがある。このうち、調査嘱託、鑑定、文書提出命令、検証については、証拠収集であるとともに、裁判所での証拠調べそのものと理解されており、調査回答書や鑑定書や対象文書が提出されたり、検証が実施されれば、当然に裁判の判断資料とされるのに対して（たとえば、調査嘱託については、最判昭和45年3月26日民集24巻3号165頁は、調査嘱託によって得られた回答書などを証拠とするには弁論において提示して当事者に意見陳述の機会を与えれば足り、当事者の援用を要しないとしている。）、文書送付嘱託については、理解が分かれている。文書送付嘱託では、原告も被告も裁判所も、どのような文書があるのかを完全に把握してい

るわけではないので，通常，一つ一つの文書を特定して送付を嘱託するのではなく，一連の文書全体をまとめて送付してくれるよう嘱託する。その結果，送付されてきた文書のすべてが判断に必要というわけではない。そこで，最近の実務では，嘱託によって送付されてきた文書が当然に証拠となるのではなく，送付されてきたものの中から原告や被告が提出したい文書だけ選び出して，改めて書証として提出するのが実務の取扱いである。結局，文書送付嘱託については，証拠調べそのものではなく，提出のための準備的な証拠収集方法とみなしているわけである。

3 証拠収集方法の実効性について
(1) 弁護士会照会，証拠保全，訴え提起前の証拠収集処分等

弁護士会照会は，この研究会でも紹介されているように，東京の3つの弁護士会だけで1年間に約1万件近くの申立てがあり，概ね回答がなされているが，強制手段が認められていないため，拒絶されると，それ以上の対応が困難である。回答を拒絶した照会先に対して，申立てをした弁護士から損害賠償を請求した事案について，弁護士会照会制度による照会の主体は個々の弁護士ではなく，弁護士会であるから，個々の弁護士は照会先に対して損害賠償を請求することはできないと判断されている（大阪地判昭和62年7月20日判タ678号200頁）。なお，京都市中京区長が弁護士会照会に応じて漫然と前科及び犯罪経歴を報告したことに過失があるとされた例もある（最判昭和56年4月14日民集35巻3号620頁，判タ442号55頁）ので，注意を要する。

これに対して，証拠保全は，性質的には検証の一つであり，文書等が保管されている場所に実際に裁判官が臨場してなされるものであるため，保管さえしてあれば，一応の目的を達成することができ，実務的にもよく利用されている。これに対して，提訴前の証拠収集処分制度は，実務的にはほとんど利用されていない。東京地裁民事部で平成19年に申し立てられた件数は10件に満たないそうである。制度そのものに対する弁護士の理解が低いことに加えて，提訴予告を書面でしなければならないなどと手続が迂遠であることや，立証に必要であることが明らかで，自ら収集することが困難であることを疎明しなければな

らないことなどが敬遠されている理由のようである。
(2) 検証，鑑定，文書提出命令
次に，訴訟提起後に実施される証拠調べについてであるが，このうち，検証であれば，必ず裁判所が検証物を確認したり，現地に出向いて客観的な状況を見聞して記録化するし，鑑定であれば，鑑定人の意見が得られるので，申請した当事者にとって有利な結果が得られるとは限らないが，裁判所にとってはどちらかに判断するための資料は得られるので，必ず一応の目的を達成することができる。文書提出命令についても，提出義務の内容が定められている（民訴法220条）だけではなく，当事者がこれに従わない場合には真実擬制等の制裁があり（同224条），第三者がこれに従わない場合には20万円以下の過料の制裁がある（同225条）。私文書のみならず，公文書についても，公務員の職務上の秘密に関する文書で，その提出により公共の利益を害し，又は公務の遂行に著しい支障を生ずるおそれがあるなど例外的な場合以外は提出義務があるとされたことにより，より強力なものになっている。

(3) 調査嘱託，文書送付嘱託と個人情報保護法
これに対して，調査嘱託や文書送付嘱託については，これに応じない者に対する制裁が定められていない。特に最近の実務では，「個人情報の保護に関する法律」（平成15年法律57号）などを盾として，税務署や警察署，区役所や市役所などの公務所だけではなく，電力会社やガス会社，電話会社などが，協力を渋ることが少なくない。確かに，この個人情報保護法23条1項などは，個人情報取扱事業者は，あらかじめ本人の同意を得ないで，個人情報を第三者に提供してはならないとされ，これに違反した場合には，主務大臣から勧告及び命令を受ける場合があり（同法34条），命令違反については刑事罰が課せられる（同法56条）。国の行政機関については「行政機関の保有する個人情報の保護に関する法律」（平成15年法律58号）によって，独立行政法人国立病院機構の運営する病院については「独立行政法人等の保有する個人情報の保護に関する法律」（平成15年法律59号）によって，同様の規定がなされている。しかし，いずれの場合にも，「法令に基づく場合」や「国の機関，地方公共団体等の法令の定める義務を遂行することに対して協力する必要がある場合」には，個人

情報を提供することができるとされているところ,裁判所からの調査嘱託や文書送付嘱託は,裁判所がその必要性を判断し,本人や第三者の権利等を不当に侵害するものではないとの審査も行われているから,調査嘱託や文書送付嘱託に応じて裁判所に個人情報を含む回答又は書面を提出することは,個人情報保護法23条1項1号,行政機関の保有する個人情報の保護に関する法律8条,独立行政法人等の保有する個人情報の保護に関する法律9条に規定する「法令に基づく場合」に該当する。したがって,個人情報の保有者は,本人の同意なしに裁判所の嘱託に応じても,上記の個人情報保護法等に違反することはないと考えられる。

　ちなみに,「調査嘱託」と呼ばれている手続には,証拠調べとしての調査嘱託(民訴法186条)と,裁判所の釈明処分の一つとしての「調査嘱託」(同151条1項6号)とがある。後者は,争点整理段階で「訴訟関係を明瞭にするため」になされるものであり,証拠調べではないが,調査嘱託である以上,嘱託先の団体が保有している客観的な資料に基づいて確実かつ容易に回答できる事項について報告を求めることが予定されており,模索的な証拠収集や当事者を特定するための資料収集などは本来の目的ではない。実務的には,釈明処分としての調査嘱託は,例えば,NTTや電力会社等に対して契約者が誰かを回答するよう求めるなど,拡張して利用される例がないわけではないが,このような模索的な調査嘱託は,理論的には,釈明処分としての調査嘱託の範囲を超えるものであり,現行法上は疑問であろう。

(4) **嘱託先の応諾義務**

　いずれにしても,調査嘱託や文書送付嘱託を受けた者が,これらの嘱託に応ずべき法的義務(応諾義務)を負っているのか否かという根本的な問題がある。

　ア　調査嘱託

　調査嘱託のうち,外国の官庁や団体に対する場合には,そもそも外国の官庁や団体に対しては日本国の主権作用の一つである裁判行為の効力が当然に及ぶものではないとされていることもあって,外国の官庁や団体には応諾義務はないと理解されているが,国内の官庁や団体については,特にこれを拒むことができる正当理由がない限り,応諾義務があると解するのが有力である(兼子一

ほか『条解民事訴訟法』〔弘文堂，1986〕967頁，斎藤秀夫ほか編『注解民事訴訟法(7)』〔第一法規出版，1993〕314頁，谷口安平＝福永有利編『註釈民事訴訟法(6)』〔有斐閣，1995〕171頁，門口正人編『民事証拠法大系(5)』〔青林書院，2005〕147頁ほか）。実務上も，そのように理解されているが，過料等の制裁が定められていないために尻抜け状態になっていることも事実であり，そのようなものを法的な義務として観念することができるのかという疑問もないではないであろう。しかし，過料の制裁などが定められてはいないのは，調査嘱託については，もともと地方慣習や商慣習や外国法などについて調査することを予定していて，拒絶されることを予定していなかったという沿革的な理由（納谷広美「判批」法協88巻9＝10号115頁など）のほか，今日では，制裁を科すことに行政庁等から強い反対があることを考慮してであり，それ以上のものではない。問題は，どのような場合にこれらの照会や嘱託を拒絶することができるのかという点であるが，かつては，国家公務員法100条1項に定められている守秘義務を理由とするものもあったが，今日では，文書提出命令についても一般義務化された結果，単に職務上の秘密に関するものというだけでは足りず，これらに応ずることによって公共の利益を害したり，公務の遂行に著しい支障を生じるおそれがある場合に限られるというべきである（門口編・前掲書148頁〔小海隆則〕）。さらに言えば，真実に基づいた適正かつ妥当な裁判を実現すること自体，公共の利益に合致するものであるから，単に公務に支障が生ずるというだけで拒絶することは許されず，「著しい」公務支障が生ずる場合でなければならないであろう。

イ　文書送付嘱託

文書送付嘱託については，一般的な応諾義務があるとするもの（菊井維大＝村松俊夫『全訂民事訴訟法(2)』〔日本評論社，1989〕636頁，岩松三郎＝兼子一編『法律実務講座(3)民事訴訟編』〔有斐閣，1959〕296頁など）が有力であるが，個別の法令において具体的な送付義務が定められていない限り応諾義務はないとするもの（門口正人編『民事証拠法大系(4)』〔青林書院，2003〕79頁〔古閑裕二〕）もある。応諾義務がないとするものは，文書提出命令の要件を充たすものについては文書提出を申し立てればよく，文書送付嘱託に強制力

229

を認める必要はないと考えているようである（前同）。しかし，今日では，調査嘱託も文書送付嘱託もほぼ同様に重要な証拠収集機能を果たしており，文書提出命令についてさえ一般義務化されているのに，文書送付嘱託についてだけ応諾義務がないとするのは，証拠収集機能の強化が求められている現代の民事訴訟の理念に逆行するものであろう。そもそも第三者であっても一般的な証人義務があることは争いがないところであり，公務員であっても，特に公務上の秘密に該当し，公務支障などが認められない限り，証言拒絶が認められていないことや，情報公開の理念などとの整合性から考えても，現代の民事裁判において，裁判所からなされる文書送付嘱託について応諾義務がないと考えることに合理的な根拠はなく，正当ではない。ちなみに，不動産登記法施行細則などは，登記所での取扱いの混乱を避けるため念のために規定したものであり，その前提として一般的な応諾義務があると理解するのが相当である。もちろん，これらに応ずることによって公共の利益を害したり，公務の遂行に著しい支障を生じるおそれがある場合に拒絶できることは別論である。

　もっとも，一般的な応諾義務があるとした場合でも，法令等で罰則や制裁等が定められていないことはそのとおりである。しかも，裁判所の調査嘱託や文書送付嘱託の主体は裁判所であるとして，嘱託先が正当な理由なく（顧客に対する守秘義務を理由に）情報提供を拒否したとしても，嘱託を申し出た個々の弁護士が嘱託先に対して損害賠償を請求することはできないとされている（大阪高判平成19年1月30日判時1962号78頁，金判1263号25頁）。

4　まとめ

　このように，これらの証拠収集方法やその効果，その結果によって得られた証拠方法や証拠資料の利用可能範囲やその限界，事実認定との関係などについて，わが国の民事訴訟法や関係法令は必ずしも十分なものではない。しかし，適正かつ妥当な裁判を迅速に実現するためには，信頼性の高い証拠ができるだけ速やかに裁判所に提出されることが必要なのであるから，証拠収集方法などについてより一層の実効性が確保されるよう，将来のいずれかの時点において，「証拠法」として体系的な整備がなされることが望まれるのである。

1　はじめに

○**加藤**　本章のテーマは「証拠・データ収集の方法と事実認定」です。

　現行民訴法は，争点中心審理を目標としています。当事者双方が早期に準備をし，争点整理手続において，法適用において意味のある事実の不一致である争点を明確にし，集中した証拠調べ手続の中で最良証拠により争点を解明し，スピーディーに，かつ実効的な審理をしていくことが，争点中心審理の骨格です。その前提として，当然のことながら訴訟代理人である弁護士は提訴前に証拠収集をきちんと行い，事案を吟味した上で攻撃防御方法を用意し，さらに提訴後も裁判所は訴訟手続の中で証拠あるいはデータをできるだけ争点解明に有効なものを集め，質の高い事実認定，質の高い判断をしていくことが求められているわけです。本章では，そうした角度から，立証活動の面で不可欠な証拠収集の在り方について1つの柱とし，さらに裁判官として訴訟の中でどのように調査嘱託，文書提出命令などを活用して適正な良い事実認定に結びつけていくかという課題をもう1つの柱として，意見交換をしていきたいと思います。

　第3章に引き続いて，山浦さんにゲストとして参加していただいております。

2　弁護士照会

○**加藤**　それでは，まず提訴前・提訴後を通じた証拠収集方法として，弁護士法に定めるいわゆる弁護士照会がありますが，これから取りあげていきましょう。

　山浦さん，いかがでしょうか。

●**弁護士照会の実際**

○**山浦**　弁護士法23条の2に基づくいわゆる弁護士照会の手続について，私は，最近は少なくなりましたが，20年〜30年前の若い頃は相当やった経験があります。その頃，東京弁護士会の事務局から，私が東弁の中でも数多く利用しているうちのひとりだと聞いたことがあります。

　弁護士照会制度の一般的なことは弁護士会から発行されている資料（例えば

東京弁護士会編『弁護士会照会制度〔第3版〕』〔商事法務，2007〕など）にゆずることにして，実務的に見て弁護士照会のポイントとしては，まず第1は，訴え提起前にできるということですが，最近まで，そういう制度がほかになかったという意味で重要な制度でした。第2に，弁護士照会は，相手方に分からないうちに調査ができることも重要です。最近制度化された提訴前の証拠収集処分では，提訴予告通知が前提ですし，証拠収集処分に当たっては相手方の意見を聞く必要があります（民訴法132条の4）。しかし，弁護士照会は，相手が知らないうちにやれます。第3のポイントは，弁護士照会の結果が自分に不利な場合にはボツにしてしまえば，誰にも分かりません。したがって，良い結論が出るまで，何度でもやることが可能で，とても便利ですが，やや問題があります。それから，弁護士照会の場合は，照会先に事前にお会いすることもできますから，照会先に伺い，話のスジをある程度まとめておき，それから第三者の振りをしておもむろに照会するということもあります。そうすれば，いわゆる陳述書という体裁よりも，弁護士照会に対する正式回答という形づくりができますので，文書の成立はもとより，信憑性を高めるということも可能です。弁護士照会の重要な点は，事前相談をしっかりやって回答の内諾をもらっておかないと期待はずれが多い，やみくもに照会してもだめというのが印象です。ときには「だめもと」でやることもありますが，こういう場合はやはりだめで，金と時間の無駄になることが多かったような気がします。

　また，相手方によっては，任意では応じられないけれども，弁護士会の照会なら回答することができるという例があります。しかし，関係者の意識としては調査嘱託などの裁判上の手続とは比べものにならないぐらいに威力はないのではないかと思います。

　最近，弁護士照会はあまり使わなくなったのですけれども，その理由のひとつは，費用が高いことです。1件につき7,930円という金額が高いかどうかといわれると微妙ですが，照会しても回答がない，また7,930円を払って別のところに照会して返事がない……これをやっているうちに，依頼者から何やっているんですかと指摘されると，ちょっと高いなという感じは否めないと思います。もう1つ，代替手段を考えますが，最近は行政文書に関しては情報公開が相当に徹底してきていますから，直接，役所に行って公開請求をすると相当の

資料が手に入る（費用はほとんどかかりません），もっとも文書の一部だけ（黒塗り，マスキング）の場合が多いので，続けて裁判所の調査嘱託，文書送付嘱託などを利用する，このようなことが必要です。

　そして，いつも感じるのは，照会先が紛争に巻き込まれるのを懸念して個人情報保護などという理由で拒絶することです。例えば，先日も，水道局，東京電力，東京ガス，NTTなどに対して契約名義人は誰かと照会しました。飲食店営業許可に関する情報は，公文書公開手続きで簡単に入手できるのですが，必ずしも営業許可をとってない，あるいは必要としない場合もありますので，そういう場合には，ライフラインの名義人が分かればその建物を占有利用している者などが判明するわけですから，何かのとっかかりが欲しいので，照会したのですけれども，NTT以外は拒絶されました。これは4件ですから，これだけで3万1,720円もかかり，そのあげく，まともな情報が得られなかったというのでは，どうもちょっとまずいなという感じをもっています。

○**加藤**　馬橋さん，弁護士照会の現状，来歴についてのご認識はいかがですか。

○**馬橋**　1つは，昔は役所で普通に情報提供されていたものが，いまは何らかの手続をとらないと情報が出してもらえないということが増えてきています。例えば，昔は飲食店の営業許可などは保健所に行けば情報提供されていたのですが，今は個人情報ということでとれなくなっています。そういうものを，例えばいま山浦さんのお話にありましたが，家主を調べるためにわざわざ弁護士照会を使わざるを得ないという場面も増えてきていると思います。それと同時に，いまおっしゃったように弁護士照会がそれなりの成果を得られないということもたくさんあります。ただ，照会料については各弁護士会で異なっています。私の弁護士会では，照会1件につき3,150円でやっていますから……。

○**加藤**　弁護士会によって費用が違うのですね。

○**馬橋**　違うようですね，私の弁護士会でも一時値上げするという話があったのですけれども，これは弁護士の本来的な業務の一番大切なところで弁護士会が多く費用をとるのはいかがなものかという反対論もあって，いったん上げたのをまた下げた経緯があります。そんなことで利用するについてはわりと使いやすくはなっているのですが，やはりいま，山浦さんがおっしゃったような拒絶される例が増えています。ただ，私の経験ですと先ほど申し上げましたよう

に，例えば，私は音楽著作権で飲食店でのカラオケの無断使用という事件をやることがあるのですけれども，それなどは経営主が誰かというのを調べるときには，やはりいま申し上げたような保健所の営業許可名義を照会することをしておりますし，場合によってはNTT等でも契約者名が出てくるということもあるようなので，必ずしも電力や水道全部が否定されているというわけではないと思うのですけれども。

○村田　私が経験した事件では，本来的には提訴前に弁護士照会をすべき事件だと思うのですが，これを行わず，提訴後に調査嘱託，送付嘱託の申立てをしてきたという事件がありましたので，これについて紹介します。

【エピソードⅠ-4-1】費用節約のための調査嘱託等のメリット・デメリット

事案は，原告が被告らの違法な勧誘を受けて商品先物取引を行ったことによって損害を被ったとして，その後に倒産して破産手続が開始された，先物取引業者，すなわち商品市場における上場商品等の売買及び売買取引の受託業務等を行う株式会社の役職員及び従業員を被告として損害賠償を求めたというものです。当該会社の所在地，破産管財人の氏名住所とか，役職員の住所氏名などは判明しているのですが，被告となっている担当職員の一部の者（複数名）の正確な氏名・住所等について，苗字しか分からないまま訴状が提出されたという事件がありました。民訴法133条2項1号では，訴状には当事者を記載しなければならないとされており，当事者は，通常はその氏名及び住所（民訴規2条1項1号）で特定されることになっています。ところが，この訴状は，被告らの一部の者について，苗字が記載されているだけで，名前は「某」とされていて，その住所地の記載は，被告らが勤務していた「会社気付」ということになっていました。

このような訴状の記載では，当事者である被告が特定されていないことになりますから，本来は，補正の促し（民訴規56条）をするか，補正を命じなければならない（民訴法137条1項）ことはご案内のとおりです。このような訴状は，原告に弁護士が付いていない，いわゆる本人訴訟ではときに見かけることがありますが，原告に弁護士である訴訟代理人が付いている事件では，見かけることはほとんどありません。しかし，この事件では，原告には訴訟代理人として弁護士が付いていましたから，大変不思議でした。そして，この事件で

は，訴え提起とともに，当事者である被告らの一部について氏名および住所が不明であるとして，原告訴訟代理人から，訴え提起と同時に被告らが勤務していた会社（正確には破産管財人）や商品取引所等に対する当該商品先物取引業者（会社）の原告担当職員の住所および氏名に関する調査嘱託（従業員の氏名住所に関するもの），送付嘱託（取引所会員が提出した従業員名簿に関するもの）の申立てがされていました。

受訴裁判所としては，当事者特定のための調査嘱託あるいは送付嘱託の申立てはあまりないことですから，原告訴訟代理人に対し，「被告の氏名住所が不明というのは，どういう事情によるものですか」，また「弁護士法23条の2による弁護士照会はしたのですか」などと質問してみました。これに対して，原告訴訟代理人の回答は，「担当者の住所氏名は契約書等，契約当時に交付を受けた書面等に記載がないから分からない，また，そもそも原告は先物取引の被害者で，多額の被害を被って，お金に窮しているので，費用がかかる弁護士照会制度を利用することは考えなかった」というものでした。先ほど，山浦さんが弁護士照会の費用が高いか，安いかといわれましたけれども，この事件の原告訴訟代理人は，弁護士照会の費用は高くて原告本人に負担させることができないから，裁判所を通じた調査嘱託あるいは送付嘱託で当事者を特定したいと考えたということでした。

裁判所としては，当事者の特定のために，特に被告の氏名住所を知るために調査嘱託あるいは送付嘱託を利用することには多少の違和感がありましたが，民訴法151条1項の訴訟関係を明瞭にするための釈明処分といえないこともないかと考えて，他に適当な手立てがないということでしたので，調査嘱託および送付嘱託の申立てを採用して手続を進めることとしました。そうなると，一部の被告には訴状が送達されていない状態でしたが，取りあえず訴状送達ができている被告については第1回口頭弁論期日を開くこととしました。

後日談ですが，この事件では，その後，期日に出頭した商品先物取引会社の幹部職員および担当職員の一部から，「この調査嘱託等にかかる職員は実は原告の担当ではありません。その者の名前は他の職員がその職員の名前を使って勧誘行為を行ったもので，その者は本件とは全く関係がありません」という陳述がありました。そして，その調査嘱託によって判明した当該担当職員を被告

として訴状，訴状訂正申立書等を送達したところ，その担当職員とされた被告からも，「私は原告のことは知りません，私は全く本件には関与していません」という内容の答弁書が送られてきたということがありました。

　確かに，当事者の特定，被告の氏名住所を知ること自体は，弁護士照会や調査嘱託等の手続で可能となりますが，裁判所としては，できれば，訴え提起前に，弁護士照会等を実施し，特定された相手方（被告）との間で，内容証明のやりとりなどをすることによって，事実関係の確認・調査や，争点確認，和解（示談）のための交渉等をしておいていただけるとよかったのではないかとも思いました。

○加藤　弁護士照会を適宜の時期にすることが，その事案を早期に把握し，スクリーニングして適切な構成で適切な相手方に対して請求ができることに繋がるので，費用の問題だけで云々するのはおかしくはないかという含意のあるエピソードですね。

●顧問先から弁護士照会への対応を尋ねられたら

　弁護士照会を受けた顧問会社等からどうしたらいいかという相談もあるかと思いますが，これについては弁護士としてはどんな対応をされるのが普通でしょうか。

○山浦　もちろん，ケース・バイ・ケースですね。日時，場所，温度等のように何かを特定するなど，さほど難しくない情報であれば悩むことはないと思いますが，取引条件の開示や，たとえば欠陥商品の製造工程とか紛争解決までの経過や顛末の報告など，シリアスな場合，私のいままでの経験やほかの弁護士からいろいろ聞いているところをまとめると，およそこんなところではないかなということは一度考えたことがあります。

　まず弁護士照会に対しては照会をした弁護士会に対する回答義務があることははっきりしていますが，正当な理由のない回答拒絶の場合でもペナルティーはありません。そこで，まず第1に，この案件はまだ裁判になっているわけではなく，裁判するかどうかもまだ分からない状況での照会ですね（訴訟係属中なら調査嘱託のように，双方当事者に公平な手続をとっているはずだと思われる）。こういう場合，依頼者の回答いかんによっては，本当に裁判になってしまう可能性もあります。この辺のところは微妙なので，ちょっと一歩引い

たスタンスになると思います。「何でもかんでも，まじめに答えればよいというものでもない，自分が紛争に巻き込まれるとか，取引上の信頼を損ねるなど不利益になることがないようにしなければ」というようなこともコメントしながら，さらに，「こういう場合，照会請求者がだめもとと考えている照会もありますし，本当にその情報が欲しいのであれば，通常の弁護士であれば，もう少し積極的にアプローチしてきますよ，いきなり弁護士照会を出してこと足りというのは変ですね，だから一応今回はお断りをしたらどうか，もしそれに前後して何らかの連絡がきたり，再度，回答要求がきたら，その時また考えましょう」というような姿勢ですね，そして，正式に断る理由がないので，基本的には断るということを前提としながら何かその弁解を考える，あるいはあたりさわりのない回答をする。こうしたところが普通のやり方ではないかなと私は推測しています。

　これで良いのかというと，問題があるという意見と，やむを得ないという意見があり，私としても自信はないのですが，先ほどのように，この照会について他方の当事者は全く知らされていないこと，他方当事者に事情を伺ったら多分，強烈な反対意見が出る，またせっかく回答しても照会請求者に不利な場合にはボツになることも計算されたうえで照会しているから，照会する側と回答する側とでは多少，温度差というか立場が違っていて，依頼者が揉め事に巻き込まれたくない，できれば関わりたくない，どちらか一方に影響するようなことは関係をもちたくない，そういう依頼者の様子を見て，「これは義務です，何なら私が調べて回答書を起案してあげましょう」ということは，ちょっとできないのではないでしょうか。依頼者にお願いしますといわれたら回答書を起案する，そんなスタンスではないかなと，思います。

○**加藤**　なるほど。まさに立場の互換性がある中で弁護士としてどのようなアドバイスをするのが相当かという問題であると思いますが，須藤さん，裁判所としてはどのように受けとめていますか。

●弁護士照会の実情の一端

○**須藤**　東京地裁では東京の弁護士会三会と一緒に「民事訴訟の運営に関する懇談会」という会合を定期的に開催しておりまして，私も裁判所側の委員のひとりとして出席しています。ある年の懇談会では，証拠収集方法などがテーマ

として取りあげられており，その中で弁護士照会の実情についてご紹介があったのです。

　その懇談会の議論の要点だけをお話ししますと，東京の弁護士会三会では，平成18年1年間で1万件を超える弁護士照会がされているそうです。東京第一弁護士会の山本光太郎先生の話では，同弁護士会だけで，平成18年に約3,270件余りの弁護士照会を行ったところ，これに対する回答拒絶が130件余りあったそうです。率でいえば，3,270のうち130ですから約4％で，逆にいえば，約96％は弁護士照会で資料が出てきているということになります。そして，回答を拒絶された130件の中で主なところは税務署や警察，それから一部の銀行などであったようです。一般の会社については現在はかなり出してもらっているということでした。

　拒否された130件の中で再度の照会をかけたものは10件しかないそうです。130件拒絶されて10件しか再度の照会はしなかったというのですから，再度の照会は件数が少ないのですが，これは，山浦さんがおっしゃるように，一度拒絶されたものはまたやっても大体無駄らしいんですね。それから後に訴訟になって送付嘱託などの代替方法でカバーできることも少なくないというところが理由のようでした。

　ただ，各弁護士会とも，弁護士照会については，申出があればただやるということではなく，調査室などで形式や要件を審査した上で照会を実施しているのに，それに応じてもらえないのは困るということで，いま，回答率を向上させるための取組みをそれぞれ会で行っているともお聞きしました。回答が拒絶されれば，場合によっては調査室を通じて申入れをする例もあるそうです。例えば，ある銀行から，「今回は照会に応じて出すけれども，銀行に迷惑がかからないようにしてください」という文書が一緒に送られてきたことがあったそうで，これについては，東京の弁護士会三会の会長連名で，「それは制度を誤解している，照会回答義務がある」という文書を出して注意を促したことがあるという報告がありました。弁護士照会制度による事前の証拠収集を充実させるために，各弁護士会ともに一生懸命取り組んでいるというお話がありました。

　そして，この関係で，何か裁判所にサポートしてもらう方法はないのかとい

うことも少し話題になりましたが，まだ訴訟も提起されていない段階ですし，現行の制度の下で裁判所が何か関与するのは実際問題として非常に困難であろうという話になりました。現状では，裁判所が関与する送付嘱託や調査嘱託などにも強制力がないわけですから，裁判所外でなされる弁護士会の手続に強制力を付与することは，立法論としても簡単ではないだろうと思います。

●照会先への説明の重要性

　ただ，ひとついえることは，送付嘱託や調査嘱託の場合も同様なのですが，申立てをする代理人と裁判所はどのような事案かが分かっていますし，第三者に提出してもらう必要性について一定の共通理解ができているわけですね。ところが，照会を受ける側，嘱託をされる側は，ほとんどの場合，どのような事件なのか事案も知らないでしょう。ある日突然，急に裁判所から送付嘱託や調査嘱託が飛んできて，これこれの文書を提出しろとか，これこれの事項について回答しろということになるので，非常に抵抗感が大きいのではないでしょうか。そこで，相手方に対して事案の概要やその必要性などを簡単にでも説明して，手続に協力することの社会的な意義やメリットを理解してもらえば，送付嘱託や調査嘱託を円滑に進めることができるのではないかと思います。弁護士照会についても，照会を求める相手方に対して，必要性や意義などについてどこまで説明するかがひとつの糸口になるようにも思います。

○加藤　いまの指摘は，率然と弁護士照会をすると，照会を受けた側は，わけの分からないままに答えるかどうか決めることになりますが，それは難しいので，そうした抵抗を減らすための何らかの文書を付与することが考えられないかということですね。その趣旨は理解できますが，当該関係者がトラブルをかかえていたり，あるいは訴訟中であることはまさにセンシティブな情報ですから，どこまで第三者に知らしめてよいのかについては，また一議論あるところかもしれませんね。

●個人情報についての取扱い

○馬橋　確かに照会を受けたり嘱託を受ける方で悩むのは，事実の照会というよりは何というか意見を求めるような内容も少なくないということも1つあります。もう1つはいまの時代，個人情報が入っているのが一番困るのですね。照会を受けた行政庁から，回答するに当たり，「こういう個人の名前を出さざ

るを得ないような場合どうなのか」という相談があります。確かに個人情報保護の条例等でも法律に定めがあるような場合は開示できるという規定がありますが，照会を受ける側の考え方というのは強制力のあるような法律に基づく場合は，これは情報提供しなければいけないだろうけれども，では，弁護士照会は強制力があるのだろうかと悩むわけです。照会の場合これに応じなかったからといって，罰則があるわけではないのです。

　それから，後で議論となる裁判所からの調査嘱託についても同じ問題があるように思います。回答について相談を受けた場合，それは公的義務であるということは私どもも説明はするのですけれど，では，何か個人情報を出したことによって後で問題になったとき，果たして免責されるのだろうかどうなんだろうかというところが，照会を受けた方，嘱託を受けた方が一番悩む点なのです。だからこの悩みを解消するためにも，照会に当たっては，照会先に事案の状況等もある程度知らせるようにして，あなたは事件の当事者ではないけれども，こういう理由で回答が必要なんだとかいう説明が必要なのかもしれません。ただ，このように説明してあげても，やはり一番回答するときに考えること，障害になってくるのはどうも個人情報との関係ではないかと思うんですけれどもね。近時は裁判所や弁護士会から，「法令に基づくもの」である旨が示されているようですが，現場では消極的なようです。

○須藤　最終的には個人情報保護の関係で損害賠償義務を負ったりすることはないと分かったとしても，自分には関係のないことでわずらわされること自体が，例えば，何でそれをいったんだといってクレームをつけられることなど自体が嫌なのですね。そこで，先ほど山浦さんからもお話があったように，相談を受けた弁護士さんも，当面出さないで様子を見るようアドバイスしてしまうことが少なくないわけですね。

○山浦　例えば，これから被告にしようと考えている取引先の下請企業とか代理店に対し，取引先（被告にしようと考えている相手）には内緒で，過去の一連の取引の経過などを照会する場合，弁護士会の審査は適切になされていることは承知しておりますが，まだ裁判にもなっていない事案で，裁判所でも関連性，必要性さらには除外事由の有無等の判断が難しいというのに，弁護士会だけで，被告となる者の意見も聞かずに確実な判断は難しい，揉め事の中に入っ

て，一方だけの請求で情報を出していいのかと考えると思います。繰り返しますが，弁護士照会は，裁判をやる前に，当事者の一方が他方の当事者が全く知らないところでいわば秘密裏にやるわけで，ここには当事者権というか，公平の視点はなく，片方は全然知らないわけです。そういう場合，同じ回答義務があるといっても，裁判所が行う証拠収集処分や調査嘱託，証拠保全と比べると本質的に違っているのではないかというのが，気になるところです。私も，須藤さんのお話のとおり，弁護士会の理事者や事務局の努力は大変なもので頭が下がる思いですが，しかし，限界はあるのではないかと感じているのです。照会する側と回答する側の意識が違っているのは，その辺の感覚なのではないかな。しかも，照会者に不利な情報だったらボツにして，そ知らぬ顔をして，そのような事実は調べてもいないというような顔をして裁判をするわけですよね。裁判になったら，有利不利を問わず弁護士照会の回答を開示するというのであればまだしも。そういう意味では，公正さに欠ける不透明な手続，偏った利用を防止できない……やっぱり同じ義務でもちょっとニュアンスが違うのではないかなというところに注意していく必要があるのではないかと思います。
○馬橋　回答されたものがどう使われるのかが分からないわけですよね。
○山浦　そうですね。
○馬橋　情報がどこへ行くのかも分からないわけですね。
　　　　●弁護士照会のメリットと訴え提起前における証拠収集処分等のデメリット
○村田　弁護士照会がよく利用されているのは，その事案の内容や，申立人側のトラブルの内容・原因，申立人側の問題点，弱味，悩みなどを明らかにする必要がないことから，相手方が知らない間に，いわば秘かに申立てをして，必要な情報が得られるというところに妙味があるということですね。また後で議論になると思うのですけれども，そのことが，平成15年の民訴法改正で新たに導入された，訴え提起前における証拠収集の処分等（民訴法132条の2以下）がどうも十分に活用されていない理由と関係しているのではないかと思います。訴え提起前における証拠収集処分等では，提訴予告通知（請求の要旨と紛争の要点の通知――民訴規52条の2参照）が必要とされ，こういう事案でこういう問題がありますということを相手方に通知しなければいけないことになっています。この制度では，申立人が予定している訴訟の概要とともに，訴

第4章　証拠・データ収集の方法と事実認定

え提起前における証拠収集処分があったこと，その情報請求先がどこであるかなどについても，相手方が知ることができるということになっておりますから，例えば，得られた証拠等が申立人には不利だが，相手方には有利なものであった場合のリスクなどについても考えなければならないことが，この制度があまり利用されていない理由のひとつなのかもしれませんね。

●弁護士照会と調査嘱託・送付嘱託との使い分け

これとの関連で，もう1つ教えてもらいたいと思っていることがあります。訴訟提起前に申し立てられることが多いと思われる弁護士照会と，主に訴訟提起後に申立てが予定されている調査嘱託あるいは送付嘱託とで，それによって求める情報・証拠等に違いがあるか，あるとすればその違いは何か，あるいはその利用目的等に違いがあるのかということです。

私の漠とした感覚では，求める情報は全く同じだと思いますが，訴え提起前なら弁護士照会で情報を取得し，訴え提起後なら調査嘱託，送付嘱託で情報を取得するという，申立ての時期だけの問題ではなく，弁護士照会と，調査嘱託あるいは送付嘱託とで，求める情報・証拠などが違うのではないかと思っているのですが，どうでしょうか。例えば，訴えを提起するに当たって訴状の請求原因を作成する，請求原因（あるいは事件のあらすじ）を構成する上で必要な情報・証拠，あるいは被告を誰にするかということに関係する情報等，いわば当初の訴訟（事件）をつくる段階で必要な情報は，実務上は弁護士照会で得られることが多く，送付嘱託，調査嘱託では，いわば基本的な請求原因や抗弁等について一応の構成が出来上がった後に，あるいは争点整理手続等で争点あるいは争点に関連する事項として浮かび上がった事柄のように，具体的な立証命題，立証の必要性などを考えた場合に必要となる情報・証拠が多いのかなとも思っていたのですが，どうでしょうか。そのような感覚でよろしいのでしょうか。

○山浦　そうです，村田さんのご指摘のとおり，さきほどご紹介いただいた【エピソードⅠ-4-1】のように当事者や目的物の特定に関する情報など，訴訟を提起するに先だって，その前提として必要な情報，それはおそらくかなりラフというか，基本的な情報かもしれませんが，それを入手するという方法は弁護士照会の分かりやすい利用方法だと思います。それが裁判上の手続に発展的に繋

がっていくのが理想かもしれません。

　しかし，実務に携わるゲストという立場ですから，少し繰り返しになって恐縮ですが，ざっくばらんに申し上げて，この制度の使い勝手の良い点……それは問題点でもありますが，シリアスな問題になったとき，照会者の期待どおりの回答でない場合には，何事もなかったようにそのまま捨てることができることです。任意に集めた証拠なら構いませんが，義務を課して回答を求めても秘密裏にボツにできるのです。ですから，どういう回答がくるか分からないときは弁護士照会をし，結果が不利なら捨ててしまえばいいわけです。裁判所の手続では，結果がそのまま出てしまいますし，裁判所にも，相手方にも分かってしまいます。そういう意味で，この部分が一番，重要ではないかなと（笑）。

　しかも重要なことは，弁護士照会は，提訴前の当事者照会や証拠収集処分と異なり，提訴前に限定されていませんから，訴訟提起後，例えば弁論準備手続をしながら，こっそり弁護士照会をすることも何ら問題ありません。村田さんのいうように，手続に役割分担があり，発展的に繋がっているのであれば調査嘱託などをすればいいのに（この場合の調査質問事項は当事者双方が協議して決めているのが実務です），先ほどのように，ある思惑からひそかに弁護士照会を選択することもできるのです。原被告とも，自由にできるのですからお互い様といってしまえばそれまでですが，証拠収集という訴訟において極めて重要な場面において，第三者には回答の義務を課しておきながら，相手方には知られないようにしてやるというのが，何か相当，昔の時代の発想，当事者の反対尋問権を無視し，公平原則に反した考え方のように思えてなりません。

〇**馬橋**　当事者を特定するための照会は確かにありますね。それからやはり事件の見通しを考えるための照会も重要な意味があって，照会の結果によっては，極端な場合は山浦さんがおっしゃったように事件にしないとか，あるいは交渉から入っていこうという方針を立てるといった具合に，いろんなやり方があるわけで，私はひとつには当事者の情報をきちっとつかむために使うこともわりと多いと思います。

〇**加藤**　裁判官は，訴訟になったケースしか見ていないので，弁護士照会と調査嘱託，送付嘱託とを証拠の収集という観点から連続的なものとして考えがちですが，それぞれの制度はいろいろな使い分け，すみ分けをして実効的に使わ

れているということですね。

　弁護士照会を利用してこうしたケースによかったというエピソードを幾つか紹介していただけますか。

【エピソードⅠ-4-2】出入国カードについての照会

○山浦　弁護士照会の多くは事件の周辺的な事実が多いと思います。私は，効果的な弁護士照会はあまり経験がないのですけれども，1つだけご紹介しますと，夫婦間の不貞の証明ということで，現在はもうEDカードという制度（日本人出・帰国記録）はありませんが，かつて外国旅行するときに必ず成田とか羽田で小さいカードに細かいことを書きましたよね，あれが全部ファイルされているということで，「ある特定の男と特定の女性の1年間のそれぞれの出国・帰国記録を出してください」という照会をしましたら，3回にわたり同じ日時にシンガポール，香港，ハワイに行ったこと，行きと帰りの飛行機が同じであったことが明らかになりました。家庭の主婦が，実家に帰るといって浮気旅行をしていたことがバレたという話です。単純な不貞の間接事実（極めて重要なもの）の端的な例で，これを示しましたら相手方の代理人はすぐ分かりましたということで，不倫の現場ではありませんが，ぴったりの形で情報が出たのですぐ解決しました。これは制度というより，立証というのはヒントというか，着想なんだという感想をもった事例です。

○加藤　そのほかにも先ほど出てきましたが，建物利用者を明らかにするためのガス，水道，電話などの契約名義人についての照会，あるいはまた風俗営業，飲食店の関係などですと，許可申請者についての照会などは効果的でしょうね。

○山浦　そうですね，建物の占有・利用に関する照会とかは頻繁に行われます。たしか，債務者を特定しないで発する占有移転禁止の仮処分（民保法25条の2）の発令の要件としての「特定困難の特別事情」との関係で，少なくとも一度はこういう調査をする必要があるのではないかなどが問題になっていると思います（鬼澤友直「債務者を特定しない不動産占有移転禁止仮処分に関する東京地方裁判所保全部の運用」金法1707号64頁）。

【エピソードⅠ-4-3】ひとつの照会のみに頼ることの危険性

○馬橋　私は著作権の侵害者を特定するために弁護士照会で，その店の許可名

義がとれたので，それを相手に仮処分を申し立てましたら，実は別の会社がやっていると反論をされました。そこで，もう1回電話会社とか電力会社などに照会したところ，その契約者は新しい会社だったというのがありました。やはり照会でもひとつだけに頼ることなく，いろんな角度から多方面への照会をしておかなければいけないということを痛感しました。侵害者は新会社だったのです（笑）。

●弁護士照会の照会先について

○村田　もう1点だけお尋ねしたいと思います。実務的にはよく知られたことかもしれませんけれども，弁護士照会の根拠条文である弁護士法23条の2を見ますと，「公務所または公私の団体に対し照会する」と書いてあるのですが，これは，公務所または公私の団体ではなく，個人に対しても実は行われているというようなことを聞いたことがあるのですけれども，実務上は個人に対しても行うことができるのでしょうか。

○山浦　私の理解では，例えば法律事務所，破産管財人，税理士事務所，司法書士事務所とか，それは厳密な意味での団体でなくとも照会していると思います。それは可能と理解しておりますが，こういう場合に公務所等と同じように回答義務があるのかは知りません。それから，本当に純粋の個人というのはどうなのだろうか，条文からは消極意見だと思いますが，個人でも個人商店，個人事業者とか，個人開業医とか，いわば組織としての活動があるので，そういう場合には照会できると思います。

○馬橋　私も一般の個人に照会したことはありませんね。

○村田　司法書士さんは個人ですけれども，司法書士さんを対象にして照会できるということですか。

○山浦　そうですね。条文では団体となっていますが，事業所みたいな形，あるいは組織になっているというイメージですね。

○村田　完全な個人に対しては照会していないということなのでしょうか。

○山浦　これは無理だと思います。いわゆるサラリーマン，学生，主婦などをイメージすると不適法と思いますが，でも農業従事者，個人カウンセラー，建築家，劇作家，飲食店経営，旅館，アパート経営……ちょっと調べる必要あるかもしれません。

〇**村田** どうも純粋個人でも照会の対象としているというようなことを，どこかで読んだような気がしたものですから，お尋ねしようと思った次第です。
〇**山浦** 質問事項との関係で，多少広がる可能性はあるかもしれませんね。厳密な意味で団体でなければ回答義務がないとすると，だめもと，迷惑をかけることがなければ，照会してもよいかもしれません。迷惑をかけたときにどうするか，本当に義務があるかとなると，そこは，違うという可能性がありますね。
〇**村田** その可能性はありますね。
〇**山浦** この義務を負うのは，やはりそれなりの態勢があること，公私とは申せ，社会的な存在として，責任や義務を負うという関係だと思うので，個人が本当に義務を負うかとなると問題が生じますよね。
〇**村田** ええ，問題が生じますね。やはり純粋個人への照会は，条文に明記されていないこともあって，問題があるということですね。よく分かりました。
〇**加藤** 弁護士法23条の2のコンメンタールでは，公務所・公私の団体の報告は一般に信用性が高いと認められ，また，資料の保管・回答などの事務手続等が整備されていることが多いのに対して，個人はそうともいえないことが個人を除外している理由と説明されています（日弁連調査室編『条解弁護士法〔第4版〕』〔弘文堂，2007〕163頁）。また，法律事務所などは，実質的に団体と目すべき1個の社会的組織体として，私的団体に当たると解されているようですね（同書164頁）。

3　当事者照会

〇**加藤** 続いて，当事者照会（民訴法163条）に移ります。これは，平成10年の民訴法改正施行時に，いわば証拠収集手段拡充の目玉と位置付けられたものです。当事者照会にかけられた期待は随分大きいものがありました。法施行後どの程度当事者照会が使われているかという実情も含めて，その課題について意見交換をしていきたいと思います。

　山浦さん，お願いします。
〇**山浦** 新民訴法制定のときに，アメとムチがあるといわれていました。争点整理手続（弁論準備手続など）は迅速審理をイメージしており，これをムチと

いった。それを実行するために，弁護士にアメが与えられる，アメというのは，旧法と違って，証拠収集活動を活発にやる権限が与えられるのだということです。そういう効果的な手段ができるのだから，このアメとムチは新法の車の両輪として機能するのだということで，弁護士はそういう意味ではアメに期待したというか，アメがあるから，迅速な争点整理でも実行できるんだということで進めてきました。とりわけ当事者照会は，弁護士会が中心となって立法の必要性を訴えて，ようやく認められたものです。東京弁護士会では，当事者照会の理論と実務の研究をまとめて出版したこともあります（東京弁護士会民事訴訟問題等特別委員会編著『当事者照会の理論と実務』〔青林書院，2000〕）。しかし，日弁連では当事者照会の自主的ルールを作るといってはみたものの，その後はナシのつぶてです。私個人としても，最初は何回かトライしたのですが，その後は下火となり，施行10年になって数えてみると全部で10回〜20回，この程度しか当事者照会はしたことがないのです。もちろん提訴後のみで提訴前はまだ一度もありません。

　最初は，新法に対する期待があり，同時にこれが本来の訴訟活動の重要なスタート台になると思って，最初が大事というわけで，司法研修所では当事者照会を扱った民弁教官室の教材も作成したのですが，最近は，これをやると，何ていいますか青臭いとでもいわれそうな気分になってしまうのが現実です。そういうことであれば，むしろ裁判所を経由して調査嘱託，送付嘱託をやった方が効果的なんだと多少，自己欺瞞的になってしまうのですが，立法の経緯や法の精神からするととても残念な気分になります。

　この制度はほとんど機能していないというのが，私の個人的な気持ちです。おそらくほかの先生方も同じようなイメージを持っているのではないかと思います。全く使わないわけではありませんが，やっても結局やんわり断られる，あるいは無視される，そのうち次回の弁論準備期日がきてしまいますから，期日外の手続の意味がなくなってしまう。立法当時の頃，弁論準備手続を2〜3週間ぐらいの間隔で実施するなどという発想はなかったから期日外に当事者照会で争点整理をすると考えたのですが，弁論準備期日は手際よく行われるので，期日にやることで足りると考え，またまた消極的な思いになるというのが現在です。

○加藤　山浦さんは,「当事者照会等の活用の問題点と改善のための必要な条件」という論考を,上谷清＝加藤新太郎編『新民事訴訟法施行三年の総括と将来の展望』(西神田編集室,2000) 49頁にも書いておられますが,その時の状況とその後の状況はあまり変わってきていないという見方ですね。
○山浦　はい,そうです。むしろ悲観的な意味では加速しており,形骸化した,この立法は失敗したような……。
○加藤　馬橋さんはいかがですか。
○馬橋　私もこの制度は当初は,なるほどこういう制度もできたのかという新鮮な感じで見ていたのですけれども,自ら使ったことは一度もありません。それは当事者照会の効用にどれだけ意味があるのかというところがよくつかめていないのと,もう1つは,照会しますと,今度は相手方からも自分の方に対して照会がくる可能性が当然あるでしょうが,そういう照会がなされたときに自分の依頼者がそれに応じて誠実に対応してくれるのかどうか,裁判所ならば答えるにしても,当事者間のやりとりの間できちっとその制度を理解して応じてくれるのだろうかというような懸念もありまして,いままで使ったことがないというのが正直なところです。

●背景としてのリピーターキープ・モデル

○加藤　こうした実情について,山浦さんは,弁護士業務の構造に内在したより深い背景があるのではないかという問題提起をしておられます。具体的には,民訴法学会でのシンポジウムにおいて,リピーターキープ・モデルとして定式化して発表されました(山浦「民事訴訟と弁護士の役割——問題提起」民訴52号〔2006〕57頁)。これについては,鋭角的な分析の常として,一部の論者からは反発があるのですが(笑),これについて披露していただけますか。
○山浦　一部にはひどい反発もありましたが,多くの弁護士は,普段なかなかいえないことをズバリいったという意味で理解してくれたと思います。きれいごとではなく,弁護士にとって重要な部分,自分たちの痛いところを突かれたという感じをもっていると思っています。

　さて,内容ですが,この問題は先ほどの西神田編集室の『新民事訴訟法施行三年の総括と将来の展望』の論文を執筆したところから始まっています。当時,当事者照会には回答義務があるといってはみたものの,効果的な制裁はなく,

回答を拒絶されたらおしまい，これでは利害が激しく対立する訴訟当事者間では使えない，もう少し良い制度になれば頻繁に利用されるはずだといわれていました。それを受けて平成15年の法改正で，提訴前の当事者照会と裁判所による証拠収集処分という相当厳しい手続が制定された。しかしそれでも当事者照会（提訴前の証拠収集）はあまり使われていない。わが国の証拠収集制度は最高になった，でも運用は最低という，この差がありすぎることが，単なる制度の問題とかあるいは弁護士の不勉強とかではなくて，別に何か原因があるのではないかということを考えるようになり，民事訴訟法学会で，その部分に光を当てて検討してくれないかといわれたものですから，何人かの弁護士，最後には加藤さんにもお入りいただいて，繰り返し勉強会をやりました。約1年間の成果として，平成17年の民訴法学会大会で，発表したわけです（「シンポジウム」民訴52巻53頁参照）。

これはそうだという論証ができるわけではなくて，もしそういうことだとすればこの結果は理解しやすい，当事者照会または提訴前の当事者照会に関する弁護士の実務はいろいろと矛盾というか，おかしいなという点があるのですけれども，それがもしそうだとすれば，なるほど，そうかもしれないと，現在の不自然な現象を理解するための道具としては非常に分かりやすい，次の法改正の際には，弁護士の業務の実態まで検討して，実効性ある制度にしなければならないのではないかということで申し上げているわけです。これも特定の弁護士をいっているわけではないし，私自身のことをいっているわけでもありません。弁護士のいわば生理現象であって決して病理ではない。三ケ月章先生の『法学入門』（弘文堂，1982）106頁にありますが，弁護士は依頼者の悩みごとを生計の資とし，依頼者の支払う報酬で生活している以上，避けられない現象として，こういうことが行われているのではないかと申し上げたつもりです。弁護士にとって一番大事なことは何かと考えたとき，事件の勝ち負けというのはいろいろありますから勝ち負けそのものではなくて，勝ちでも負けでもいいから，依頼者から支払ってもらえる弁護士報酬に関心がいかざるを得ない。事務所の経営は誰にとっても大変重要な関心事である。しかも，収入というのは継続して入ってくることが重要なのであり，ある瞬間だけポンと入ってきて，後はナシというのではだめなので，収入が継続すること，当たり前のことなの

ですが，そのためには依頼者にはリピーターになっていただくことが大事だと考えるわけです。しかも，依頼者がある事件をある弁護士事務所に依頼している間に別の事件が起きたとき，新件を別の法律事務所に依頼するということは通常あり得ないという大原則みたいなものがありますので，ひとつの事件を長くやっているということはヒッティングエリアというのですか，その幅が長くなるので，その間に次の事件が起きてくる可能性がある，そういうことを仮に考えたとすれば，これは急いで解決して得することにはならない，こう考える可能性があるかもしれない，そこまで明確に意識しているわけではありませんが，依頼者の悩みごと，報酬で生活している弁護士の深層心理の中ではやはり否定できないのではないか。例えば，顧問契約は，弁護士の立場から見るとリピーター確保の手段とみることもできます。顧問契約をしておけばその依頼者の次の事件は確実に入ってくるという意味では，顧問契約というのは，本当は弁護士が顧問会社に顧問料を支払わなければならないぐらいの機能をもっている（笑）。弁護士が，依頼者や事件を抱え込むという深層心理があるとすると，事件をてきぱき処理して早く終了し次の事件がくるのをまた口を開けてぼんやり待つということは避けたいと考えるかもしれない。もちろん意図的に遅延させるのは問題外ですが，どうも弁護士の仕事ぶりというのは，熱心に汗をかいて証拠を集めて迅速に結論を出すということよりも，むしろどちらかといえば多少の時間がかかるのはやむを得ないとか，感情的になっている事件本人を説得するため時間をかけることは重要だとか，相手の立場を考えなければ円満解決はできないとか，訴訟手続は謙虚で寛容だとかいいながらやっていた方がよろしいのではないかと深層心理の中で考えているとすれば，これらの現象はすべて説明できるということを申し上げたわけです。

　どうも，当事者照会に制度的な欠陥があるのではなくて，弁護士としてはこの制度には欠陥があるといってさえいればエクスキューズできるのですけれども，実は制度に欠陥があるのではなくて，多少の欠陥は付きものですから，欠陥があるといって使わない方が結果としてはいい，使わなくても弁護士のリピーター確保，抱え込みのためには構わないと，こんな状態になっているのではないかと，弁護士は一度自分自身を検討のための俎上に載せて，社会的な批判の目にさらし，謙虚にあるいは客観的に反省する必要がある，そんなふうに

考えて報告をしたつもりです。

○加藤　リピーターキープ・モデルは，現実に個々の弁護士の仕事の仕方がどうというのではなく，弁護士業務に内在する事務所経営の要素からくる蓋然性を構造的にモデル化したものですから，アカデミックな評価にも耐えられるものではないかと思いますが，弁護士倫理の観点も含めて，さらに広く議論されることが望まれますね（加藤新太郎『コモン・ベーシック弁護士倫理』〔有斐閣，2006〕58頁注(1)3)。

●裁判官から見た当事者照会

　それはそれとして，須藤さん，当事者照会について裁判官からはどう見ているかという点について，お願いします。

●当事者照会はなぜ利用されないのか

○須藤　弁護士ではありませんので，どうしても少し距離をおいて見てしまうわけですが，効果があれば弁護士さんも利用するのではないでしょうか。やはり手間のわりに効果が薄いところにひとつ問題があるからではないかということですね。では，なぜ効果が薄いのかという点ですが，これについては，訴訟の早い段階で裁判所を経ずに相手方から出せといわれても，まだ感情的な対立が激しいわけですから，誰でもそう簡単に「はい」とは言えませんよね。むしろ，相手から言われて出すのは嫌だという気持ちになるのが人間の自然の感情ではないでしょうか。だからよほどの強制力が働かない限り，効果が薄いのは当然のことではないかと思いますが，強制力を働かせることについては，弁護士さん全体としては反対も強く，なかなか合意が難しいのではないでしょうか。

　それから訴訟になっている段階ですと，山浦さんのお話のように，次回期日に裁判所に対して釈明してくれるよう求めて裁判所から聞いてもらったり，文書提出命令などをした方が早く，そうすれば，相手方が回答してもしなくても，出しても出さなくても，裁判所との関係で何らかのアドバンテージを得ることができると弁護士さんはお考えなのではないでしょうか。そちらの方がよほど手間ヒマがかからずに裁判所の関係で効果があるということであれば，当事者照会という面倒な手続をとるインセンティブに欠けることになりますね。山浦さんは，いろいろの方法を試みながら時間をかけることがリピーターを確保するために有効だからではないかとお話になったわけで，山浦さんがおっしゃる

ような面がないわけではないのかもしれませんが，少なくとも訴訟になった段階のものについては，より効果的な方法があるということがより大きな理由ではないかと考えています。

●当事者照会と求釈明事項との関係

○**村田** 当事者照会について，民訴法改正で訴え提起前における照会の制度ができる前は，訴訟の係属中という要件がありました。そこで，訴訟の係属中に当事者間のみで，裁判所が関与しない形で，情報のやりとりをする，しかもそれが主張または立証を準備するために必要な事項についての情報をやりとりするとなると，民事訴訟法の本質的な問題である口頭主義，公開主義などの関係で，訴訟が係属した以上，訴訟あるいは法廷を中心に主張立証活動をすると謳っていることとの関係が問題となるのではないかとか，やはり訴訟外で当事者のみで，こそこそと情報のやりとりをするよりは，裁判所の関与する手続において，裁判所をまじえて正々堂々と主張立証活動をし，あるいは議論等をする方が妥当ではないかというような感覚が弁護士の方々にあるのではないかとも思っていました。とともに，実は，事実上の釈明についての現在の運用は，多くの場合には，裁判所が当該訴訟における主張立証との関係で釈明が必要だと考えている事項，すなわち裁判所が是非とも釈明を求めなければならないと考えている事項のみについて，相手方に「回答」を求めているわけではありません。当事者の一方から相手方に対し，取りあえずこれを知りたいということで釈明を求めている以上，裁判所としては，相手方に対し，まずは，できる限り任意に「回答」してくれませんかと「任意の回答」を求め，相手方がこれを拒否した場合にはじめて，裁判所として，現在の訴訟状態，当事者の主張立証の状況等を考慮して，当事者が釈明を求めている事項について釈明すべきかどうかを判断するというのが一般的であるように思います。

つまり，裁判所としては，まずは，当事者の求めている事項について釈明が争点の関係で絶対に必要であるかどうかを考え，必要であるとの結論に達した場合に限って釈明するよう求めているわけではありません。当事者の一方が，ある事実関係，訴訟関係等が不明確であり，相手方の釈明が必要であると考えているのであれば，それはそれで，相手方も任意に回答できる事項は回答してくださいという運用が多いようです。したがって，相手方が回答を拒否した場

合についてのみ，裁判所において釈明の要否を判断することとになります。そして，当該事項が争点との絡みで必要だと考えた場合には，「これについては裁判所として釈明を求めます」となりますし，必要がないと考えた場合には「裁判所としては釈明を求めません」となります。このように，求釈明に対する判断は，多くの場合には，いわば二段階の構成になっているのが現在の運用です。

　そうすると，実際の運用としては，直接争点とは関係のない背景事情等であるため，裁判所としては正式には釈明を求めないであろうと予想される事項であっても，取りあえずは，当該事項についても釈明（実質的には当事者照会）の申立てをしておけば，いわば裁判官の目の届く範囲内の申立てであることから，裁判官が当該事項をめぐる問題状況等を認識してくれるというメリットがあり，それに加えて，先ほどのように，事実上ではあっても，裁判所の後押しによって，相手方から回答を得られることが実務的には多いことから，訴訟代理人の立場では，求釈明事項と当事者照会事項を厳格に区別することなく，取りあえずは，本来的には当事者照会事項であっても，求釈明事項として準備書面に記載する方がよいと考えておられるのではないかとも感じます。このような運用となっていることを考えると，すなわち訴訟の場で求釈明を行うことによって情報を得られることを考えると，わざわざ当事者照会制度を利用して，裁判所が関与しない形で訴訟の相手方から任意の情報提供を受けるという制度には，ややインセンティブに欠ける面があるのかなという印象を持っております。そして，実際にも，私が担当する事件で，訴訟係属中に当事者照会を行っていることが窺われる事件は，これまでほとんどないように思います。

　また，準備書面に当事者照会に関する事項を記載してよいのかどうかという問題との関係もあろうかと思いますが，実際の事件では，準備書面に当事者照会に関する事項が書かれるようなことはほとんどなく，準備書面に記載された照会事項・釈明事項は，基本的に求釈明の申立てであると取り扱っています。求釈明に関する運用が先ほど述べたような二段階構成であることもあって，それはそれで，特段の問題は生じていないように思います。

○**加藤**　ただ，いまの説明は代替的な方法があるからそれを使うという話で，なぜこれが使われていないかという説明としては，必ずしも十分なものではな

いかもしれませんね。当事者照会は，そもそも日本型ディスカバリーという言い方もされていた時期もあるほどですから，その時の議論の勢いからすれば随分使われるかと思われていました。しかし，現実には，そうでもないということですから，裁判所が関与・コミットする手続であればワークするけれども，そうでなければワークしないというのは，弁護士が自立的に活動することが弱いという，かなり根の深い問題があるのではないかという感じがしますが。

○**村田** 日本型ディスカバリーといわれていた時にも，やはり何らかの形で裁判所が関与すべきではないか，正当な理由のない回答拒否に対しては何らかの制裁を考えるべきではないかといわれていたと思うのですが，実際上，当事者間のみで，裁判所が関与しなくても，回答拒否に何らの制裁がなくても，必要な情報の交換はできるというのが成熟した社会であり，望ましい訴訟関係であろうとは思います。けれども，残念ながら，現時点の日本の訴訟の状態はそこまでいっていなかったということであろうと思います。もちろん，当事者照会制度が利用されていないことの背景には，それに代わる有効なオルターナティブの緩やかな運用というプラクティスが影響しているかもしれないとは思っています。

●**当事者照会は角が立つか**

○**加藤** 事前の交渉などで弁護士がお互いに資料を出し合って詰めていくことはあるわけですが，それにもかかわらず，当事者照会は使わないというのは，やはり当事者照会を使うと角が立つという受けとめ方があるのでしょうか。

○**馬橋** それはあるんじゃないでしょうかね。相手方との関係でもあるかもしれないし，相手方の代理人である弁護士との関係もあるのではないでしょうか。

○**加藤** そういうことですかね。

●**訴え提起前における照会制度と内容証明郵便による情報交換**

○**村田** 1点よろしいでしょうか。実は当事者照会には2つあって，訴え提起後の当事者照会と，訴え提起前の提訴予告を前提にした照会というのがありますが，訴え提起前における照会は，従前行われていた内容証明郵便によるやりとりと，どこが違うかというと，要件が厳しくなっただけで，実は提訴予告をした上での当事者間の情報のやりとりにすぎないのではないかと思います。訴

え提起前における照会制度は，照会の相手方に書面での回答を求めることができる（相手方は不当にこれを拒絶することはできない）というものですから，濫用のおそれとの関係で，照会の要件あるいは照会事項を厳しく規定する必要があるのは当然であろうと思います。そもそも，訴え提起前における照会制度は，従前から当事者間で行われていた内容証明郵便によるやりとりの延長線上に位置付けられるものであり，これまでの訴え提起前の当事者間におけるインフォーマルな情報交換を，要件や照会事項等を明確化することによって，フォーマルな制度として民事訴訟法の中にビルト・インされたものと考えています。

　そうしますと，民事訴訟法が用意した当事者照会は利用されていないけれども，最近の実務では，訴え提起前における内容証明郵便による情報交換は，以前にも増して，非常に活発にかつ充実して行われています。この点についても，民事訴訟法が訴え提起前における照会制度を用意したにもかかわらず，これが利用されず，そのオルターナティブとして，従前から行われていた内容証明郵便を利用した情報交換が活発に行われている現状についても，さらにその原因分析を含めて考えていく必要があるように思います。訴え提起前における情報交換の必要性は高いものの，ここでも緩やかな規律と運用で必要な情報を得ることのできる内容証明郵便等による情報交換という，これまでに確立されたプラクティスの存在が大きく影響しているように思えます。また，こうした現状を見ますと，残念ながら，多くの弁護士の方々は，訴え提起前における相手方との情報交換は内容証明郵便等を利用することで足り，多くの事件では，それ以上に訴え提起前における照会制度を利用すること（一般に，この制度が利用された場合に正当な理由なく回答を拒絶したことは，裁判官の心証に不利に働く間接事実として考慮されることがあるとされています。なお，小野瀬厚ほか編著『一問一答・平成15年改正民事訴訟法』〔青林書院，2004〕37頁，38頁，東京地判平成12年4月27日〔判例集未登載〕判例マスター文献番号0004270010参照）にさほどのメリットはないと考えられているようです。しかし，訴え提起前における照会制度が果たすべき機能・役割には，訴え提起前における情報交換の指導理念，あるいは内容証明郵便等による情報交換ができない場合の担保としての側面もあることを忘れてはならないように思います。

第4章　証拠・データ収集の方法と事実認定

○**加藤**　なるほど。話は提訴前の証拠収集処分にも関わりますね。
　山浦さんは，ここら辺についてはいかがですか。
○**山浦**　まず，事実上の釈明との関係ですけれども，最近，事実上の釈明は裁判所も大分積極的になりましたよね，以前は黙って聞いている，そんな感じで，それとの関係において確かに最近，事実上の釈明というのはまさに裁判官が必要と感じることのすべてだというか，裁判所が手際よく審理を進めてゆくために必要なら何でもするという感じです。我々弁護士も釈明とは，要するにコミュニケーションであり，弁論準備手続は釈明で始まり釈明で終わるというぐらいに事実上の釈明が積極的に行われていると思うので，そういう意味では当事者照会の2週間とか3週間の期限に回答するというよりも早いということは事実だと思うのです。

　立法当時のことを思い出しますと，弁護士が主体的に争点整理をする（その準備を進める）ための手段としての当事者照会の導入については，弁護士会はすごく熱心でした。裁判官の顔色を見ながら争点整理をやるのではなく弁護士が自立的に，特に裁判の早い段階では裁判官は争点が把握できないが，訴訟前の段階から内容証明郵便のやりとりや交渉・調停に関与している弁護士は紛争の実態が分かっている（いわゆる助走）ので弁護士が争点整理を積極的にやる，そういう制度を入れないとだめなんだというわけです。日弁連では，弁護士が自主的に運用ルールを作ろうといい出し，そのためのシンポジウムも開かれたのですが，結局そのシンポの後は続かなくなってしまって，施行されたらもう運用ルールは作られていない（東京弁護士会の前掲出版物が唯一のものです），一度も使わずに，改善の努力もせずにやれ効果がないとか，やはり裁判所にお願いした方が手っ取り早いとかいい出したというのが現実ではないでしょうか。

　もし当事者照会が使われない原因が制度に欠陥があるのであれば，無い物ねだりをしているのではなく，より効果のある方法に改善するという方向に赴くべきですが，提訴前の当事者照会や証拠収集処分が制度化されてもなお欠陥があるとか代替手段があるとかいっているのはおかしい，そこで私は，本当はそうではなかったのではないか，日本の弁護士はまだそこまで成熟していないのではないかと考えたのです。表向きそういったかもしれないけれども，本当は

違ったのではないのかなと，あるべき司法改革は弁護士の業務改革までメスを入れなければならないのに，弁護士はそんなに裁判手続を急ぐことなんか希望していないよという感じですよね。それはさっき当事者照会の代わりに内容証明郵便があるというのと絡むと思うけれど，内容証明郵便は確かにやります，それは相手が持っている情報を出してもらって冷静に考えるというよりも，自分の主張をぶつけるみたいなところがあって，これは紙爆弾ですよね(笑)。争点整理とは似て非なるもの，口喧嘩のために紙爆弾を投げつけることによって，訴訟としてはさほど優位に立つわけではないのですが，依頼者との関係においては，投げ合っている限りは，依頼者は，「それじゃあ先生，裁判をするのはやめます」，あるいは「ほかの弁護士に相談します」ということはあり得ないわけだから，当事者照会とは，全く違うエネルギーが働いていると思います。

○**加藤**　内容証明の方がより攻撃的に感じるところがあり，提訴前の証拠収集あるいは当事者照会の方が受動的な感じがする面があるということでしょうか。

○**山浦**　提訴前の当事者照会などというのは，いままさに喧嘩の最中でかっかと憤慨している依頼者に対してスマートすぎるんですね。依頼者はこれから裁判をやるというのに，ひとり弁護士だけが冷静で，これでは消極的に見える。依頼者は，弁護士も一緒になって喧嘩をしてほしいと期待しているのに，冷静な立場で客観的な事実関係を質問をし，あるいは喧嘩相手からの質問に対して回答しなければならない。私は事実をしっかりつかんでゆく方が効果的で，相手に対する本当の意味での攻撃になり，相手の急所というか，首根っこをつかむ良い方法だと思うけれども，依頼者はどちらかというと内容証明郵便の方が攻撃的に見えるし，弁護士にとってもいいっぱなし，やりっぱなしの方が楽ですね。互いに保有する情報を開示し合って紛争の真の争点を見極める，その結果，自分に不利なことも認識させられるなどというのは，依頼者からの報酬で事務所を経営している弁護士としては，少なくともいまは必要ないという辺りが結構強いんじゃないかなという感じがしますけれどもね。

○**馬橋**　確かに，内容証明は資料などを一緒につけて送れない仕組みですから，そもそもいいっぱなしになることもないわけではありません。もっとも，

近頃は例えばこういう書類もあるんですよという形で，別便で証拠等になるようなものを送ったり，細かい取引経緯を送ったりというような形で，また相手もこれに資料をもって誠実に反論するなど，ただの書面のぶつけ合いだけではなくてお互い事実を把握し，そして交渉での解決の道を図ろうとの意図も感じられて，少し変化してきていると思うこともありますが。

○**加藤**　この研究会では特にどうすべきだという当為を論じるのではなくて，現状を認識した上で，効果的な立証活動，質の高い事実認定を実践していくための方法を意見交換するということですから，これはこの程度にしましょう。

4　提訴前の証拠収集処分

○**加藤**　続いて，提訴前の証拠収集処分（民訴法第1編第6章）に移りたいと思います。馬橋さんは，ご経験はありますか。

○**馬橋**　いや，私は実際そこまでいったのはないのですが，養子縁組のいわゆる離縁請求する人がどうも体力的にも危ない，早くいえば死亡の可能性もあるなと思って，ひとつ提起前の尋問なりを考えたことがあるのですが，結局最後はお元気になりましたのでそれはそのままいってしまったということで，残念ながらちょっと例は持ち合わせていないのです。

○**加藤**　須藤さん，村田さん，提訴前の証拠収集処分について，コメントはありますか。

●提訴前の証拠収集処分の実情

○**須藤**　提訴前の証拠収集処分は左陪席が担当しているのですが，そもそも東京地裁でも件数があまり多くないと聞いています。これまでの若干の例では，送付嘱託を前倒しして申し立てたものがいくつかあるようです（なお，この単行本にまとめるために改めて確認したところ，東京地裁民事部で平成20年1月1日から12月31日までに申し立てられた件数は全部で10件で，送付嘱託が7件，調査嘱託が3件でした。このうち，送付嘱託について認容されたものが3件，却下されたものが2件，調査嘱託が認容されたものが2件，それ以外の3件は取下げという結果でした。）。民訴法では，裁判所は，「立証に必要であることが明らかな証拠となるべきものについて，申立人がこれを自ら収集することが

困難であると認められるときは」（132条の4第1項），「文書送付嘱託」（1号），「調査嘱託」（2号），「意見陳述嘱託」（3号），「現況調査」（4号）を命ずることができるとされているわけですが，3号の専門的な知識経験を有する者に対する意見陳述嘱託や，4号の執行官による現況調査などは全く利用されていません。本来的に，事実認定というのは証拠に基づいてなされるものですから，裁判所にとっても，有益な証拠は多ければ多いほどいいわけです。民訴法は，「意見陳述嘱託」（3号）や「現況調査」（4号）などの制度も用意していますので，弁護士の方々には，使えるときには使ってみていただければと思います。

　ただ，後で村田さんからご紹介があるかもしれませんが，この要件が結構厳格で，手続が煩瑣だという弁護士さんもいますね。弁護士さんにとっては，裁判所が要件を審査すると結構厳格になってしまって利用できる事件が絞り込まれてしまうという人もいるわけですが，その辺は感覚の違いもありますね。文書提出命令等も同様の問題があるのですが，ディスカバリー型ということで考えるのであれば，現在のような必要性中心の審査ではなく，関連性程度の審査にとどめて，しかももっと緩やかにしないと，飛躍的に利用を図ることは難しいということがいわれています。ただし，その一方で，現在は短期間に大量に弁護士さんを増やすという前提なので，要件を緩めるといいかげんな申請などが増えて制度に対する社会的な信頼性を損なうことになるのではないかという懐疑論もあります。どうなるのだろうかというのが正直な感想です。

　なお，現在の提訴前の証拠収集処分では，人証の尋問等は予定されていないので，例えば，内容的に必須の証人が重病で入院している場合や，長期海外出張の予定がある場合などについて，どうしても事前に供述を得ておく必要があるときには，「証拠保全」を利用することになります。ただ，相手方に対する反対尋問権の保障などの問題もありますから，例えば，人事訴訟や相続関係訴訟などで，関係者間にそれまでにいろいろやりとりがあり，被告となるべき者も尋問に立ち会って実質的に質問する機会を確保することができるような極めて例外的な事情がある場合に限られると思います。

●提訴前の証拠収集処分が利用されない理由と活用されるための方策について
○村田　確かに，提訴前の証拠収集処分（民訴法132条の4ないし6）はあまり使われていないように思います。その理由として考えられるのは，まず第1

に，提訴前についての証拠収集の場合には提訴予告が必要であるということです。提訴予告をして，しかも予告通知から4カ月以内に証拠の申立てをしなければいけないとされ，非常に期間がタイトに設定されています。しかも，先ほど来，山浦さんがおっしゃっているように，相手方に知られないという意味で，秘密裏に行うことができず，いわばオープンに正々堂々と申立てをしなければいけないというところにこの制度が利用されていない理由，あるいは嫌がられている理由があるのかなと思います。また，その他の要件を見ましても，提訴の予告通知から4カ月以内に証拠の申立てをする場合の証拠はその後提起されることになる訴えの立証に必要であることが明らかな証拠でなければならないとされ，しかも，申立人が自ら収集することが困難な証拠でなければならないとされています。他方，相手方との関係では，相手方の意見聴取をした上で証拠収集が行われることになっていて，オープンかつ透明性のある手続となっていますから，いわば公平性と客観性とを保ちつつ，証拠収集に便宜を図っているという意味では，とても配慮された規律になっていると思うのですが，そのことゆえになかなか弁護士さんにとっては使い勝手が悪い手続になっているという面もあるのではないかと思います。

　この提訴前の証拠収集処分でできることというのは，送付嘱託，調査嘱託，専門的知見に基づく意見の聴取，執行官の現況調査等となっているのですが，ほかの制度との関係でいいますと，証拠保全（民訴法234条）とオーバーラップする部分が多いように思います。ところが，証拠保全の要件は，あらかじめ証拠調べをしておかなければその証拠を使用することが困難となる事情があると認められるときに申立てにより証拠調べをすることができますから，かなりシンプルな形で，証拠を使用することができなくなるおそれがあるような場合には証拠収集ができることになります。

　それから，提訴前ではなくても，提訴後に送付嘱託，調査嘱託で十分対応が可能な場合も少なくありません。また，専門的知見に基づく意見の聴取についてですが，専門的知見はこの手続によらなければ取得できない場合がどれだけあるのかということを考えますと，医療過誤訴訟事件等の専門訴訟では確かに専門的知見が必要になりますが，現在では，原告の側の協力医あるいは意見医の確保がかなりの程度できてきている状況ですので，これもそんなに必要があ

るのかなというのが率直な感想です。さらに，執行官の現況調査等ですが，これは，相手方が「見せてやる」と言えば自分たちだけでもできる手続ですけれども，この制度は，相手方が「嫌だ」と言っているときに効力を発揮しますが，この手続は相手方の意見を聞いた上でしなければならないとされていますから，そうなりますと，またここで相手方との関係で一悶着起こることが懸念されることになります。

　そうしますと，平成15年の民訴法改正によって新たな制度として導入されたわけですから，是非大いに活用していただきたいと思うのですが，提訴前の証拠収集については，その要件を，須藤さんがおっしゃったとおり，緩やかに考えるべきであろうと思います。例えば申立人が自ら収集することが困難であることという要件をぎりぎり考えると，この制度はほとんど使えなくなるわけですし，証拠の必要性とか明白性を高度に要求すると，絵に画いた餅となってしまうことは明らかだと思います。提訴前の証拠収集処分という制度を実務のプラクティスとしてしっかり定着させるためには，少し緩やかな運用といいますか，緩やかな要件該当性の判断をすることなどによって，まずは制度を実務に根付かせる必要があるのかなと思っております。

○**加藤**　立法時に，要件設定などについて，より配慮すべきであったということでしょうか。

○**村田**　いえいえ，とても良い立法だと思っています（笑）。ただ，これを十分に活用してもらうためには，何が必要であるか，どのように制度を運用していくのがよいかをよく考えておかなければならないということを申し上げたつもりです。

○**加藤**　現実の民事訴訟のケースは個別性が強く，また多様でもあるので，制度としては手続は選択肢がたくさんあった方がいいように思います。そして，提訴前の証拠収集処分についても，その運用のスタンスを再検討することも含めて，きちんと状況に合う形で使っていく余地はあるように思うのですが。裁判所としても，提訴前の証拠収集処分を導入する前に，どのような対応をしていくかについて相当時間をかけて検討しました。しかし，それにもかかわらず，あまり申立てがないというのが実情ですよね。

第4章　証拠・データ収集の方法と事実認定

●まずは緩やかな要件解釈による実務への定着を期待

○**村田**　決して立法批判をしているわけではありません。確かに，他の制度とオーバーラップする部分はあるのですが，提訴前の証拠収集処分の存在価値は，例えば，証拠保全のようにあらかじめ証拠調べをしておかなければ証拠を使用することが困難となる場合でなくても，この制度を使えば送付嘱託，調査嘱託等できるわけですし，執行官の現況調査等についても，相手方が嫌だといっていても裁判所がやるといえばできるわけです。しかも，提訴前の段階では，これまでは入手することが困難であった証拠を得ることができるのですから，存在価値はとても大きいのではないかと思います。ただ，これを活用するためには，その要件には厳格にすぎるのではないかと思われる部分もありますから，現時点では，その濫用的な申立てをおそれて厳格な要件解釈をするよりは，むしろ要件解釈を，その制度趣旨を損なわない限度で，できる限り緩やかにすることによって制度の活用を図る方がよいのではないかということを申し上げたいのです。

○**加藤**　なるほど。提訴前の証拠収集処分については，もともと濫用的な申立てを警戒していたわけですが，濫用でなければいいというスタンスの運用も考えられなくはないですね。

○**村田**　そうですね。

○**山浦**　そのことに関連して思い出すのは，平成16年に東京地方裁判所プラクティス委員会が『計画審理の運用について』（判例タイムズ社，2004）という研究結果を発表しましたが，発表前に東京三会の民事訴訟委員会と東京地裁プラクティス委員会の検討会があり，裁判所は計画審理を手際よく進めるために，訴訟類型別のモデルを説明したのです。そこには訴訟類型別に「基本的書証」がたくさん例示してあり，基本的書証については訴訟を提起する時までに代理人側で揃えていただきたいという趣旨でした。そこで，私は，「では基本的書証を収集するために提訴前の証拠収集処分（特に相手方に対する文書送付嘱託）を申し立てた場合，裁判所は，訴訟類型ごとに記載されている『基本的書証』については基本的には当然採用してくれる（定型的に処理する）と理解してよいか」と質問しましたところ，何人かの裁判官が肯定する含みで笑っていました。私は自分なりに良いこといったなと思ったのは，基本的書証として

提出しなければいけないといわれているわけだから，いま須藤さんがおっしゃったように，「訴訟の早い段階，提訴前の段階で，必要性を判断するのはとても無理だ，だから類型的に定型的に基本的書証について申請があれば基本的に出す，ここでは関連性がありさえすれば，文書送付嘱託を行う」というのが裁判官のメッセージだとすれば，提訴前の当事者照会と証拠収集処分という制度は，相当に画期的な制度だと感じたわけです（私の質問については福田剛久ほか「座談会・民事訴訟の新展開(下)」判タ1155号35頁〔福田剛久発言〕参照）。確か，あの会議には須藤さんもいらっしゃいましたね。

　そして裁判所の発言から分かったことですが，提訴前の証拠収集処分については，裁判所がかなり熱心に研究・準備されていること，早い段階でこれだけの資料を出してほしいと要求するからには，ここまでの文書は申請があればやりたい，新しい制度を積極的に使いたいという姿勢でいることが分かりました。しかし，残念ながら，それが弁護士にはあまり伝わってこない（提訴前の証拠収集処分に関する準備や研究成果は公表されていない）ため，弁護士は，不勉強を棚に上げ，使い勝手が悪いとか（ここでもリピーターモデルが関連している）で，せっかくの制度がいわばお蔵入り寸前まできてしまった，そういう感想をもっております。だからもう一度光を当てて，この制度は弁論準備を，裁判提起の前に2～3回先取りしてやるようなものだということに気付けば裁判実務もガラっと変わるのではないかと思います。

5　各種嘱託

(1)　文書送付嘱託

○**加藤**　では次に訴訟の場面での話題に移りましょう。民事訴訟手続には，文書送付嘱託（民訴法226条），調査嘱託（同186条）などいろいろな嘱託ができることが定められています。これを効果的に使って事実認定に結びつけたというエピソードをまず披露していただき，意見交換をしていきたいと思います。文書送付嘱託，調査嘱託という順序で進めていきましょう。

　文書送付嘱託について，馬橋さん，何かエピソードはありませんか。

○**馬橋**　送付嘱託については不動産登記をめぐる紛争では法務局へ送付嘱託を

するということはしておりますし，そのときの代理人の欄への本人の署名とかあるいは印鑑証明を取った時期等でその登記は真実に出されたかどうかを立証するということはよくやっています。

【エピソードⅠ-1-17】死者は語る

　それから前にも話したエピソードですが，亡くなる6カ月ぐらい前に保険契約に入った人がいまして，実はその人は胃癌だったのですけれども，保険会社の代理人としては，胃癌で6カ月前に何ら症状がなかったのだろうかと，告知義務違反があるのではないかということで，過去の通院歴とか人間ドックのカルテや資料等を取り寄せました。そうしましたら，胃癌だと本人に告知されたのは保険契約の後であるということが分かり，立証には失敗しました。ただ，ここで，気をつけなければいけないのは何かを立証するという目的でとりますとその部分だけが非常に気になってしょうがないのですけれども，ああ，だめだと思ってもう1回資料を見ていましたら，その人が実は何回も糖尿病の治療で通っていることが出てきました。それも相当重度の糖尿病だということが分かりましたので，これはやはり告知義務の違反にかかるだろうということで，本来の目的とは違ったのですけれども，有利な証拠を見つけることができたということがありました。

〇**加藤**　送付嘱託して文書全体を取り寄せたので，その当該部分ではなくて全体を見て有利な立証に繋げたというエピソードですね。須藤さん，何かエピソードはありますか。

【エピソードⅠ-4-4】印影の大きさが異なることが判明した不動産登記関係書類

〇**須藤**　送付嘱託のエピソードがいまお話に出ましたが，不動産売買による所有権移転登記や抵当権設定登記の抹消などの例では大体送付嘱託の申立てがあります。ある事件で，事前に弁護士が登記所に保管されている付属書類を見に行ってその写真を撮っていて，その写真が証拠として提出されていて，ハンコも押してあって間違いないのではないかと思われたのですが，本人が「どうしても押していない」というので，念のため送付嘱託で改めて付属書類を取り寄せてよく見てみると，印影の形は非常によく似ているのですが，その大きさが本人の印鑑によるものとは微妙にずれていて，ひょっとしたらこれは誰かが酷似した印鑑を勝手に作って押したのではないか，どうも印影が違いますねとい

うことになった例がありました。本人が争っている場合には念のためにでも原本を取り寄せて照合してみるものだなということを実感したケースです。

【エピソードⅠ-4-5】欲張りは損のもと

それから離婚や相続の事件で，一方の当事者から相手方が隠している預金がもっとあるはずだとして，手当たり次第に住所や勤務先の近辺の多くの金融機関に対して取引履歴の送付嘱託をしてほしいという申出がなされることがあります。場合によっては嘱託先が何十件もあって，裁判所にとっては大変な手間がかかって面倒なのですが，やってみると口座があるところはごく限られていて，ほとんどのところからは取引なしという回答が返ってくることが少なくありません。そうすると，私などは，確かな裏付けもなしにもっと預金があるといっているのは，ただの欲張りにすぎないのではないか，トラブルの原因はあなたにあるのではないかといいたい感じがしてしまうこともあります。欲張りすぎは損のもとということでしょうか。

【エピソードⅠ-4-6】難病の疑いが強くなってから入った生命保険

そのほかには，筋萎縮性側索硬化症が発病した原告が生命保険に入っていて，入院保険金の請求をした事件です。筋萎縮性側索硬化症という病気は，全身の筋肉が固くなって動けなくなり，死に至ることもある病気なのですが，保険会社は告知義務違反で契約を解除して保険金の支払を拒否しているわけです。正式に筋萎縮性側索硬化症という診断がなされた病院のカルテなどが提出されていて，それを見ると，発病が確認されたのは保険に入ってからなのですが，その時期が確定診断の半年くらい前で，それまで保険に入っていなかったのにわざわざ高額の生命保険に入っているなど不自然な点があるわけです。本人も体調が悪いことは自覚していて複数の病院で診察を受けているので，カルテなどの送付嘱託をしてカルテを検討したのですが，いずれも保険に入る前には筋萎縮性側索硬化症という診断にはなっていないのです。ところが，ある病院のカルテの片隅に，送付嘱託をしていない千葉のある病院の名前が記載されていたのですね。保険会社の方で，その病院には筋萎縮性側索硬化症に詳しい先生がいるということを聞きつけてきて，その病院に対してもカルテの送付嘱託をして，提出されたカルテをよく調べてみると，筋萎縮性側索硬化症の可能性もあるので千葉の病院に行ってみなさいといわれて当院に来たことや，筋萎

縮性側索硬化症の疑いが強いことを説明した旨の記載があったのですね。その後，その病院で何回か検査をしているのですが，最終的には別の病院で確定的に筋萎縮性側索硬化症と診断されているわけです。結局，本人としては筋萎縮性側索硬化症の疑いが強くなったので，不安で保険に入ったのではないかと推測することができました。この病気は進行が遅いものと早いものといろいろあるようなのですが，原告は進行が早いタイプだそうで，裁判になって口頭弁論期日で法廷に出て来たときには，全身がかなり硬直していて，杖をついてなんとか歩けるものの，荷物を持つことはできず，付き添いがないと外出ができないくらいになっていました。本当にお気の毒な状態ではあったのですが，告知義務違反はほぼ間違いないと思われましたので，保険会社を説得して保険契約の解除を確認した上で払い込んだ高額の保険料を返還してもらうという和解をしました。送付嘱託先が多くなると事務手間が大変なのですが，真実発見に役立つこともあるので，裁判所としては面倒くさがらずにやってみることが大切だと思っています。

【エピソードⅠ-4-7】金融機関との取引履歴の送付嘱託
○**加藤**　金融機関に対する取引履歴の送付嘱託の関係では，離婚請求訴訟で財産分与が争点になっているケースでやったことがあります。妻から夫に対して離婚請求をしているのですが，預貯金の管理は妻がしていて，分与すべき預貯金などは全くないと主張しています。これに対して，被告である夫は基本的には離婚はしたくないというスタンスなのですが，預金はあったはずだとして争いました。幾つかの金融機関に送付嘱託をしていき，なかなかヒットしなかったのですが，あるときヒットしまして相当額の預金があることが判明しました。そうしたら，途端に妻が離婚請求訴訟を取り下げるという顚末になりました。財産分与の対象となる財産を隠していたのが，取引履歴の送付嘱託で分かったという，よくあるエピソードですが。

それから，【エピソードⅡ-2-11】養子縁組無効確認請求訴訟・公示送達事件における**補充尋問**も紹介しておりますが，これは養子縁組の届けに書いてある届け人の字と本人尋問に当たり宣誓書に署名した字とを比較対象して似ていることから，本人が養子縁組届けを自筆で書いたという疑いが生まれ，尋問をした結果，本人がそれをついに認めたというものです。これも，その前提として送付嘱託で

養子縁組届出書を取り寄せておいたことが功を奏したというエピソードです。

【エピソードⅠ-4-8】事件の基礎を固める送付嘱託

〇**村田** いまご紹介のあったものと同じようなエピソードなのですが，遺贈および遺産分割をめぐって紛争が生じた事件で，土地建物のほか，預金債権が被相続人の相続財産に属するか，名義人である相続人ら固有の財産に属するかが問題となりました。原告は，現在は被相続人の預金債権はなくなっているが，生前には多くの銀行に多額の預金があったはずであるとして，被相続人が生前に取引をしていたと思われる金融機関に対し預金勘定元帳の送付嘱託を申し立てました。送付された勘定元帳で預金が引き出された時期や振替送金先を確認することにより，被相続人の財産がどのように引き出されたか，それが誰の口座に振り込まれたかを確定したいということでした。被相続人はかなりの資産家でしたから，多数の銀行等の金融機関に送付嘱託をしました。

このような場合に預金債権の移転の経過を追っていくには，例えば，被相続人の口座から被告である相続人Aの銀行口座に振り込まれ，それがその後に相続人Bの銀行口座に振り込まれ，さらにその子C名義の預金となっているというような場合には，A，B，Cの各取引銀行に対する送付嘱託をすることが必要になります。そうするうちに，送付嘱託と送付資料だけで驚くほど記録が分厚くなってしまいます。事件記録は薄ければ薄いほどよいというのが訴訟代理人と裁判官の本音でしょうから，それはそれで解明すべき対象も多くなり，何となく嫌な感じを受けるのですが（笑），このような相続財産関係の事件では，被相続人の預金の流れを事細かく解明しないことには先に進まないし，解決の糸口も見えないことから，まずは，時間がかかっても，徹底的に預金の流れを解明することとしました。そして，送付嘱託にかかる金融機関からの送付資料が出揃って預金の流れの全容が判明してから，これらの送付資料や回答などを前提として，具体的な和解交渉を進めました。この事件では，あいにく双方の納得が得られず，和解の成立には至りませんでしたが，預金の全貌が解明できたことなどから，確認すべき相続財産はかなり絞り込むことができました。送付嘱託によって，事件の基盤（当事者間に争いのない，動かし難い事実，裁判所の判断の前提となる事実）が形成されたように思いました。送付嘱託にかかる送付資料は，第三者が作成したものであり，その意味では客観的で信頼でき

るものが多いでしょうから，送付嘱託は単なる証拠の申出というにとどまらず，事件の基盤を形づくる機能を果たすことがあるのではないかと思います。

【エピソードⅠ-4-9】相手方の同意を要する送付嘱託の申立て

　また，私は，現在，東京地裁の医療集中部におりますので，医療事件の審理との関連でも，少しお話をします。ご案内のとおり，医療過誤訴訟事件では，当該医療事故が起こったとされる被告病院のカルテの記載内容が一番問題になるのですが，患者が被告病院から他の病院に転医・転院した場合（これを後医といいます）や，被告病院に入院する前に他の病院で診療を受けていた場合（これを前医といいます）には，前医あるいは後医のカルテについて送付嘱託の申立てがされることになります。そして，現在の医療過誤訴訟の審理においては，前医あるいは後医の診療内容が問題となることが予想されるケースでは，ほぼルーティンとして，前医あるいは後医に対するカルテの送付嘱託が第1回口頭弁論期日前に申し立てられ，裁判所も第1回期日前にこれを採用しています。

　ただ，原告側が前医あるいは後医のカルテの送付嘱託の申立てをする場合は，原告本人あるいは原告の親族のカルテということになりますから，嘱託を受ける医療機関側も送付してくれるのですが，原告側ではなく，被告病院の側から，前医あるいは後医のカルテがなくては困るということで送付嘱託の申立てがされた場合には，個人情報保護との関係で原告側の同意という問題が生じてきます。したがって，原告側からではなく，被告病院の側から，原告患者側の前医あるいは後医のカルテの送付嘱託の申立てがあった場合には，裁判所がこれを採用して嘱託するだけでは，医療機関側は送付しくれませんので，口頭弁論期日あるいは弁論準備手続期日等において，原告側から送付嘱託についての同意を得るようにしています。その上で，口頭弁論期日調書にその旨を記載したり，あるいは原告側から同意書などの書面を提出してもらったりした上で，医療機関側に対する送付嘱託書に，「この送付嘱託については原告の同意を得ています」と記載しておくことによって，はじめて前医・後医のカルテが送付されることになり，これを入手することができることになります。

　現在，医療過誤訴訟事件では，前医・後医のカルテに対する送付嘱託はほぼルーティンとして行われている状況ですが，その申立てが原告側からなのか，

被告側からなのかで，必要な手続等が異なってくることがありますので（なお，先ほど述べました銀行預金に関する勘定元帳の送付嘱託の申立てについても預金者らの同意を要するものとして運用されています），この点についても併せてご理解を賜りたいと思います。

○**加藤** なるほど。関連して，お話ししますと，民事交通訴訟事件では不起訴であっても，検察庁は実況検分調書は送付に応じてくれますし，労災事件では労基署に労災関係記録を送付嘱託すれば出してもらえるということになっています。カルテも，そういう基本的なものとして使えるわけですね。

【エピソードⅠ-4-10】韓国の民事訴訟における刑事記録の活用

　刑事関係について，これは日本の話ではなくて韓国のエピソードなのですが，韓国では民事訴訟で刑事記録を極めてよく活用するようです。実際にそういうものの中にはセンシティブ情報も含まれているように思うのですが，捜査は国の金をかけてやった活動であって，公費による活動で集めた情報は広く利用されるべきであるという考え方から，それが民事訴訟で使えるということであるようです。そのため，民事訴訟で使うことをねらった告訴が極めて多いという弊害があるという話を韓国から留学中の裁判官から聞いたことがあります。

●関連事件の訴訟記録の利用

　その関係で，山浦さん，馬橋さんにお聞きしたいのは，弁護士が手持ちの関連事件の訴訟記録について，当該事件で使えそうなものがあった場合，それはどのようにされるのでしょうか。問題のない方法としては，裁判所に残っている記録を取り寄せて必要なものをコピーとして当該訴訟に提出されることでしょう。しかし，そういうことをせずに，弁護士手持ちの証人尋問調書などからコピーして出してくる例がないわけではありません。このような場合の扱いとしては，どのように考えてやっておられるかを，お聞きできればと思うのですが。

【エピソードⅠ-4-11】刑事記録から民事事件の過失主張を検討

○**馬橋** 私の場合は，例えば先ほど出た刑事記録の関係で，これは沖縄の海でスキューバダイビングをしているときに亡くなった人がおりまして，その遺族の代理人としてインストラクターとその使用者を相手に損害賠償請求をするこ

とになりました。この事件は業務上過失致死罪でも起訴され，罰金刑となっていました。そこで，刑事記録は被害者でも閲覧，謄写できるという制度ができましたので，私どもではそれを使って記録を謄写し，証拠として使っただけでなく，この種の事件の場合，過失の内容をどう主張するか悩むところですが，刑事判決がどこを過失として捉えているかを検討し，参考にしたことがありました。ここでも，記録の中でやはり個人情報に関する部分は黒く塗られておりますけれども，事件の全体像は分かりますので，証拠としても出しました。ただ，事件の詳細な部分が争いとなっているときには，やはり裁判所を通して完全な記録を取り寄せてもらってそれを出すという形にしていますけれども。

○加藤　山浦さん，いかがですか。

○山浦　当事者が同じ場合とそうでない場合とがあると思いますね。同じ場合はある意味では両方の弁護士が持っていてもそれほど気にならないと思いますが，当事者が違った場合，別の事件のときに前の裁判の証人尋問のあの一部分が使えるとかいう問題ですよね。相手方から出されたときは，不自然とか不愉快に思うのではないでしょうか。証言は文脈というか，争点との兼ね合いで証拠価値が変わる可能性があると思いますので，つまみ食いのような感じですね。だから自分も，そういうときにはそれをストレートに出すかどうか相当，悩むと思います。

　問題はそれが極まったとき，それをやるかとなると……これは難しいですね。原記録がもう残っていないとき，そういう場合は出すかもしれない。そこに自分に有利なことが書いてあって，原記録はない，あの時は不用意にいった，いまならもう少し違った表現をするかもしれないという尋問調書があったら，経験はないのですが，もし弾劾証拠として使うというのであれば出すかもしれない，そんな感じですかね。

○加藤　いまの問題については，裁判所としては，どうですか。

●記録の顕出

○須藤　かつては尋問調書などが同一裁判所（国法上の裁判所）内にあるものは本来は記録を借りてきて顕出すれば使えるということでしたね。だから当事者から提出してもらわなくても，何部に係属した事件なのかが分かれば，裁判所（訴訟法上の裁判所）の方で記録を借りてきて顕出しますといえば，有利で

も不利でも，とにかくその記録内にある証拠は使えたのです。

　ところが，現在は送付嘱託の手続によるわけですが，実際には，刑事事件や家事事件の記録については，民事訴訟の裁判所が出してほしいといっても，刑事部も家裁も，記録の提出についてはかなりシビアに考えていますので，ほとんど出してくれないわけです。だから多くの民事事件では，当事者自身が持っている尋問調書などしか出てこないことが多いわけですね。しかも，証拠の内容ということでは，民事と刑事とでは観点が違うので，苦労して出してもらっても，刑事事件の証拠が民事事件で直接役に立つとは限らないのですね。

【エピソードⅠ-4-12】役立たなかった殺人事件の尋問調書
　例えば，中国から帰国した残留日本人の家族が中国から来た家族に殺されるという事件がありまして，その死亡した被害者の夫が直接の加害者に対してだけではなく，その親族も幇助だとして共同不法行為による損害賠償を請求した事件がありました。手を下した本人は中国に逃げ帰ってしまっていて，幇助の親族だけ有罪が確定して既に刑務所に入っていました。刑事事件の弁護人が民事事件の訴訟代理人でもあったので，調書をもっていて出てきましたが，すべて中国に逃げ帰った者がやったことだという供述で，被害者側にはあまり役に立ちませんでした。

【エピソードⅠ-4-13】業務上過失傷害事件の証拠における過失相殺の観点の欠落
　また，信号機のない交差点での交通事故の被害者と加害者の損害賠償請求事件で，刑事の業務上過失傷害事件の尋問調書が出てきたことがあるのですが，刑事事件では尋問も加害者とされた者の有罪の立証に向けた捜査なので，被害者と加害者の微妙な過失割合が分かるようなものにはなっていなかったのです。民事の交通事件では，双方の過失割合が本当の勝負ですから，いかに加害者に過失があるのかを立証するための証拠というだけでは物足りないのですね。通常は刑事事件の被告人とされている者が加害者で，過失割合も被害者よりは大きいと思われるのですが，交通事故の場合には，実際には対向車両や先行車両など第三者の過失と被害者の過失とが競合して加害者の過失をもたらしているケースもあるわけで，刑事事件の尋問調書などだけで立証を済まそうとする代理人もいますが，それでは不十分な場合も少なくありません。

【エピソードⅠ-4-14】取調調書で一方的な暴行事件であるとの心証が得られたケース

ホストが店に押しかけてきた男性に殴られ損害賠償を請求している事件では，加害者が略式裁判で罰金20万円になっていて，関係者の警察や検察での供述調書が出てきました。読んでみると，加害者が女性問題で誤解して一方的に殴っていて，被害者のホストは空手の有段者だったのですが，それだからこそ手を出してはいけないとうことで，全く殴り返していないことが明らかになり，和解が成立したことがありました。刑事事件の調書が大変役に立ったケースですので，ご紹介しておきたいと思います。

○山浦　文書送付嘱託は，民事証拠法のいわば基本的なツールです。例えば，訴訟を提起すると裁判所から「訴訟進行に関する照会」がきますが，それに「送付嘱託，記録取寄せがあれば早めに申し出てください」という趣旨が書いてありました（最近は当たり前のようになっているので記載がないようです）。この文書について，弁護士はそれほど重要なものと思わないから，適当にやっていますけれども，あれは本当は大事な部分なんですね。弁護士はあれこれ要求はするけれども，裁判所からのお願いは後回しという感じがあるけれども，こういうところをきちっとやるということが大事だと思います。

【エピソードⅠ-4-15】金融機関の勘定元帳の送付嘱託

私も，送付嘱託はルーティンというか普通にやっているので，それで何か効果的な証明が出たかというと，すぐには思い当らないんですが，ただいまの金融機関の話は，同じようなことを最近やりました。倒産した会社（不動産管理会社）が管理中のマンション賃借人から受け取った賃料（預り金）をどのように処分したかが争点の事件で，取引銀行から，預金勘定の元帳（データのプリントアウト）を提出してもらった事例です。預金の出し入れが分かると企業活動がほとんど見えますから，最初に基本的な情報，動かない客観的な情報を確定しておく，いわば土俵をつくるという意味では，重要な方法だと思います。

○加藤　基本的なデータを集めて，そこから考えるという意味での送付嘱託ですね。

○山浦　そういうことですね。

●使いやすく効果が高い送付嘱託とは

○須藤　送付嘱託という制度は，現在の民事訴訟では，大変重要な証拠収集方法になっています。なぜかというと，当事者にとっても，裁判所にとっても，

使いやすくて，効果がある制度だからですね。当事者は簡単な申出をするだけで，準備書面を書くよりも簡単ですね。裁判所としても，文書を所持しているところにこれこれの文書を送ってくださいと嘱託するだけで，あまり手間がかかりません。もちろん担当の書記官事務としては，嘱託先の数が多かったり，原本は送れないからコピーを送るので費用を出してほしいなどいろいろいってくる所持者の場合には面倒なこともあるのですが，多くの場合にはあまり手間はないと思います。うるさいことをいえば，文書の特定や必要性の要件をどの程度厳格に審査するかが問題なのですが，現在の実務では，必要性をあまり厳格にいわずに関連性があって，相手方が反対しなければ採用して嘱託することも少なくないわけで，そのような取扱いが送付嘱託を使いやすいものにしている理由のひとつではないかと思います。ただ，送付嘱託をしても送ってくれないところもあるのですが，断られたところほど出してもらう必要性が高いという現実もあるのですね。その辺りを何か工夫できればとも思うのですが。

○加藤　なるほど。ただ，実務で，必要性，関連性の要件審査を緩くしているというよりも，当事者の送付嘱託の申請において必要性，関連性があるものが類型的に多いからではないでしょうか。全然必要性を感じないものを送ってもらおうとは思わないわけですから。

(2)　調査嘱託

○加藤　次に，調査嘱託のエピソードに移りましょう。山浦さん，お願いします。

○山浦　調査嘱託，鑑定嘱託のエピソードを1つずつお話しします。先ほどの弁護士照会と違って裁判所から嘱託をしますから，嘱託をされた方は，多くの場合，しっかりした内容で，相当量の資料を揃えて出してきてくれるという経験をしています。

【エピソードⅠ-4-16】欠陥商品である石けんについての調査嘱託

最初の調査嘱託の事例ですが，既に相手方が弁護士照会で情報を集めてそれを証拠として提出済みでしたが，相当にバイアスのかかった内容でした。当方は，同じような内容の調査嘱託を同一の企業に対して行ってもらいました。

調査嘱託は相手先に手間をかけさせることになるので，まず，自分で調べら

れることは事前にちゃんと調べておき，分からないことを質問するのが正しい姿勢です。これは化粧品に関する調査嘱託でしたので，化粧品製造許可に関する幾つかの文書について行政文書開示請求をし，基本的な情報を整理し，それを踏まえて調査事項を確定しました。その結果，弁護士照会の内容とは大分違った結果が報告されてきました。争点は，当方の依頼者が仕入れた商品（石けん）が欠陥商品であったということで売買契約に基づく債務不履行解除，損害賠償などの事件でしたが，石けんがどういう製造工程で，いつ頃，どういうロットで製造されて，石けんのどことどこに，どういう欠陥があって，それが回収されなかったのはなぜかというような辺りを，詳しく回答してもらいましたので，その裁判はもうほとんどそれだけで決着がついたというような事案です。

なお，この裁判では，厚生労働省（医薬食品局監視指導・麻薬対策課）に対しても調査嘱託をしております。薬事法は毎年変わっていますので，石けんが薬事法に違反するとした場合の適用法規などが結構複雑なのです，私が，厚生労働省の図書館に何度も行きましたが，よく分からないのです。そこで，先ほどのメーカーの調査嘱託に対する回答により明らかになった事実を前提として，「当該石けんについて，製造当時施行されていた薬事法に違反するか否か，違反するとすれば，違反の内容と法令の根拠を明らかにしてください」という内容の調査嘱託をしました。調査事項については，事前に，代理人（私），裁判所，厚生労働省の担当課長の間で何回かの調整をして決定しました。その結果，厚生労働省からは，薬事法の第何条第何項に違反するという詳しい回答がきました。単純な法律解釈だけではなく，事実の当てはめもありましたので，厳密な意味での調査嘱託か，鑑定嘱託かは意見があるかもしれませんが，期待どおりの結果が出て，判決はそれを証拠として商品の不具合を認定しました。

【エピソードⅠ-4-17】欠陥商品である塗料についての鑑定嘱託

次は，鑑定嘱託の事例ですが，事件は私の依頼者が売った塗料が欠陥塗料であったという理由で，塗った建物の表面に泡がでた（不具合），それで損害賠償の裁判となりました。原告の主張は，塗料はJIS規格の商品として売られているけれど，その性能はJISの求める基準に達していないということでした。当該商品は開発依頼10年以上にわたって販売されており，企業にとっては主

力商品でしたから欠陥はない，使用方法が間違っている（雨期に多量の塗料を塗ったなど）と主張しました。そこで，JIS規格の判定できる国の指定機関（財団法人日本塗料検査協会）に対して，鑑定嘱託をしました。法人に対する鑑定ができるか否かは多少まぎれますが，鑑定嘱託は条文（民訴法218条）に明らかなように，「官庁若しくは公署，外国の官庁若しくは公署又は相当の設備を有する法人」に対する手続です。検査協会の専門家がいろいろ細かい検査を全部やってくれまして，その結果，JIS規格に定められた性能はすべて保有しているという結論が出されました。

○**加藤** 須藤さん，エピソードはありますか。

○**須藤** 調査嘱託はそれほど件数が多いわけではありませんが，幾つかご紹介しますと，気象台に天候について調査嘱託をしたことが2件あります。

【エピソードⅠ-4-18】自殺未遂か事故かの判断の決め手になった気象台への調査嘱託

1件は保険金請求事件で，自殺未遂か事故かが争われていた事件です。ロシアとの木材取引などで多額の負債をかかえている小さな輸入会社の社長さんなのですが，この人が北陸道のある分岐点の分離帯に激突して，一命はとりとめたものの首から下は全身マヒになってしまいました。生命保険金の支払を求めたのですが，複数の保険会社と高額な保険契約を結んでいて怪しいということで，保険金の支払を拒絶されてしまいました。覚悟の自殺未遂なのかスリップ事故かが争われていて，多額の負債をかかえていたのに，毎月，合計で80万円近い保険料を複数の会社に払い続けていたのです。しかも，日頃東京では車を運転しないのに地理不案内の新潟から金沢方面を朝からあちこち車で走っていて，まるで死に場所を求めていたかのようでもあり，自殺未遂の可能性も想定されました。ところが本人は，全身マヒなので車イスで法廷に出てきて，「借金もかかえていて悩んでいたものだからついつい考えごとをしながら運転してしまった，そこに雨が降ってきて，分岐点でついハンドルをとられて分離帯に激突してしまった」と供述しました。

そこで，供述の信用性との関係で，いつ雨が降り始めたのかが問題になったものですから，気象台に調査嘱託をしたところ，ちょうど事件の1時間くらい前に小雨が降り始めて，事件当時は少し路面が濡れて水が薄く膜のようになっていて一番スリップしやすい状況になるぐらいの雨量だったということが分か

第4章 証拠・データ収集の方法と事実認定

りました。先ほどいろいろ申し上げたようにおかしなところがないわけではないのですが，本人がそこまでいって，雨が降り始めてスリップしやすい状況だということも立証できたので，判決では，スリップ事故だとして請求を認容したという事件を経験しました。正直いって公的機関の状況証拠がぴったりだったので，踏み切ったというケースでした。

【エピソードⅠ-4-19】船舶事故で判断の決め手になった気象台への調査嘱託

もう1つは，鹿島灘沖で中型の貨物船が沈没して積み荷がだめになって損害賠償が問題になった事件で，乗務員の操船ミスか，それとも発達した低気圧による高波突風による転覆事故かが争われたケースです。これも，別な気象台にですが，低気圧の強さ，進路，通過位置，通過時刻などを調査嘱託したところ，ちょうどその転覆した前後に，いわゆる春の嵐といわれるような勢力の強い低気圧が急激に発達して，鹿島灘付近を通過していたことが判明しました。もちろん操船ミスが全くなかったかどうかは別問題なのですが，かなりの突風が急に吹いてきて高波で転覆したのだろうということが推測できました。

いずれのケースも，調査嘱託によって気象に関する客観的なデータが出てきて，関係者も納得して事実認定ができるという意味で，非常に有効であることは間違いありません。

【エピソードⅠ-4-20】調査嘱託先が過剰反応して逆効果だった保冷車のケース

ただ，これと反対に，結果的にあまりよく分からなかったり，別の問題が出てしまったこともあります。これは真夏に保冷車で鮮魚を運搬していたところ庫内の温度が上がってしまい，取引先からクレームがついたため，運送会社から保冷車の販売店に対して高額の修補代金請求があった事件です。

審理の過程で，この保冷車の周りを覆っている部材の品質に問題があるのではないかということが争点のひとつになったので，部材の製造メーカーに，その素材やどの程度の温度に耐えられるようになっているのかなど，部材の規格上の品質などについて調査嘱託をしたところ，製造メーカーは自分のところの信用に関わるということで，裁判所の調査嘱託の範囲を超えて，新たに部材の強度試験を実施したり，問題の保冷車を実際に調べに行って，担当者がいろいろ詳細に調べあげて，運送会社の保冷車の日頃の管理が悪いので部材の一部がたわんでしまい，ドアがぴったり閉まらずに隙間ができて高温の外気が入って

しまい，庫内の温度が上がってしまったという，もう鑑定みたいな調査結果が返ってきたのです。これには，不利になった当事者が納得しないで，調査の範囲を超えているので今度は正式な鑑定をしてくれという話になって，紛争が拡大したばかりではなく，嘱託先から裁判所に調査費用を請求できるのかという問合せがあったりして，やっかいなことになってしまったという経験もあります。

○加藤　村田さん，いかがですか。

【エピソードⅠ-4-21】事前に得られる情報と得られない情報

○村田　須藤さんのように，気象条件等に関する調査嘱託はあまり経験がありません。ただ，気象条件等が問題となった事件としては，積み荷であるＨ型鉄鋼の積付方法・荷固め方法等が悪かったために，荒天の海で積み荷のＨ型鉄鋼が荷崩れを起こし，船舶が損傷するとともに航行不能となったとして，貨物船の傭船主が積付けをした荷役業者を相手に損害賠償を求めたという事件がありました。その事件では，船舶の損傷・航行不能の原因が問題となりました。そして，荷役業者の積み荷の積付方法が悪かったのか，貨物船の船長らの出航の判断・操船方法が悪かったのか，いずれが事故の原因であるかということが争点となりました。この事件では，事故当時の風雨・波浪の状況等の気象条件とその評価が争点判断のポイントのひとつとなっており，原告と被告からそれぞれ事故調査を依頼したサーベイヤーの調査報告書が提出されていました。原告側の報告書と被告側の報告書では，事故原因は全く異なっておりましたが，各調査報告書に記載された事故当時の気象条件についてはほぼ一致していましたので，争点は，当時の気象条件をどのように評価すべきか，すなわち，出航してはならないほどの荒天とみるべきか，この程度の波浪等で出航したことに問題はないとみるべきかに絞られました。

　この事件でも，サーベイヤーの調査報告書等から事故当時の気象条件等が明確でない場合や，事故当時の気象条件等に争いがある場合には，気象庁等に対する調査嘱託を行うことによって事実関係を明確にする必要があったものと思われます。ただ，この事件のように，事件の根幹を形成する，基本的な事実関係に関する客観的事項については，多くの訴訟代理人は，訴訟係属後の調査嘱託等によって取得するのではなく，事前に取得しておき，これらの資料をもと

にして，まずは提訴の要否，勝訴の可能性等を慎重に吟味・検討しておられるものと思います。したがって，このような場合には，調査嘱託を待つまでもなく，当事者が事前に入手している基本的・基礎的な資料が訴訟に提出されることが少なくなく，これらの資料があることによって，争点整理等を迅速かつ円滑に進めることができているように思います。

　先ほど来述べておりますように，事前に入手できる情報は，提訴後の調査嘱託等によるのではなく，当事者において事前に入手しておくことが望ましいのですが，実際の事件では，訴訟の経過によっては，訴訟代理人が当初予定していた争点ではない点が問題となる場合があります。そのような場合には，事前に情報を入手することができないために，調査嘱託によって客観的情報や資料を得るほかないことになります。特に，いわゆる負け筋の当事者が提出する新たな主張には，苦し紛れの主張であったり，十分な根拠や理由がないままに主張されることがままあるものですから，できるだけ早期に基礎となる客観的な事実関係を固めてしまうのがよいと思っています。そこで，調査嘱託等によって判明する客観的事情等がある場合には，速やかに調査嘱託の申立てを検討してもらうようにしています。

　ただ，調査嘱託，送付嘱託については，稀ではありますが，手持ちの証拠方法が少なく，決定打となる証拠を有していない当事者が立証に窮して，何か立証のきっかけを得られるのではないかという思いから模索的に申し立てられること（例えば，ある商品の欠陥が問題となっている事件で，当該商品自体についてのクレーム報告が見当たらないことから，他のメーカーの同機種の製品についてのクレームの有無・内容等について消費生活センターなどの関係機関に調査嘱託するような場合等）もあるようですから，裁判官としては，その必要性について十分に検討・吟味すべき場合もあろうかと思います。

○加藤　馬橋さん，いかがですか。

【エピソードⅠ-4-22】最寄りの消防署の雨量計のデータで豪雨を立証

○馬橋　先ほど雨の話が出ていましたけれども雨量は確かに気象台に対して調べるのもいいのですけれども，そう現場に近い気象台があるとも限りません。局地的に調べるとすれば，例えば，消防署などでも降雨量の記録をとっているんですね。道路が冠水し，車が水没し，管理者としての責任が問われた事件が

ありました。私は1時間ごとの雨量が分かるようなデータだけでなく，防災のために消防署がより詳細なデータをとっているということから，現場に近接した消防署からこのデータを提出してもらい，1時間では80ミリだが実はそのうちの10分間で70ミリぐらいの予測もできないような豪雨が降ったということを立証したことがありました。

【エピソードⅠ-4-23】調査嘱託における問いかけ方の工夫

それから嘱託を受けた立場であったのですが，「10年前に役所の窓口にこの土地について建物が建てられるかどうか相談にきたのは誰か」という調査嘱託がありました。それに対して役所は個人情報だから答えられないという回答をしましたら，今度は裁判所から「以前その敷地に建てられるか相談にきた者は次のうち誰か」と書いてあってＡ，Ｂ，Ｃ，Ｄと個人名が書いてあった（笑）。幸いにしてきた人と名前が違ったもので，違いますと答えて出しましたが，常にその答え方というのは非常に悩むところです。「回答しないと今度は証人として呼ばれるかもしれませんよ」といわれると，それではある程度答えるようにしましょうということになるのも実情ではないかと思います。その一方で，調査嘱託する側でも，回答する側の立場も考えた上で，回答しやすい問いの仕方など，工夫が求められることになるということでしょうか。

○**加藤**　金融機関でも，大阪高裁，大阪地裁において，調査嘱託に対して答えなかったことが不法行為になるか否かが争点になったケースが見られます（大阪地判平成18年2月22日金判1238号37頁，大阪高判平成19年1月30日判時1962号78頁，金判1263号25頁）。これは悩ましいところで，嘱託に答えたとすると，今度は答えたことが別の不法行為だということにもなりかねないわけで，先ほど問題となった，弁護士照会の関係と同じ構造の問題があるのですね。

●調査嘱託の回答は証拠価値が高いか

○**山浦**　天候の話を聞きながら思い出したのですけれども，何回かそういう事例を経験しています。私は気象庁に行って自分でパソコンのキーボードを叩いて細かいデータを検索して，入手したことがあります。最近はインターネットで，気象庁の気象統計情報のページ（http://www.jma.go.jp/jma/menu/report.html）に行けますので，簡単に，全国の観測地点の毎日の時間ごと（10分刻み）の降水量，気温，風速，風向き，日照時間が検索できます。役所に行けば湿度

などもっと詳しく分かるはずです。これは質問なのですが，生のデータも大事だけれども，プレゼンというか，きちんと調査嘱託をかけて入手した方が証拠の価値が多少上がるのでしょうか，山浦個人がオフィスでパソコンを使って入手した情報よりも，印象度合いが大きいものなのか，どうですかね（笑）。
○加藤　そうしたことはないのですが，一応公的な機関から出ているということで，それ以外の問題がなくなることが多いのです。
○山浦　そうですね。
○加藤　ただ，それが正確かどうかで争われると，さらに調べる必要が出てくる場合もあります。
○山浦　あっ，そうか，そういうところがあるかもしれない，いま気が付いた（笑）。
○村田　もちろん，持っているものは，それはそれで出していただければとは思いますが。
○加藤　それは，訴訟代理人がきちんと準備しているという意味で裁判所に好印象を与えますよね。ただ，確かに須藤さんが【エピソードⅠ-4-20】でいわれるように調査嘱託に対する回答の中身の正確性を争われてしまうと，そこは決着をつける必要があるから，そのプロセスも大事です。
○山浦　難しいですね，写真もそうですよね。登記所に行って不動産登記申請書や添付書類の写真を撮ってくることがありますが，あれも結構難しい。司法研修所の教室でよくいったのは，「必ず自分でカメラを持ってゆき，被写体の文書の脇に自分の指まで写真に入るように写しなさい，そうするとこの指は私の指ですと，こうやることによって自分が撮っていますから，その成立については私を信用してください」と，これを事務員とかほかの人に頼むと，それができませんから分からなくなってしまいますが，自分の指だと裁判所に見てもらえばよく分かる。生のデータは簡単に手に入るが，その成立というか信憑性というか，必ず何かつけておくというか，そんな感覚でいまの話を聞いていました。
○須藤　定規か何か一緒に写したらどうですかね。
○山浦　あっ，定規，そうですね，大きさをね。
○村田　手持ちの資料があるのに，あえて調査嘱託とか送付嘱託の申立てをす

るかという問題なんですけれども，まずは手持ちの資料を出していただいて，相手方から争われたら，申立てをするということで対応してはどうかと思います。その結果，手持ち資料と調査嘱託の結果等が同じであるということになると，準備をよくされている代理人だということで評価が上がるのに対し，相手方の代理人については，争い方によっては根拠もないままに言いがかりのような申立てをしたということで信頼を失う場合もあるのではないかと思います。このような事情は，間接的ではあっても事件そのものに対する裁判官の心証に影響を与えることもあるのではないかと思います（笑）。

〇加藤　いずれにしても，嘱託は裁判所を経由して実施しますから，比較的協力も得られやすいという関係者のメンタリティーもあるようです。そこで，争点にフィットした嘱託を試みるとよろしいというのがまとめになりますかね。

6　文書提出命令関係

〇加藤　それでは，文書提出命令関係の話題に入ります。これについては，判例が幾つも最近出ておりまして，重要なものが目白押しです。村田さんに整理していただきましたので，これを【文書提出命令に関する最近の判例】として末尾に付けておくことにします。これを前提にしますと，民訴法が現行のものになって文書提出が一般義務化したということから，民事訴訟実務がそれまでとは変わったという印象を受けますけれども，この点については須藤さんいかがでしょうか。

●文書提出命令をめぐる実情の一端

〇須藤　最近の実務で文書提出命令が問題となっているのは，貸金業者や商品先物取引業者などに対して取引履歴の開示を求めるものや，銀行などに対して稟議書などの提出を求めるものが多いですね。貸金業者は，10年以上前のものは保管していないので提出できないというのに対して，保管していないはずはないとして，結構シビアに争われることが少なくありません。新法になって提出義務が一般義務化されましたので，前よりはずっと出やすくなっているということは確かだと思います。

　ただ，弁護士さんからは文書提出命令の申立てをしたのだから却下するなら

却下する，認めるなら認めるで，とにかく裁判所にどちらか早く判断をしてほしいのに，裁判所がなかなか判断してくれないという話を聞くことがあります。先ほど申し上げました東京の三弁護士会の民事訴訟法部会の方と東京地裁とで行っている民事訴訟の運営に関する懇談会でもそういう話が出たことがあります。そこで，東京地裁の民事部のうち，プラクティス委員会のメンバーのいる部にお願いしてサンプル調査をしてみたところ，民事50か部のうち3分の1ぐらいの部から回答をいただきまして，その結果では，平成18年1月1日から同年12月31日までに合計380件の文書提出命令の申立てがありました。そして，その処理状況なのですが，平成19年5月30日現在で，終了したものは全部で264件，未済は116件で，簡単にいえば，約3割が未済で，約7割は終了していることが分かりました。

○加藤　申立て件数の7割は，どういう終わり方をしているのですか。

●文書提出命令の申出がなされると相手方から任意に提出されることが多い

○須藤　既済事件の終了事由を見てみると，決定が53件，基本事件の終了が124件，撤回が87件という内容でした。そして，決定53件のうち，認容したものは20件ぐらいで，却下したものが30件ちょっとなのです。終了事由としては基本事件の終了が約半分を占めているのですが，これには，途中で和解をしたり，訴えが取り下げられたもののほか，途中で所持者（多くは相手方）から対象文書が任意に提出されたりして，本来は撤回されるべきところ，撤回もなされず文書提出命令について判断をしないうちに基本事件が終わってしまったものも含まれています。もちろん，撤回されたものも少なくないのですが，大方の意見では，必要性を欠くものや，文書の特定自体が不十分なものなどのほか，裁判所からの働き掛けに応じて相手方から任意に提出されたために撤回されるケースが多いということでした。結局，文書提出命令の要件を備えていて必要性も高いのに裁判所が判断を留保したまま出さないという例はほとんどないというのが裁判所側の理解でした。もっとも，微妙なケースでは，裁判所が文書提出命令について判断すると，認容の場合には提出を命じられた相手方が争いますし，却下の場合には申立人が争うので，その間，審理が実質的に止まってしまうということも全くないわけではありませんが，先ほどのサンプル調査では即時抗告された事件は1桁しかありませんで，そんなに件数が多いわ

けではないのですね。裁判所から見ると，必要性がないか，要件が欠けているか，どちらかのものが多いという感想だと思います。もう少し絞りをかけて本当に必要で要件を満たしているものだけ申出がなされるのであれば，判断が早くなることは間違いないと思います。

○**加藤**　現状の紹介は大変参考になりますね。平成13年10月まで東京地裁で民事通常訴訟を担当していましたが，その時の印象ですと，文書提出の申立てがされた場合，相手方は所持しているものについては任意に提出するという例が極めて多く，特定性を欠いていたり，必要性がないという場合には，その旨話せば申立てが撤回されました。そのようなことで，3年半で終了した事件は合議事件，単独事件合わせて1,000件ぐらいありますが，文書提出命令を出したのは1件だけですね。ですからいま，須藤さんがアトランダムに幾つかの部を調べたという状況は，なるほどそんなものだろうと思います。

　　　　　　　　　●文書提出命令の申立てに関する運用の実際──補足
○**村田**　私が担当した事件でも，同じように文書提出命令の申立てはかなりあるのですけれども，決定したのはあまり例がありません。弁護士さんの申立てにかかる文書の内容等を見ていますと，どちらかというと，出してほしいと思ったら取りあえず文書提出命令の申立てをする，それは相手方もすぐ出してくれるかもしれないけれども，こちらが欲しいから取りあえず文書提出命令の申立てをしてしまい，その具体的な必要性等はまた後で考えるというスタンスで対応されているのではないかとも思います。これに対し，そもそも文書提出命令の必要があるかどうかは別にして，相手方から任意に提出されることが少なくありません。また，相手方が任意の提出に難色を示す場合には，裁判所において，その必要性について具体的に尋ねたり，「裁判所としては必要がないのではないかと思いますが」などと対応し，「決定は少し留保していただいて結構です」ということで，決定を留保しているうちに，事件そのものが終局を迎えてしまうことも少なくありません。

　文書提出命令の申立てについては，裁判所から相手方に対して「任意に提出してくれませんか」というと，拒否されることは非常に少なく，ほとんどの場合において任意に提出されているように思います。確かに，最高裁の判例等になっております金融機関の貸出稟議書等について文書提出命令が申し立てられ

たような場合には，お互い意見書の応酬をした上でぎりぎり判断しなければいけないところまでいったことはありますけれども，それ以外の文書については，文書提出命令の提出義務等が激しく争われたという記憶はほとんどありません。

　多くは，須藤さんも加藤さんもおっしゃいましたが，必要性が極めて疑問な文書がかなりございますので，そのような場合には，当面はその必要性がよく分からないということでペンディングにしたまま，他の手続を進行させましょうということで訴訟を進行させて，弁論終結という最後の段階で「これはもういいですかね」などといって撤回してもらうか，必要性なしで却下するかというような運用が多いように思います。

●弁護士から見た文書提出命令

○**加藤**　弁護士の側から見てどんな感想をもっておられますか，山浦さん。
○**山浦**　いまの話に出たところから意見を申し上げたいのですけれども，必要性という問題があることは私どもも分かっていますので，私は，文書提出命令の前には文書送付嘱託を採用してもらうように工夫しています。文書提出命令では，厳密にならざるを得ないのですが，文書送付嘱託ですと，先ほどの話にもありましたように，関連性だけというわけではないが，必要性については比較的緩やかになっている。裁判所は，相手方当事者が出さないといっているものはやっても無理でしょうといいますが，いや，是非お願いします，出るかもしれませんとお願いします。裁判所が，無理だと思うが一応嘱託してみましょうといって文書送付嘱託をすれば，当該文書はこの事件に必要性があるということを裁判官が認めたことになる。もっとも，文書送付嘱託の場合の必要性と，文書提出命令の場合の必要性は，レベルが違うかもしれませんが，一応，相手方当事者に対して調査嘱託が出たということは，文書提出命令における必要性を裁判所が先行自白したのだ（笑）というように押さえるわけです。その上で，改めて文書提出命令の申出をすると，送付嘱託はもう通っていますから，文書提出命令を出しやすいのではないかと思います。

　もう1つの問題は，必要性をどこまで厳格にするかという，また同じ問題になってしまいますが，ブロックダイアグラムの中のその×（否認）の部分だけに限定してしまうと難しい。ブロックダイアグラムが完成していないわけです

から，必要性についてのシャープな説明は相当難しい。そこでは，アバウトブロックというか，関連性に近い必要性のレベルで納得してもらうほかない。だけど，文書提出命令は最後の手段だとなるとそうもいっておられないので，そのバランスのところで，裁判官と弁護士が意見が分かれるのではないかなと思います。

【エピソードⅠ-4-24】売買契約書についての文書提出命令

文書提出命令のケースですが，つい最近やりましたのでは，当方は建物賃借人で賃料減額調停を提起し（調停前置主義），賃貸人が建物を第三者に売却したために当事者の承継が起き，調停から訴訟になった。建物の時価計算の基礎資料として，売買契約書の提出を求めた。最初は当事者照会で代金額を照会しましたが無視されました。再度の照会をしましたが，やはりそれも無視され，仕方なく，被告に対する文書送付嘱託を申し出たら採用されたのですが，被告は当然のように拒絶した。そこで文書提出命令を申し立てた。必要性については，賃料減額訴訟における適正賃料の検討に際しては建物の時価を客観的に判定する必要がある，もちろん他からいろんなサンプルをとってくることも必要だが，それは隔靴掻痒というか迂遠なので，実際に被告が本件建物を買ったのだからその代金を明らかにすれば時価の重要な間接事実になるというものでした。東京地方裁判所では売買契約書は職業秘密に関する事項が書かれているということで却下になりました。私は即時抗告をして職業秘密には該当しないと主張しましたら，東京高裁では原決定を取り消して提出命令が発令されました。被告は許可抗告をしましたが，不許可ということで確定しました。

そこで当該文書の証拠価値なんですが，金額は誰でも分かっているような普通の値段でしたから，さほどの意味はなかったのですけれども，契約書を読むと，被告が提出を拒んだ本当の理由が分かりました。本件売買契約は賃料減額の調停中に締結されており，減額調停や訴訟を前提とした売買であって，将来減額請求が認められた場合に備えて，契約当事者間でどういう対応をするか，特約条項で詳しく取り決めがなされていた。もう負けることを前提として売買契約をしていることが一目瞭然なわけですね，この事実は外部からは分からなかったのですが，文書提出を拒んだ本当の理由は，その部分を隠したかったわけですね，だから時価云々の話ではなく，それとは全然別のところにこだわっ

ていたのです。売買代金はいくらという単なる情報で済ませばよかったのを，文書提出命令により，立証テーマ以外の重要な部分が暴露されてしまった，こういう経験をしました。

○**加藤**　それは面白いエピソードですね。馬橋さん，何かありますか。

○**馬橋**　文書提出命令を申し立てたことはいままでないですし，申し立てられたこともないですね。それでは，現実にしていないかというと，先ほどいったように弁論準備の中で，相手方に対し文書についての問合せをし，裁判所の方で「こういう文書はどうなんですか」という指示をされると，相手方から文書が出てくるという実情もあると思います。

【エピソードⅠ-4-25】労働委員会と物件提出命令

　民事訴訟ではないのですが，私は物件提出命令で1つの思い出があるのです。労働委員会の公益委員をやっていますが，労働組合法でも新しく物件提出命令の規定が設けられました。そしてボーナスの査定が不当労働行為に当たるかどうかという事件がありまして，組合側から勤務評定書の提出命令の申立てがありました。私はその文書はやはり本件において極めて重要な証拠だし，必要ではないかと考えて物件提出命令を出しました。これは全国で初めてだったのですが，中労委ではそれは先ほどのいわゆる必要性がないという理由で取り消されました。この法律は基本的には民訴の規定を考慮して入れたといわれていますけれども，一部要件が異なっているところもあります。物件提出命令が取り消された一番大きな理由は，立証責任との関係でそれは使用者の方が不当な査定をしていないことを立証すべき材料なのだから組合側からの物件提出命令の申立ては認められない。また，それまで出された証拠だけでは認定できないような場合，つまり，物件提出命令というのはぎりぎりまでいって他に立証方法がないときに使うべきものであるとのことでした。私としては，もっと広い意味で事件の全体像を見るとか，それが最良の証拠のひとつであり，早期に提出されることにより審理の促進に貢献するならば，そういう意味での必要性で命令を出してもよいものと考えていたのですが。

●**労働事件と文書提出命令**

○**須藤**　いま，労働委員会の関係についてお話がありましたが，私は労働部で勤務したことが3回ありまして，その時の経験でいいますと，一般の労働訴訟

でも，労働委員会の救済命令に対する取消訴訟でも，賃金台帳や人事評価について提出命令の申立てがなされることがありますが，会社側は，なかなか提出してくれません。労使の対立が激しい事件ではもとより，それほど対立している事件ではなくても，会社側は，人事管理の資料が外に出ることを本当に嫌がります。提出しないと，それに対する制裁として真実と擬制されることもあるわけですが，それでも出さないということが少なくありません。さらに，現在では，個人情報保護法の問題もあり，明確な資料が出にくくなっていますから，なおのこと大変だと思います。

●労働組合法の改正による労働委員会での提出命令

このように，もともと労働事件では訴訟でも文書を提出させることが大変なのに，平成16年の労働組合法の改正で，労働委員会の審理においても帳簿書類その他の物件の提出を命じること（物件提出命令）ができるようになりました（同法27条の7第2号）。そして，都道府県労働委員会の物件提出命令に不服があれば，本体は都道府県労働委員会で審理している最中なのに，その不服部分は中央労働委員会で争えるという二重構造がとられることになったのです（同法27条の10）。私は，改正当時は労働部にいたものですから，多少とも関心があって，基本事件はまだ地方労働委員会に係属していて，中央労働委員会は何も知らないのに，突然，物件提出命令の当否だけ審査しなければならないというのは，制度的にやや無理があるのではないかと思っていました。いま，馬橋さんからそういう例があるということをお聞きして，改めて大変だなと感じた次第です。

○**加藤**　村田さん，文書提出命令の関係でエピソードはありますか。

【エピソードⅠ-4-26】過払金返還請求訴訟における取引履歴の提出命令の取扱い

●クレ・サラ事件における文書提出命令

○**村田**　先ほどからお話ししておりますとおり，文書提出命令が申し立てられることは比較的多いのですが，実際に判断に困ることはあまりなくて，多くの場合は任意に提出されている状況です。近時激増しているといわれるサラ金業者に対する過払金返還請求事件では，被告であるサラ金業者等に対し，原告との取引状況，借入れの状況，弁済の状況等に関する帳簿，帳票等の取引履歴の提出を求める文書提出命令が申し立てられることがあります。ただ，この場合

の問題点は，あれば出すというのが多くのサラ金業者の対応ですが，帳簿等の保管期間については内規で10年としている会社が多いものですから，被告は10年以上前の取引分については既に廃棄処分済みで提出することができないという内容の意見書を提出することが多いのが現状です。

　このような場合には，実際に文書が存在していないことが明確であるとはいえないとして，文書提出命令を発付する扱いと，被告のサラ金業者の内規・取扱い等について十分な資料の提供があれば，申立てにかかる文書は存在しないことが明らかであるとして文書提出命令の取下げを促したり，あるいは却下したりする扱いとがあるようです。そして，仮に文書提出命令を発付した場合には，その不提出の場合の制裁をどのように考えるべきかについて，難しい問題として，民訴法224条1項，3項の適用の可否という問題が出てくることとなります。また，取引帳票等が廃棄処分されている場合の原告における立証の困難と公平ということを考える必要があるとして，被告が被告内部の都合で帳票等を廃棄したことの意味をどのように考えるべきかという観点から，このような場合には不提出の制裁を利用するためにも文書提出命令を発付するべきだと考えている弁護士や裁判官もおられるようです。過払金返還訴訟は全国の各裁判所に極めて多く係属している状況ですから，このような問題は日常的に起こっているのではないかと思います。

○**加藤**　ここはかなり流動的ですが，見解の分布の状況はどうなのでしょうか。収斂していく方向があるのか，どうなのか。

●**貸金業者に対する文書提出命令は少なくなっている**

○**須藤**　個人的な感想にすぎませんが，最近では大手といわれる貸金業者はかなり古い資料も探してきて，できるだけ出そうという姿勢になっているのではないでしょうか。そういったこともあって，最近では貸金業者に対して文書提出命令が発令される数は減っていると思います。4，5年前に通常部でやっていた時には，訴訟になったので慌てて廃棄したのではないかと疑われるケースも少なくなかったように思います。なぜ分かるかというと，訴えが起きて訴状が送達された日の前後から以前の資料がないわけですね。いわゆる証明妨害ですから，そのようなケースで文書が存在しないといわれ，裁判所がそのまま文書の存在が証明されていないとして提出を命じないようでは，裁判の正義が

損なわれることを放置しておくのと同じですから，発令しても対象文書が存在しないとして提出されないかもしれないのですが，証明妨害のような行為は許さないということを示す意味で，私も何件か文書提出命令を発令したことがあります。

○加藤　最近はかなり任意で出てきているということですか。

●過払金返還請求事件で真実擬制が適切なのか

○須藤　そのとおりです。いまでは，任意に取引履歴や関係資料を出さずに抵抗しているのは，特定の業者だけのようです。ただ，その一方で，昭和50年代後半から昭和60年代前半頃に貸金業者から借り始めて弁済しているという主張の事件も少なくなく，資料が残っていないといわれた場合に，裁判所としてもどうしたらいいか困る場合も出てきています。いま，村田さんから真実擬制をどうするのかという問題を指摘されましたが，真実擬制を使うときの最大の弱点は，そもそも具体的な弁済内容が明確には主張できていないということではないでしょうか。20年も前の弁済について，いつ，いくら弁済したのか記憶に基づいて再現したといわれても，困るわけですね。

○加藤　擬制しても意味がないと。

○須藤　擬制する真実が上手く出てこないということですね。

【エピソードⅠ-4-27】開示された内容から推認する方法

●真実擬制よりも間接事実による推認が適切か

○須藤　いま，地裁で不当利得返還請求事件が激増していて過払額の確定が結構やっかいな問題になっていますが，簡易裁判所では，何年も前に問題になっていたのですね。私は，司法研修所で裁判官研修の教官をしていましたので，簡裁判事さんの研修の際に，真実擬制の適用ではなく，純粋に事実認定の問題として，提出されていて明らかになっている取引履歴から，提出されていない分の弁済状況を推認するのがよいのではないかと説明するようにしていました。いまも問題にはなっていますが，取引履歴が出ている最初の時点の取引残高を0円と仮定して，それを起点として利息制限法に引き直して現在の過払金を計算するという0計算方式というものも考えられていたのですが，誤差が大きいことが明らかなものですから，簡裁判事さんもその計算方法には躊躇する人も少なくなかったわけです。

●取引履歴不提出部分を推認する方法──反転方式

　しかし，よく取引履歴を見て考えてみると，多重債務者は現在でこそ借金で首が回らないわけですが，実は昔に遡れば遡るほど，借金も少なくて，実は定期的に2万円ずつとか，1万5,000円ずつとか，結構きちんと一定のお金を返していることがほとんどなのですね。そこで，提出された取引履歴を見て定期的に一定の金額が返済されているようであれば，その取引履歴の最初の時点をmとし，原告が最初にお金を借り始めたと主張している時点をaとして，この取引履歴がないa−mの期間を，明らかになっている取引履歴の始点であるmを基点として反転させると，時点bをとることができます。そして，このm−bの期間の取引状況を確認してみて，それなりにきちんと定期的に一定のお金を返したりしていることが分かれば，このm−b間の取引内容を，mを基点として不提出部分に再度反転することで，a−m間の取引内容を推認することができるのではないかというわけです。理屈をいえば，取引履歴で確実な数字が分かっているm−b間の取引内容を間接事実として，これに，多重債務者も初期には定期的に一定の金額を返済していることが多いという経験則を働かせて，取引履歴が提出されていないa−m間の取引内容を推認するということになります。

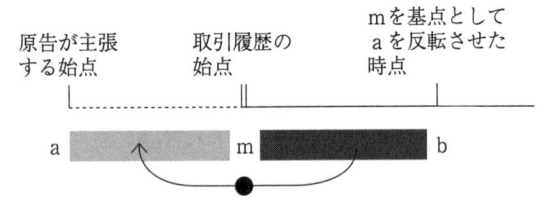

```
         原告が主張        取引履歴の        mを基点として
         する始点          始点              aを反転させた
                                             時点

         a                m                  b
```

　そして，何か覚えやすいネーミングがないと簡裁判事さんにインパクトが欠けるので，反転理論とか反転方式と名付けて紹介していました。ネーミングはともかく，このような考え方は簡裁判事さんにはある程度普及しているのですが，地裁ではまだあまり知られていません。ただ，今年の4月に私自身も地裁に戻ってきて，自分の事件で実際に当事者双方にこの方式をいって計算し直してもらうと，かなり話がつくようになっています。無理な真実擬制よりも，この推認方法による方が事実認定として無理がないのではないかと思っています。

○加藤　反転というといささか大げさに感じますが，期間をスライドして，推認するということですね。

○須藤　まぁ言葉の問題なのですが，取引履歴が開示されている最初の時点を基点にちょうどひっくり返すような感じで推認するので，反転方式といっているわけです。

○村田　そのような考え方は聞いたことがありませんでしたが，いずれにせよ，前提として取引開始時期がある程度明確になっていることが必要ですよね。

○須藤　ええ，もう少し詳しくいいますと，取引開始時期について貸金業者と原告とでほぼ争いがない場合と争いがある場合とで異なります。開始時期に大きな違いがなければ，ほぼ問題なく推認できます。開始時期に大きな開きがある場合は問題なのですが，当時の利率ははっきり分かっていますし，出ている取引履歴を見ると，月々いくらくらい返済して，その間にどのくらい借り増しているかなどもほぼ分かりますので，これをもとに計算すると，取引履歴で明らかになっている最初の時点mでの債務残高になるにはどの程度の期間の取引になるかが出てきます。つまり，取引を開始した最初の時点もかなりの確からしさで逆算できるのです。このようにして，取引履歴が明らかではない期間が何年程度かが推認できれば，利息制限法で引き直していくことで，過払額が大体推認できるのではないでしょうか。

○村田　その前提に関しては，まず取引開始時期がいつなのかという点について証拠が出る場合と，出ない場合がありますね。証拠が出る場合と出ない場合では，取引開始時期の確定方法が違うことになります。特に証拠が出ない場合には，残高からは原告の主張する取引開始時期までたどり着けないこともあります。また，合理的な推論とはいっても，推論に推論を重ねた上での一応の結論にすぎないということで，ある意味で不安定な部分のある結論となりますから，裁判所として是非やってほしいと思っているのは，取引開始時期とともにその後の取引経過についても，できるだけ，原告の側で預金口座等に関する資料，例えば，預金通帳の一部や振込票等の断片的な証拠でも結構ですからそれをできる限り多く提出してもらいたいということです。須藤さんのおっしゃった手法は，そのようにしても何も提出されないという場合に採用できるかどう

かを検討すべき，最後の手段であろうと思っています。

●さらに反転方式による推認内容を断片的な証拠と付きあわせて検討する
○**須藤** そうそう，何か断片的にでも確実な証拠がある場合には，反転方式で推認した部分の一部を検証することができ，異なる場合には修正を加えられますので，そうすればほとんど問題はなくなります。当事者双方の主張している取引開始時期が異なる場合でも，原告が主張する取引開始時期を前提に試算して，その結果を断片的に提出されている証票などの確実な証拠と照らし合わせてみて，金額などがどの程度合致するかを検証するわけですね。

ほぼ合致していれば原告の主張する開始時期で大体正確ということになりますし，合わなければ原告の主張する開始時期に無理があるということになりますから，先ほどお話ししたように，取引履歴から明らかになっている月々の返済額や利率，時々の借り増し状況などを前提として，取引履歴の最初の時点mで示されている債務残高が残るようになるにはどの程度の期間の取引になるのかを逆算して一応割り出すことが可能になります。そして，その割り出した一応の取引開始時期から利息制限法に引き直して計算をし直せば，それなりに説得力のある過払額を推認することができると思いますが。

●取引枠が拡大する場合の問題点とゼロ・ベースという考え方
○**村田** それからもう1点は，実は，取引枠といいますか，貸出枠がその後の取引経過等によって拡大し，貸付限度額が増加するという内容の取引があります。そのような場合には，取引枠がいつ拡大したかが判明しているとよいのですが，これも分からないというときがあります。このような場合には，須藤さんのような考え方を実践したこともありますが，このような考え方とは別に，先ほど須藤さんがいわれたように，0計算方式というか，ゼロ・ベースという考え方もあるところで，地裁レベルでは現在でも議論されています。このゼロ・ベースという考え方は，提出された取引履歴の初日が取引開始日であり，その際の残高はゼロであったとして取引履歴記載の貸借を制限利率で計算し直すという方法です。要するに，履歴上は初日には返済残高がありますけれども，これを無視して当初残高はゼロであると考えるという意味でゼロ・ベース（の計算方法）といわれています。この方式では，実際の取引とは大きく異なる内容となりますが，取引期間等からして正確に計算した過払金額より過少となる

場合であること，原告自身がそれを承知した上で請求していることが，合理性の担保となっています。このような考え方を採用して判決をしている裁判例ももちろんあります。

●0計算方式よりも反転方式の方が合理的

○須藤　そうですね。最初に少し触れたように，ゼロ・ベース（0計算方式）というのは取引履歴で明らかになっている最初の時点の債務残高を0円と仮定して利息制限法で計算し直す方式で，簡易裁判所ではかなり以前から争われている議論なんですね。ほかに方法がないということで，かつてはこれを採用したケースもあるわけです。

ただ，このゼロ・ベースの計算は，債務なしのゼロから計算が始まり，最初の弁済からすべて過払いになるわけで，結果的に債務者に有利なことが多いので，債務者側はこれで計算することにあまり異論はないのですが，最近では貸金業者の方がそれでは納得しないケースが増えているのではないでしょうか。やはりもう少し精密な感じを与える手法が必要なので，先ほどお話しした反転方式のようなものを提案しているわけです。もちろん，例えば，途中で借り増しをしている可能性があるとか，いい出せばいろいろ細かな問題はあるのですが，その場合でも原告が主張する最初の時期というのがありますし，明らかになっている取引履歴でm－b間の借り増しの状況を確認してそれと同じような借り増しがあると仮定して計算し直してみて，調整していけば，かなりのケースがこれで一応の推定が可能になるのではないかということなのですね。

自分でいうのも何ですが，事実認定の問題として，ゼロ・ベースでの計算よりはよほど合理的で，実際に私が担当している事件では，当事者双方とも最終的にはこの反転方式での計算でほぼ納得して決着しています。

●その他の特定困難な事情──貸金と物品販売とがある場合

○村田　サラ金業者が貸金をしているだけの場合はまだよいのですが，貸金の他に物品販売によるカード等の利用があるような場合は，また難しい問題が生じてきます。貸金とともに物品販売をしているような業者では，実はもう全く証拠は残っていないということで，原告側から何らかの証拠が提出されない限り，どれが物品販売なのか，貸金なのかは判然としない場合があります。このような場合には，判明している取引履歴から，貸金と物品販売の割合を合理的

に推認して，一応確からしい割合で計算することとしています。ただ，計算方法について，原告と被告との間で，その合理性が激しく争われることも少なくありません。

○**加藤**　文書提出命令関係について，何か補足はありますか。

●賃金差別事件などにおける文書提出命令の効果

○**須藤**　具体的な事実認定という観点からいいますと，仮に，賃金台帳や人事評価書などの文書が提出された場合でも，個人の特定ができないように，氏名や年齢や学歴など個人識別情報のかなりの部分を黒塗りして出したりしますので，実はきちんとした事実認定にはあまり役に立たないということも少なくないと思います。しかも，賃金差別や人事差別の事件では，組合員と非組合員とか，A組合とB組合など，いわゆる大量観察法を前提として集団間の比較を前提として差別の存在が主張されることが少なくありませんが，会社側は，組合員と非組合員，A組合とB組合とでは，個々人の能力や会社に対する貢献度が異なるなどと，攪乱要因が主張されますので，どうすべきか簡単ではありません。仮に，その中間値を前提として，これと原告とを比較するということでいいのか，問題ですね。ただし，肝心な部分を黒塗りしておいて攪乱要因を主張しさえすれば結果的に会社が有利になってしまうというのでは片手落ちですし，社員間の具体的な能力差や貢献度の違いなどは，性質上，会社しか立証できないわけですから，それを立証しない以上，会社が不利益になってもやむを得ないという判断も1つの判断かもしれません。しかし，例えば，担当している職務の内容が大量観察に適する定型的・機械的な労働なのかどうか，欠勤や遅刻や早退の回数などの客観的な職務状況はどうか，そもそも個々の従業員について客観的な評価ができるような人事評価システムが採用されているのか，各評価者に対する評価方法に関する研修の有無など，比較的簡単に検証できる部分だけでも少しきめ細かに検討してみたりすると，何となく浮かび上がってくるものがあるように思います。

　いずれにしても，このような事件では，文書が出てくればそれですべて上手い事実認定ができるのかというと，必ずしもそうではないのが実態ですから，提出命令を出すか出さないかのやりとりにあまり時間をかけるのは相当ではないので，どこかで切り上げて審理を進めるべきですし，仮に何らかの文書が出

てきたからといってすぐにこれに飛びついて判断してはいけないということに注意しておくべきだと思います。

○**加藤** 出てきた数値をどう読み解くかというところが、当然のことではありますが、大切だという指摘ですね。

●証拠調べで粘る限度と実体的真実発見の要請

○**山浦** 先ほど村田さんからお話があったのですけれども、調査嘱託、送付嘱託を何回も繰り返さないと実態解明にたどり着けないという事案があり、それをちゃんとやっている事件がある。そういう話をなかなか聞けないものですから、弁護士はどうしても1回やって終わり、文書提出命令と即時抗告、許可抗告などをやっていると半年ぐらいはすぐに経ってしまい、弁論準備手続も時間がなくなり訴訟が遅延する、そういう問題との兼ね合いで、調査嘱託、送付嘱託、文書提出命令を繰り返し、繰り返しやるというのを、裁判所になかなかお願いできない、これが本当に繰り返しできるようになると、我々はもっと仕事をやりやすくなると思います。

　例えば、文書送付嘱託で得た銀行預金の元帳から、特定の現金払戻しや振込みのための払戻し等が分かる、次に調査嘱託をすればその振込みの被仕向銀行や口座名義人が分かる、さらに被仕向銀行に対して、振り込まれた金の払戻しの状況が分かり、それが被告自身の筆跡で払い戻されていたとか、被告の家族名義の口座にさらに振り込まれていた。こういう調査は少なくとも3、4回、繰り返さないと事実関係を明らかにすることができないと思います。こういうとき、裁判所はおそらくうんざりすると思うし、また事案解明の見込みだけでは採用されないかもしれません。1回やり、出てきたらまたやる、この繰り返しをするのが大変気が重いというか、裁判所が前向きに採用してくれればいいのですが、なかなか……もういいじゃないですかとはいわないけれども、繰り返しの中で時間ばかりが経過しているというような不安もあります。私自身が多少、気が弱いからかもしれないのですが、実際の事件で、繰り返し、繰り返し調査をするということがあるのか、可能なのか、こんなところを教えてもらいたいと思います。

●多数の送付嘱託を連続して採用しなければならない場合

○**村田** ある送付嘱託が採用された場合には、必要があると判断されたから、

これが採用されたわけですね。それで，ある程度の資料が送付された段階で，それらの資料のみでも，必要な事項についての認定あるいは推認・推定ができればよいのですけれども，それらの資料では認定・推定できないということになると，何のために送付嘱託を採用したのか分からないということになりますから，ある程度の事実が認定できるまでは，送付嘱託にある程度の時間，例えば，それが半年かかっても，1年かかっても，審理に必要な送付嘱託ということであれば，これを採用し続けることになるのではないかと思います。このような場合には，「送付嘱託によって事実が明らかになったら和解しましょうね」などといいながら，ある程度時間がかかることを覚悟して採用していることが多いと思います。ただ，徒に時間が過ぎてしまうのは好ましくないことですから，資料の送付を待ちつつ，それとは別に，できる範囲の争点整理を継続して行ったり，「陳述書などの他の証拠で提出できるものは提出してください」と仕切ることによって，できるだけ時間を無駄にしないような訴訟指揮を心がけています。

　通常は，一度ある事実を解明する必要があるとして送付嘱託を採用した以上，ある程度の成果・結果が出ない限り，事実の解明作業を中途で放擲することはないであろうと思います。少なくとも，私の場合には，乗り掛かった船ですから，特別のことがない限り，途中で降りることはないと思います。

○加藤　これは徹底的にやろうというタイプの裁判官が多いと思いますが。

○山浦　その間は，例えば即時抗告なんかすると，裁判記録がそっくり全部，上にいっちゃいますよね。

○村田　文書提出命令の場合にはそうですね。

○山浦　ええ，全部いっちゃいますね，その間しばらくお休みですよね（笑）。

○村田　文書提出命令の場合には，その間は事実上お休みになりますね。

○山浦　そしてまた次やると，またいってまたお休みになっちゃいますよね。

○村田　文書提出命令の場合，特に提出義務の有無や内部文書性等が争われた場合には，そのようになってしまいますね。本音は抗告しないでほしいところですが，その場合はやむを得ないでしょうね。

○山浦　とまっちゃうから，二往復，三往復やってくれるのだろうかというのが……。

○**加藤** それはかなわないというのが裁判官の本音ではありますけれどね。そういう意味では，当事者が訴訟全体の進行における攻撃防御の中で即時抗告することをどのように位置付けているかによるでしょうね。そして，それが必要であるということであれば裁判官としては，いたしかたないという受けとめ方をすると思います。

○**須藤** 文書提出命令に対して即時抗告がなされて高裁に記録が行ってしまって審理が止まってしまうという点ですが，それは先ほど実情をご説明したとおり，件数としては非常に少ないわけで，それほど問題にはならないと思いますが。

○**山浦** ケースとして少ないということは，ほとんどの弁護士は経験していないので，裁判官の考え方を少し教えていただきたいと思ったのです。必要性の程度とかブロックダイアグラムとの関係などはっきりしない部分もあります。もし，それが出してもらえると，事件の展望というか，全体が見えてくると思いますね。少し骨のある事件の場合には，こういう繰り返しをやらなければならない，やれば効果がある，さて，それを裁判所はどこまでやってくれるのかなということで……。

○**加藤** それは必要だと裁判官として了解できればやると思います。どれだけ時間がかかってもやるはずです。

○**村田** 文書提出命令に関していえば，一度文書提出命令が出て，その後即時抗告されたために，例えば3カ月間，期日を開くことができなかったが，その後命令が維持されて戻ってきたというような場合には，一度は決着がついた論点ですから，その後，それを前提とされた再度の文書提出命令については，その必要性は既に肯定されているわけですから，また同じような争い方をして時間を無駄にしますかということで，裁判所が相手方に任意に提出するように働き掛ければ，多くの場合は任意に提出されるのではないかと思います。

○**山浦** そうですか，いまのお話は，私のように気の弱い（笑）弁護士にとっては，相当に励みになります。もちろんケース・バイ・ケースだとは思いますが。

第4章 証拠・データ収集の方法と事実認定

7　むすび

○加藤　それでは，各自の感想を述べていただいて，むすびにしたいと思います。

○山浦　私は，以前から感じていたことですが，今回の研究会でも同じことを感じました。それは約四半世紀にわたり，的確な主張をする，要件事実，ブロックダイアグラムをつくるということに，弁護士は相当に力を入れてやってきたと思います。しかし，その次の段階，あるいはその前の段階にある積極的な証拠収集活動という視点でのトレーニングはまだまだ手薄だと感じています。これまでは民事証拠法の基本，どちらかというと裁判官の立場から見た民事証拠法にウェイトがありすぎた，これはおそらく弁護士登録5年までくらいの間に研修すべきものであるが，それが実行されていない。OJTが適切だと思うが，かといってOJTに任せるとその事務所のボスがたまたまやっていた方法を教えてもらう程度で，客観的に必要な手法が修得できない。この研究会はまさにそのような目的をもっているとは思いますけれども，類型別とか何かの方法で，ブロックダイアグラムをつくると同時にすぐ証拠を集める，訴訟提起の前であれば本当にアバウトなブロックでいい，そういう手法なり，研修の方法を大きく広げていくような時代に入っているのではないのかなと思います。もっともどこで，どういう文書が作成され，保存されているのかが分からなければ，文書送付嘱託すら思いつきません。要件事実など法的素養がなければ目の前にある証拠に気付かないのは当然として，法的知識があっても世の中の仕組みを理解し，豊富な情報源を持っていなければ，やはり的確な証拠収集活動はできないと思います。こういうトレーニングのシステムをどのようにして立ち上げるかが重要ですが，おそらく全国の弁護士と全国の裁判官とが一緒になってやらないとできないのではないかと思います。それも，10年，20年のスパンで継続して積み上げて行くことが必要です。

　そうして，たまたま証拠が見つからないために正義が実現されなかったということのないように，アメとムチの本来の制度が，これからは期待できるのではないかということを感じました。この研究会に参加させていただきまして，

私自身，そういう意味で，これから勉強を始めるための良い刺激になりました。

最後に，新民訴法の施行10周年を記念して，東京弁護士会（民訴委員会）でもシンポジウムなど何か本格的な勉強をやろうということを企画しています。テーマとしては弁護士の立証活動を中心にして，当事者照会，提訴前の証拠収集処分，各種の嘱託や文書提出命令など裁判上の証拠収集手続などを含めた全体の技法，使い勝手の良い証拠法をどうやって構築していくかというようなことをやろうとしています。今回の勉強の成果を弁護士会に持ち帰って，続けてゆきたいと思います。

○**馬橋** 確かに新民事訴訟法の時代になりまして，訴訟の場での主張の整理というのは弁護士としても意識してするようになってきているけれども，立証についてはこの新しい民訴の制度というものを十分に利用していないのは事実だと思います。あれは5，6年前でしたか，加藤さんを通じて，司法研修所で任官6年目の判事補さんの研究会に招かれたことがありました。その席で，判事補さんから「弁護士は旧民訴法でやっているんですか」と，皮肉られたことがありました。確かにそう見える点もあるかもしれないけれども，やはりその制度が上手く利用されていないのは，例えば，当事者照会等においていろんな問題があり，代理人としては使い勝手の難しさがあるということも，理解してほしいところだと思います。ただ，例えば，当事者照会の部分は事前の代理人間の交渉とか，文書提出命令についても弁論準備手続の中で上手く処理され，釈明処分等で任意に提出されたりしているのも，現実だと思うんですね。

そういう形になってきたときに一番の問題は，実は弁護士側の態度というか弁護士側の倫理の問題ではないかと思われます。つまり，この制度がきちっと運用されるためには，弁護士の倫理が確立されて初めて上手く運用できるのではないかと考えます。例えば，弁護士照会ひとつとりましても私どもの弁護士会の規則の中には相談事件についても照会はできます，ただし，顧問先が従業員を雇用する場合に，その従業員についての情報をとるような弁護士照会はできませんというような規定が置かれています。この弁護士照会をどう使うかというのも，やはり倫理の問題はあるのだと思いますし，例えば，釈明等の中で裁判所がこういう文書がありますかと問われたときに，あるものをないといってはいけないでしょうけれども，そこをあやふやにするようなことが倫理的に

どういう問題なのか，つまり真実義務の問題とか公正な裁判に協力する義務，この弁護士倫理との関係でどんな問題が生じるのかというところはきちっと認識をしていかなければいけないし，その部分の倫理が確立されないと，当事者照会等も上手く利用されていかないのではないかと思いました。

○村田　人証調べは，たとえていえば，民事訴訟の花であり，書証は茎であり，葉であります。今回話題になりました弁護士照会，当事者照会，提訴前の証拠収集処分，あるいは各種嘱託というのは，植物のどこに当たるかというと，民事訴訟を支える根の部分に当たるだろうと思います。根がどのような状態になっているか，すなわち，弁護士照会等が実際にどのように行われているかが公にされることは少なく，特に裁判官の立場からはよく見えない部分もあります。しかし，根が活き活きとしていなくては，花は咲きません。青々として葉が繁ることもありません。同様に，実際に民事裁判を効率よく，適正かつ円滑に運用するためにも，人証調べや書証の取調べ等に限らず，それらの周辺部分に存在している制度についても，その利害得失，メリットとデメリット等をよく研究・検討しておき，実際の事案に即してよく考えて，その事案に最も適した申立てを行ったり，あるいは，これらの制度を適正に運用したりしなければならないのではないかと感じました。

　また，新たな発見もありました。弁護士照会に要する費用・料金が，弁護士会によって値段が違うというのは初めて知りました。これまでは全国均一料金かと思っていましたが，各弁護士会ごとに値段が違うのだと聞いて大変驚きました。

　さらに，私は法科大学院で民事訴訟実務の基礎などの科目を教えたことがありますが，民事訴訟法に関しては，人証調べ，書証の取調べといった主要な立証活動等については，実務家も学生もよく勉強しているように思います。しかし，それ以外の立証活動や証拠収集方法とについては，ともすれば勉強の対象になりにくい部分，あるいはなおざりになってしまう部分があるように思いました。とはいえ，証拠収集方法に関して，民事訴訟法等が用意している制度の概要とその運用の実際についても十分に研究・検討しておくのでなければ，良い民事裁判は実現できないし，良い実務家にもなれないのではないかという思いを改めて強くいたしました。

確かに，今回取りあげて議論された制度は，それぞれ重要な訴訟法的意味を有するものではありますが，その中には，実務上，当事者照会あるいは提訴前の証拠収集処分のようにあまり活用されていないものもありますから，それらが活用されない理由等についても民事裁判の現状を踏まえて考えてみなければならないと思っています。そして，せっかくの制度を宝の持ち腐れにしないためには，その使い勝手に何か問題があるならば，実務家として，その問題状況を十分に把握した上で，これを解消するための努力をしなければならないとも思いました。

　今回取りあげられた分野は，実務での活用例が少ないこともあって，先ほど山浦さんのお話でも出ましたけれども，これまでの法学教育や法曹養成教育等において，若干エアポケットといいますか，空白部分になっているようなところがあるように思いました。今回の当事者照会，提訴前の証拠収集処分等に関する議論は，極めて実践的かつ実務的な議論ではありますが，法科大学院で学ぶロースクール生の方々にも，裁判の現場，法実践の場における実務家の問題意識として，是非知っておいてもらいたいと思いました。

●できるだけ良質の証拠を集めること
○**須藤**　第3章と本章において，いろいろ議論を聞かせていただき，意見を申し上げたのですが，内容的には証拠収集と事実認定というのが2つの柱になっていたなと感じています。この証拠を集める，資料を集めるための手法，要件の問題については，特に文書提出命令を中心として，具体的な要件をどのようなものにすべきなのか，客観的で良質な証拠をできるだけ多く集めて適正妥当な裁判を実現することと，それによって影響を受ける人たちの利益をどこまで守るのか，制度の使いやすさの確保と要件の厳格性とのバランスが大切だということですね。今回は，文書提出命令の要件論については議論をしていないわけですが，内部文書問題のほか公文書について公共の利益阻害や業務支障という例外が問題となっていることに関連して，ときにこの公共の利益阻害や業務支障という言葉がマジックワード的に，文書の提出を否定する理由付けに使われているものがある点が気になっています。どんな場合であれ，公的な文書を外に出せば，業務支障の可能性があるのは当たり前ですし，個人情報の一部が公にされて公共の利益にも何らかの影響があることは避けられないわけです

ね。客観的な証拠に基づいて適正妥当な裁判を実現することは公共の利益の実現のひとつですから，行政サイドに何らかの影響があれば出さなくてもいいというのでは一般義務化した意味がありません。文書が出されることによってある程度の影響が出ることはもともと折り込み済みのはずで，問題の本質は，提出することによって害されるという利益や業務が本当に保護すべき利益や業務なのかどうかということではないかという問題を指摘しておきたいと思います。

●的確な事実認定と証拠を読み解く能力

それからもう1つ。先ほどの弁護士の馬橋さんや山浦さんから，証拠収集にかける熱い思いをお聞きしたわけですが，裁判官としては，証拠資料が出てくればそれでいいということではなくて，これをきちんと使って的確に事実認定をする義務があるということを再認識させられました。そして，裁判官として的確な事実認定，判断をするためには，先人の知恵と技術を学ぶことの大切さを感じています。この研究会の大きな柱は証拠を読み解くということですが，的確な事実認定が一朝一夕にてできるようになるわけではありませんから，日々，考え，工夫し，反省しつつ，また工夫して，熟達していかなければいけないとの思いを強くしました。

●事実認定に対する裁判官の説明責任

そして，それとともに，ただ自分が裁判官として適正に事実認定を行えばそれでいいということではなくて，やはりその事実認定を判決書の中できちんと書き込んで，第三者にも分かるような形にして，理解を求めていくことも必要なんだなということを感じました。当事者双方から提出された証拠が一体どう生かされて，どういう形で判断に繋がったのかを判決書でも分かる程度には説明する必要があると思っています。司法研修所の教官をしていた時に，最先端の科学分野の権威とされている先生にご講演をお願いしたことがあるのですが，その先生から，「実は民事裁判に関係して，裁判所からこれこれの点について資料を出してほしいといわれたので，かなり時間をかけて資料や鑑定意見書などを作成して提出したのに，それが判決文では一言も触れられていなくて，どう役に立ったのかも分からず，あの労力は一体何だったんだと本当にがっかりした」という不満をお聞きしたことがあります。証拠の提供を求めて

いる以上，その意味や結果をできるだけ説明することが必要であり，説明責任があると感じているわけです。この研究会では，具体的な証拠収集方法の問題だけではなく，具体的な事実認定の各論についても議論しているわけですが，まず，事実認定のノウハウなどが弁護士と裁判官双方の共通知として認識され，事実認定の過程が透明化されていくだけではなく，それが裁判に関わる多くの人にも理解されるようにしていくことが非常に大切であると思っています。この研究会がますますパワーアップしていくことを願っている次第です。

○**加藤**　第3章は，効果的立証，検証・鑑定など，本章は，証拠・データ収集の方法に焦点を当てて議論をしてきました。質の高い事実認定をして適正な判断をしていくためには基礎となるデータ・証拠が適切なものでなければならず，立証方法も工夫されるべきであるという点において，通底する問題が少なくありませんでした。

　特に本章で問題にした証拠・データ収集の方法の関係についていえば，弁護士がする提訴前の弁護士照会をはじめとするデータ収集，証拠の収集は，いわば料理人が良い食材を求めて，美味しい料理をつくるために準備するという色彩が強い活動です。この比喩の延長で，司法制度改革審議会において，「裁判官は料理したものを食べるだけでつくっていないから限界がある」といわれたことがありました。しかし，実はそうではなくて，裁判官も，各種の嘱託を，文書送付嘱託，調査嘱託をしたり，あるいは文書提出命令を発令するかどうかを考えているわけです。したがって，裁判官は弁護士である訴訟代理人の料理を食べる立場であるとしても，料理を食べる中でも自分もより質の高い美味しい料理にするために活動しているということができます。そして，これは，調味料をかけるというようなものに限られないものであることは明らかです。民事訴訟は，このような構造を有していることを，我々法曹は全体として理解していくことが必要ではないかと思います。また，そういう構造であることを理解した上で訴訟代理人である弁護士，裁判官とが協働してより質の高い審理とその果実である事実認定を目指すという活動を展開していくことが要請されるのであろうと思います。永遠の課題ではあるでしょうが。

第4章　証拠・データ収集の方法と事実認定

【証拠・データ収集の方法と事実認定に関する参考文献】

1　**弁護士照会**
　①大森文彦ほか「民事訴訟の新展開(上)」判タ1153号（2004）18頁
　②東京弁護士会調査室編『弁護士会照会制度〔第3版〕活用マニュアルと実例集』（商事法務，2007）
　③第二東京弁護士会調査室編『照会必携――弁護士会照会ガイドブック2007年〔改訂版〕』（第二東京弁護士会，2007）
　④日本弁護士連合会調査室編『条解弁護士法〔第4版〕』（弘文堂，2007）163頁
　⑤第二東京弁護士会編『知りたい情報類型別情報公開・開示マニュアル』（ぎょうせい，2008）
　⑥第一東京弁護士会編『弁護士法第23条の2照会の手引〔4訂版〕』（第一東京弁護士会，2008）

2　**当事者照会**
　①伊藤眞「開示手続の理念と意義(上)(下)」判タ786号（1992）10頁，787号11頁
　②増田勝久＝田原睦夫「証拠収集方法の拡充」判タ851号（1994）11頁
　③清水正憲「当事者照会制度」ジュリ1098号（1996）48頁
　④河野正憲「当事者照会(1)その目的」（144頁），森脇純夫「当事者照会(2)照会する側の代理人として」（165頁），竹田真一郎「当事者照会(3)照会を受けた側の代理人として」（183頁），園尾隆司「当事者照会(4)当事者に不適切な対応をした場合」（200頁）三宅省三ほか編『新民事訴訟法大系(2)理論と実践』（青林書院，1997）
　⑤秋山幹男「証拠収集手続――当事者照会」塚原朋一ほか編『新民事訴訟法の理論と実務(上)』（ぎょうせい，1997）421頁
　⑥西村健「当事者照会」滝井繁男ほか編『論点新民事訴訟法』（判例タイムズ社，1998）128頁
　⑦山本和彦「当事者照会に関する諸問題」判タ965号（1998）16頁
　⑧東京弁護士会民事訴訟問題等特別委員会編『当事者照会の理論と実務』（青林書院，2000）
　⑨前田陽司「当事者照会」第二東京弁護士会民事訴訟改善委員会編『民事訴訟法実務マニュアル〔改訂版〕』（判例タイムズ社，2000）148頁
　⑩山浦善樹「当事者照会等の活用の問題点と改善のために必要な条件」上谷清＝加藤新太郎編『新民事訴訟法施行三年の総括と将来の展望』（西神田編集室，2002）

【証拠・データ収集の方法と事実認定に関する参考文献】

49頁
⑪志知俊秀「当事者照会と訴えの提起前における照会」門口正人編『民事証拠法大系(5)各論Ⅲ鑑定その他』(青林書院, 2005) 227頁
⑫秋山幹男ほか『コンメンタール民事訴訟法(3)』(日本評論社, 2008) 432頁

3 提訴前の証拠収集処分

①青山善充ほか「座談会・民事訴訟法改正と民事裁判の充実・迅速化(上)」ジュリ1257号 (2003) 46頁
②小野瀬厚ほか編『一問一答・平成15年改正民事訴訟法』(青林書院, 2004) 28頁
③志知俊秀「当事者照会と訴えの提起前における照会」門口正人編『民事証拠法大系(5)各論Ⅲ鑑定その他』(青林書院, 2005) 227頁
④福田剛久ほか「座談会・民事訴訟の新展開(下)」判タ1155号 (2004) 35頁
⑤北川清「提訴前証拠収集処分について」判タ1190号 (2005) 120頁
⑥畑瑞穂「訴え提起前の情報収集・交換の拡充と審理の充実等」ジュリ1317号 (2006) 70頁
⑦東京地方裁判所民事部四委員会共同報告「改正民事訴訟法五〇〇日の歩み(1)東京地方裁判所における新制度運用の実情」判時1910号 (2006) 3頁
⑧秋山幹男ほか『コンメンタール民事訴訟法(2)〔第2版〕』(日本評論社, 2006) 584頁

4 各種嘱託

①古閑裕二「文書送付の嘱託」門口正人編『民事証拠法大系(4)各論Ⅱ書証』(青林書院, 2003) 74頁
②小海隆則「調査嘱託」門口正人編『民事証拠法大系(5)各論Ⅲ鑑定その他』(青林書院, 2005) 127頁
③近藤昌昭=足立拓人「裁判所から文書送付嘱託を受けた文書所持者がその嘱託に応ずべき義務について」判タ1218号 (2006) 31頁
④小島浩=小野寺健太=城阪由貴「個人情報保護法制と文書送付嘱託」判タ1218号 (2006) 24頁

5 文書提出命令

①加藤新太郎「文書提出命令の実際」上谷清=加藤新太郎編『新民事訴訟法施行三年の総括と将来の展望』(西神田編集室, 2002) 175頁
②萩本修ほか「文書提出命令」門口正人編『民事証拠法大系(4)各論Ⅱ書証』(青林

書院，2003）85頁
③山本和彦「文書提出義務をめぐる最近の判例について」曹時58巻8号（2006）1頁
④杉山悦子「文書提出命令に関する判例理論の展開と展望」ジュリ1317号（2006）93頁
⑤畑瑞穂「文書提出義務をめぐる裁判例の動向」金法1805号（2007）8頁
⑥山本和彦「金融機関の取引明細書の文書提出命令——最三小判平19.12.11について」金法1828号（2008）6頁
⑦伊藤眞「文書提出義務をめぐる判例法理の形成と展開」判タ1277号（2008）13頁
⑧西口元＝春日偉知郎編『文書提出等をめぐる判例の分析と展開』（経済法令研究会，2009）

【文書提出命令に関する最近の判例】

I 民訴法220条3号後段の「法律関係文書」に関する判例

①最決平12.3.10判タ1031号165頁
「文部省教科用図書検定調査審議会が教科用図書の検定に当たり作成した審議結果を記載した書面等は，内部文書であるから，民事訴訟法220条3号後段の文書に該当しないとされた事例」
　［要　旨］
　(1) 民訴法220条3号後段の文書には，文書の所持者が専ら自己使用のために作成した内部文書（以下「内部文書」という。）は含まれないと解するのが相当である。
　(2) 文部省教科用図書検定調査審議会が教科用図書の検定に当たり作成した審議結果を記載した書面及び文部大臣に提出した検定意見についての答申書（以下「本件文書」という。）は，検定意見を通知し必要な修正が行われた後に再度審査を行うのが適当であるとの検定審議会の判定内容を記載した書面及び検定審議会がその旨を記載して文部大臣に提出した報告書を指すものと解されるところ，これらはいずれも，検定審議会が，文部大臣の判断を補佐するため，本件申請図書を調査審議し，議決内容を建議するという所掌事務の遂行過程において，本件申請図書の判定内容の記録として，また，議決した内容を文部大臣に報告する手段として，文部省内部において使用されるために作成された文書であることが明らかである。これらの文書は，その作成について法令上何ら定めるところはなく，これらを作成するか否か，何をどの程度記載するかは，検定審議会に一任されており，また，申請者等の外部の者に交付するなど記載内容を公表することを予定しているとみるべき特段の根拠も存しない。

以上のような文書の記載内容，性質，作成目的等に照らせば，本件文書は，文部大臣が行う本件申請図書の検定申請の合否判定の意思を形成する過程において，諮問機関である検定審議会が，所掌事務の一環として，専ら文部省内部において使用されることを目的として作成した内部文書というべきである。

(3) 以上によれば，本件文書は，民訴法220条3号後段の文書に当たらず，抗告人は，上記規定に基づく文書提出義務を負うものではなく，本件文書の提出を求める相手方の申立ては理由がない。

②最決平16.5.25民集58巻5号1135頁，判タ1159号143頁
「民事訴訟法220条3号に基づく刑事訴訟法47条所定の『訴訟に関する書類』の提出を拒否した判断が裁量の範囲を逸脱したりなどしていないとされた事例」

［要　旨］

(1) 刑訴法47条は，その本文において，「訴訟に関する書類は，公判の開廷前には，これを公にしてはならない」と定め，そのただし書において，「公益上の必要その他の事由があって，相当と認められる場合は，この限りでない」と定めている。同条所定の「訴訟に関する書類」には，本件各文書のように，捜査段階で作成された供述調書で公判に提出されなかったものも含まれると解すべきである。

同条本文が「訴訟に関する書類」を公にすることを原則として禁止しているのは，それが公にされることにより，被告人，被疑者及び関係者の名誉，プライバシーが侵害されたり，公序良俗が害されることになったり，又は捜査，刑事裁判が不当な影響を受けたりするなどの弊害が発生するのを防止することを目的とするものであること，同条ただし書が，公益上の必要その他の事由があって，相当と認められる場合における例外的な開示を認めていることにかんがみると，同条ただし書の規定による「訴訟に関する書類」を公にすることを相当と認めることができるか否かの判断は，当該「訴訟に関する書類」を公にする目的，必要性の有無，程度，公にすることによる被告人，被疑者及び関係者の名誉，プライバシーの侵害等の上記の弊害発生のおそれの有無等諸般の事情を総合的に考慮してされるべきものであり，当該「訴訟に関する書類」を保管する者の合理的な裁量にゆだねられているものと解すべきである。

そして，民事訴訟の当事者が，民訴法220条3号後段の規定に基づき，刑訴法47条所定の「訴訟に関する書類」に該当する文書の提出を求める場合においても，当該文書の保管者の上記裁量的判断は尊重されるべきであるが，当該文書が法律関係文書に該当する場合であって，その保管者が提出を拒否したことが，民事訴訟における当該文書を取り調べる必要性の有無，程度，当該文書が開示されることによる上記の弊害発生のおそれの有無等の諸般の事情に照らし，その裁量権の範囲を逸脱し，又は濫用

第4章　証拠・データ収集の方法と事実認定

するものであると認められるときは，裁判所は，当該文書の提出を命ずることができるものと解するのが相当である。

(2) 上記の見地に立って本件をみると，本件申立ては，既に有罪判決が確定している相手方が，本件本案訴訟において，本件刑事公判において採用されなかった主張と同様の主張をして，その主張事実を立証するために本件刑事公判に提出されなかった本件共犯者らの捜査段階における供述調書（本件各文書）の提出を求めるというものであるが，相手方が，その主張事実を立証するためには，本件各文書が提出されなくても，本件共犯者らの証人尋問の申出や，本件刑事公判において提出された証拠等を書証として提出すること等が可能であって，本件本案訴訟において本件各文書を証拠として取り調べることが，相手方の主張事実の立証に必要不可欠なものとはいえないというべきである（なお，記録によれば，相手方は，現在提出されている証拠だけでも十分に自己の主張を立証することができると考えている旨，及び本件申立ての主たる目的は，上記の確定した有罪判決に対して自己が申し立てている再審請求の裁判に有利に働くようにするためである旨の書面を原々審に提出していることが明らかである。）。また，本件各文書が開示されることによって，本件共犯者や第三者の名誉，プライバシーが侵害されるおそれがないとはいえない。

そうすると，本件においては，相手方及び本件共犯者らの有罪判決が既に確定していることを考慮に入れても，本件各文書を開示することが相当でないとして本件各文書の提出を拒否した抗告人の判断が，その裁量権の範囲を逸脱し，又はこれを濫用したものであるということはできない。

③**最決平17.7.22民集59巻6号1837頁，判タ1191号230頁**
「捜索差押許可状の提出を拒否した判断は裁量権の範囲を逸脱し，又はこれを濫用したものというべきであるが，捜索差押令状請求書の提出を拒否した判断は裁量権の範囲を逸脱し，又はこれを濫用したものとはいえないとされた事例」

［要　旨］

(1) 本件各許可状は，これによって相手方らが有する「住居，書類及び所持品について，侵入，捜索及び押収を受けることのない権利」（憲法35条1項）を制約して，抗告人（警視庁）所属の警察官に相手方らの住居等を捜索し，その所有物を差し押さえる権限を付与し，相手方らにこれを受忍させるという抗告人と相手方らとの間の法律関係を生じさせる文書であり，また，本件各請求書は，本件各許可状の発付を求めるために法律上作成を要することとされている文書である（刑訴法218条3項，刑訴規則155条1項）から，いずれも法律関係文書に該当するものというべきである。

(2) 刑訴法47条は，その本文において，「訴訟に関する書類は，公判の開廷前には，

これを公にしてはならない。」と定め，そのただし書において，「公益上の必要その他の事由があって，相当と認められる場合は，この限りでない。」と定めているところ，本件各被疑事件は，いずれも現時点においてなお捜査が継続中であるから，本件各請求書及び本件各許可状は，いずれも同条により原則的に公開が禁止される「訴訟に関する書類」に当たることは明らかである。

ところで，同条ただし書の規定によって「訴訟に関する書類」を公にすることを相当と認めることができるか否かの判断は，当該「訴訟に関する書類」を公にする目的，必要性の有無，程度，公にすることによる被告人，被疑者及び関係者の名誉，プライバシーの侵害，捜査や公判に及ぼす不当な影響等の弊害発生のおそれの有無等の諸般の事情を総合的に考慮してされるべきものであり，当該「訴訟に関する書類」を保管する者の合理的な裁量にゆだねられているものと解すべきである。そして，民事訴訟の当事者が，民訴法220条3号後段の規定に基づき，上記「訴訟に関する書類」に該当する文書の提出を求める場合においても，当該文書の保管者の上記裁量的判断は尊重されるべきであるが，当該文書が法律関係文書に該当する場合であって，その保管者が提出を拒否したことが，民事訴訟における当該文書を取り調べる必要性の有無，程度，当該文書が開示されることによる上記の弊害発生のおそれの有無等の諸般の事情に照らし，その裁量権の範囲を逸脱し，又は濫用するものであると認められるときは，裁判所は，当該文書の提出を命ずることができるものと解するのが相当である。

(3) 上記の見地に立って本件をみると，次のようにいうことができる。

ア　本件本案事件において本件各捜索差押えが違法であることを基礎付ける事実として相手方らが主張している事実は，本件各請求書及び本件各許可状は，上記相手方らの主張の立証のために不可欠な証拠とはいえないが，本件各捜索差押えが刑訴法及び刑訴規則の規定に従って執行されたことを明らかにする客観的な証拠であり，本件各捜索差押えの執行に手続違背があったか否かを判断するために，その取調べの必要性が認められるというべきである（取調べの結果，争点の一層の具体化，明確化が図られる可能性もある。）。

イ　本件各許可状には，相手方ら以外の者の名誉，プライバシーを侵害する記載があることはうかがわれないし，本件各許可状は，本件各捜索差押えの執行に当たって相手方ら側に呈示されており（刑訴法222条1項，110条），相手方らに対して秘匿されるべき性質のものではないから，本件各許可状が開示されたからといって，今後の捜査，公判に悪影響が生ずるとは考え難い。したがって，本件各許可状の提出を拒否した抗告人の判断は，裁量権の範囲を逸脱し，又はこれを濫用したものというべきである。

ウ　他方，捜索差押令状請求書は，捜索差押許可状とは異なり，処分を受ける者へ

309

の呈示は予定されていない上，犯罪事実の要旨や夜間執行事由等が記載されていて，一般に，これらの中には，犯行態様等捜査の秘密に関わる事項や被疑者，被害者その他の者のプライバシーに属する事項が含まれていることが少なくない。また，本件各被疑事件については，前記のとおり，いずれもいまだ被疑者の検挙に至っておらず，現在も捜査が継続中であるが，記録によれば，本件各被疑事件は，国及び千葉県の幹部職員並びに千葉県議会議員の各自宅を標的とする時限式の発火装置や爆発物を用いた組織的な犯行であることがうかがわれ，このような事件の捜査は一般に困難を伴い，かつ，長期間を要するものと考えられる。以上のような本件各被疑事件の特質にもかんがみると，本件各請求書にはいまだ公表されていない犯行態様等捜査の秘密に関わる事項や被害者等のプライバシーに属する事項が記載されている蓋然性が高いと認められ，本件各捜索差押えから約2～4年以上経過してはいるが，本件各請求書を開示することによって，本件各被疑事件の今後の捜査及び公判に悪影響が生じたり，関係者のプライバシーが侵害されたりする具体的なおそれがいまだ存するものというべきであって，これらを証拠として取り調べる必要性を考慮しても，開示による弊害が大きいものといわざるを得ない。そうすると，本件各請求書の提出を拒否した抗告人の判断が，その裁量権の範囲を逸脱し，又はこれを濫用したものということはできない。なお，本件各請求書のうち千葉県議会議員宅放火事件に関する捜索差押えに係る捜索差押令状請求書には，抗告人が本件本案事件の答弁書において主張するとおりの「犯罪事実の要旨」が記載されているのであるが，抗告人が同請求書自体を開示しているのと同視し得るものではなく，上記の判断が左右されるものではない。

Ⅱ　民訴法220条4号ロの「公務員の職務上の秘密」等に関する判例

①最決平16.2.20判夕1156号122頁
「県が漁業協同組合との間で漁業補償交渉をする際の手持ち資料として作成した補償額算定調書中の補償見積額を記載した部分は，民事訴訟法220条4号ロ所定の除外文書に該当するとされた事例」

［要　旨］
（1）県が漁業協同組合との間で漁業補償交渉をする際の手持ち資料として作成した補償額算定調書中の補償見積額を記載した部分は，抗告人が，A漁協との漁業補償交渉に臨む際の手持ち資料として作成した前記補償額算定調書の一部であり，交渉の対象となる上記の総額を積算する過程における種々のデータを基に算出された本件許可漁業に係る数値（補償見積額）が記載されたものである。したがって，本件文書は，民訴法220条4号ロ所定の「公務員の職務上の秘密に関する文書」に当たるものとい

うべきである。

(2) また，本件文書が提出され，その内容が明らかになった場合には，抗告人が，各組合員に対する補償額の決定，配分についてはＡ漁協の自主的な判断にゆだねることを前提とし，そのために，上記の交渉の際にも明らかにされなかった上記の総額を算出する過程の数値（個別の補償見積額）の一部が開示されることにより，本件漁業補償協定に係る上記の前提が崩れ，Ａ漁協による各組合員に対する補償額の決定，配分に著しい支障を生ずるおそれがあり，Ａ漁協との間の信頼関係が失われることとなり，今後，抗告人が他の漁業協同組合との間で，本件と同様の漁業補償交渉を円滑に進める際の著しい支障ともなり得ることが明らかである。

そうすると，本件文書は，同号ロ所定の，その提出により「公務の遂行に著しい支障を生ずるおそれがあるもの」にも当たるものというべきであるから，結局，本件文書につき，抗告人に対し，同号に基づく提出義務を認めることはできない。

(3) また，本件文書が，上記のとおり，公務員の職務上の秘密に関する文書であって，その提出により公務の遂行に著しい支障を生ずるおそれがあるものに当たると解される以上，民訴法191条，197条1項1号の各規定の趣旨に照らし，抗告人は，本件文書の提出を拒むことができるものというべきであるから，民訴法220条3号に基づく本件申立ても，その理由がないことは明らかである。

②最決平17.10.14民集59巻8号2265頁
「いわゆる災害調査復命書のうち，行政内部の意思形成過程に関する情報に係る部分は，民事訴訟法220条4号ロ所定の除外文書に該当するが，いわゆる災害調査復命書のうち，労働基準監督官等の調査担当者が職務上知ることができた事業者にとっての私的な情報に係る部分は，民事訴訟法220条4号ロ所定の除外文書に該当しないとされた事例」

［要　旨］

(1) 民訴法220条4号ロにいう「公務員の職務上の秘密」とは，公務員が職務上知り得た非公知の事項であって，実質的にもそれを秘密として保護するに値すると認められるものをいうと解すべきである。そして，上記「公務員の職務上の秘密」には，公務員の所掌事務に属する秘密だけでなく，公務員が職務を遂行する上で知ることができた私人の秘密であって，それが本案事件において公にされることにより，私人との信頼関係が損なわれ，公務の公正かつ円滑な運営に支障を来すこととなるものも含まれると解すべきである。

(2) 災害調査復命書（本件文書）は，〔1〕本件調査担当者が職務上知ることができた本件事業場の安全管理体制，本件労災事故の発生状況，発生原因等の被告会社にとっての私的な情報（以下「〔1〕の情報」という。）と，〔2〕再発防止策，行政上の

措置についての本件調査担当者の意見，署長判決及び意見等の行政内部の意思形成過程に関する情報（以下「〔2〕の情報」という。）が記載されているものであり，かつ，厚生労働省内において組織的に利用される内部文書であって，公表を予定していないものと認められる。そして，本件文書のうち，〔2〕の情報に係る部分は，公務員の所掌事務に属する秘密が記載されたものであると認められ，また，〔1〕の情報に係る部分は，公務員が職務を遂行する上で知ることができた私人の秘密が記載されたものであるが，これが本案事件において提出されることにより，調査に協力した関係者との信頼関係が損なわれ，公務の公正かつ円滑な運営に支障を来すこととなるということができるから，〔1〕，〔2〕の情報に係る部分は，いずれも，民訴法220条4号ロにいう「公務員の職務上の秘密に関する文書」に当たるものと認められる。

(3) 次に，民訴法220条4号ロにいう「その提出により公共の利益を害し，又は公務の遂行に著しい支障を生ずるおそれがある」とは，単に文書の性格から公共の利益を害し，又は公務の遂行に著しい支障を生ずる抽象的なおそれがあることが認められるだけでは足りず，その文書の記載内容からみてそのおそれの存在することが具体的に認められることが必要であると解すべきである。

本件文書のうち，〔2〕の情報に係る部分は，上記のとおり，行政内部の意思形成過程に関する情報が記載されたものであり，その記載内容に照らして，これが本案事件において提出されると，行政の自由な意思決定が阻害され，公務の遂行に著しい支障を生ずるおそれが具体的に存在することが明らかである。しかしながら，〔1〕の情報に係る部分は，これが本案事件において提出されても，関係者の信頼を著しく損なうことになるということはできないし，以後調査担当者が労働災害に関する調査を行うに当たって関係者の協力を得ることが著しく困難となるということもできない。また，上記部分の提出によって災害調査復命書の記載内容に実質的な影響が生ずるとは考えられない。したがって，〔1〕の情報に係る部分が本案事件において提出されることによって公務の遂行に著しい支障が生ずるおそれが具体的に存在するということはできない。

(4) そうすると，本件文書のうち，〔2〕の情報に係る部分は民訴法220条4号ロ所定の「その提出により（中略）公務の遂行に著しい支障を生ずるおそれがあるもの」に該当しないとはいえないが，〔1〕の情報に係る部分はこれに該当しないというべきであるから，本件文書のうち，〔2〕の情報に係る部分については同号に基づく提出義務が認められないが，〔1〕の情報に係る部分については上記提出義務が認められなければならない

(5) 以上によれば，本件文書について，〔1〕の情報に係る部分と〔2〕の情報に係る部分とを区別せず，その全体が民訴法220条4号ロ所定の文書に当たるとして相手

方の提出義務を否定した原審の判断には裁判に影響を及ぼすことが明らかな法令の違反がある。

Ⅲ 民事訴訟法220条4号ハの「職業上の秘密」に関する判例

①最決平19.8.23判タ1252号163頁
「文書の所持者が提供する介護サービス事業に関する『サービス種類別利用チェックリスト』と呼ばれる文書につき，民訴法220条4号ハに該当しないとされた事例」

〔要　旨〕
　相手方は，本件対象文書は同法197条1項3号所定の「職業の秘密」に関する事項が記載されているものであって同法220条4号ハに該当するとも主張しているが，本件対象文書は本案訴訟において取調べの必要性の高い証拠であると解される一方，本件対象文書に係る上記96名の顧客はいずれも抗告人において介護サービスの利用者として現に認識されている者であり，本件対象文書を提出させた場合に相手方の業務に与える影響はさほど大きなものとはいえないと解されること等を考えると，相手方の上記主張を採用することはできない。

②最決平19.12.11民集61巻9号3364頁，判タ1260号126頁
「原告が文書提出命令の申立てをした，被告と相手方金融機関との間取引の履歴が記載された取引明細表をインプットした電磁的記録及びマイクロフィルムの各データをアウトプットした結果を記載した書面につき，職業の秘密として保護されるべき情報が記載された文書とはいえないとされた事例」

〔要　旨〕
　金融機関は，顧客との取引内容に関する情報や顧客との取引に関して得た顧客の信用にかかわる情報などの顧客情報につき，商慣習上又は契約上，当該顧客との関係において守秘義務を負い，その顧客情報をみだりに外部に漏らすことは許されない。しかしながら，金融機関が有する上記守秘義務は，上記の根拠に基づき個々の顧客との関係において認められるにすぎないものであるから，金融機関が民事訴訟において訴訟外の第三者として開示を求められた顧客情報について，当該顧客自身が当該民事訴訟の当事者として開示義務を負う場合には，当該顧客は上記顧客情報につき金融機関の守秘義務により保護されるべき正当な利益を有さず，金融機関は，訴訟手続において上記顧客情報を開示しても守秘義務には違反しないというべきである。そうすると，金融機関は，訴訟手続上，顧客に対し守秘義務を負うことを理由として上記顧客情報の開示を拒否することはできず，同情報は，金融機関がこれにつき職業の秘密として

保護に値する独自の利益を有する場合は別として，民訴法197条1項3号にいう職業の秘密として保護されないものというべきである。これを本件についてみるに，本件明細表は，相手方とその顧客であるBとの取引履歴が記載されたものであり，相手方は，同取引履歴を秘匿する独自の利益を有するものとはいえず，これについてBとの関係において守秘義務を負っているにすぎない。そして，本件明細表は，本案の訴訟当事者であるBがこれを所持しているとすれば，民訴法220条4号所定の事由のいずれにも該当せず，提出義務の認められる文書であるから，Bは本件明細表に記載された取引履歴について相手方の守秘義務によって保護されるべき正当な利益を有さず，相手方が本案訴訟において本件明細表を提出しても，守秘義務に違反するものではないというべきである。そうすると，本件明細表は，職業の秘密として保護されるべき情報が記載された文書とはいえないから，相手方は，本件申立てに対して本件明細表の提出を拒否することはできない。

（なお，裁判官田原睦夫の補足意見がある。）

③最決平20.11.25裁時1472号2頁，判タ1285号74頁

「1　金融機関を当事者とする民事訴訟の手続の中で，当該金融機関が顧客から守秘義務を負うことを前提に提出された非公開の当該顧客の財務情報が記載された文書について文書提出命令が申し立てられた場合において，上記文書が民事訴訟法220条4号ハ所定の文書に該当しないとされた事例

2　金融機関を当事者とする民事訴訟の手続の中で，当該金融機関が行った顧客の財務状況等についての分析，評価等に関する情報が記載された文書について文書提出命令が申し立てられた場合において，上記文書が民事訴訟法220条4号ハ所定の文書に該当しないとされた事例」

〔要　旨〕

(1)　本件非公開財務情報部分の提出義務について

金融機関は，顧客との取引内容に関する情報や顧客との取引に関して得た顧客の信用にかかわる情報などの顧客情報について，商慣習上又は契約上の守秘義務を負うものであるが，上記守秘義務は，上記の根拠に基づき個々の顧客との関係において認められるにすぎないものであるから，金融機関が民事訴訟の当事者として開示を求められた顧客情報について，当該顧客が上記民事訴訟の受訴裁判所から同情報の開示を求められればこれを開示すべき義務を負う場合には，当該顧客は同情報につき金融機関の守秘義務により保護されるべき正当な利益を有さず，金融機関は，訴訟手続において同情報を開示しても守秘義務には違反しないと解するのが相当である（最高裁平成19年(許)第23号同年12月11日第三小法廷決定・民集61巻9号3364頁参照）。民訴法220条4号ハにおいて引用される同法197条1項3号にいう「職業の秘密」とは，その

事項が公開されると,当該職業に深刻な影響を与え以後その遂行が困難になるものをいうが(最高裁平成11年(許)第20号同12年3月10日第一小法廷決定・民集54巻3号1073頁参照),顧客が開示義務を負う顧客情報については,金融機関は,訴訟手続上,顧客に対し守秘義務を負うことを理由としてその開示を拒絶することはできず,同情報は,金融機関がこれにつき職業の秘密として保護に値する独自の利益を有する場合は別として,職業の秘密として保護されるものではないというべきである。

本件非公開財務情報は,Aの財務情報であるから,抗告人がこれを秘匿する独自の利益を有するものとはいえない。そこで,本件非公開財務情報についてAが本案訴訟の受訴裁判所からその開示を求められた場合にこれを拒絶できるかをみると,Aは民事再生手続開始決定を受けているところ,本件非公開財務情報は同決定以前のAの信用状態を対象とする情報にすぎないから,これが開示されても同社の受ける不利益は通常は軽微なものと考えられること,相手方らはAの再生債権者であって,民事再生手続の中で本件非公開財務情報に接することも可能であることなどに照らせば,本件非公開財務情報は,それが開示されても,Aの業務に深刻な影響を与え以後その遂行が困難になるとはいえないから,職業の秘密には当たらないというべきである。したがって,Aは,民訴法220条4号ハに基づいて本件非公開財務情報部分の提出を拒絶することはできない。また,本件非公開財務情報部分は,少なくとも抗告人等の金融機関に提出することを想定して作成されたものと解されるので,専ら内部の者の利用に供する目的で作成され,外部の者に開示することが予定されていない文書とはいえないから,Aは民訴法220条4号ニに基づいて同部分の提出を拒絶することもできず,他に同社が同部分の提出を拒絶できるような事情もうかがわれない。

そうすると,本件非公開財務情報は,抗告人の職業の秘密として保護されるべき情報に当たらないというべきであり,抗告人は,本件非公開財務情報部分の提出を拒絶することはできない。

(2) 本件分析評価情報部分の提出義務について

文書提出命令の対象文書に職業の秘密に当たる情報が記載されていても,所持者が民訴法220条4号ハ,197条1項3号に基づき文書の提出を拒絶することができるのは,対象文書に記載された職業の秘密が保護に値する秘密に当たる場合に限られ,当該情報が保護に値する秘密であるかどうかは,その情報の内容,性質,その情報が開示されることにより所持者に与える不利益の内容,程度等と,当該民事事件の内容,性質,当該民事事件の証拠として当該文書を必要とする程度等の諸事情を比較衡量して決すべきものである(最高裁平成18年(許)第19号同年10月3日第三小法廷決定・民集60巻8号2647頁参照)。

一般に,金融機関が顧客の財務状況,業務状況等について分析,評価した情報は,

これが開示されれば当該顧客が重大な不利益を被り，当該顧客の金融機関に対する信頼が損なわれるなど金融機関の業務に深刻な影響を与え，以後その遂行が困難になるものといえるから，金融機関の職業の秘密に当たると解され，本件分析評価情報も抗告人の職業の秘密に当たると解される。

しかし，本件分析評価情報は，前記のとおり民事再生手続開始決定前の財務状況，業務状況等に関するものであるから，これが開示されてもAが受ける不利益は小さく，抗告人の業務に対する影響も通常は軽微なものであると考えられる。一方，本案訴訟は必ずしも軽微な事件であるとはいえず，また，本件文書は，抗告人と相手方らとの間の紛争発生以前に作成されたもので，しかも，監督官庁の事後的検証に備える目的もあって保存されたものであるから，本件分析評価情報部分は，Aの経営状態に対する抗告人の率直かつ正確な認識が記載されているものと考えられ，本案訴訟の争点を立証する書証としての証拠価値は高く，これに代わる中立的・客観的な証拠の存在はうかがわれない。

そうすると，本件分析評価情報は，抗告人の職業の秘密には当たるが，保護に値する秘密には当たらないというべきであり，抗告人は，本件分析評価情報部分の提出を拒絶することはできない。

（なお，この決定は，民訴法223条6項の手続は，事実認定のための審理の一環として行われるもので，法律審で行うべきものではないから，原審〔事実審である抗告審〕の認定が一件記録に照らして明らかに不合理であるといえるような特段の事情がない限り，原審の認定を法律審である許可抗告審において争うことはできないとも判示しており，併せて参考になる。）

IV　民訴法220条4号ニの「自己利用文書」に関する判例

①最決平11.11.12民集53巻8号1787頁
「貸出稟議書が自己利用文書に当たるとされた事例」

［要　旨］

(1)　ある文書が，その作成目的，記載内容，これを現在の所持者が所持するに至るまでの経緯，その他の事情から判断して，専ら内部の者の利用に供する目的で作成され，外部の者に開示することが予定されていない文書であって，開示されると個人のプライバシーが侵害されたり個人ないし団体の自由な意思形成が阻害されたりするなど，開示によって所持者の側に看過し難い不利益が生ずるおそれがあると認められる場合には，特段の事情がない限り，当該文書は民訴法220条4号ハ（現在の同号ニ）所定の「専ら文書の所持者の利用に供するための文書」に当たると解するのが相当で

ある。

(2) 銀行の貸出稟議書とは，支店長等の決裁限度を超える規模，内容の融資案件について，本部の決裁を求めるために作成されるものであって，通常は，融資の相手方，融資金額，資金使途，担保・保証，返済方法といった融資の内容に加え，銀行にとっての収益の見込み，融資の相手方の信用状況，融資の相手方に対する評価，融資についての担当者の意見などが記載され，それを受けて審査を行った本部の担当者，次長，部長など所定の決裁権者が当該貸出しを認めるか否かについて表明した意見が記載される文書であること，本件文書は，貸出稟議書及びこれと一体を成す本部認可書であって，いずれも融資を決定する意思を形成する過程で，上記のような点を確認，検討，審査するために作成されたものであることが明らかである。

その文書作成の目的や記載内容等からすると，銀行の貸出稟議書は，銀行内部において，融資案件についての意思形成を円滑，適切に行うために作成される文書であって，法令によってその作成が義務付けられたものでもなく，融資の是非の審査に当たって作成されるという文書の性質上，忌たんのない評価や意見も記載されることが予定されているものである。したがって，貸出稟議書は，専ら銀行内部の利用に供する目的で作成され，外部に開示することが予定されていない文書であって，開示されると銀行内部における自由な意見の表明に支障を来し銀行の自由な意思形成が阻害されるおそれがあるものとして，特段の事情がない限り，「専ら文書の所持者の利用に供するための文書」に当たると解すべきである。

②最決平11.11.26金判1081号54頁
「貸出稟議書が自己利用文書に当たるとされた事例」

[要　旨]

銀行の貸出稟議書は，特段の事情がない限り，民訴法220条4号ハ所定の「専ら文書の所持者の利用に供するための文書」に当たると解すべきである。

本件において特段の事情の存在はうかがわれないから，本件稟議書は，「専ら文書の所持者の利用に供するための文書」に当たるというべきであり，本件文書につき，抗告人に対し民訴法220条4号に基づく提出義務を認めることはできない。

③最決平12.3.10判タ1031号165頁
「文部省教科用図書検定調査審議会の審議結果等が自己利用文書に該当するとされた事例」

[要　旨]

(1) 民訴法220条3号後段の文書には，文書の所持者が専ら自己使用のために作成した内部文書（内部文書）は含まれないと解するのが相当である。

第4章　証拠・データ収集の方法と事実認定

(2)　検定意見を通知し必要な修正が行われた後に再度審査を行うのが適当であるとの検定審議会の判定内容を記載した書面及び検定審議会がその旨を記載して文部大臣に提出した報告書はいずれも，検定審議会が，文部大臣の判断を補佐するため，本件申請図書を調査審議し，議決内容を建議するという所掌事務の遂行過程において，本件申請図書の判定内容の記録として，また，議決した内容を文部大臣に報告する手段として，文部省内部において使用されるために作成された文書であることが明らかである。これらの文書は，その作成について法令上何ら定めるところはなく，これらを作成するか否か，何をどの程度記載するかは，検定審議会に一任されており，また，申請者等の外部の者に交付するなど記載内容を公表することを予定しているとみるべき特段の根拠も存しない。

(3)　以上のような文書の記載内容，性質，作成目的等に照らせば，本件文書は，文部大臣が行う本件申請図書の検定申請の合否判定の意思を形成する過程において，諮問機関である検定審議会が，所掌事務の一環として，専ら文部省内部において使用されることを目的として作成した内部文書というべきである。

④最決平12.12.14民集54巻9号2709頁
「貸出稟議書が自己利用文書に当たるとされた事例」
　［要　旨］
　本件各文書は，抗告人が本件各融資を決定する過程で作成した貸出稟議書であることが認められるところ，信用金庫の貸出稟議書は，特段の事情がない限り，民訴法220条4号ハ（現在の同号ニ）所定の「専ら文書の所持者の利用に供するための文書」に当たると解すべきであり，上記にいう特段の事情とは，文書提出命令の申立人がその対象である貸出稟議書の利用関係において所持者である信用金庫と同一視することができる立場に立つ場合をいうものと解される。信用金庫の会員は，理事に対し，定款，会員名簿，総会議事録，理事会議事録，業務報告書，貸借対照表，損益計算書，剰余金処分案，損失処理案，附属明細書及び監査報告書の閲覧又は謄写を求めることができるが（信用金庫法364条4項，379条9項），会計の帳簿・書類の閲覧又は謄写を求めることはできないのであり，会員に対する信用金庫の書類の開示範囲は限定されている。そして，信用金庫の会員は，所定の要件を満たし所定の手続を経たときは，会員代表訴訟を提起することができるが（信用金庫法39条，商法267条），会員代表訴訟は，会員が会員としての地位に基づいて理事の信用金庫に対する責任を追及することを許容するものにすぎず，会員として閲覧，謄写することができない書類を信用金庫と同一の立場で利用する地位を付与するものではないから，会員代表訴訟を提起した会員は，信用金庫が所持する文書の利用関係において信用金庫と同一視すること

ができる立場に立つものではない。そうすると，会員代表訴訟において会員から信用金庫の所持する貸出稟議書につき文書提出命令の申立てがされたからといって，特段の事情があるということはできないものと解するのが相当である。したがって，本件各文書は，「専ら文書の所持者の利用に供するための文書」に当たるというべきであり，本件各文書につき，抗告人に対し民訴法220条4号に基づく提出義務を認めることはできない。

⑤最決平13.12.7民集55巻7号1411頁
「貸出稟議書が自己利用文書に当たらないとされた事例」
　[要　旨]
　(1)　本件文書は，K信用組合が相手方らへの融資を決定する過程で作成した稟議書とその付属書類であるところ，信用組合の貸出稟議書は，専ら信用組合内部の利用に供する目的で作成され，外部に開示することが予定されていない文書であって，開示されると信用組合内部における自由な意見の表明に支障を来し信用組合の自由な意思形成が阻害されたりするなど看過し難い不利益を生ずるおそれがあるものとして，特段の事情がない限り，民事訴訟法220条4号ハ（現在の同号ニ）所定の「専ら文書の所持者の利用に供するための文書」に当たると解すべきである。
　(2)　そこで，本件文書について，上記の特段の事情があるかどうかについて検討すると，記録により認められる事実関係等は，次のとおりである。
　ア　本件文書の所持者は，預金保険法1条に定める目的を達成するために同法によって設立された預金保険機構から委託を受け，同機構に代わって，破たんした金融機関等からその資産を買取り，その管理及び処分を行うことを主な業務とする株式会社である。
　イ　抗告人は，K信用組合の経営が破たんしたため，その営業の全部を譲り受けたことに伴い，K信用組合の貸付債権等に係る本件文書を所持するに至った。
　ウ　本件文書の作成者であるK信用組合は，営業の全部を抗告人に譲り渡し，清算中であって，将来においても，貸付業務等を自ら行うことはない。
　エ　抗告人は，法律の規定に基づいてK信用組合の貸し付けた債権等の回収に当たっているものであって，本件文書の提出を命じられることにより，抗告人において，自由な意見の表明に支障を来しその自由な意思形成が阻害されるおそれがあるものとは考えられない。
　(3)　上記の事実関係等の下では，本件文書につき，上記の特段の事情があることを肯定すべきである。このような結論を採ることによって，現に営業活動をしている金融機関において，作成時には専ら内部の利用に供する目的で作成された貸出稟議書が，

第4章　証拠・データ収集の方法と事実認定

いったん経営が破たんして抗告人による回収が行われることになったときには，開示される可能性があることを危ぐして，その文書による自由な意見の表明を控えたり，自由な意思形成が阻害されたりするおそれがないか，という点が問題となり得る。しかし，このような危ぐに基づく影響は，上記の結論を左右するに足りる程のものとは考えられない。

⑥最決平16.11.26民集58巻8号2393頁
「破綻した保険会社について保険業法に基づいて選任された保険管理人の設置された調査委員会が作成した調査報告書が自己利用文書に当たらないとされた事例」
［要　旨］
　(1)　破綻した保険会社について保険業法に基づいて選任された保険管理人の設置した調査委員会が作成した調査報告書（本件文書）について，本件保険管理人は，金融監督庁長官から，保険業法313条1項，242条3項に基づき，抗告人の破たんにつき，その旧役員等の経営責任を明らかにするため，調査委員会を設置し，調査を行うことを命じられたので，上記命令の実行として，弁護士及び公認会計士を委員とする本件調査委員会を設置し，本件調査委員会に上記調査を行わせた。本件文書は，本件調査委員会が上記調査の結果を記載して本件保険管理人に提出したものであり，法令上の根拠を有する命令に基づく調査の結果を記載した文書であって，専ら抗告人の内部で利用するために作成されたものではない。また，本件文書は，調査の目的からみて，抗告人の旧役員等の経営責任とは無関係な個人のプライバシー等に関する事項が記載されるものではない。
　(2)　保険管理人は，保険会社の業務若しくは財産の状況に照らしてその保険業の継続が困難であると認めるとき，又はその業務の運営が著しく不適切であり，その保険業の継続が保険契約者等の保護に欠ける事態を招くおそれがあると認めるときに，金融監督庁長官によって，保険会社の業務及び財産の管理を行う者として選任されるものであり（同法313条1項，241条），保険管理人は，保険業の公共性にかんがみ，保険契約者等の保護という公益のためにその職務を行うものであるということができる。また，本件調査委員会は，本件保険管理人が，金融監督庁長官の上記命令に基づいて設置したものであり，保険契約者等の保護という公益のために調査を行うものということができる。
　(3)　以上の点に照らすと，本件文書は，民訴法220条4号ニ所定の「専ら文書の所持者の利用に供するための文書」には当たらないというべきである。

⑦最決平17.11.10民集59巻9号2503頁
「市の議会の会派に所属する議員が政務調査費で費用を賄ってした調査研究の内容等を記載した調査研究報告書等が自己利用文書に当たるとされた事例」
［要　旨］
(1)　市の議会の会派に所属する議員が政務調査費で費用を賄ってした調査研究の内容等を記載した調査研究報告書等（本件各文書）は，本件における条例及び要綱の定め並びにそれらの趣旨からすると，専ら，所持者である相手方ら各自の内部の者の利用に供する目的で作成され，外部の者に開示することが予定されていない文書であると認められる。

また，本件各文書が開示された場合には，所持者である相手方ら及びそれに所属する議員の調査研究が執行機関，他の会派等の干渉等によって阻害されるおそれがあるものというべきである。加えて，本件各文書には調査研究に協力するなどした第三者の氏名，意見等が記載されている蓋然性があるというのであるから，これが開示されると，調査研究への協力が得られにくくなって以後の調査研究に支障が生じるばかりか，その第三者のプライバシーが侵害されるなどのおそれもあるものというべきである。そうすると，本件各文書の開示によって相手方ら各自の側に看過し難い不利益が生ずるおそれがあると認められる。

(2)　以上によれば，前記の特段の事情のうかがわれない本件各文書は，民訴法220条4号ニ所定の「専ら文書の所持者の利用に供するための文書」に当たるというべきである。

（なお，調査研究報告書は，会派の外部の者である議長の検査の対象となり得る文書として規定されており，専ら文書の所持者の利用に供する目的で作成され，外部の者に開示することが予定されていない文書には当たらないとする横尾和子裁判官の反対意見がある。）

⑧最決平18.2.17民集60巻2号496頁
「銀行の本部の担当部署から各営業店長等にあてて発出されたいわゆる社内通達文書であって一般的な業務遂行上の指針等が記載された文書が自己利用文書に当たらないとされた事例」
［要　旨］
(1)　本件において銀行の本部の担当部署から各営業店長等にあてて発出されたいわゆる社内通達文書であって一般的な業務遂行上の指針等が記載された文書（本件各文書）は，いずれも銀行の営業関連部等の本部の担当部署から，各営業店長等にあてて発出されたいわゆる社内通達文書であって，その内容は，変額一時払終身保険に対する融資案件を推進するとの一般的な業務遂行上の指針を示し，あるいは，客観的な業

務結果報告を記載したものであり，取引先の顧客の信用情報や抗告人の高度なノウハウに関する記載は含まれておらず，その作成目的は，上記の業務遂行上の指針等を抗告人の各営業店長等に周知伝達することにあることが明らかである。

(2) このような文書の作成目的や記載内容等からすると，本件各文書は，基本的には抗告人の内部の者の利用に供する目的で作成されたものということができる。しかしながら，本件各文書は，抗告人の業務の執行に関する意思決定の内容等をその各営業店長等に周知伝達するために作成され，法人内部で組織的に用いられる社内通達文書であって，抗告人の内部の意思が形成される過程で作成される文書ではなく，その開示により直ちに抗告人の自由な意思形成が阻害される性質のものではない。さらに，本件各文書は，個人のプライバシーに関する情報や抗告人の営業秘密に関する事項が記載されているものでもない。そうすると，本件各文書が開示されることにより個人のプライバシーが侵害されたり抗告人の自由な意思形成が阻害されたりするなど，開示によって抗告人に看過し難い不利益が生ずるおそれがあるということはできない。

(3) 以上のとおりであるから，本件各文書は，民訴法220条4号ニ所定の「専ら文書の所持者の利用に供するための文書」には当たらないというべきである。

⑨最決平19.8.23判タ1252号163頁
「文書の所持者が提供する介護サービス事業に関する『サービス種類別利用チェックリスト』と呼ばれる文書は，民訴法220条4号ニ所定の『専ら文書の所持者の利用に供するための文書』に当たらないとされた事例」

〔要　旨〕
　本件リストは，相手方が指定居宅サービス事業者として介護給付費等を審査支払機関に請求するために必要な情報をコンピューターに入力することに伴って，自動的に作成されるものであり，その内容も，介護給付費等の請求のために審査支払機関に伝送される情報から利用者の生年月日，性別等の個人情報を除いたものにすぎず，審査支払機関に伝送された情報とは別の新たな情報が付加されているものではなく，介護給付費等の請求のために審査支払機関に伝送した情報の請求者側の控えというべき性質のものにほかならない。そうすると，本件リストに記載された内容は第三者への開示が予定されていたものということができ，本件リストは，民訴法220条4号ニ所定の「専ら文書の所持者の利用に供するための文書」に当たらないというべきである。

⑩最決平19.11.30民集61巻8号3186頁，判タ1258号111頁
「被告が資産査定の前提となる債務者区分を定めるために作成し，保管している自己査定資料である本件文書は，被告自身による利用にとどまらず，被告以外の者による利用が予定されて

いるものとして，自己利用文書には該当しないとされた事例」

［要　旨］

　相手方は，法令により資産査定が義務付けられているところ，本件文書は，相手方が，融資先であるＡについて，前記検査マニュアルに沿って，同社に対して有する債権の資産査定を行う前提となる債務者区分を行うために作成し，事後的検証に備える目的もあって保存した資料であり，このことからすると，本件文書は，前記資産査定のために必要な資料であり，監督官庁による資産査定に関する前記検査において，資産査定の正確性を裏付ける資料として必要とされているものであるから，相手方自身による利用にとどまらず，相手方以外の者による利用が予定されているものということができる。

　そうすると，本件文書は，専ら内部の者の利用に供する目的で作成され，外部の者に開示することが予定されていない文書であるということはできず，民訴法220条4号ニ所定の「専ら文書の所持者の利用に供するための文書」に当たらないというべきである。

Ⅴ　民訴法220条4号ホの「刑事事件に係る訴訟に関する書類」等に関する判例」

①最決平16.5.25民集58巻5号1135頁，判タ1159号143頁
「刑事訴訟法47条所定の『訴訟に関する書類』に該当する文書であっても，当該文書が民事訴訟法220条3号所定のいわゆる法律関係文書に該当し，かつ，当該文書の保管者によるその提出の拒否が当該保管者の有する裁量権の範囲を逸脱し，又は濫用するものであるときは，裁判所は，その提出を命ずることができる。」

［要　旨］

（1）　刑訴法47条は，その本文において，「訴訟に関する書類は，公判の開廷前には，これを公にしてはならない」と定め，そのただし書において，「公益上の必要その他の事由があって，相当と認められる場合は，この限りでない」と定めている。同条所定の「訴訟に関する書類」には，本件各文書のように，捜査段階で作成された供述調書で公判に提出されなかったものも含まれると解すべきである。

　同条本文が「訴訟に関する書類」を公にすることを原則として禁止しているのは，それが公にされることにより，被告人，被疑者及び関係者の名誉，プライバシーが侵害されたり，公序良俗が害されることになったり，又は捜査，刑事裁判が不当な影響を受けたりするなどの弊害が発生するのを防止することを目的とするものであること，同条ただし書が，公益上の必要その他の事由があって，相当と認められる場合における例外的な開示を認めていることにかんがみると，同条ただし書の規定による

「訴訟に関する書類」を公にすることを相当と認めることができるか否かの判断は，当該「訴訟に関する書類」を公にする目的，必要性の有無，程度，公にすることによる被告人，被疑者及び関係者の名誉，プライバシーの侵害等の上記の弊害発生のおそれの有無等諸般の事情を総合的に考慮してされるべきものであり，当該「訴訟に関する書類」を保管する者の合理的な裁量にゆだねられているものと解すべきである。

そして，民事訴訟の当事者が，民訴法220条3号後段の規定に基づき，刑訴法47条所定の「訴訟に関する書類」に該当する文書の提出を求める場合においても，当該文書の保管者の上記裁量的判断は尊重されるべきであるが，当該文書が法律関係文書に該当する場合であって，その保管者が提出を拒否したことが，民事訴訟における当該文書を取り調べる必要性の有無，程度，当該文書が開示されることによる上記の弊害発生のおそれの有無等の諸般の事情に照らし，その裁量権の範囲を逸脱し，又は濫用するものであると認められるときは，裁判所は，当該文書の提出を命ずることができるものと解するのが相当である。

(2) 上記の見地に立って本件をみると，本件申立ては，既に有罪判決が確定している相手方が，本件本案訴訟において，本件刑事公判において採用されなかった主張と同様の主張をして，その主張事実を立証するために本件刑事公判に提出されなかった本件共犯者らの捜査段階における供述調書（本件各文書）の提出を求めるというものであるが，相手方が，その主張事実を立証するためには，本件各文書が提出されなくても，本件共犯者らの証人尋問の申出や，本件刑事公判において提出された証拠等を書証として提出すること等が可能であって，本件本案訴訟において本件各文書を証拠として取り調べることが，相手方の主張事実の立証に必要不可欠なものとはいえないというべきである（なお，記録によれば，相手方は，現在提出されている証拠だけでも十分に自己の主張を立証することができると考えている旨，及び本件申立ての主たる目的は，上記の確定した有罪判決に対して自己が申し立てている再審請求の裁判に有利に働くようにするためである旨の書面を原々審に提出していることが明らかである。）。また，本件各文書が開示されることによって，本件共犯者らや第三者の名誉，プライバシーが侵害されるおそれがないとはいえない。

そうすると，本件においては，相手方及び本件共犯者らの有罪判決が既に確定していることを考慮に入れても，本件各文書を開示することが相当でないとして本件各文書の提出を拒否した抗告人の判断が，その裁量権の範囲を逸脱し，又はこれを濫用したものであるということはできない。

以上によれば，本件各文書が法律関係文書に該当するか否かについて判断するまでもなく，民訴法220条3号後段の規定に基づく本件申立ては，その理由がないことは明らかである。

また，上記の事実関係によれば，本件各文書が，民訴法220条2号及び3号前段（民訴法220条3号後段以外の同号の部分をいう。）に該当するものでないことは明らかである。

②最決平17.7.22民集59巻6号1837頁，判タ1191号230頁
「警察官が文書提出命令の申立人の住居等において行った捜索差押えに係る捜索差押許可状及び捜索差押令状請求書は，当該警察官が所属し，当該各文書を所持する地方公共団体と申立人との間においては，民事訴訟法220条3号後段所定の法律関係文書に該当するところ，(1)捜索差押許可状が法律関係文書に該当することを理由としてされた文書提出命令の申立てに対し，同文書の所持者が刑事訴訟法47条に基づきその提出を拒否した判断は，本案訴訟において，同許可状を証拠として取り調べる必要性が認められ，同許可状が開示されたとしても今後の捜査，公判に悪影響が生ずるとは考え難い等の事情の下では，裁量権の範囲を逸脱し，又はこれを濫用したものというべきであるが，(2)捜索差押令状請求書が法律関係文書に該当することを理由としてされた文書提出命令の申立てに対し，同文書の所持者が刑事訴訟法47条に基づきその提出を拒否した判断は，本案訴訟において，同許可状を証拠として取り調べる必要性が認められるものの，被疑事件につき，いまだ被疑者の検挙に至っておらず，現在も捜査が継続中であって，同請求書には捜査の秘密に係る事項や被疑者等のプライバシーに属する事項が記載されている蓋然性が高いなど，同請求書を開示することによって，被疑事件の今後の捜査，公判に悪影響が生じたり，関係者のプライバシーが侵害されたりする具体的なおそれが存するという事情の下では，裁量権の範囲を逸脱し，又はこれを濫用したものとはいえないとされた事例」

［要　旨］
(1) 本件各許可状は，これによって相手方らが有する「住居，書類及び所持品について，侵入，捜索及び押収を受けることのない権利」（憲法35条1項）を制約して，抗告人（警視庁）所属の警察官に相手方らの住居等を捜索し，その所有物を差し押さえる権限を付与し，相手方らにこれを受忍させるという抗告人と相手方らとの間の法律関係を生じさせる文書であり，また，本件各請求書は，本件各許可状の発付を求めるために法律上作成を要することとされている文書である（刑訴法218条3項，刑訴規則155条1項）から，いずれも法律関係文書に該当するものというべきである。

(2) 刑訴法47条は，その本文において，「訴訟に関する書類は，公判の開廷前には，これを公にしてはならない。」と定め，そのただし書において，「公益上の必要その他の事由があって，相当と認められる場合は，この限りでない。」と定めているところ，本件各被疑事件は，いずれも現時点においてなお捜査が継続中であるから，本件各請求書及び本件各許可状は，いずれも同条により原則的に公開が禁止される「訴訟に関

第4章　証拠・データ収集の方法と事実認定

する書類」に当たることは明らかである。

　ところで，同条ただし書の規定によって「訴訟に関する書類」を公にすることを相当と認めることができるか否かの判断は，当該「訴訟に関する書類」を公にする目的，必要性の有無，程度，公にすることによる被告人，被疑者及び関係者の名誉，プライバシーの侵害，捜査や公判に及ぼす不当な影響等の弊害発生のおそれの有無等の諸般の事情を総合的に考慮してされるべきものであり，当該「訴訟に関する書類」を保管する者の合理的な裁量にゆだねられているものと解すべきである。そして，民事訴訟の当事者が，民訴法220条3号後段の規定に基づき，上記「訴訟に関する書類」に該当する文書の提出を求める場合においても，当該文書の保管者の上記裁量的判断は尊重されるべきであるが，当該文書が法律関係文書に該当する場合であって，その保管者が提出を拒否したことが，民事訴訟における当該文書を取り調べる必要性の有無，程度，当該文書が開示されることによる上記の弊害発生のおそれの有無等の諸般の事情に照らし，その裁量権の範囲を逸脱し，又は濫用するものであると認められるときは，裁判所は，当該文書の提出を命ずることができるものと解するのが相当である（最高裁平成15年(許)第40号同16年5月25日第三小法廷決定・民集58巻5号1135頁参照）。

　(3)　上記の見地に立って本件をみると，次のようにいうことができる。

　ア　本件本案事件において本件各捜索差押えが違法であることを基礎付ける事実として相手方らが主張している事実は上記のとおりであり，本件各請求書及び本件各許可状は，上記相手方らの主張の立証のために不可欠な証拠とはいえないが，本件各捜索差押えが刑訴法及び刑訴規則の規定に従って執行されたことを明らかにする客観的な証拠であり，本件各捜索差押えの執行に手続違背があったか否かを判断するために，その取調べの必要性が認められるというべきである（取調べの結果，争点の一層の具体化，明確化が図られる可能性もある。）。

　イ　本件各許可状には，相手方ら以外の者の名誉，プライバシーを侵害する記載があることはうかがわれないし，本件各許可状は，本件各捜索差押えの執行に当たって相手方ら側に呈示されており（刑訴法222条1項，110条），相手方らに対して秘匿されるべき性質のものではないから，本件各許可状が開示されたからといって，今後の捜査，公判に悪影響が生ずるとは考え難い。したがって，本件各許可状の提出を拒否した抗告人の判断は，裁量権の範囲を逸脱し，又はこれを濫用したものというべきである。

　ウ　他方，捜索差押令状請求書は，捜索差押許可状とは異なり，処分を受ける者への呈示は予定されていない上，犯罪事実の要旨や夜間執行事由等が記載されていて，一般に，これらの中には，犯行態様等捜査の秘密にかかわる事項や被疑者，被害者その他の者のプライバシーに属する事項が含まれていることが少なくない。また，本件

【文書提出命令に関する最近の判例】

各被疑事件については，前記のとおり，いずれもいまだ被疑者の検挙に至っておらず，現在も捜査が継続中であるが，記録によれば，本件各被疑事件は，国及び千葉県の幹部職員並びに千葉県議会議員の各自宅を標的とする時限式の発火装置や爆発物を用いた組織的な犯行であることがうかがわれ，このような事件の捜査は一般に困難を伴い，かつ，長期間を要するものと考えられる。以上のような本件各被疑事件の特質にもかんがみると，本件各請求書にはいまだ公表されていない犯行態様等捜査の秘密にかかわる事項や被害者等のプライバシーに属する事項が記載されている蓋然性が高いと認められ，本件各捜索差押えから約2～4年以上経過してはいるが，本件各請求書を開示することによって，本件各被疑事件の今後の捜査及び公判に悪影響が生じたり，関係者のプライバシーが侵害されたりする具体的なおそれがいまだ存するものというべきであって，これらを証拠として取り調べる必要性を考慮しても，開示による弊害が大きいものといわざるを得ない。そうすると，本件各請求書の提出を拒否した抗告人の判断が，その裁量権の範囲を逸脱し，又はこれを濫用したものということはできない。なお，本件各請求書のうち千葉県議会議員宅放火事件に関する捜索差押えに係る捜索差押令状請求書には，抗告人が本件本案事件の答弁書において主張するとおりの「犯罪事実の要旨」が記載されているのであるが，抗告人が同請求書自体を開示しているのと同視し得るものではなく，上記の判断が左右されるものではない。

③最決平19.12.12民集61巻9号3400頁，判タ1261号155頁
「被疑者の勾留請求の資料とされた告訴状及び被害者の供述調書が民訴法220条3号所定の法律関係文書に該当するとして文書提出命令が申し立てられた場合に，刑訴法47条に基づきその提出を拒否した上記各文書の所持者である国の判断が，裁量権の範囲を逸脱し又はこれを濫用したものとされた事例」

［要　旨］

(ア)　本件本案訴訟において，相手方X2は，本件勾留請求の違法を主張しているところ，同相手方の勾留の裁判は，準抗告審において取り消されており，抗告人において，その取消しが本件勾留請求後の事情に基づくものであるとの主張立証はしていないのであるから，本件勾留請求時に，同相手方には罪を犯したことを疑うに足りる相当な理由が存在しなかった可能性があるというべきである。

　そうすると，本件勾留請求に当たって，検察官が相手方X2には罪を犯したことを疑うに足りる相当な理由があると判断するに際し，最も基本的な資料となった本件各文書については，取調べの必要性があるというべきである。

(イ)　本件被疑事件のような性犯罪について捜査段階で作成された被害者の告訴状や供述調書が民事訴訟において開示される場合，被害者等の名誉，プライバシーの侵害

という弊害が発生するおそれがあることは，一般的には否定し難いところである。

　しかし，本件においては，次のような特別の事情が存在することを考慮すべきである。すなわち，Ａは，相手方Ｘ2に対して別件第1訴訟を提起しており，その審理に必要とされる範囲において本件被疑事実にかかわる同人のプライバシーが訴訟関係人や傍聴人等に明らかにされることをやむを得ないものとして容認していたというべきである。Ａは，その後，別件第1訴訟の請求を放棄したが，これは，相手方らから別件第2訴訟を提起されて，別件第1訴訟の訴えを取り下げたところ，相手方Ｘ2がこれに同意しなかったためにしたものであり，別件第1訴訟において自らのプライバシーが明らかになることを避けるためにしたものとは考え難い。また，本件本案訴訟においては，既に抗告人から本件陳述書が書証として提出されているところ，本件陳述書は，本件勾留請求を担当した松本検事が本件各文書を閲覧した上で作成したものであって，そこには，Ａの司法警察員に対する供述内容として，本件被疑事実の態様が極めて詳細かつ具体的に記載されている。

　このような本件の具体的な事実関係の下では，本件本案訴訟において本件各文書が開示されることによって，Ａの名誉，プライバシーが侵害されることによる弊害が発生するおそれがあると認めることはできない。

　㈦　捜査段階で作成された被害者の告訴状や供述調書が公判の開廷前に民事訴訟において開示される場合，捜査や公判に不当な影響を及ぼす等の弊害が発生するおそれがあることも，一般的には否定し難いところである。

　しかし，本件被疑事件については，本件勾留請求が準抗告審で却下され，検察官が公訴を提起しない処分をしており，また，上記のとおり，本件本案訴訟において抗告人が既に書証として提出した本件陳述書には，Ａの供述内容として，本件被疑事実の態様が極めて詳細かつ具体的に記載されているものであって，その内容は，ほぼ本件調書の記載に従ったもののようにうかがわれる。

　このような本件の具体的な事実関係の下では，本件本案訴訟において本件各文書が開示されることによって，本件被疑事件はもちろん，同種の事件の捜査や公判に及ぼす不当な影響等の弊害が発生するおそれがあると認めることはできない。

　㈣　上記の諸般の事情に照らすと，本件各文書の提出を拒否した抗告人の判断は，裁量権の範囲を逸脱し，又はこれを濫用するものというべきである。

（なお，裁判官古田佑紀の補足意見がある。）

第5章 推論の構造──経験則の内実は

ゲスト 大江 忠
解 題 村田 渉

[目　次]
1　はじめに
2　事実認定・証明のパターン
3　直接証拠中心主義と間接事実中心主義という分類
4　訴訟代理人の立証活動の観点から
5　推論のキーとしての経験則
6　経験則をめぐるエピソード
7　経験則の作用と性質
8　経験則の体系化
9　過失の一応の推定
10　推論による事実認定と経験則に関する文献・判例
11　むすび

第5章　推論の構造——経験則の内実は

解　題

1　民事裁判において直接証拠を見分けることの意味

　民事裁判において，裁判官が争点となっている事実（要証事実）を認定する場合の事実認定の手法（あるいは心証形成過程の説示の方法）には，主要事実を認定することのできる直接証拠があるか否かに対応して，2つのパターンがある。1つのパターンは，直接証拠により主要事実を認定することができる場合である。これを「直接認定型」あるいは「直接証拠認定型」という。もう1つのパターンは，直接証拠はないが，間接事実を積み上げて主要事実を推認することにより主要事実を認定することができる場合である。これを「間接推認型」あるいは「間接事実推認型」という。

　これらのパターンでは，その信用性を肯定できる直接証拠の有無がメルクマールとなる。直接証拠とは，直接に（推認という作業を経ないで）主要事実の存否を証明する証拠をいう。直接証拠については，主要事実の「存在」を証明するための証拠に限られる（この立場では，「不存在」を証明するための証拠は補助事実に関する証拠となる。）のか，それとも主要事実の「不存在」を証明するための証拠をも含むのかについては学説上見解が分かれているが，「直接証拠認定型」という場合の直接証拠とはいうまでもなく，主要事実の「存在」を証明するための証拠に限られる。

　民事裁判における事実認定の手法（心証形成過程の説示方法）を学ぶ上では，どの証拠が直接証拠であり，どの証拠が直接証拠ではなく，間接証拠であるかを適切に区別できることが出発点として重要である。しかし，このような直接証拠の定義を知るだけでは，特に法科大学院生あるいは司法修習生等の初学者は，実際の裁判において提出された証拠が直接証拠なのか，間接証拠なのかの判断に迷うことがある。そこで，初学者等に対する指導教育上の便宜から，「直接証拠とは，処分証書のほか，それが報告文書や証言等の供述証拠である場合には，①問題となっている要証事実の体験者（体験者からの伝聞はこれに当たらない。）が，②当該要証事実そのものについてした供述（関連する供述はこれに当たらない。）が直接証拠に当たると考えてよい」とし，ある証拠が直接証拠に該当するかどうか，すなわち，当該証拠が要証事実との関係で「直接性」を有するかどうかは，この①の「体験者性（伝聞供述の排除）」と②の「事実対応性（関連供述・推認作用の排除）」の基準で判断してよいとする見解があ

る（村田渉「推認による事実認定例と問題点——民事事実認定論の整理と展開に関する一試論」判タ1213号〔2006〕46頁参照。なお，学説上は，目撃証人も契約書も間接証拠であるとの立場もあるが，現在の民事裁判の実務では採用されていない。）。

　この基準によると，例えば，売買代金請求訴訟において，原告と被告との間の売買契約が締結されたとの事実が要証事実となっている場合には，①売買契約書（処分証書），②売買契約を締結した（「売った」，「買った」）との売買当事者である原告と被告の当事者尋問における供述（当事者尋問の結果）や，その旨の記載のある原告や被告の陳述書（供述録取書は含まない。），③売買契約が締結される現場に立ち会った第三者が証人として「原告と被告が売買契約を締結した」と証言した場合のその証言やその旨の記載のある第三者の陳述書（供述録取書は含まない。）は，いずれも直接証拠であるが，内金（手付金を含む。）の領収書，原告や被告から，被告（あるいは原告）と売買契約を締結したという発言を聞いた第三者のその旨の証言や陳述書はいずれも間接証拠であり，直接証拠とはいえないことになる（司法研修所編『民事訴訟における事実認定』〔法曹会，2007〕35頁参照）。

　また，一概に「直接証拠」といっても，当事者双方が関与して作成された契約書等の処分証書もあれば，売買契約の締結に立ち会った利害関係のない第三者の証言や陳述書，原告（あるいは被告）の売買契約を締結したとの当事者尋問の結果や陳述書もあるのである。事実認定において重要なことは，ただ直接証拠があるかどうかということではなく，直接証拠が契約書等の処分証書である場合（この場合は特段の事情がない限り，その記載どおりの事実を認めるのが原則であり，処分証書については，それが作成されていない場合にはそのこと自体が重要な間接事実となるとされていることにも注意する必要がある。）はさておき，直接証拠が当事者あるいは第三者の供述証拠である場合には，争いのない事実等の動かし難い間接事実や間接証拠等によってその真実性・信用性が担保されている直接証拠であるかどうかが大切である（換言すれば，間接証拠によって認定できる間接事実によって信用性を肯定することができるかどうかということであり，間接事実の補助事実的機能を考慮するということである。）。そのような意味では，裁判官が事実認定をし，心証形成過程のメカニズ

ム自体は，直接証拠があると否とで，すなわち，直接証拠認定型と間接証拠推認型とで，構造上大きな違いはないともいえるかもしれない。

2 民事裁判における経験則の役割と機能

「民事訴訟の事実認定は，徹頭徹尾経験則の適用」であるといわれる。これまで，経験則とは，「人間生活における経験から帰納される一切の法則であって，一定の条件の下において期待することができる結果を表現する仮定法則をいう」と理解されてきた。しかし，一概に「経験則」といっても，経験則には，一定の前提事実があれば必ずある結果が生ずるというような法則（必然性のある経験則），一定の前提事実があれば通常ある結果が生ずるというような法則（蓋然性のある経験則），一定の前提事実があればある結果が生ずることがあるというような法則（可能性の経験則）があり得るところである。

このように，経験則は，様々な内容を含むものであり，一般には，特に専門的な知見を必要としない「一般的経験則」と，専門的知見を要する「専門的経験則」とに区別することができるとされている。経験則について，従来からの一般的経験則，専門的経験則という分類の他に，経験則の依って立つ根拠が自然科学的な法則を前提としているもの（自然科学的経験則：一般的経験則としては簡単な物理法則，専門的経験則としては複雑な医学・物理法則がある。）か，それとも人間行動を観察して比較的多くの場合に導かれる蓋然性を前提としているもの（人間行動的経験則：一般的経験則としてはいわゆる社会常識，専門的経験則としては業界の取引慣行などがある。）かという観点も付加して，実践的にも役立つ分類を考える必要があるように思われる。

このように考えると，民事裁判において実際に問題となる経験則の多くは必然性のある経験則ではない。そのような観点からすると，民事裁判における「経験則とは，人間行動についての科学的な法則などではなく，単なる蓋然性の原則にすぎないことを理解し，経験則による推認は蓋然性を伴うことを自覚した上で，どうすれば蓋然性を高めることができるかについて検討しなければならない」との見解（吉川慎一「事実認定の構造と訴訟運営」自正50巻9号〔1999〕67頁）にも一理あるように思われる。

また，経験則には，必ず原則と例外があるが，経験則をどのように体系的・

系統的に認識・整理しておくべきかという問題，すなわち経験則の体系化の有益性をめぐって，いわゆる「経験則の体系化論争」がある。積極説は，経験則を人間の行動法則であるとし，人間の行動法則には，「人間の財産的行為は，原則として経済的利益を追求するものである」といった一般的な人間の行動法則，特異な性格や特殊な経験等を考慮すべき要素として有する個別的な人間の行動法則があり，これらを経験則の体系として体系化することができるとする見解である。これに対して，消極説は，経験則とは科学法則ではなく，単なる蓋然性の原則にすぎないとの立場から，経験則を人間行動の法則として理解する前者の見解では，様々な内容の法則を立てながら，特別の事情がある場合には，法則とは異なる結果が生じ得る例外をおくことになってしまい，経験則の体系化という作業にさほどの意味はないとの見解である。

確かに，経験則の体系化については，訴訟になるケースでは，法則どおりの事態となっていないことについて具体的かつ合理的な理由があるか，それを基礎づけるに足りる証拠や間接事実があるかということが訴訟の最大の争点となる場合が多いことを考えると，経験則の体系化を進めることには困難な面があるかもしれない。もっとも，経験則の体系化がオープンな形で構成されるものであれば，事実認定過程をクリヤーにするものとして機能すると指摘する見解（加藤新太郎「民事事実認定の基本構造」小島武司先生古稀祝賀『民事司法の法理と政策(上)』〔商事法務，2008〕329頁注(37)）もみられるから，なお議論が深められる必要があろう。

また，経験則の体系化については，初心者が経験則といわれているところを固く考えてしまって，鵜呑みにして簡単に判断して結論を誤る危険がある。そうすると，経験則の体系化の可否という問題をさておいても，個別具体的な事案に応じて，経験則といわれているものの具体的な内容や根拠を踏まえて，それぞれの射程を意識的に考え，特に人間行動の観察に基づく経験則は実際には様々な事情によって攪乱されるということを自覚して慎重に検討するという姿勢が何より大切であるように思われる。

第5章　推論の構造——経験則の内実は

1　はじめに

○**加藤**　第5章では,「推論の構造——経験則の内実は」をテーマにします。

　直接証拠があればさっと主要事実を認定できますが, そういうケースは実際には多くはありません。現実の民事訴訟には, 間接事実を認定して, その積み重ねで主要事実を推論していくパターンの案件が圧倒的に多いわけです。そこで, そうした事実認定の推論の構造に焦点を当て, 講学上の問題, 実務上の問題について意見交換していきたいと思います。

　副題に付けたように, 本章は, 経験則について, 第Ⅱ巻第3章では, 事件のスジという観点から, 推論の構造をみていくことにします。いずれの章にもゲストとして大江忠弁護士をお迎えしています。

　大江さん, 自己紹介をお願いします。

○**大江**　大江忠です。私は登録以来, 約38年になりますが民事関係の訴訟事件, 会社関係の法律相談を主な業務としてきました。その間, 司法研修所の民事弁護教官をしまして, 平成16年からは慶應義塾大学法科大学院で実務科教員として要件事実論を担当しています。

　今回は,「推論の構造——経験則の内実は」という題材を取りあげていただいたわけですが, 弁護士としてはとても興味のある論点です。弁護士は, 世間的な事実に通じているというのが通り相場のようにいう人もいますが, それは疑問でして, 弁護士というのは一定の立場で物事を見ており, それからある程度長くなってきますと特定の依頼者層からの事件に固まってくるわけでありまして, その経験にはバイアスがかかることになります。その点, 裁判官は任地もいろいろ変わるし, いろんな事件も経験されて, 事実認定を踏まえて経験則の在り方ということを自覚的にお考えになる機会が職業的にあるわけです。今日はそういう点を大変楽しみにしてまいりました。よろしくお願いします。

○**加藤**　大江さんのお話に関連して, 中野貞一郎先生のお話を思い出しました。中野先生は,「弁護士はこれが桃だ, これが林檎だ, これが柿だとよく知っている。対するに, 裁判官はおよそ果物とはどういうものかをよく知っている」といわれます。それぞれ認識のレベルが異なる, そこで相互に経験を交流する

ことが有益だというインプリケーションのあるお話です。今回もそうした意味でよい研究会になるよう希望しています。

2 事実認定・証明のパターン

○**加藤** それでは，そもそも推論の構造というタイトルで意味しているものを明らかにしておきます。これは事実認定の方法として，実務的に伝えられていた事柄，あるいは実務家が通常事実認定をするに当たって念頭に置いている事柄そのものなのですが，これを整理していきたいと思います。

村田さん，お願いします。

●**事実認定における直接認定型と間接推認型**

○**村田** それでは説明します。まず，民事裁判において争点となっている事実（要証事実）につきまして，事実を認定することができる場合の事実認定の手法，あるいは心証形成過程の説示の方法には，主要事実を直接に証明することのできる直接証拠があるか否かに対応して，次の2つのパターンがあります。

1つは，直接証拠により主要事実を認定することができる場合があります。これを「直接認定型」あるいは「直接証拠認定型」といいます。もう1つは，間接事実から主要事実を推認できる場合です。これを「間接推認型」あるいは「間接事実推認型」といっております。

●**直接認定型の場合**

直接証拠によって認定できるケース，つまり「直接認定型」のケースについて説明します。要証事実である主要事実について，これを認めるに足りる直接証拠がある場合には，その証拠のみを挙げて端的に事実を認定すればよいといわれています。例えば，契約締結の際に作成された契約書がある場合や，契約締結に立ち会った証人Aの証言がある場合において，それらが信用できるときには，「契約書および証人Aの証言によれば，請求原因の契約締結の事実が認められる」などと説明すればよいのです。ただし，間接証拠によって認定することのできる間接事実（ここでは補助事実として機能しています）が直接証拠の証拠価値を高める結果，要証事実を認めることができるような場合には，その間接事実（補助事実）をも含めて説示すべきであるとされております。

また，反証としての証言や書証があるが，それらが信用できない場合には，それらが採用できない理由は原則として説明する必要はないのですが，それらが重要な争点であるときにはこの点についても説明しておくのがよいといわれております。

●間接推認型の場合

次に，間接事実から主要事実を認定できるケース，いわゆる「間接推認型」のケースについて説明します。要証事実である主要事実を認めるに足りる直接証拠がないという場合には，直接証拠がないわけですから，間接証拠によって認定した間接事実から主要事実を推認することになります。この場合には，例えば，Cと被告との間に本件土地建物の売買契約が締結されたことが要証事実であるとすると，「証人Aの証言によれば，被告は，事業の運転資金に困ってAに融資を申し込んだが，Aはこれを断り，その際，被告の所有する本件土地建物を売却してはどうかと勧めたこと，証人Bの証言によれば，被告の友人であるBは，その頃被告から本件土地建物の買主を探してほしいという依頼を受け，かねてから土地建物の購入を希望していたCを被告に紹介したことがそれぞれ認められ，……これらの事実によれば，Cと被告との間には本件土地建物の売買契約が締結されたことを推認することができる」などと，間接証拠から（直接）認定できる間接事実と，間接事実から推認することができる事実（要証事実・主要事実）を明確に区別して段階的に説明するのがよいといわれております。

○**加藤**　いま，述べていただいた事柄は，司法研修所の『民事判決起案の手引』にも出ている，基本中の基本ですが，特に間接証拠から認定できる間接事実と，間接事実から推認することができる主要事実，いずれについても，推論の構造を意識して明示的にその判断構造を明らかにしていくことが望まれます。

須藤さん，何か補足的なコメントはありますか。

●実務では直接証拠の質を見極めることが大切

○**須藤**　はい。まず，お話があった司法研修所の『民事判決起案の手引』ですが，現在は10訂版が出ておりまして，その78頁以下にそういった議論が紹介されています。

実務では，いわゆる直接証拠で主要事実を簡単に認定できるケースは少ない

と思いますが，この直接認定型では，村田さんからもお話があったように，認定の資料となる直接証拠の質を見分けることが大切ですね。実務では，書証であれ，証言であれ，それをどう評価するかというところが難しい。例えば，売買の際に買戻し特約がなされたか否かなどについて，買主の原告は「特約があった」と供述し，売主の被告は「交渉の過程で一度はそのような話は出たけれども最終的には特約は付けなかった」と供述しているような場合，いずれも契約当事者の供述ですから，認めるにしても，認めないにしても，直接証拠はあるわけです。直接証拠があるというだけでは何も解決しないのですね。追々お話もあると思いますので，ここでは，直接証拠である書証や供述が信用できるものか否かという証拠評価が非常に重要であるということを指摘しておきたいと思います。

○加藤　そのとおりですね。

○村田　その点につきましては，次の「直接証拠中心主義と間接事実中心主義」ということに関する議論の中で，補足して説明したいと思っております。

○加藤　馬橋さん，訴訟代理人の立場から，この事実認定・証明のパターンの問題についてはいかがでしょうか。

○馬橋　間接事実の重要性については，研修所で繰り返し教えていることですが，代理人自らがそういうことを認識してきちっと主張し立証活動をして，そして最終準備書面までの流れがきちっと押さえられているかは疑いのあるところです。ただ，逆に押さえようとしても具体的な事案によってはなかなか難しい面があるというのも代理人としての本音でしょうか。

○大江　確かに間接事実から主要事実を認定してもらうということは抽象的にはよくいうのですが，本当にそれを意識的に代理人の立場で詰めて分析して考えることは少ないのではないでしょうか。よく最終的に判決が出てから負けた側が，「いや，こんな認定は裁判官の理解不足じゃないか」とよくいうのですが，それは結局，代理人としての説得不足，それは結局，経験則を使っての認定というものについての意識的な作業が欠けている結果でしょう。それなのに，そのことを棚に上げて「裁判所は分かっていない」というような発言になるのではないかとは思います。

○加藤　ひところ，民事弁護教官室において，「民事弁護教官は間接事実教育

をしていく」という方針を掲げた時期がありました。その動きの背景には，こうした事実認定・証明のパターンの問題を意識した主張立証活動がされるべきだという認識があったということなのでしょうか。
○**大江** それは確かにそういう認定構造が極めて重要であり，民事弁護科目でも強調しなければならないという認識があったことと，それからもう1つ，要件事実教育に対するアンチテーゼのような格好で民事弁護教官室の存在理由も強調するという側面もあったようには思いますが……（笑）。
○**加藤** なるほど（笑）。
○**馬橋** ただ，それは間接事実に重点を置くのではなくて，間接事実をいかに探し出して，それをどう当てはめ，結びつけるのかが本来の主眼だったわけですよね。
○**加藤** まさに，推論の構造を意識した主張の組み立てをしていくべきであるということですね。以上のような事実認定・証明のパターンについて，基礎的な知識として頭に置いた上で次に進みましょう。

3 直接証拠中心主義と間接事実中心主義という分類

○**加藤** 直接証拠中心主義，間接事実中心主義という分類をする見解もありますが，これについて見ておきましょうか。

●**直接証拠中心主義と間接事実中心主義**

○**村田** 事実認定に関しましては，一般に，先ほどご説明しました事実認定の手法あるいは心証形成過程の具体的な説示の方法とは別に，直接証拠による証明を重視すべきであるとする「直接証拠中心主義」の考え方と，間接事実による推認を重視すべきであるとする「間接事実中心主義」の考え方があるとされています。先ほど，心証形成過程の具体的な説示方法として，まず直接証拠があるかどうかを考えると述べましたけれども，これは分類的には「直接証拠中心主義」の考え方による説示の方法であると理解されております。

●**直接証拠中心主義とは**

　まず「直接証拠中心主義」とは何かということなのですけれども，「直接証拠中心主義」とは，主要事実を認定する場合においては，直接証拠があり，そ

の直接証拠が信用できるものであることが明らかになれば，その直接証拠によって主要事実を認定するという方法によるべきであるという立場です。そして，この立場では，直接証拠がある場合，間接事実によって主要事実を推認するという方法は必要でないだけでなく，そのような方法は事実認定の方法として相当でないといわれています。その理由としては，直接証拠による主要事実の認定の場合には，その直接証拠と認定対象たる主要事実の関係が直接的であって，そこに推定あるいは推認という問題が入る余地がなく，事実認定を誤る危険性がより少ないからであるといわれております（伊藤滋夫『事実認定の基礎』〔有斐閣，1996〕77頁以下参照）。

●**間接事実中心主義とは**

これに対し，「間接事実中心主義」という立場があります。これは，事実認定の本質は「推断的判断」であるとして，間接事実による推認を中心に据えて主要事実を認定するという方法によるべきであるとする立場です。この立場の理由は3つありまして，第1に，直接証拠による証明といっても，直接証拠の信用性が低い場合は，間接事実の集積による方が間違いの可能性が少ないのだということ，第2に，直接証拠といっても，先ほど須藤さんのお話にもありましたけれども，実際には直接証拠といっても人証（証人の証言，当事者本人の供述）しかない場合が多く，直接証拠となる証言や供述は，ある意味で，党派的な立場の証人や当事者本人によるものがほとんどであるから，むしろ証明力が低いのが一般であるということ，第3に，多くの事件では，争点整理等で間接事実を集積することにより心証を形成することができるということが挙げられております（吉川愼一「事実認定の構造と訴訟運営」自正50巻9号〔1999〕62頁以下参照）。

●**実務における事実認定・心証形成の一般的手法**

このように，直接証拠中心主義と間接事実中心主義というものがあるといわれているのですが，実際に実務でどのような形で事実認定・心証形成をしているかということについて述べさせていただきますと，民事裁判の実際において，事実関係が争われるケースでは，直接証拠がある場合であっても多くはその信用性等が強く争われておりまして，直接証拠が契約書等の処分書証である場合にも，その真正な成立自体には争いがなくても，それが作成された趣旨や

目的，内容の真実性などが争われることも少なくありません。例えば，その契約書は，銀行等の第三者に見せるために作成したものであり，内容は真実でないとか，あるいは契約書の意味内容を十分に理解しないで署名押印したものであるなどと主張されることが少なくないわけです。また，直接証拠が人証（証人の証言や本人の供述）である場合には，その供述の信用性が強く争われることが多いのですが，民事裁判では刑事裁判と異なり，第1に，証人あるいは当事者は通常何らかの利害関係を有している場合が多く，証人あるいは当事者の供述の信用性をその利害関係の有無・強さから判断することは極めて困難であること，第2に，その供述内容自体の本質的部分に明らかな矛盾や客観的事実との食違いや間違いがあるといった場合のように，その供述自体から信用性がないといえる場合はそう多くはないこと，第3に，いわゆる伝聞過程の問題である供述者の知覚の正確性，記憶の正確性・表現の正確性，誠実性についてもこれらを独立の争点として問題にしなければならない事態はさほど多くはないということなどから，これらの事実（補助事実）のみで，その信用性の有無を判断することは困難であることが多いといわれています。

　そこで，民事裁判の実務では，直接証拠がない場合はもちろん，直接証拠がある場合であっても，まずは問題となっている主要事実（要証事実）の有無を確定するのに必要な間接事実（争いのない事実および証拠によって確実に認定できる事実）を拾い出して，次に，直接証拠がない場合には，間接事実によって主要事実を推認することができるかどうかを判断します。この場合，主要事実が証明されたというためには，間接事実のみによって主要事実を推認できなければならないことはもちろんです。これに対し，直接証拠がある場合には，間接事実を「補助事実として機能する間接事実」として，これを「間接事実の補助事実的機能」ということがありますけれども，この間接事実の補助事実的機能を利用してその信用性を判断し，これらの間接事実に合致し，あるいは，よく符合し，あるいは矛盾しない直接証拠の信用性は肯定されることになりますけれども，これらの事実と相矛盾するような直接証拠の信用性は否定されることになります。このように，間接事実と直接証拠を総合することによって主要事実を認定することができるかどうかを判断しているのが民事裁判の実務であろうと思います。

○**加藤** 要するに，直接証拠中心主義，間接事実中心主義という分類がされてはいるけれども，実際にはいずれかの考え方のみで実務をしているわけではなく，事柄に応じて，直接証拠で事実を認定したり，間接事実により推認している。さらに，直接証拠がある場合でも，須藤さんがいわれたように信用性に争いがあることが多いから，証拠の信用性を押さえるためにも，やはり間接事実を押さえなければいけないということですね。したがって，この分類は提唱者の意図を離れて，そのタームが一人歩きして用いられるとすると，実践的には意義が乏しいというか，ミスリーディングになりかねないかもしれません。何か，コメントはありますか。

●**要件事実教育の行き過ぎか**

○**須藤** 要件事実論との関係で問題が指摘されているところですが，要件事実の重要性を過度に強調すると，事実摘示として主要事実，つまり直接事実しか書かなくていいのだという議論が出てきます。そうしますと，主要事実しか記載されていないのですから，どうしてもそれを直接証拠で直接認定しようという発想になってくるわけです。現に，要件事実の大家といわれている伊藤滋夫先生はやはり直接事実を直接証拠で認定した方がいいのだというお立場です。しかし，実際の訴訟では，馬橋さんからも指摘があったように，間接事実が重要です。そこで，要件事実教育の行き過ぎは重要な部分を落とす可能性があり，適当ではないという議論も根強くあるわけです。そのような議論も踏まえて，要件事実の重要性を強調する立場でも，例えば，土屋文昭さん（東京大学法科大学院教授）や吉川愼一判事（京都地裁）などは，間接事実の積み上げによる事実認定の重要性を強調されています（土屋文昭「事実認定再考──民事裁判の実態から」自正48巻8号〔1997〕72頁，吉川・前掲「事実認定の構造と訴訟運営」62頁）。

　私も，直接証拠で直接事実を認定する方が推論の過程で誤る危険性が少ないので優れているという議論は，逆に1つの直接証拠で認定するがゆえに，その前提となる証拠評価を誤った場合にはストレートに事実認定を誤る危険性が高いので，実際には初心者には適当ではないと思います。

　ただ，実際の事件では，間接事実と補助事実とは共通していることがほとんどですので，直接証拠の合理性，信用性を補助事実によって十分検証するなら

ば，それは，間接事実による主要事実の推認のプロセスと同じことになると思います。つまり推論の二重構造ですね。この研究会でも，書証の成立に関する「二段の推定」の議論の際に話が出ています（本巻第1章）が，そこをどこまで認識して考えるかということが重要ではないかと感じました。

4 訴訟代理人の立証活動の観点から

○加藤　訴訟代理人の立証活動の観点から，コメントはありますか。

●訴訟代理人の立証活動と直接証拠

○大江　訴訟代理人の立場では間接事実の重要性ということは，それこそみんな認識していることであって，それが意識的にしろ無意識的にせよ，それを全部何とか出そうという対応に出るわけですね。

【エピソードⅠ-5-1】証券取引事件（無断売買）

　私は被告会社の代理人になる場合が多いのですが，無断売買による証券取引事件を例にとりましょう。原告の主張は，「顧客が証券会社の営業マンを通して当初は堅い国債を買った。その後は，顧客に全く無断で営業マンが多数の売買をして，口座がゼロになった。顧客が関与するところではないから，国債の返還を求める」という訴訟です。被告会社側は，顧客が注文をしたこと，それによる損失発生による口座残高の減少した事実を抗弁として立証する必要があります。ところが，有価証券の売買の委託注文は，ご承知のように個々的に契約書などは取り交さないで，電話一本です。顧客勘定元帳には，多数の売買履歴が記帳されます。これに基づく営業マンの「確かにその都度注文を受けた」という証言は，直接証拠ですが，それだけでは心証はとってもらえません。①売買注文伝票，②営業日報などの記載がありますが，あくまで，会社サイドで作成した文書です。そのほかに，③売買が行われた都度発送される売買報告書，④定期的に送付される建玉の通知書は，制度的に顧客のもとに通知されますが，⑤残高が違っているという通知書が顧客から会社に返送されていないとしても，顧客はあくまで受け身の問題です。そこで，⑥無断売買と主張される取引の利益が出ているときに，時々，口座からその利益を顧客が引き出している事実であるとか，⑦買っていた有価証券を別のものに買い換えたときに，売付

代金より新たな買付代金が多額で，その不足する差額を顧客が入金している事実，⑧すべての商品ではありませんが，リスクの高い商品についての顧客の「確認書」などが決め手になる重要な間接事実になります。

　もう1つ，反面ですが，間接事実が重要だからといって逆に直接認定，直接証拠があるのにその意味合いを無視して間接事実だけに一生懸命になっていると，直接証拠のもつ意味合いというものについて何らコメントをしないで，敗訴に陥るというケースがあるように思いますが，つまり訴訟代理人として，逆にいうと直接証拠の重要性の無視ということがあるように思います。

○**加藤**　具体的にはどのようなことですか。

○**大江**　それは契約書の条項で，これはただの例文だというような言い方をして，それで済ませてしまうというようなことです。

○**加藤**　例文だという主張をされた場合に，それに対してきちんと反論しないということですか。

○**大江**　いや，そうではなくて例文だといってその契約書のもつ意味合い，その条項が直接証拠として機能するということを無視してしまう，そういうことをちょっと感じます。

○**加藤**　なるほど。馬橋さん，いかがですか。

○**馬橋**　ちょっと変な言い方もしれませんけれども，直接証拠で事実認定がされてしまうような事案というのは，代理人が相談を受けた時点で諦めさせるか，話合いの道を選択して解決し，訴訟上の争いにはならない，あるいは訴えを起こされても逆の被告の立場であれば和解へもっていくという形になっていくのだと思うのです。だから紛争になっている事案というのは，まさに直接証拠はあってもそれに対する信用性とか先ほどいったいろいろな点について問題があって，訴訟でのその信用性等の有無が争点になってくるのだと思うのです。ただ，確かにおっしゃったように間接事実をたくさん拾うのは非常に大事なことですが，逆に立証活動の面からいうと直接証拠が何かあるのにそれに近づこうとしない危険性がある。代理人としては，そんな面もあるような気がするのですが。

●契約書の文言を簡単に否定してはいけない

○**須藤**　まず，大江さんからご指摘があった例文の問題ですが，私も，若い裁

判官と話をしていたときに，ある契約書に記載されている重要な条項を，過去の類似の判例で例文としてその効力を否定したものがあることなどから，同様に例文だとして簡単に排除しようとしているのを聞いて，「きちんと検討すべきではないか」と話をしたことがあります。「契約書という直接証拠に条項として合意されている以上，それを否定しようとする者が否定するに足りるだけの十分な主張・立証をしなければならないはずで，ただ例文だという理由だけで排除してしまうのは乱暴ではないか，仮に，間接事実・間接証拠レベルで一見矛盾があるようにみえても，よく検討してみると実は矛盾していないというケースもあるからね」と，話をしたことがあります。

●信頼できる直接証拠があるときは

　それから，馬橋さんのお話ですが，心すべき指摘だと思います。確かに信頼できる直接証拠があるのに，わざわざ間接証拠で間接事実を認定して，それから主要事実を推認しようというのは迂遠ですしね。問題は，直接証拠の信頼性がどの程度かということではないでしょうか。先ほども一言触れたように，実務では直接証拠の信頼性評価の基礎となる補助事実は，実際には間接事実とほぼかぶっていて共通であることがほとんどですから，有力な直接証拠があって主要事実を直接認定できそうな場合にも，どんな事実が間接事実になるのかを考えて検討することは，結果的に補助事実によって直接証拠の信頼性を評価することにもなりますので，非常に有用なわけです。しかも，どのような事実が直接事実の推認に役立つ間接事実なのかということを考えることによって事件に対する理解が深まり，審理に対する見通しも立てやすくなりますしね。ただ，直接証拠の信頼性が高いと評価しておきながら，相手方の弁解に引きずられてあれこれ間接証拠で間接事実を認定してかえって判断に迷いが出るようでは本末転倒になってしまいますので，初心者は気をつけなければいけませんね。

●直接証拠としての人証と書証

○村田　直接証拠中心主義の立場でも，一概に直接証拠といっても，直接証拠は人証と書証に分かれて，その人証の中にも，当事者本人，当事者側の証人，客観的なあるいは中立的な証人がいるということで，先ほど須藤さんがおっしゃった，証拠の具体的な内容にも注目しなければいけないと思います。また，書証についても，処分証書（処分文書），あるいは陳述書に代表される報告文

書，あるいは領収書などのような書面もありますので，やはり直接証拠とはいっても，その証拠がどういう価値をもつ証拠であるかということをよく考えなければならないと思います。直接証拠中心主義といわれていますけれども，感覚的には，直接証拠として人証（当事者の供述，証人の証言）あるいは陳述書があるだけの場合には，いわば純粋な形の直接証拠中心主義の立場から，問題はこれらの直接証拠が信用できるかどうかであると考えることは，実務的にはいかがなものだろうかと思います。確かに，直接証拠のうちでも処分証書がある場合には，直接証拠中心主義の立場から，その処分証書が信用できるかどうかを判断し，それが信用できるとなれば，直接証拠中心主義をストレートに適用すればよいであろうと思いますが，そうでない場合に，直接証拠中心主義の立場を純粋な形で貫いて判断することには問題があるのではないかと思います。

　もう1点は，争点等に関係する書証があるのに書証について言及しない，あるいは書証の記載内容と矛盾した判断をする裁判というのは，後に裁判例についても言及しますが，それらの裁判例に照らしても問題があるように思います。やはり争点等に関係する書証がある場合において，その記載内容と異なる認定をするときには，その書証の記載内容が信用できない特段の理由を示すことが大切です。このような書証が信用できない特段の理由を示さないで判断した裁判例には，上級審で破棄されているものがかなりありますので，是非注意することが必要だと思います。

5　推論のキーとしての経験則

○**加藤**　適正な事実認定をしていく場合には，証拠に対して一定の証拠価値を踏まえて間接事実・補助事実を認定して，推論の構造を意識して主要事実の推認に至るという構造理解の重要性を述べてきましたが，推論をしていく際の鍵となるものは経験則です。そこで経験則について，実務的な意味合いも含めて見ていきたいと思います。

　村田さん，いかがでしょうか。

第5章　推論の構造——経験則の内実は

●経験則の役割・機能

○**村田**　事実認定における経験則の役割・機能について述べます。裁判官は，取り調べた証拠の証明力を吟味・評価して，あるいは弁論の全趣旨をも斟酌しながら要証事実の存否について心証を形成しています。証拠の証明力の評価については裁判官の自由な判断に委ねられますが，裁判官の自由な判断といっても恣意的なものではなく，経験則，論理則にかなったものでなければなりません。

　経験則とは，一般には，「人間生活における経験から帰納される一切の法則であって，一定の条件の下において期待することができる結果を表現する仮定法則をいう」と理解されています。難しい表現ですので，具体的にいいますと，自然現象を科学的方法により経験し観察して帰納される自然法則，人間の思考作用を支配する論理の法則，数学上の原理，社会生活における道義・条理・慣例，取引上の慣習等，学術，芸術，技術，商業，工業等その他あらゆる生活活動に関する一切の法則を包含する一般概念であると考えられています。人が思考を働かせ，それを表現し，あるいは他人の表現行動を受けとめる場合には常にこの経験則が用いられます。

　そこで，事実認定における経験則の機能については，事実認定の究極の目的は，争いのある主要事実の認定にあることはもちろんですが，その認定方法に，直接証拠による証明と間接事実からの推認があることは先ほど述べたとおりです。間接事実からの推認は，間接証拠による間接事実の証明と他の間接事実からの推認によりされます。証拠の証明力については補助事実が関連することも先ほど述べたとおりです。経験則は，これらの事実認定の全過程を通じて，決定的な役割を演ずることになります。

　すなわち，第1に，要件事実（この要件に該当する具体的な事実が主要事実）は実体法の定めるところですので，原則として要件事実あるいは主要事実は明らかなのですが，間接事実，補助事実等の具体的な事実については，主要事実，証拠方法，証拠資料等との関連で，それが間接事実，あるいは間接事実を推認させる事実である再間接事実，補助事実のいずれに当たるのかが判断されます。ここでもいかなる事実が間接事実，再間接事実，補助事実となるかは，論理則，経験則に従って合理的に判断される必要があります。

第2に，1個または数個の間接事実から主要事実，あるいは他の間接事実を推認することも経験則の働きによって行います。これは「事実上の推定」といわれているものです。
　第3に，直接証拠あるいは間接証拠によって主要事実あるいは間接事実，補助事実を証明する場合の証拠の証明力も経験則を基準に判断します。また，証拠の内容それ自体の吟味によって証明力が判断されるのも経験則を基準としています。
　第4に，補助事実が証拠の証明力に影響を与えるのも経験則の働きによります。
　第5に，弁論の全趣旨の証明力を評価するのも経験則を基準として行います。
　第6に，証拠調べの限度を決定し，証拠方法を選択する場合にも，経験則が用いられています。
　このように，民事裁判における事実認定が正しいか否かは，およそ，それが経験則に合致しているかどうかを基準に判断されることになります。したがって，経験則は，民事裁判における事実認定のキーポイントとなっています。そこで，一般には「民事裁判の事実認定は，徹頭徹尾『経験則』の適用である」といってよいといわれております。
〇**加藤**　「民事訴訟の事実認定は，徹頭徹尾経験則の適用」というのは，賀集唱元裁判官の論文の中に使われていて（賀集「民事裁判における事実認定をめぐる諸問題」民訴16号〔1970〕72頁），裁判官に伝承されているところですね。
　講学上，経験則について以上のようにいわれていますが，少し別の観点から，須藤さんにもコメントをいただきたいと思います。

●**経験則のフィールド，確からしさを吟味しよう**
〇**須藤**　一般的に経験則がそういう広いものであり，様々な内容を含むものであるということはよくいわれているとおりですが，一般的には，特に専門的な知識を必要としない「一般的経験則」と専門的な知識を必要とする「専門的経験則」という類型で分けられて論じられることが多いと思います。ただ，一般的な経験則といっても具体的にどこまで含むのか，専門的な経験則といってもどこまで含むのかが必ずしも明確ではありません。そこで，経験則とは何かについての認識を少しでも分かりやすく共通化するために，従来の一般的経験

第5章　推論の構造——経験則の内実は

則，専門的経験則という切り口のほかに，経験則の依って立つ根拠が自然科学的な法則を前提としているもの（自然科学的経験則）か，それとも人間行動を観察して比較的多くの場合に導かれる蓋然性を前提としているもの（人間行動的経験則）かという観点をも付加して，煩瑣にならない程度で実践的にも役立つ分類にしてみるのはどうでしょうか。そして，これらを掛け合わせると次の表のようになります。

	自然科学的経験則	人間行動的経験則
一般的経験則	簡単な物理法則など	いわゆる社会常識
専門的経験則	複雑な医学・物理法則	業界の取引慣行など

●簡単な物理法則

　自然科学的なもので一般的な経験則としては，簡単な物理法則などが考えられます。例えば，書類などで古いものは紙の質やインクの色などが変わっていたりしますよね。また，毎日書き込んだり使い込んだ帳簿や日記などは，日々の開け閉めなどのせいで本の下の部分が黒ずんでいたり，紙自体も何かゴワゴワして手触りが違うということは，裁判官であれば日常的に経験することですが，このような点は確立した物理法則に基づいているわけで，経験則としての確からしさが極めて高いものといえますから，書証として提出された契約書や日記や帳簿などがその当時に書かれたものかどうかを推認する有力な手がかりになるわけですね。

●複雑な医学・物理法則

　自然科学的なものの中で専門的な経験則としては，例えば医学的な判断や複雑な最新科学に基づく物理法則などを前提とする経験則があります。この中でも，例えば，継続的に咳をしていたから気管支が悪かったはずだというレベルであれば，医学的な経験則といっても一般的な経験則に近いわけで，理解も容易です。これに対して，例えば，一定の症状が薬の副作用や一定の医療行為に基づくものであるか否かなどになってくると，専門家ではない私たちにとっては判断が難しくなってきます。直接にはその合理性や正当性を理解できませんので，専門家の学界や学説の中でその発生機序などがどの程度確立しているも

のかを検討した上で，事案に当てはめていくということになります。いわば「経験則」としての確立度，確からしさを見極めることが必要になります。

　このような経験則は原因と結果との因果関係の判断に適用されることも少なくないのですが，ここで誰もが認めるレベルはどこかという観点で経験則としての確立度を高く設定すると，因果関係を認定することが難しくなり，被害者の救済に薄くなってしまいます。そこで，実際の事件では，この専門的な経験則としてのレベルをやや低く設定することで因果関係を認めやすくして被害者の救済を図ることが少なくありませんね。例えば最判平成12年7月18日（判タ1041号141頁）で問題となった原爆による放射能被害の判断では，爆心地からの距離や曝露された放射能量などと生じた被害との因果関係の判断に際して自然科学的な経験則が使われているのですが，判断基準のレベルを原審よりも低いものでよいとしています。ちなみに，この判例の理解については，間接事実について立証レベルを下げたものであるとか，証明度を軽減したものであるとか意見が分かれていますが，私は，間接事実から主要事実を推認する際に適用される判断基準（経験則に基づく基準）のレベルを他の証拠に照らして緩和したもの（幾つか考えられる判断基準のうち低いものを採用しただけ）と考えています。

●いわゆる社会常識

　次に，人間行動的な経験則についてですが，このうち一般的なものはいわゆる社会常識といわれるものです。例えば，お金を払えば多くの場合は領収書をもらい，契約をすれば何らかの契約書を取り交すといったような一般社会常識的な部分で，まさに一般的な，それなりに確からしいものであることが多いといえます。ただ，この人間行動的経験則の最大の問題は，人間行動の観察に基づく蓋然性の法則化というのですが，人間は単純なものではなく，いろいろの要因で簡単に行動を変えてしまうので，経験則としての確立度が低い，原則と例外とが様々に入り乱れるというところなのですね。

●業界の取引慣行など

　また，人間行動的な経験則の中でも専門的な経験則といわれるものには，いわゆるそれぞれの業界の取引慣行が当てはまると思います。業界の取引慣行といわれるものは，それぞれの業界の業態を前提として，実際にどのような形態

第5章　推論の構造──経験則の内実は

の取引が日常的に行われているのか，どのようなシステムで運営されているのかなどが分からないと，そもそも取引慣行自体が理解できません。これまで経験則を論じる場合に，いろいろの経験則が取りあげられているのですが，それぞれの経験則が依って立つ根拠を意識して，それぞれが属するフィールドを明らかにして，そのフィールドの中で特徴的に注意しなければいけない点を検討しているものは見かけません。これを意識的に考えて個別事件に適用することが大切で，そうすることで経験則の理解なども違ってくるのではないかと思います。後に経験則の体系化の問題について議論が出ると思いますが，その際にも原則に対する例外，例外に対するまた例外ととどめないその例外を検討しなければいけないということになりがちなのです。経験則については，それぞれが属するフィールドを踏まえて，何が問題にされているのか，その根拠は何か，どの程度確立した経験則なのかということなどを考えることが有効ではないかと思っています。

6　経験則をめぐるエピソード

○加藤　経験則について，訴訟代理人として経験したエピソードをお願いします。

【エピソードⅠ-5-2】保険商品販売企画料請求事件

○大江　須藤さんからお話がありましたが，確かに経験則というものを考えるときに1つの材料ですが，保険商品の販売企画料請求事件（加藤新太郎ほか編『手続裁量とその規律』〔有斐閣，2005〕273頁～276頁）を紹介します。要は生命保険会社が主力商品のひとつとしている保険商品の販売方法の企画を私は売り込んだが，その代金は経費も含めて360万円であるとして，それを請求した事件です。

　これは本人訴訟だったこともあるのですが，契約書はない，陳述書はたくさん出てくる，それからその口頭契約のときに立ち会った人間も証人として調べることができるという事案だったのですが，裁判所は保険会社の方の積極的立証はなくして調べるまでもなく請求棄却という判断を下しました。これはその判決文も極めて簡単なのですが，要は「これだけの金額に相当する事務を会社

が依頼する場合には契約書を作るのが普通だ」という1つの経験則を基礎にしています。その経験則によって，そのときに立ち会った人間の証言を聞いてほしいという原告の申請をはねているわけですが，これはそれを聞いたところで原告側に立っている人間のいうことを聞いてもその経験則を揺るがせるまでには至らないという判断があったものと思われます。これは先ほど村田さんの紹介がありましたが，事実認定の全過程を通して経験則が決定的な役割を果たすという機能，要するに契約書が作成されていないという事実によってこの契約はなかったという判断をしている，それから第6の機能「証拠調べの限度を決定し，証拠方法を選択する際にも，経験則が用いられている」というでしょう。つまり「自分はちゃんと証言してくれる人がいるんですよ」といっても，それを聞いたところで認定できないと，裁判官は考えたようです。1つの裁判例ではありますが，参考になるかと思いまして紹介させていただきました。

○**加藤** 須藤さんの分類でいくと，これは人間行動的経験則で，かつ一般的経験則の範疇ということでしょうか。業界の慣行というほどのものでは……。

○**大江** 慣行というものではないですね。

○**加藤** ただ，別の見方をしますと，契約書が作成されてはいないのにもかかわらず，あえて訴訟を提起してきたことをどう考えるかという問題はあるでしょうね。穿った見方かもしれませんが，あえて提訴したという行動を考えると，それなりの口頭でのやりとりは何かあったはずであるといった経験則も，これも人間行動的経験則ですが，ありそうです。もちろん，それを強調しすぎると，大多数の訴訟は請求認容ということになってしまいますが，それはあり得ないことですから，過度に重視はできません。したがって，そうした衝突する経験則をバランスよくみていくことが必要になるということでしょう。

○**大江** したがって高裁に控訴されたわけですけれども，裁判官はやはり会社の方は何か残っているでしょうということで，もうこれこそ会社内部を総ざらいして調べた結果，この販売方法が大蔵省から少し問題があるのではないかと改善を求められたときに詫び状とまでいいませんが，その説明書が入っていると，その文書を提出している日時が原告が主張している日時より遙かに前に出しているということで，原告がいっている契約締結時よりも前にそういう販売方法がなされていたと認定できるということでけりがついたわけですが，高裁

○加藤　いずれにしても，結論は変わらないということですね。
○大江　はい。
○加藤　本来，不相当な販売方法として監督官庁からだめだといわれていた保険商品をあえて販売したということが真相だったのですね。
○大江　望ましくないんじゃないかと，チェックされたのです。
○加藤　馬橋さん，いかがですか。

【エピソードⅠ-5-3】建物の建築時期と図面・登記

○馬橋　いま，控訴審で「何かあるのでは」と言われたとのことでしたが，私ども一審で勝訴して高裁にいきますと，結論は同じで控訴棄却であっても，その事実認定では原審と大分異なる認定をしているものがあるような気がします。別の言い方をすれば，高裁の方が非常に強い認定をしていると感じる点もあります。

　その1つの例で実は道路，接道をめぐる建築が違法かどうかが争われた例がありまして，そこでは，ある建物がいつ建築されたのかということが争点になりました。

　そのケースでは，違法でないと主張する原告から図面が提出されました。その建物の図面には建築年月日が付記されて，それは古い年月日が記載されている。一方，登記簿の保存登記の日付はその記載より後の月日が書かれていました。第一審はその図面と登記を比べたときに登記の方が信用性があるという理由で，登記に記載された方の日時に建築されたという認定をしたわけです。これに対して，控訴審では，いまの図面について，どうも筆記用具が違うのではないかという点に加えて，字の古さなど全体から見て，さらに一歩踏み込みまして，この図面は後で年月日を書き込んだとして，そもそも信用できないとはっきり認定されました。

　こういう点からみると，やはり同じ証拠の見方でも高裁と第一審とでは認定の仕方が違うのだなと実感したことはありましたね。
○加藤　それは，事実認定が強いというより，きめ細かく多角的に見ていると評してもいいのでしょうね。
○馬橋　そういうことですね。

○加藤　いまのお二方のエピソードについて何かコメントございますか。
○須藤　大江さんの事例は契約書がないと地裁の裁判官は簡単には認定してくれないということかもしれませんが，訴訟という場でみていると，何も理由がないのに争う人はあまりいないわけで，契約書がないからといって簡単に否定してはいけない場合もあるでしょう。馬橋さんのケースは，物理法則に基づく経験則を考慮して事実認定に深みを加えた例といってよいのではないでしょうか。

【エピソードⅠ-5-4】偽装事故による保険金請求事件──激突した車には傷が付くはずなのに

　私も1つ，簡単な物理法則を生かした例を1つ申し上げようと思います。交通事故による損害保険金の請求があった事例で，レンタカーを運転中に不注意で道路脇の鉄ポールに激突してむち打ちで入院を余儀なくされたと主張していました。もちろん裁判官であれば，レンタカーでの事故で，道路脇のポールにぶつかって入院したというだけでスジが悪そうな事件だとすぐに感じるわけですが，本当に入院していて診断書もあるし，激突したという道路脇のポールが曲がっている写真も出ています。これを見る限り事故があったのかなとなりそうなのですが，ちょっと待てよと。道路脇のポールに激突してポールが曲がり，一時的に本人は失神してむち打ちになったというのですから，それなりにスピードも出ていて，「ぶつかった衝撃で乗っていたレンタカーも壊れたのですよね」と尋ねたら，実はレンタカーにはほとんど傷らしい傷が付いていないというのが分かったのです。普通なら車を処分してしまうのかもしれないのですが，レンタカーだったのでレンタカーを返しに行って事故を起こしたと報告したので，レンタカー会社が車の写真を撮っていて，その写真が残っていたのです。それを出してもらって見てみると，車には全然傷が付いていないのですね。激突したはずの車に傷一つないというのは物理的な法則に反するわけですね。それで，「おかしいんじゃないですか」ということで，本人は事故はあったと頑張っていたのですが，結局事故は立証できないということで請求を棄却したら，その後本人は保険金詐欺で逮捕されてしまったという事件がありました。

【エピソードⅠ-5-5】カネミ油症事件の原因探究──工作ミスかピンホールか

○大江　私も1つ，物理法則の件を申し上げます。それは，カネミ油症事件という有名な裁判ですが，事実関係で争いがありました。つまりPCBが銅の管

第5章　推論の構造——経験則の内実は

を腐食して食用油に入ったというピンホール説と，もう1つは工作ミス説，その精油会社がタンクを工事しているときに穴を開けてしまって熱媒体のPCBが製造中の食用油に混入したが，それは大したことないだろうと思って食用油を作って売り出したという2つの事実主張が対立していました。その熱媒体のPCBを供給していた製造会社はピンホール説に立つ下級審判決によって過失責任を認められましたが，最高裁ではPCBの製造会社は責任なしとなりました。法的責任がないことを前提とした和解が成立したのですが，その決め手になったのは，もしピンホール説のようなことであったならば，熱媒体は少しずつ補給していくはずである。しかし，事実としてある1日に大量にPCBを補給しているが，ピンホールだとそんなにいっぺんに腐食するはずがないということが決め手になった。これはピンホールではなく，工作ミスだということで，銅の管は腐食するような性質のものではなかったんだとされたものがあります。これは，蓑田速夫さんが，『裁判と事実認定』という本に書いておられます（同書103～108頁）。それだけが原因ではありませんが，もう決定的な工作ミスかピンホールの中から少しずつ漏れていったかということは補給をする量で決まると，ピンホールのような狭い所から1日に何キロも入るわけはないということが認定を大きく変えたということがありました。これは物理法則による事実認定の例です。

【エピソードⅠ-5-6】冷凍庫発火事件の発火源の推論
○加藤　私も，物理的経験則についてのエピソードを1つ披露します。製造責任訴訟において，科学的経験則，物理の法則を適用して推論したケースです（東京地判平成11年8月31日判タ1013号81頁）。

　大手電機器具メーカーの製造した業務用冷凍庫を飲食店が食材の冷凍保存の用途で使用していたところ，その冷凍庫から発火し，火災が発生して店舗兼居宅が半焼したというのが請求原因でした。カラーテレビなど家電製品から発火したケースは前例がないわけではありませんでしたけれども，それらのケースはいずれも目撃者がいたものです。このケースは飲食店経営者の一家が留守中に発火したということなので，原告主張のように発火源が当該冷凍庫なのかどうかが争点になりました。

　一般論としては，飲食店ですから，火の不始末ということがあるかもしれな

いとも考えられます。それは経験則というよりは，論理的可能性というレベルの話です。経験則上は，そもそも冷凍庫から出火することは考えにくいといえます。しかし，コードを電源に差すプラグの掃除が行き届かず，ごみのたまっている状態になると，静電気が発生して皮膜が破れてショートして火が出る可能性はあり，実際にも，そういった火災の例もあるようです。仮に，そうした原因であった場合には，メーカーの責任なのか，あるいはユーザーの責任なのかという問題になってきますが，本件では，当事者双方ともそのような原因との主張はしていません。本件の冷凍庫の焼け残りは残っていますが，さしあたり火災の原因は不明で，メーカー側は冷凍庫は発火源ではないと断固否認して争っています。目撃証言という直接証拠がないわけですから，事実認定としては，間接事実から冷凍庫から火が出たのかどうか，推論していく作業が必要です。

　結局，判決をしましたが，結論としては，冷凍庫から発火したことを，幾つかの間接事実を総合して推認できると考えました。第1に，冷凍庫は鋼鉄製ですから経験則上，外部からの火で燃える蓋然性は低いものであるのに本件冷凍庫それ自体が焼損している点について，冷凍庫からの発火のプラスポイントとしてカウントできると考えました。第2に，冷凍庫が置かれた場所とその裏側に当たる板壁の焼損の位置が対応する関係にあり，板壁の部分が建物内部の他の箇所に比べて焼け具合の程度が大きいという事実が認められました。第3に，冷凍庫の背面に近い部品の焼損の状態よりも背面から遠い部品の焼損状態が激しいという事実が認定できました。そうしますと，経験則上，冷凍庫の内側からの火によって焼損が広がっていったものと推論してもよさそうです。それから第4に，これも物理法則なのですが，自然科学的な知見からしますと，冷凍庫のサーモスタット部品にトラッキングが発生することは物理的にあり，発火に繋がる論理的な可能性があるという認定もしました。第5に，社会事象として見ますと，冷凍庫と冷蔵庫は冷却機能という点では類似していますが，冷蔵庫からの発火による火災は，統計上実は毎年複数件あります。そうだからといって本件もそうだとはいえませんが，そういった可能性がないわけではないとはいえます。さらに第6として，この火災にはタバコの不始末あるいはガス器具等から発火した可能性，保険金目的での放火などその他の原因は見当たら

ないという点の押さえもしました。これらの間接事実を総合して，冷凍庫が発火源であると推認したわけです。これは須藤さんがいわれる自然科学的経験則の一般的経験則と専門的経験則の中間辺りの経験則を使った事例ということになろうかと思います。

【エピソードⅠ-5-7】金銭取得の場所と態様

○**村田**　私もエピソードを紹介してよろしいですか。民事裁判の実務では，経験則を使って事実の推認をしますが，まず，経験則を使う前提としての間接事実，事実をどこの範囲で収集するかあるいは捉えるかによって，それに経験則を適用して得られる結論は随分違ってくるように思います。私が取り扱った事件で，こんな事件がありました。

　原告の娘と被告は婚姻関係にあったのですが，離婚訴訟中です。その妻の父親である原告が夫である被告に300万円を貸し付けたと主張して被告に対し貸金返還請求訴訟を提起しました。義父宛に差し入れたとされる借用証書がありました。しかし，その借用書には，被告である夫とその妻の三文判が押してありましたが，その記載内容には意味不明な部分が多いことに加え，被告は「こんなものは書いていない，押なつされている三文判も妻と一緒に使っているものだから，これは妻が作った偽造の文書である」と主張しました。

　実際にも，この貸金返還請求訴訟は原告の娘とその夫である被告の離婚訴訟が提起された直後に提起されていたこと，当初は，原告が被告に貸し付けたとする300万円の出金に関する証拠が全く提出されておらず，原告代理人も「出金に関する証拠はない」と述べていたこと，その他にも，被告は，「自宅を有しており，他にも資産を有しているから，義父から借金をすべき事情はない」と主張して，被告の財産関係に関する具体的な資料も提出していたことから，確かに，この借用証書は胡散臭いように感じられ，仮にこれが真正なものだとしても出金について具体的な証拠が全くないのでは，原告が被告に300万円を貸し付けたという認定はなかなか難しいと思っていました。

　原告は，貸付の具体的な態様について，「原告の娘を通じて被告に300万円を交付した」と主張していたのですが，弁論終結間際になって，その貸付当時，原告の娘（被告の妻）は出産直後で実家のある東京の病院に入通院しており，夫との生活の本拠は長野であったことから別々に生活していたこと，原告はそ

の娘に300万円を渡し，娘は自分名義の郵便貯金口座に300万円を入れたことが判明しました。原告代理人は，そのことを証する証拠として原告の娘名義の郵便預金通帳を提出しましたが，それでも，その預金通帳は原告の娘名義の預金通帳ですから，それだけでは，300万円が原告から被告に交付されたとは認定できません。原告訴訟代理人は，この通帳は原告の娘が夫である被告と一緒に使用していたものだと主張するのですが，そのことを明確に証明する客観的な証拠はありませんでした。ところが，その後の原告側の調査によって，当時，原告の娘は出産直後でその子どもが病気がちであったことから，東京の病院に通っていたとの客観的な証拠（治療費の領収書等）が提出され，丁度，東京の病院で診察を受けていたという日に，長野の被告住所地の近くの郵便局で300万円が引き出されていること（このことは通帳に記載された店番でどこで預金が引き出されたかが判明します）が判明しました。これによって，長野の郵便局で預金300万円が引き出された当時，原告の娘が東京にいたことは明らかですから，この預金を引き出したのは被告以外にはあり得ないという事実を認定することができました。そこで，判決においても，これらの事実を証拠によって認定した上で，これらの事実からこの借用証書は真正に作成されたものであり，原告は原告の娘を通じて被告に対し300万円を交付したものと認定したのです。

　この事件で思いましたことは，裁判官としては，当事者が証拠はないと述べても，諦めないで，関係証拠等をさらに探してもらうように要請することが大切であり，証拠は根気よく探せば出てくるものだなということです。この事件では，十分な証拠収集等をしないまま確実な証拠はないものと考えて，安易に経験則を用いて推認による事実認定をすることの危険性を切実に感じました。

○加藤　この【エピソードⅠ-5-7】は，形ばかりの借用証書はあるが趣旨不明である，そこで書証の証拠価値としては「こんなもの何ですか」ということになりがちなところ，金銭の動きを証明できるものを探っていき，推論をして，妥当な結論といいますか，真相に近いところを探り当てたというものですね。このケースでは，裁判所の指揮に加えて，訴訟代理人の活動によるところも大きかったのでしょうね。

○馬橋　大江さんの事例で保険会社が大蔵省などに申請した書類が出てきた経

緯，自動車の破損状況が出てきた経緯，それからいまの実際の通帳のやりとり等を聞いていますと，裁判所からの求めがあって代理人が探してきて出てきたと感じます。これはやはり代理人側としては大きな問題ではないかと思うんです。私もそうなんですけれども，証拠収集のできる範囲のことで諦めてしまう，しかし実は裁判所はもっと深い何かを要求しているのだというところを代理人として認識できていない部分があるように感じますね。

【エピソードⅠ-5-8】宅急便業者の誤配達事件——1つの書類で過失が3割から5割へ

　私の扱った例で，運送会社，これも普通の宅急便業者なのですが，それが食品添加物の一斗缶を何缶運ばなければいけないというときに1缶多く他の缶を加えて運んでしまいまして，その中に食品工場には全く関係がなく，むしろ有害な物が間違えて入ってしまったという事例がありました。それによって食品工場はその有害なものを添加物と思って間違えて中に入れてしまいました。作った製品が全部だめになり，いままで置いてあった製品もその臭いでだめになったということで損害賠償請求された例があります。これは配達をしたのが悪かったのか，誤って受け取ったのが悪かったのかという問題もあるのですが，いろいろやって尋問後の和解で，私どもは運送会社の方だったのですけれども，当初は裁判所はせいぜい3割ぐらい程度で和解をしないかという方向のようでした。

　ところがなかなか話が煮詰まらないで，そのうちに裁判所の方から運送会社のマニュアル，それから朝礼でどんなことを指示しているのか資料を出してくださいということになりました。そうしましたら毎朝朝礼の中で「必ず個数は確認します，荷物の宛て先は1個1個確認します，送り先でもきちっと確認して渡します」と声を出して言うというようなマニュアルが出てきてしまったわけです。それを見た裁判所から「これは5割ぐらい考えなければいけないのではないか」と，言われました。これなどは過失あるいは因果関係，さらには過失相殺についての判断ということでしょうか，それを認定する資料が裁判所にとっては足りなかった，訴訟代理人としては積極的には出したくなかったものなのですけれども，そんな経験をしたことがありますね。

○加藤　刑事訴訟の分野において，昨今は，証拠構造をきちんと考えて弁護活動をしなければいけないという議論が出てきています。刑事訴訟は検察官に犯

罪事実の構成要件の立証責任がありますから，弁護人として，反証をいかに組み立てるか，検察官の側の証拠構造を念頭に置いて突き崩す部分を意識して反証しなければいけないという議論です。

　民事訴訟においても，そうした証拠構造を意識して本証，反証してきているか，かなり見直す必要があるように思います。その1つとして，ご指摘の関連書証についても，どのように使えるかを念頭に置いて集めないといけないということでしょう。また村田さんのエピソードが示唆するのは，証拠を粘り強く探すことが，推論の前提になるということなのでしょうね。要するに，そのケースにおける推論の構造を認識した上で，経験則を意識的に，自覚的に使っていかなければいけないということでしょう。

【エピソードⅡ-2-11】養子縁組無効確認請求訴訟・公示送達事件における補充尋問

　この関係では，訴訟代理人の役割が重要で，その奮起を期待したいということから，第Ⅱ巻第2章において，養子縁組無効確認請求事件の【エピソードⅡ-2-11】を話しましたが，それを繰り返しておきたいと思います。原告は，「自分の知らない間に外国籍の女性との間で養子縁組の届けがされていた，どうも友達に預けておいた印鑑が勝手に使われてそうされた」という主張をしました。公示送達の事件で，法律扶助で訴訟代理人も付いておられました。ところが，原告本人は，印鑑を友達に預けていたのは会社を作るためだというのですが，その会社が何をする会社なのか，その会社でどういう役回りをするのか，報酬の支払約束があったのかどうかという補充質問には全然答えられませんでした。そこで，人間行動に関する経験則上，友達に会社設立目的で印鑑を渡したというのは信用できないということになりますが，本人に宣誓書の署名と養子縁組届けの署名とは似て見えないこともなかったので，「似ているがどうか」と迫ったところ，「自分の字です」と認めたのです。

　そのケースなどは，いくら法律扶助であるといっても，弁護士が付いているわけですから，いまいったようなことを提訴時に点検といいますか，原告に「本当はどうか」と聞いてもらわなければ，訴訟代理人に期待されるスクリーニング機能が果たされないと思いました。

第5章　推論の構造——経験則の内実は

7　経験則の作用と性質

○加藤　それでは，ここで須藤さんに経験則の作用あるいは経験則の性質についての整理をお願いします。

●事実の推論と事実の評価

○須藤　経験則の作用については本間義信教授の「訴訟における経験則の機能」という論文（新堂幸司編『講座民事訴訟(5)』〔弘文堂，1983〕64頁）がありまして，そこで先ほど村田さんから紹介があった内容がいわれています。そこで，そういったものを踏まえてもう少し分かりやすくいいますと，経験則の役立つ場面は，事実の認定の場面と事実の評価の場面とに大きく分けることができると思います。

　事実の認定の場面では，主に間接事実の認定の際に経験則が働くということですが，事実の認定そのものは証拠に照らして当該事実が認められるか否かということですから，経験則が働くのは，実際には，事実認定の資料となる証拠の信用性評価の局面であることが少なくないわけですね。例えば，重要な間接証拠である帳簿が提出され，この帳簿の記載を信用することができれば，売買の事実を推認することができるというケースで，記載内容の合理性はもとよりですが，先ほども触れたように帳簿の紙質や記載されているインクの色などに物理的な経年変化がみられるか否か，さらには毎日毎日開け閉めしていたのであれば帳簿の下の部分が何となく黒くなってゴワゴワしたりするものですから，そのような継続的使用による物理的な変化がみられるか否かなどの点を確認すると，これらの事実が帳簿の信用性評価のための補助事実として機能して，結果的に安心して間接事実を認定することができ，ひいては主要事実を推認することができるわけですね。

●法律行為の解釈と経験則——売買の成否

　それから間接証拠から間接事実を認定する局面では問題がなくて，認定した間接事実を前提としてこれに経験則を働かせて主要事実を推認することができるかという場合についてですが，実務的に問題となるケースでは，経験則の適用だけで決まるというよりも，経験則に基づく評価と，法律の解釈論として一

定の法律的効果の発生を認めるに足りるレベルにあるか否かの評価とが絡み合って決まることの方が多いのではないかと感じています。

　例えば，売買契約では，通常，①当事者間でいろいろの条件交渉が行われ，②一定の条件で合意に達し，③どちらかが契約書となる書類を作成して，④これに双方が署名・押印を行い，⑤代金を支払い，⑥目的物を引き渡したという一連の事実が認定できるわけで，このような場合には売買契約の成立を認めることにまず異論はないわけです。ところが，②の段階まで進んだものの，契約書は作成されなかった場合，つまり③の段階には進まなかった場合に，売買契約は成立したといえるでしょうか。契約は双方の意思表示が合致した段階で成立するはずですから，一定の条件で合意に達していれば，契約が成立したといってもよさそうですが，実務的に，この段階で契約が成立したと認める人はいないと思います。感覚的な問題かもしれませんが，経験則による評価というよりも，契約書の作成を予定していたのにそれが作成されていない段階では法律効果を発生させる行為としては不十分であるとか，まだ準備段階で確定的な意思が表示されてはいないという法律論のレベルで否定されるのだろうと思います。それでは，③の段階まで進んでいた場合にはどうでしょうか。双方が合意に達して契約書という書類上に合意内容が記載されたわけで，売買は要式行為とはされていませんので，契約書への署名・押印は儀式にすぎないと考えれば，③の段階で意思表示の合致を認めることもできないわけではないかもしれません。しかし，実務的には，③の段階で売買契約の成立を認める見解は少数だと思います。ただ，否定する根拠については意見が分かれるように思います。②の場合と同様に法律論のレベルで不十分であるとする見解もあると思いますが，むしろこの場合には，経験則の問題として，契約書の作成が予定されている場合には，④の当該契約書への署名・押印をもって契約の成立とするのが当事者の合理的な意思であるという経験則を働かせて，契約書への署名・押印がない以上，いまだ当事者の確定的な意思表示の合致はないとして契約の成立を否定する見解の方が多いのではないかと思います。

●契約書の作成が予定されていない売買

　もっとも，実際の売買契約では，契約書が作成されない場合も少なくありません。そのような場合には，①→②→⑤・⑥というプロセスですが，少なく

とも⑤や⑥の履行のいずれかが認められないと，売買契約を成立させるだけの確定的な意思表示を認めることは相当ではないと思います。この場合には，法律論というよりも，経験則の問題として，どちらかの当事者が履行に着手することが意思表示の合致を推認させるということでしょう。

●代金額が確定金額ではない売買

　この応用型として，売買の目的物は決まって，その代金を支払うことも決まったが，必ずしも確定金額ではなかったような場合，果たして売買契約が成立したといえるのか否か，難しい場合がありますね。売買契約においては，目的物の特定と代金額の特定とが必須の要件ですから，仮に代金額が決まっていないのであれば，まだ売買契約が成立しているとはいえないわけですね。ただ，実際の取引では，時価売買などとされていて確定金額ではなかったとしても，例えば，「公示地価が公表されている地点のうち当該土地に最も直線距離の近い地点の平成19年度の公示地価の額に当該土地の面積を掛けて算出した額」などとされていれば，金額を特定するに足りるだけの要素が意思表示として合致しているといえますし，代金額は決まっていたと考えられますから，売買契約は成立していると判断できますね。

　結局，実務の事実認定では，経験則による認定ということで何かアバウトな事実認定が許されるかのような誤解があったり，結論先行で説明しにくいところを経験則という言葉で回避してしまうこともあるかもしれませんが，それは，経験則という言葉を漠然と使っているからで，実際には，前提となる法律行為の解釈をもっときちんとやれば，自ずと両者の区別や限界が明らかになってきて，より明確で説得的な事実認定ができるようになるのではないかということをいいたいわけです。

○**加藤**　法律行為の解釈の中でも経験則は使われますが，自覚的に用いるべきであるということですね。

●評価概念における経験則の機能

○**須藤**　そうですね。もう1つが，純粋に事実の評価の問題です。例えば過失などの評価概念については，その評価根拠事実と評価障害事実とを総合評価して判断することになるわけですが，そもそもどのような事実が評価根拠事実に該当し，どのような事実が評価障害事実になるのかということが必ずしも明確

ではないわけですね。何が評価根拠事実に該当し，何が評価障害事実に該当するかについては，実務的には経験則を前提とした判断が先行しているわけですから，前提となる経験則はどのようなものか，その経験則は先ほどのフィールドのどれに位置付けられるものか，その具体的な内容は確度の高いものなのか否かなど，その中身を意識的に考えておかないと非常に漠然としたものになってしまって，数さえ揃えばいかにも評価根拠や評価障害が基礎付けられるような誤解も生じやすいので，それはどうかなということです。本当は重要性の極めて高いものからかなり低いものまで千差万別ですから，経験則の内容をよく考えて，重要性の高いものを選び出すという姿勢が大切です。

●発生機序が確立していないケースでの経験則の機能

それから因果関係の認定の際にもよく経験則を適用してといわれるわけですが，これが実は大変やっかいなのですね。例えば，因果関係の発生機序が確立されていない局面では，一定の統計的な処理に基づいて有意性の有無を判断し，その結果に基づいて救済の枠組みを決定したりするわけです。ところが，そのような統計処理を前提とした判断基準というものは，本来は一連の連続した事象について制度的に一定の線引きをしただけで，判断基準Aと判断基準Bとは一見すると相反するように見えるのですが，実は連続しているもので，どちらが自然科学的に正しくて，それ以外は間違いだというものではないのですね。先ほども少し触れたように，例えば原爆症の認定などのケースはまさに連続した中でどこまで救済するものとされているのかという制度的な枠組みが先に決まっているわけで，その線引きを変えれば因果関係の有無の認定も異なってくるわけです。狭い意味での事実認定の問題というよりは，因果関係を認めるべきか否かという評価の問題が争われていたといった方が適切だと思います。

●確率論を経験則として使えるか

これと似て非なるものとして，確率論や疫学調査などから導かれる一定の結論を経験則的なものとして適用してよいかという問題があると思います。この問題は実はよく分からないところがあるのですが，それを実務にどこまで取り込むことができるのか，極めてデリケートで難しい問題がありますので，一言触れておきたいと思います。

第5章　推論の構造——経験則の内実は

　特に確率論に基づく議論は何か非常に確かなもののように受けとめられがちですが，それを事実認定に生かそうという場合には，果たしてそうだろうかということをよく考えなければいけないと思います。手近な例でいいますと，例えばコイン・トスをして表が出る確率と裏が出る確率とは観念的には2分の1ですから，何回も多く投げれば投げるほど結果は2分の1に近づくといわれていますね。もちろん，これは普通に投げ上げれば物理的に二者択一ですから，結果が2分の1に収束していくことは誰にも明らかです。そこで，これを一般化して，例えば，ごみ箱に物を投げ入れる場合にも入るか入らないかは抽象的には2分の1の確率ですから，コイン・トスと同じように，何回も多く投げれば投げるほど結果は2分の1に近づくと考えてよいでしょうか。漫然と考えていると，それで何がいけないのといってしまいそうですが，ごみ箱がすぐ手元にある場合であればどうでしょうか。すぐ手元にあるなら10回やって10回入るのは当たり前ですよね。つまり10割，確率は1で，2分の1ではありませんね。これに対して，ごみ箱が遠くに離れていたらどうでしょうか。そのような場合に2分の1の確率で入るわけがありません。むしろ入ったらおかしいわけですね。つまり，一見すると似たような事案でも，実は条件設定によって結果が大きく異なる場合がほとんどなのですね。しかも，仮に条件設定が同じでも，行為者の技量によって結果が大きく異なる場合も少なくありませんから，そのような様々の攪乱要因をどこまでコントロールしたものか否かをきちんと検討して考えないと，事実認定を誤ることになります。もちろん，アンケート結果などを経験則的なものとして事実認定に使う人はいないと思いますが，経験則という言葉は一種のマジック・ワードになりかねないので，事実の評価に際して経験則を適用しようという場合には，その内容や根拠を十分に吟味しないといけないということを強調しておきたいと思います。

●経験則は帰納的なものか演繹的なものか

　また，「経験則」の機能について，演繹的なものか帰納的なものかという議論もありますが，一定の事象が経験則として認知されるプロセスというのはまさにいろいろな事象を集めれば集めるほど確かなものとして，その中身はともかく一定の原因と結果との関係をいえるように確度が高まるわけですから帰納的なものですね。これに対して一定の確度を有するものとして認知された経験

則を具体的な事案に適用するということになりますと、それはこれから何回も同じような事象を起こして考えるわけではなく、当該の1回限りの事案について過去の一定の経験則に照らしてその意味を評価しようというわけで、経験則を演繹的に使っていくということになりますから、確度の高い経験則に基づかなければ確度の高い事実認定はできないという関係になります。そこで確度が高い経験則かどうかを考えなければならないので、最初に申し上げたように、一般的な経験則か専門的な経験則かというだけではなく、その根拠、内容が自然科学的な法則に基づくものか、それとも、もともと例外の多い人間行動的な観察に基づく蓋然性にすぎないものかなどを意識して、これに原則か例外かといったものを組み合わせて考えるだけでも、実践的には大分違うものになるのではないかと、こういいたかったわけです。

○加藤　おっしゃるとおりでしょうね。例えば、指紋・血液型による親子関係鑑定から、DNA鑑定による親子関係鑑定へと精度が格段に増してきていることなどを考えますと、経験則のベースになるものとしてどのような根拠の科学的知見を使うかは大きいですね。しかも、これを自覚的に用いなければいけない。公害訴訟に疫学的手法を使いますが、全部それでいいのかは、それは当面いいかもしれないけれども、よりよい手法があれば自覚的に再検討しなければいけないということでしょうね。

8　経験則の体系化

○加藤　経験則は、これまでの議論に出てきたように、原則と例外がついてまわります。そのことを考える場合に、経験則をどう体系的・系統的に認識しておくべきかという問題として、経験則の体系化の問題があります。その有益性をめぐって、「経験則の体系化の論争」がみられます。

　これについて、村田さんお願いします。

●経験則の体系化の論争

○村田　経験則の体系化については、伊藤滋夫教授と吉川愼一判事の間で考えが対立しています。経験則の体系化、経験則の位置付けについて、例えば、伊藤滋夫教授は、経験則を人間の行動法則であるとして、人間の行動法則には、

第5章 推論の構造——経験則の内実は

「人間の財産的行為は，原則として経済的利益を追及するものである」といった一般的な人間の行動法則のほか，ある人間に特有の要素，例えばその人の特異な性格や特殊な経験等を考慮すべき要素として有する行動法則である個別的な人間の行動法則があるとされ，これらを経験則の体系という意味で体系化することができるということでその試案を発表されています（伊藤・前掲『事実認定の基礎』95頁以下）。

これに対し，吉川判事は，経験則とは人間行動についての科学法則ではなくて，単なる蓋然性の原則にすぎないという立場から，伊藤教授のように経験則を人間行動の法則として理解する場合には，変幻自在な人間行動をすべてカバーする必要があるので，様々な内容の法則を立てる以外にはなく，例えば，伊藤教授の体系化の「第二　証拠に関する行動の経験則」では「被告とは財産的行為（取引行為）では原則として証拠を残す。」という法則を立てながら，「特別の事情がある場合には，人は財産的行為（取引行為）においても証拠を残さない。」という例外を置くことになってしまう。問題は，どのような場合に「特別の事情」があるかという点にもっぱらかかっているのであるから，経験則の体系化という作業は労多くして功少ないものではないかと危惧されるし，明解な法則を立てることは現実と遠ざかる面があることは否定できないと論じられています（吉川・前掲「事実認定の構造と訴訟運営」67頁）。

確かに考えてみると，財産的行為をしたときには証拠を残すというのは大原則かもしれませんが，訴訟になるケースでは，証拠を残さなかったことに具体的かつ合理的な理由があるか，それを基礎付けられる証拠や間接事実等があるかという点が一番問題になるところです。そうすると，伊藤教授の提唱されるような経験則の体系化は，なかなか難しい面があるのではなかろうかとも感じております。

○**加藤**　この点に関連して，須藤さんに，経験則の攪乱要因という観点から，コメントをお願いします。

●**経験則を体系化すれば判断は楽になるのか**

○**須藤**　経験則の体系化の試みとそれに対して懐疑的な見解も指摘されていることが紹介されたのですが，経験則の体系化といった場合に一番問題なのは，経験則の法則化という言葉も出てくるので，初心者が経験則としていわれてい

るところを何か固い法則のようなものとして考えてしまって，これを鵜呑みにして簡単に判断して結論を誤るという可能性があるところが大変つらいところですね。伊藤滋夫先生にはそうした危険性はないと思いますが，そのようなベテランの領域に達するまでにそもそも判断を誤る危険性があるのではないかというのが吉川さんの指摘なのだろうと思います。経験則の体系化を前提としつつ事実認定を誤らないためには，個別具体的な事案を前提として原則的な経験則を考え，次にその例外に当たるような事情はないか否か，さらには，その例外の例外に当たるような事情はないのかなど，次から次へと考えなければならず切りがないことになり，体系化といってみてもあまり意味がないのではないかという批判になるわけですね。そこで，何も体系化ということをいわずに，個別具体的な事案に応じて，経験則といわれているものの具体的な内容や根拠を踏まえて，それぞれの長所や短所を意識的に考え，特に人間行動の観察に基づく経験則は実際には様々な事情によって攪乱されるということを自覚して慎重に検討するという姿勢をもっていれば，判断を誤る危険性はそう高くはないのではないかと考えているのです。

●ガリレオも最初は迫害された

少し具体的にいいますと，先ほどご説明した自然科学的な経験則のうち純粋に物理的な根拠に基づくものであれば，そもそも例外は少なくて済みますし，例外がある場合も一定の客観的条件の存否で比較的明確に説明できる場合が多いわけです。ただ，自然法則といっても実際には観測や観察によって一定の法則化が図られているものが多いので，例えば天動説から地動説への変更のように，それまで当然と思われていたことが観測精度が上がったり観察方法が進歩したりすることによって全く正反対に変わってしまうこともあることも意識しておかないといけません。ガリレオやコペルニクスも最初は迫害されていた事実を忘れてはいけません。世の中には今日の最新の科学技術をもってしても説明できないことが少なくないわけですから，謙虚な姿勢は不可欠ですね。

●実験データは事故の再現ではない

それから，実際の訴訟では，事故などの事例で同種の実験データが出てきますが，このような実験データを事故の再現と理解してしまうとかえって誤ることも少なくないので，注意が必要ですね。新たな犠牲者を出してまで実験をす

ることはできないわけですから，同種の実験だといっても規模を小さくしたり，前提条件をいろいろ絞ったりして限られた条件の下で行われたものですので，それは実際に起きたケースとは違いがあるということを踏まえないと，結論を誤る可能性があると思います。

●人間も生物であり個体差が大きい

これに対して，人間の肉体を対象とする経験則では，例えば，医療行為などが問題となっている事件を引き合いに出すまでもなく，人間も生物であり生物としての固体差が極めて大きいことから，通常のレベルにあるものは何とかなるとしても，訴訟になるような微妙なレベルのものではそもそも常に同じような結果が出るわけではないというところが最大の問題ではないでしょうか。

●人間行動の攪乱要因は無限にあるか

このほか，実際の訴訟で問題となる事柄については，常に私たちが想定していないような事象や現象が関与している可能性を否定することはできませんし，最近では疑似科学といわれている問題も指摘されているように，もっともらしいところに一定の目的をもった作為が働いていることも皆無ではありませんので，経験則を適用する場合にも，よくいわれることですが，「もっともらしいことは疑ってみる，疑わしいことも信用してみる」という姿勢が必要です。これがいわゆる人間行動的な経験則といわれるものであれば，何度か申し上げているように攪乱要因が大きい。人間の行動はその関係性によって大きく影響を受けてしまうもので，例えば，経済力が違っていてどうしても仕事をとりたい当事者は後からみればなぜ同意してしまったのか分からないような不利益な条件でもサインしてしまったり，力関係の弱い者は不満があってもその場では何もいわずに力の強い者の指示に従ってしまうことは，訴訟に出てくる事案では珍しいことではありませんよね。このほか，実際には知能の程度の違いなどによって物事の認識に大きな違いが出ていたりしますし，性別，年齢の違いや，そのときの感情，好き嫌いなどの人間関係によって行動が異なることはいうまでもありません。Aにだったら無償でやってもいいけれども，Bにはお金をもらっても嫌だとか，そういういろいろな人間同士の関係性によって影響を受けるということを無視することはできません。

8 経験則の体系化

●全く根拠のない訴訟は稀だという経験則があるか

しかも私たち裁判官の職業的な経験からいえば，それを経験則というかどうかは別としても，実際の訴訟では，全く何の根拠もない事案はそう多くはないというのが実感ではないでしょうか。時間とお金をかけて訴訟を起こしてまで権利を主張する者には何らかの原因や根拠が認められる場合が多い。かつてベイズ理論をもとにして訴訟で勝つか負けるかは2分の1だという前提でいろいろ議論がなされたこともありますが，ああいうモデルは実際の訴訟ではそもそも機能しないのではないかと思いますね。全然根拠のないことを熱心に何度も何度もやるのはごくごく例外的な人を除けばいないわけで，弁護士さんだってそんな事件に代理人として付いて熱心に訴訟追行をすることもないはずですから，やはり多くの場合には訴訟までやる以上は何らかの根拠がある場合が多いし，自信はないとしても，見方によっては根拠があるといえるのではないかということで提起されているので，その辺の事情を無視してしまうと実情に合わないことになってしまいます。

●取引関係が壊れる場合にも取引慣行を適用できるか

それから取引慣行に基づくものというのは，これも先ほどから申し上げている以上に，実は経済関係，社会的な力関係に大きく影響を受けてしまいます。しかも取引慣行はあくまでも当事者間で取引が継続している場合に上手く機能するもので，ほとんどの場合，取引が壊れるときに機能するものではないのですね。ところが，実際に訴訟事件になるときというのは，取引が何らかの事情で不意に切断されてしまい，その後始末が求められているので，そこで取引の継続を前提として行われている取引慣行をそのまま当てはめようとすると，非常に不都合な結論になることが少なくないわけです。そこで裏の取引慣行というのは変なのですけれども，取引が上手くいっている場合の表の関係ではそのとおりだとしても，取引が壊れて関係を清算していくときに適用される取引慣行があるのではないか，少なくとも関係の継続を前提とする取引慣行は適用できないのではないかということを本当は検討しないといけないのではないかと考えています。

〇加藤　経験則の体系化あるいは経験則において原則の例外がある事柄についての留意事項を指摘していただきました。「もっともらしいことも疑ってみる，

疑わしいことも信じてみる」というのは言い得て妙ですね（【エピソードⅡ-6-1】）。大江さん，いかがでしょうか。

○**大江** 論争については，私は個人的には体系化というのは，やはり難しいのではないかと考えています。要は経験則の事実上の推定の問題ですけれども，結局ケース・バイ・ケース，その人間の行動事象をいかにケースごとについて適切に判断するか，そういう知恵のようなものであって，体系化するのはなかなか難しいのではないかと思います。これは最高裁判決においてもよく「特段の事情のない限り何々と推定すべき」というような言い回しがあるわけですが，結局個人的にはそうしたケースを総ざらえするといいますか，検討してみる意味はあると考えます。判決で判断されたものが具体的に，あるいは現実に判断されたことですから，それを例えば分析をしてみる。暗黙知にとどめるのではなく，現実の裁判で一応公式に表明された経験則の在り方の一端だとみていくのが現実的な作業でしょう。もちろんその作業はされているのかもしれませんが。

【エピソードⅠ-5-9】行為能力の判定

○**馬橋** 私の方は具体的な事例からいきますと，人間行動的な部分では例えば行為能力があるかどうかなどというのも1つの大きな問題ではないかと思うのです。実は私の担当した事例で，幼い頃の病気で口と耳の不自由な方がおりまして，その方が遺産分割協議書に署名まではしたのですが，印鑑を押していませんでした。そこで，その協議書の真正が問題になったことがありました。第一審では本人を呼んで手話通訳を通じて尋問をして，その真正は否定されました。一方，控訴審では判決まではいかなかったのですが，裁判所から，「これは行為能力があって分割協議は有効に成立したとみざるを得ないのではないか」という指摘がございまして，それを前提として和解をしました。その際にその当事者は，夫婦ともそういう方なのですけれども，第一審はあるいはそういう点や尋問の状況を見たのかもしれません。しかし次の控訴審ではやはり法廷での証言が調書に載っているわけですが，それは一応きちっとされている部分もあり，また，一応会社に勤務して給料をとってきちっとした社会生活を送っているということもあったのかもしれません。さらにもう1つはこの人は，「署名はしたけれども翌日になってハンコは押したくない」と言っているわけ

です。ということは、やはりそれなりのハンコを押す意味やこの書面がどういう意味かということは認識していたのではないか、それだけの能力はあったのではないかという方向へ働いたのではないかと思うのですね。そういう点でもなかなかやはり人間行動的経験則というのは非常に難しいし、一概にはいえないものだなということは経験したことがあります。

○加藤　事実の評価の相対性といいますか、個別性が強いところをきちんと認識しておかないと、その経験則は正しくても当該ケースについての適用が適切でなく、結論を間違えてしまうということはあり得るでしょうね。

【エピソードⅠ-5-10】事実評価の相対性

よく経験する例では、同居する息子が父親の代理人と称して父親名義の登記済権利証、実印、印鑑証明書を持参して金銭を借り入れて抵当権を設定するというケースがあります。これは、司法研修所の白表紙記録でよく出てくるパターンの案件でもありますが、同居で親子という事実には、評価の相対性があります。親子であるという事実からは、息子に代理権を付与してもおかしくないので、したがって貸主には代理権があると信ずべき正当な理由があったという方向で考えられます。他方で、同居しているという事実からは、同居していれば父親名義の権利証、実印、印鑑証明書を勝手に持ち出すことも容易であるわけですから、貸主としてはそう簡単に代理権があると信じてはいけない、父親に一言確認してみるべきであるとして代理権があると信ずべき正当な理由がないという方向でも考えられます。このように、同居の親子という事実はまさに相反する方向で評価されます。

ただ、それは一般論ですから、当該ケースではどうか、さらに別の関連証拠で押さえなければいけません。

こういうことで、経験則の体系化には限界があることは間違いないでしょう。ただ、オープンな体系として構成されるのであれば、自分が使おうとする経験則はどのレベルなのか、原則なのか例外なのか、例外の例外なのかを、意識的・自覚的に点検できるかもしれません。それは、ある意味では望ましいことともいえるわけですから、体系化した経験則について、悪しきマニュアル的な使われ方がされなければ、体系化ないし共通化それ自体は有用な面があるようにも思います。

第5章 推論の構造——経験則の内実は

9　過失の一応の推定

○加藤　以上で，この問題は区切りをつけ，規範についての推論である，過失の一応の推定について押さえておきましょう。
○村田　規範についての推論に関しては，過失の一応の推定という法理が問題となります。過失の一応の推定というのは，ご存じのとおり，「保全処分命令が保全異議等の手続で取り消され，あるいは本案訴訟において原告勝訴の判決が言い渡され，その判決が確定した場合には，他に特段の事情のない限り，保全処分の債権者に過失があったものと推認するのが相当である」という判例法理であると理解されています。この点については，最判等の多数の判例があります。

●規範的要件の主要事実

　過失は，事実（事実概念）なのか，規範的評価（法的評価）なのかについて争いがあり，現在の民訴法学説では，過失は事実ではなく規範的評価にすぎず，このような規範的要件の主要事実は，過失という評価ではなく，過失という規範的評価を基礎付ける具体的事実であって，過失の判断はこの具体的事実である過失の評価根拠事実と評価障害事実との総合評価（法的判断）であると解する，いわゆる主要事実説が通説とされています。

●心証形成と過失の一応の推定

　この主要事実説の立場から説明しますと，現在の学説の理解では，この過失の一応の推定に関する法理については，この推定自体が多義的であって，その適用場面には，①経験則を用いた裁判所の自由な心証形成（事実認定）の場面と，②そうした理解に収まりきれない場合の2つに大きく分けることができるとされています。①の心証形成の場面というのは，確定された事実に高度の蓋然性をもつ経験則を適用した裁判所の自由な心証形成であり，経験則が高度の蓋然性をもっていることが前提となって，それを前提とした裁判所の自由な心証形成であって，事実認定と法的評価という違いはあっても，確定された事実に経験則を適用した通常の心証形成（事実認定）にほかならないと一般に理解されています。議論はありますけれども，医療過誤訴訟に関する最判昭和32

年5月10日（民集11巻5号715頁），先ほど加藤さんから紹介されました製造物責任訴訟に関する東京地判平成11年8月31日（判タ1013号81頁）などはこの例とみることもできるとされています。

なお，規範的要件の主要事実に関して過失自体が主要事実であるという，いわゆる間接事実説の立場では，適用されるべき経験則の蓋然性あるいは可能性の程度に違いがあるだけで，通常の事実認定と同じ構造を有するものであるということになります。

●心証形成を超える過失の一応の推定

これに対して，②の場合，つまり心証形成の場面にとどまらないという場合には，経験則による心証形成という説明だけでは過失の一応の推定という先ほど述べました判例法理の帰結は説明できないことになります。そこでは，この「推定」は，高度の蓋然性をもつ経験則を適用するものではないことから，新たな理論を構築しなければならないことになり，その説明として，(i)判例が証明度を軽減したものである，(ii)過失を規範的評価とする立場から，事実の証明ではないために証明度の軽減という説明はできず，実体法解釈の変更，あるいは実体法的な観点から要証事実を具体的な過失行為から保全処分が取り消されたことに変更したものであり，その結果として過失についての証明責任を転換したものであるなどの説明がされているところです。

○加藤　判例法理として過失の一応の推定があり，それを事実認定との関係あるいは規範評価の関係で，これについてどのような受けとめ方をするのが相当かという問題ですね。

●証明度の軽減ではなく心証の問題か

○須藤　いま，指摘があった中で規範的なレベルで証明度を軽減したものだとすると，仮に何らかの反証がなされた場合に，どのように考えるのでしょうか。一度軽減された規範的な証明度が反証によって復元的にもとのレベルにまで上がるということになるのでしょうか。仮に反証で復元するのであれば，それは自由心証の領域で心証が動いただけで，規範的な証明度は変わっていないということになるのではないでしょうか。また，新たな実体法の解釈を変更したのだというのは，実際に保全事件を担当していた経験からすると，債務者を保護しすぎになるのではないか，債権者による保全処分の申請を躊躇させることと

なり妥当ではないのではないかというのが個人的な正直な感想です。保全事件では迅速性や密行性が必要となり，保全を申請する段階では債権者は債務者側の事情を十分に把握することは困難ですし，保全処分が取り消される事情も様々ですから，取消し＝過失という構造で無過失責任と同視するような解釈には抵抗感があるわけです。

○**加藤**　須藤さんとしては，このルールの実質的な内容自体について異論があるのではないのですね。その説明をどのように説得するか，大きくいえば，理論的解明がされているかという問題提起ですね。

●債務者を取り違えた特殊な事例ではないか

○**須藤**　ええ，説明方法がですね。この点については別冊ジュリストの『［判例から学ぶ］民事事実認定』（有斐閣，2006）で高田裕成先生がいろいろ指摘されているところです（同書61頁）が，私は，最判昭和43年12月24日（民集22巻13号3428頁）は，債権者が保全命令の相手方である債務者（工事施工者）を誤認していたために工事禁止等の仮処分命令が取り消されたという特殊な事例であり，債権者が基本的な確認を怠っていたことは明らかな事案ですから，その意味では過失が推定されてもやむを得ないと思います。ただ，それを一般化して敷衍して，保全命令が取り消されればすべての場合に過失が一応推定されるという議論になるのは適切ではないと感じているということです。

●故意の一応の推定

なぜ，この点にこだわるのかといいますと，第Ⅱ巻第2章において私がお話しした痴漢の容疑で逮捕・拘留・起訴された後に無罪になった者が被害を受けたとした女性に対して損害賠償を請求した事件（【エピソードⅡ-2-7】）などに影響するのではないかとの疑問があるからなのです。保全命令が取り消されると過失が推定されるのであれば，その議論を敷衍すると，刑事事件で無罪となった場合にはその前提となる犯罪事実を告訴したり告発した者について過失があることが一応推定されるのかという問題も出てくることになるのでしょうか。単なる懸念にすぎないのかもしれませんが，被害者が後ろから触られたと主張している事案ですと，被害者が直接痴漢行為をしているところを確認しているわけではなく，多分間違いないということで逮捕して突き出したということなので，過失の一応の推定という限度にとどまるのでしょうが，仮に，面と向

かって痴漢行為をされ加害者を現認した上で逮捕して突き出したという事案であれば，同じ論理で一応とはいえ故意を推定することになるのかという疑問も出てくるのですね。この点は，過失を客観的な注意義務違反として理解するか否かで違いがあるのかもしれませんが，そもそも刑事の無罪判決が確定していることは民事訴訟にどのような影響を及ぼすのでしょうか。無罪が確定しているのですから，痴漢行為の存在が立証できなかったわけで，結果的に痴漢行為がなかったことについて事実上の推定が働くという議論があるかもしれません。仮に，痴漢行為がなかったことが推認されるとすると，被害者が男性を逮捕して突き出したことは争いがない事実ですから，さらに経験則を働かせると，被害者に何らかの過失や故意があったとの事実上の推定（いわば過失の二段の推定）ができるのか否かが問題になってきます。現に私の合議体でも，直接に故意や過失が推定されるというスタンスからではなく，痴漢行為はなかったという推定を覆すに足りる相当な事由が存在するのか否かという観点を意識して判断をしたつもりです。あくまでも自由心証の範囲内で事実上の推定の問題だと考える方がよいのではないかということです。

○**加藤** それは本質的な問題の指摘ですね。過失の一応の推定について，藤原弘道さんは，その論文で，「経験則上，ある事実が存在するときには，具体的にはこれと特定できなくても，注意義務違反と法的に評価されるような何らかの事実が存在するに相違ないとの判断が可能な場合があることも否定できないはずであり」，こうした事態こそが過失が推定されるということであるといわれます。そうすると，「現象的には，法的価値判断そのものの推定のようにみえるけれども，正確には，経験則の適用による『過失と評価されるなんらかの事実』の推定とその事実に対する法的価値判断の結果としての過失の認定の複合判断」という理解が導かれます（藤原「一応の推定と証明責任の転換」『民事裁判と証明』〔有信堂，2001〕68頁）。私は，実務的には，この理解が最も説得的ではないかと考えてきましたが，須藤さんの指摘を受けてもう一度考えてみたいと思います。

　いずれにしても過失の一応の推定は使い方によっては攻める方は有利になりますし，守る方は下手な使い方をされては困るというのが実践的な意味合いだと思います。大江さん，いかがでしょうか。

第5章　推論の構造——経験則の内実は

○**大江**　2つありまして，これはもう感想だけなんですが，1つは，本当に保全処分が取り消されたときに過失を推定するのが妥当かどうかということが，少し引っかかるものがある。それは訴訟代理人の立場とすれば裁判所の判断もそこに入っているということもあるものですから，疎明関係の文書を偽造したり何か積極的な作為があれば別だけれどもというのが1つあるということ。
○**加藤**　それは実体的な面に関する疑問ですね。
○**大江**　ええ，それからもう1つ，これは全然別ですが，特許法103条では，「過失」そのものを推定する規定が置かれています。これは法律上の権利推定の一種でしょうから，これは立証命題が転換するということなので，そういうものとの連続性といいますか，その当時の立法だろうと思いますが，その辺の関連性というのも検討に値するのではないかと思います。
○**加藤**　馬橋さん，いかがですか。
○**馬橋**　いま，大江さんがおっしゃったような点，それから，例えば，国家賠償でいう営造物の設置・管理の瑕疵の問題にも繋がってくるのだと思います。だからその点での検討も，代理人としてはしていかなければいけないということだと思います。
○**村田**　実は，過失の一応の推定の法理といわれていますけれども，下級審裁判例などをみますとかなりの事例で過失を認めてはいないのですね。これについては，まず原告側としては，保全処分が取り消されたような場合には，取り消されたといえば一応過失の評価根拠事実は主張していることになるけれども，相手方から過失の評価障害事実の主張があれば，過失が存在したものとは認められないというような，その程度の推定であって，その推定力はそんなに強いものではないように思います。実際の裁判例等をみると，そのような感じを受けます。そのようなことからすると，過失の一応の推定の法理とは，過失を主張する場合であっても，その評価根拠事実について，始めからいろいろと主張・立証する必要はなく，保全処分が取り消されたという事実のみを主張すれば，相手方の評価障害事実の主張・立証が成り立つかどうかをみて判断すれば足り，相手方の評価障害事実の主張・立証が過失評価のポイントとなるということではないかと考えおります。

●過失判断のプロセスを無視してよいのか

○須藤　実質的に立証責任を軽減するための方法のひとつだという限りではそんなに異論はないんですよね。例えば，最高裁の判例として紹介があった昭和32年5月10日（民集11巻5号715頁）の事案のように，「注射器が悪いのか，それとも注射器の消毒が足りないのか，もしくはその注射を打った部位の消毒が足りないのか」という問題で，どっちにしてもそのような結果が生じたのはどれかに過失があるのは明らかだというのであれば，過失行為をそのいずれかだと特定しなくても理解が得られると思いますし，分かりやすいわけですね。ところが，そうではなくて，一般のケースであれば，まず一般的に一定の注意義務が観念され，そして問題となっている個別事案を前提として具体的に尽くすべき注意義務が設定されるとともに，実際に発生した結果をも踏まえた上で実際に行われた行為を確定しつつ，その妥当性が検証されていく中で過失が認定されていくというプロセスがあるはずなのに，結果だけを前提として，そのプロセスを何も検証しないでバーンと過失があるというところに違和感があるのです。

○加藤　そういうことなのでしょうね。判例の射程距離を広げる方向で考えるのは実務的にはいかがなものかという捉え方がされていて，実際にもそれに近い運用がされているということなのでしょうね。

10　推論による事実認定と経験則に関する文献・判例

○加藤　さて，ここで，推論による事実認定と経験則に関する文献と判例の紹介に移ります。

○村田　後掲【**推論による事実認定と経験則に関する参考文献**】に①から⑫まで挙げました。特に先ほど須藤さんのお話にもありましたけれども，⑫の『[判例から学ぶ] 民事事実認定』は理論面を中心として，また実際の事実認定例について深い検討をしておりますので参考になります。これまでにも何度も紹介しておりますが，⑧の田尾桃二さんと加藤さんの『民事事実認定』には事実認定に関する基本文献が多数収録されておりますので，これも大変参考になります。なお，間接事実による事実認定，いわゆる推認による事実認定ということ

では，保険金の不当請求（不正請求）訴訟が，推認による事実認定が問題となる1つの典型的な訴訟類型でございまして，この点については加藤さんの「交通事故賠償・保険金の不当請求」の論文と大阪地方裁判所金融・証券関係訴訟等研究会の「保険金請求訴訟について」，あるいは『保険金請求訴訟の研究』という文献が参考になります。また，⑪の「推認による事実認定例と問題点」も参考になろうかと思いますので，是非ご参照いただければと存じます。

次に，裁判例ですが，後掲【推論による事実認定と経験則に関する最近の主な参考判例】を見ていただきますと，これには比較的最近の最高裁レベルの事実認定および経験則に関する裁判例を挙げております。この多くは判例時報に毎年掲載される「最高裁民事破棄判決の実情」で紹介された裁判例です。実際の裁判例における経験則の用い方を知るためには，実際にその判文・解説などをみていただきたいと思います。なお，裁判例の末尾に注釈といいますか，見出しを付けておりますので，これらについても併せてご利用いただければと思います。

11　むすび

○**加藤**　「推論の構造」の中の経験則に着目して，議論を整理しながら意見交換をしてきました。立証活動の中での経験則の位置付けも含めて，また議論の感想などにも言及していただき，むすびにしたいと思います。

○**大江**　今回は事前に大体想像はしてきたわけですが，やはり代理人弁護士としての立場，経験則に関する立場と，それから裁判官の方が常日ごろ事実認定という仕事で判決を，明示的にそういうことを意識せざるを得ないという立場で随分深く考えておられるのだなということを実感させていただきました。大変有益な研究会に参加させていただき本当にありがたいと思っております。

○**馬橋**　我々は第一審で敗訴しますと，控訴理由として「経験則に反する」と安易に使っているわけですが……（笑）。

○**加藤**　そういう経験則もありますね（笑）。

○**馬橋**　それは非常に安易な主張であったということが改めて分かりました。ただ，先ほどもご指摘があったように，裁判所から「こういう資料を出せない

か」といわれて出しているというところは，今後我々の立証活動を考え直さなければいけない点ではないかということが1つありました。

　それから，先ほどの過失と経験則の点ですが，例えば，保険約款等を見ますと，かつては免責事由として故意だけだったものが，故意または重過失というように，重過失も対象とされています。これは，まさに経験則では故意までは認められないものでも経験則上，重過失だったら認められるという意味もあって，一般の社会生活にも影響を与えている部分なのかなと思います。それと同時に代理人は代理人としての経験則もあるわけですし，依頼者はそれぞれの人生経験から依頼者自身の経験則というのもあるのかもしれません。代理人と依頼者の間でそこの部分に齟齬があった場合，依頼者にも上手く説明し納得させることができるかどうかが代理人自身の1つの技なのかと思いますし，代理人の経験が即経験則ではないという点，その事件についての裁判所のもつ経験則が何であるかを代理人はきちっと認識した上で，訴訟活動をしていかなければいけないのではないかと考えました。

○村田　須藤さんのお話を伺っていて思ったのですけれども，経験則と一概にいいますが，経験則には，従来から指摘されているとおり，確実性のある経験則，蓋然性のある経験則，可能性があるにすぎない経験則などがあるということを忘れてはならないだろうと思いました。例えば，ある取引慣行などが問題となった場合，これがこの業界における経験則ですなどといわれることがあるのですが，実際には，経験則にもいろいろなものがあるわけですから，それが確実性のある経験則なのか，蓋然性のある経験則なのか，あるいは可能性があるにすぎない経験則なのかという点をまず確定することが大切であるということを再確認しました。また，経験則というものも，その内容や性質は，それがアプリオリに一般的かつ恒常的に帯有されているものと考えてしまうのは必ずしも相当ではなく，当該事件との関係において，証拠等によって，あるいは当事者と裁判所の議論等によって，当該経験則の有する射程やその適用範囲などを決定すべきものであることをも再認識することができ，大変勉強になりました。

●制度が異なれば適用される経験則も異なってよい？

○須藤　推論の構造と絡んで経験則を捉えるというところで大変勉強になりました。最後に1点付け加えさせていただきます。私たちは訴訟という局面を前

提として経験則を論じているわけですが，世の中は訴訟だけではないわけで，例えば行政救済的ないろいろな制度を設けていて，その中でどこまで救済していくのがいいのかという観点での経験則の使い方もあるわけですね。それぞれ存在理由が異なるわけですから，そういったときに働く経験則というのは必ずしも訴訟の場合と一致しなくてもいいのではないかと思います。そのような前提で考えると，逆に行政救済制度である経験則が適用されて救済された場合に，裁判になっても当然に同じ経験則を適用して救済されなければいけないとか，おかしいという議論にもならないはずです。感情的なものとしてではなく，そういった冷静な議論をしながら経験則というものを少し詰めていくということが非常に重要ではないかと思います。

●経験則の理解を共通化すべきである

次に，今回問題となっている訴訟の局面での経験則についてですが，同じような経験則についても，裁判官によってその理解や評価が異なる可能性がありますし，もちろん代理人と裁判官とでは理解が大きく異なる可能性があるわけですね。そうすると，よりよい裁判を実現するためには経験則に関する理解を関係者の間でできるだけ共通のものにしておくことが非常に重要であることはいうまでもありません。これを経験則の体系化という言葉でいうから何となくいろいろ議論が出てしまって難しいことになるわけですが，経験則の内容や根拠，機能や適用場面などについて理解を共通にしておくことが必要であり，重要であることは一致しているわけですから，そのような共通化を図るための具体的な作業は，是非とも力を入れてしていかなければならないと思います。そのためにも，まずは個々の訴訟の中でそれを代理人と裁判所とで必ず議論をして，立証命題そのものではないのかもしれませんが，審理の過程でそれを明らかにして，経験則に関する問題点についても十分審理を尽くすことが大切であろうと考えています。しかも，個々の裁判官と代理人もしくは本人との間で納得したというだけではなくて，やはり何らかの形で判決にそれが分かるようにしておくことが，広く共通化を図るという意味で，高裁や一般社会に対する関係で非常に重要な意味をもつのではないかと思います。これまでは，経験則というものは裁判官が先験的に判断するもので，主張や証拠調べの対象でもないとして自由心証の一環として理解されているわけですが，そこを透明化してい

かないと，これからの訴訟手続の中ではいい裁判だといわれることは難しいのではないかと感じています。第Ⅱ巻第3章ではスジとの関係でも議論が予定されており，発言者としてこんなことをいうのは変かもしれませんが，ますます楽しみにしております。

●事案適合的な経験則の選択

○**加藤**　私も全く同感です。経験則の観点からいうと，適正な事実認定のためには事案適合的な経験則を選択して適用しなければいけません。そのための基盤としては，やはり弁論主義がもう一度きちんと機能することが大事ではないかと思います。馬橋さんがいわれたように，裁判官主導型の審理から，もう少し当事者自立型の訴訟に転換していくことが，よりよい事案適合的な経験則の選択・適用にとっても有用なことを再認識できました。また，それを判決にどのように表すべきかという点では，須藤さんの指摘された追証可能性，検証可能性のある形で明示されることが必要なのだと思います。

　それからもう1つは，須藤さんが議論の中でいわれた，裁判官の経験として根拠のない訴訟を熱心に遂行する人は稀であるという指摘です。これは現状ではそのとおりだと思いますが，今後弁護士が増えることで，これが変わってくるかどうかという問題があります。弁護士は，これまでは無理な訴訟については難しいことを依頼者に説明して，そこで一種のスクリーニング機能を果たしてきていたわけですが，当面着手金が入れば事務所が回っていくというような理由で，根拠に乏しい提訴が漸増するということになると，またガラッと変わってしまう余地があるように思います。事実認定とは少し離れた話ですけれども，そういうことも感じました。要するに，制度論ないし制度運用論の中で広く事実認定の問題をみていかなければいけないということを感じた次第です。

　第Ⅱ巻第3章では，「事件のスジ」という切り口から推論の構造に改めて光を当てていきたいと思います。

第5章　推論の構造——経験則の内実は

【推論による事実認定と経験則に関する参考文献】

①今中道信「事実認定について」司法研修所論集76号（1986）（⑧に所収）
②後藤勇「民事裁判における事実認定」司法研修所論集83号（1990）（⑧に所収）
③田尾桃二「事実認定の諸問題について」司法研修所論集92号（1994）（⑧に所収）
④伊藤滋夫『事実認定の基礎』（有斐閣，1996）
⑤加藤新太郎『手続裁量論』（弘文堂，1996）
⑥土屋文昭「事実認定再考」自正48巻8号（1997）72頁
⑦吉川愼一「事実認定の構造と訴訟運営」自正50巻9号（1999）62頁
⑧田尾桃二＝加藤新太郎編『民事事実認定』（判例タイムズ社，1999）
⑨後藤勇『民事裁判における経験則』（判例タイムズ社，1990）（2頁には，平成14年までに出版された事実認定に関する参考文献が網羅的に掲げられている。）
⑩後藤勇『続・民事裁判における経験則』（判例タイムズ社，2003）（15頁には，平成14年までに出版された事実認定に関する参考文献が網羅的に掲げられている。）
⑪村田渉「推認による事実認定例と問題点」判タ1213号（2006）42頁
⑫伊藤眞＝加藤新太郎編『[判例から学ぶ]民事事実認定』（有斐閣，2006）

他に，交通事故を原因とする損害賠償請求・保険金不当請求事件は間接事実による推認が問題となる事件類型のひとつであるが，この種事件に関する優れた分析として，以下のものがある。

⑬加藤新太郎「交通事故賠償・保険金の不当請求」判タ619号（1986）2頁
⑭大阪地方裁判所金融・証券関係訴訟等研究会「保険金請求訴訟について」判タ1124号（2003）28頁
⑮大阪民事実務研究会編著『保険金請求訴訟の研究』判タ1161号（2004）

【推論による事実認定と経験則に関する最近の主な参考判例】

①最判平1.1.19判時1353号18頁（富越和厚「最高裁民事破棄判決の実情(1)——平成元年度」）
……間接事実からの推認と経験則

　農業を営む父が，同居して農業を営んでいる長男に，いわゆる「身上回し」をして，家計，冠婚葬祭等の一切を譲り，農地の一部について，農業委員会に対して，農地法3条の許可申請をし，同委員会の許可があった場合には，経験則上，少なくとも，農業委員会に農地法3条の許可申請をした農地については，贈与の合意の成立を認めるべきであるとして，贈与の合意を認めなかった原審の判断には，経験則違反の違法が

【推論による事実認定と経験則に関する最近の主な参考判例】

あるとされた事例

②最判平5.7.20判時1508号18頁（瀧澤泉「最高裁民事破棄判決の実情(2)——平成5年度」）
……書証の成立と経験則

消費貸借契約等の各契約書の連帯保証人欄の被告名下の印影が被告の印章によるものであることは当事者間に争いがないことから，いわゆる二段の推定により同各契約書は真正に作成されたものと認められるとした原審の認定説示が，各契約書作成当時，出稼ぎにより自宅を離れていることが常態の被告が自宅に在宅中であったか否か，何らかの事情があって，被告が留守宅の妻に捺印を指示したものであるのか否かについて何らの言及がないとして，違法とされた事例

③最判平7.5.30判時1554号19頁（井上繁規「最高裁民事破棄判決の実情(2)——平成7年度」）
……証人の信用性と経験則

領収書等がないことを理由に，被告の預金口座から払戻手続をした現金を原告に交付したとの農業協同組合の職員の証言は信用できないとして弁済の事実を認めなかった原審の判断が，被告の預金払戻請求書があることなどからすると，同職員の証言は信用できないものとすることはできないとして，違法とされた事例

④最判平10.12.18判時1680号13頁（河邉義典「最高裁民事破棄判決の実情(中)——平成10年度」）
……間接事実からの推認と経験則

夫に婚姻の意思がなかったことを理由に婚姻が無効であるかどうかが争われた事件において，「結婚式を挙げて披露宴を行い，新婚旅行をした後，夫の両親と同居したこと」「その後も，韓国の風習に従った『三日帰り』をし，仲人への挨拶も済ませたこと」「婚姻届を提出した後も，年末年始を一緒に過ごし，双方の親戚に結婚の挨拶回りをし，初もうでにいくなど新婚夫婦として，ごく普通の行動をとったこと」「妻と別居後，弁護士に依頼して夫婦関係調整（離婚）の調停の申立てをしたこと」「妻から提起された婚姻費用分担に関する調停や，その審判手続，抗告手続において，婚姻無効ないし妻が勝手に婚姻届出をしたという主張をしなかったこと」などの間接事実から，婚姻の意思があったと認め，婚姻の意思がないとした原審の判断には，経験則に反する違法があるとされた事例

⑤最判平11.3.9判時1708号38頁（生野考司「最高裁民事破棄判決の実情(2)——平成11年度」）
……人証の信用性と経験則

有限会社の社員持分権を原告に贈与する旨の念書（ワープロで作成され，作成者の

383

第5章　推論の構造──経験則の内実は

記名押印がある。)について，念書とその作成者が入院していた病院職員の証言によって贈与の事実を認めた原審の認定が，念書の体裁や病院職員の供述内容に照らし，違法とされた事例

⑥最判平11.4.13判時1708号40頁 (生野考司「最高裁民事破棄判決の実情(2)──平成11年度」)……書証の存在と経験則

　領収書，和解契約書等があるのに，信用状開設を解消していないこと，領収書の金額と振り出された小切手の額面金額が異なっていることなどを理由に，弁済の事実を認めなかった原審の判断が違法とされた事例

⑦最判平14.6.13判時1816号25頁 (杉原則彦「最高裁民事破棄判決等の実情(2)──平成14年度」)……書証の存在と経験則

　本件保証書及び本件保証委託契約書の記載の信用性を否定すべき特段の事情がないのに，関係者の供述のみに基づいて，本件保証書及び本件保証委託契約書の記載に反する認定をした原審の認定判断には経験則違反ないし採証法則違反の違法があるとされた事例

⑧最判平15.11.14判時1859号19頁 (本多知成「最高裁民事破棄判決等の実情(1)──平成15年度」)……書証の内容と経験則

　津市の住民が，三重県が津市所有の土地上に県立高校を設置し，対価を支払うことなく本件土地を使用しているとして使用料相当損害金の支払等を求めた事案において，本件事実関係の下では，津市と三重県との間の土地使用管理委譲書の授受をもって，本件土地についての使用貸借契約が締結されたものと解するのが相当であるとして，同書には「使用貸借」という文言がなく，「無償貸付」，「貸付」等の使用貸借契約をうかがわせる文言もないなど，同書は本件土地の使用貸借契約の申込書としての体裁を欠くものであるとして使用貸借契約の成立を否定した原判決が破棄された事例

⑨最判平16.2.26判タ1147号157頁……人証調べの内容と経験則

　被上告人らが，上告人に対し，上告人の養親であり被上告人らの父であるAを遺言者とする遺言公正証書が公証人の署名押印を欠くものであったとして，同公正証書遺言の無効確認を求めた事案において，本件の事実関係の下では，B公証人の証言等及びC書記の陳述書の記載において本件公正証書の原本を利用して謄本を作成する具体的な方法の細部（原本のコピーの切り取り方）に食い違いがあること等の原審が説示する事情を基に，公務員が職務上作成した公文書たる本件公正証書の原本について，

作成時ないし謄本作成時点において，B公証人の署名がなかったと認定することは，他にこれを首肯するに足りる特段の事情の存しない限り，経験則又は採証法則に反するとされた事例

⑩最判平16.12.7判時1895号38頁（松並重雄＝阪本勝「最高裁民事破棄判決等の実情(1)――平成16年度」）……書証の存在と経験則

　X寺がYに対し，民法646条に基づき，本件保証金の支払等を求めた事案において，Yが無縁仏関連事業を現に行っているのであり，その事業を遂行するに当たっては相当の費用を要したことが明らかであるとして，事業に係る委任事務処理の費用は，Yがその保管する本件保証金から支出したものとするのが合理的とした上，証拠として各請負契約書が提出されており，その一部については領収書が提出されているから，各書面の成立が認められるのであれば，特段の事情の存しない限り，少なくとも，上記各請負契約書に記載された各金額については，上告人が上記事業に係る委任事務処理の費用として支出したものとみるべきであるのに，原審が各書面の成立の有無やその証拠価値などを十分検討しないでYの委任事務処理費用の支出が認められないと認定判断したことには，経験則ないし採証法則違反の違法があるとされた事例

⑪最判平16.12.16判時1895号40頁（松並重雄＝阪本勝「最高裁民事破棄判決等の実情(1)――平成16年度」）……間接事実からの推認と経験則

　本件土地を取得したと主張するXが本件土地にされていた賃借権設定仮登記の抹消登記手続を求めた事案において，原審の確定した事実関係によれば，①本件土地を含む3号店の敷地は，A個人の資金によって買収された可能性が高い，②3号店は，昭和54年12月頃の営業開始時から昭和62年2月頃の株式会社Cへの経営引継ぎ時までAが個人で経営していた，③本件土地の固定資産税は，上記株式会社Cへの経営引継ぎ時までは，Aが支払っていたというのであるから，これらの事実関係によれば，特段の事情が存しない限り，Aが本件土地を買い受けて所有権を取得したものとみるべきであるとして，上記特段の事情を認定することなく，Aが本件土地を買い受けて所有権を取得したものとは認められないとした原審の認定判断は経験則に違反するとされた事例

第6章 適正な事実認定をするための方策——情報の歪みと是正

解題　村田　渉

[目　次]
1　はじめに
2　事実認定を歪める要因としての当事者本人の問題
3　事実認定を歪める要因としての訴訟代理人の問題
4　手続原則からくる事実認定の歪み
5　むすび

第6章 適正な事実認定をするための方策——情報の歪みと是正

解 題

1 民事訴訟における情報の歪み

　現在の民事訴訟では，弁論主義の原則が採用されていることから，判断者である裁判官は，原則として自ら判断に必要な事実や証拠（情報）を収集することができず，当事者が自己に有利な事実や証拠を提出することとされている。そうなると，当事者において自己に有利になるように裁判に提出する情報を操作したり，必要な情報を歪めたりする危険が常に存在することになる。民事訴訟における事実認定は，構造的にこのような情報の歪みが避けられない手続の中で行われているのである。情報の歪みを見落とせば，適正な事実認定といえないことは明らかであり，裁判官及び訴訟代理人である弁護士は，訴訟に表れた様々な徴表を捉えて，隠れている情報の歪みを見抜き，これを是正していくことが日常的に要求されているといえる。

　ここでは，民事訴訟において事実認定（あるいは民事裁判における情報）を歪める要因にはどのようなものがあるか，これを見抜いて適正な事実認定につなげていくための手法にはどのようなものがあるかについて，事実認定を歪める要因を，①当事者本人に要因がある場合，②訴訟代理人に要因がある場合，③民事訴訟における手続原則に要因がある場合に分類して議論・研究が進められている。

2 事実認定を歪める要件としての当事者本人の問題

　当事者本人に由来する事実認定を歪める要因としては，当事者本人の思い込みがある場合，本人が偽りを言っている場合などがある。弁護士としては，弁護士倫理上真実義務があることから，虚偽だと確認できる情報を提出することはもちろんできないが，それが確認できない場合には，虚偽ではないかと多少の疑問がある程度では，疑問を持ちながらも本人の言い分に沿って主張立証しなければならないことがあることが紹介されている。

　これに対し，裁判官としては，当事者から歪みのある情報が提出された場合には，争点整理等の審理が大いに混乱することがあるだけでなく，事件についての心証形成の場面でも，当事者本人が偽りを述べている場合や証拠の提出を妨害したり，争点に関する重要証拠を隠蔽しているような場合には，そのこと

のために，そちらの側の当事者に対する裁判官の印象が悪くなり，偽りを述べたり，証拠を隠蔽するのは何かしら主張立証に弱味があるのではないかと考え，そちらの側の提出する他の事実や証拠にも不審を抱き，本来であれば信用性を肯定できるはずの的確な証拠の信用性を否定してしまうことにもなりかねないので注意する必要があると述べられている。

保険金の不当請求等の詐欺的訴訟等の民事裁判システムの不正利用ではないかと疑われるような場合，特に事件関係者に口裏合わせが行われると，これを見破ることが困難となることが少なくないが，裁判官としては，事件の周辺事情，動機の有無，契約前後の状況，契約当時の状況等の丹念な探索と，できる限り多くの間接事実の収集をした上で，推認により事実認定を行うことが有効であるといわれているところである。

そして，情報に歪みがあることが窺われる場合には，相手方当事者の反対尋問のほか，補充尋問でも，その有無を確認するために，争点の核心部分だけでなく，争点とは直接に関係しない間接事実，周辺事情等について尋ねるのが望ましいという意見が述べられたのに対し，裁判所が釈明権を行使したり，補充尋問をすると，多くの場合は情報の歪みが是正されるはずであるが，①裁判官の質問が誘導的になっている場合，②裁判官の質問に対しては明確に否定することが困難である場合など，歪みを誘発しかねないこともあり，また補充尋問を積極的に活用し過ぎると公正中立でないといわれるリスクが生ずることなどにも注意すべきであるとの意見も述べられている。

3　事実認定を歪める要因としての訴訟代理人の問題

訴訟代理人に由来する事実認定を歪める要因については，①本人と利害が一体化している訴訟代理人の場合，②のめり込む闘争的な訴訟代理人の場合などに，感情的な過剰主張，具体的な証拠に基づかない主張，正確な情報提供をしない主張，早期に全体像を明らかにしない主張等，主張レベルでの歪みが生ずることがある。訴訟代理人としては，形式的な当事者主義を強調し，訴訟戦略という面だけを考えるのではなく，民訴法2条の「信義に従い誠実に民事訴訟を追行しなければならない」との趣旨に沿った訴訟活動が望まれるところであ

第6章　適正な事実認定をするための方策——情報の歪みと是正

る。

　また，証拠レベルの問題として，不当な尋問の繰り返しにより情報を歪める場合がある。例えば，威圧的な尋問，侮辱的な尋問，抽象的な質問，意味不明な尋問，誘導尋問等により証言内容等に歪みが生ずることがある。相手方などから実際に不当な尋問をされた場合，もちろん，その能力等によっては自ら切り返せる証人等もいるが，混乱してしまい，切り返すことができない証人等もいることから，訴訟代理人としては，証人・本人の能力・性格等を見極めて，証人・本人に冷静で正確な証言等をさせるために，適宜異議を述べたり，質問内容を確認したりすることが必要である。

4　手続原則からくる事実認定の歪み

　民事訴訟の手続原則に由来する事実認定の歪みとしては，処分権主義との関係では訴訟物について裁判所は原告の選択に拘束されること，弁論主義との関係では当事者が主張した主要事実以外に認定できず，自白が成立した主要事実はこれに反する認定をすることができないことなどがある。しかし，実際には，裁判官において，正義必勝の観点，実質的当事者平等の実現，社会的弱者に対するパターナリズム等の観点から，釈明権，法的観点の指摘等，民訴法が裁判所に与えている権限を適切に行使して，当事者の主張立証が事件の実態に沿ったものとなるよう配慮していることも少なくない。また，手続原則に由来する事実認定の歪みが生ずるのは，手続上の制約によって十分に証拠が収集されていないことに起因するものがあり，そのような観点から，現行の提訴前の証拠収集や当事者照会，文書送付嘱託，文書提出命令等の証拠収集方法が整備され充実すれば，かなり改善されるのではないかと指摘されている。

5　歪みのない事実認定にとって重要なこと

　制度的には，当事者本人が民事訴訟における情報を歪める可能性があることの対応策としては，民訴法上の真実義務があり，訴訟代理人が過剰適応したり，不当な活動をしたりすることにより，情報を歪める可能性があることの対応策としては弁護士倫理がある。また，裁判官が情報の歪みを是正し，事実認定を

適正に行うために自由心証主義が用意されている。しかし，実際にはこれらの制度的な手当が十分に機能しないことも少なくなく，そのような事態となった場合にどのように対応すべきかがここで議論・研究されたのである。

そして，民事訴訟において適正な事実認定を実現するためには，①もっともらしいものは疑ってみる，疑わしいものは信じてみることが大切で，何事も決めつけず，常に謙虚な姿勢で事実認定に臨んで実践すること（須藤典明判事），②訴訟代理人である弁護士としては，依頼者本人に対する善管注意義務や自己決定権の尊重といった問題もあるが，依頼者本人が誤った方向に行こうとする場合にはそれはやめなさいと言うのが専門家としての弁護士の義務であり，真実発見のためには，裁判所に対しても積極的に意見を述べることも弁護士の義務であることを自覚すること（馬橋隆紀弁護士），③スジ・スワリの感覚の過大視，類似事例について上級審の裁判例がある場合の当該事件における具体的事情の軽視，専門家の判断に対する過度の信頼（あるいは不信），発生した被害の甚大性への過度の同情，弱者保護・社会的正義の実現への過度の意欲，裁判における過度の科学性の探究などが事実認定を歪める要因となることを自覚すること（村田渉判事），④情報評価の面での歪みをなくするためには，自由な精神活動・知的活動ができる場が確保されていることが大切であり，常に内なるものに由来する歪みというものを自戒すること（加藤新太郎判事）が必要であろうと考えられている。

第6章　適正な事実認定をするための方策——情報の歪みと是正

1　はじめに

○加藤　第6章のテーマは，「適正な事実認定をするための方策」，副題として「情報の歪みと是正」としました。

●本章の目的

　事実認定をする前提として，当然のことながら，原告の主張，被告の反論を的確に読み取ることが必要ですし，その上で，本証，反証をきちんと吟味して判断していくことが必要です。もっとも，そうした証拠・データから裏付けをとって一定の事実を認識していく，事実認定をしていくという作業は，訴訟以外の場面でも，例えば，日常生活でも，あるいは企業活動でも，行政作用の中でもあるわけですが，情報の収集・分析のプロセス，情報処理過程という観点から見ますと，民事訴訟の場合にはその他一般の情報処理・事実認識の方法と比べて大きな特色があります。

　すなわち，民事訴訟法には弁論主義原則による枠付けがありまして，情報を提供する人が自分の側の有利になるような事実認定に誘因することが許容されています。逆にいえば，判断者である裁判官は，原則として，自分では必要な情報を集め得ることができません。そうなると，勢い自己に有利になるような事実認定をしてほしい当事者が，提出する情報を操作したり，歪めるということが出てきます。あるいは，実際にそれに近い事実はあるけれども，誇張したり過剰に主張したりすることも想定されます。さらには，証拠も歪め，場合によったら証拠を作ってしまうというおそれもあります。そうした情報の歪みが構造的に生成されるプロセスの中で行うのが，民事訴訟の事実認定というものです。先輩裁判官から，「民事裁判官は双方当事者と証人の偽証の海から，珠玉の真実をすくい上げるのだ」という言葉を教えられたことがありますが，それは，いま申し上げたことを警句風に語ったものだと思います。

　情報の歪みを見落とせば，適正な事実認定にはなりませんので，裁判官としては，訴訟に現れたいろいろな徴表から察知して，情報の歪みを見抜き，是正していくことが日常的に要求されるわけです。弁護士としても，相手方の歪みのある主張・立証に対して的確に反論・反証する必要があるということになり

ます。

　そのような観点から，本章は少しこれまでの事実認定についての検討の視点とは変えまして，民事訴訟において情報を歪める要因にはどのようなものがあるか，これを見抜いて，適正な事実認定に繋げていく手法とはどのようなものかという問題について意見交換をしていきたいと思います。こうした問題関心から，かつて「民事訴訟における情報の歪みと是正」（石川明先生古稀祝賀『現代社会における民事手続法の展開(上)』〔商事法務，2002〕417頁）と題する論考を書いたことがありますが，これを発展する形のものになればありがたいと思います。

　情報の歪みは，主体に着目しますと，訴訟当事者本人がそういう不都合な争い方をするという場合があります。また，訴訟代理人が当事者の意図を忖度して，あるいはそれとは別に独自に情報を歪めるということがあります。さらに，手続そのものから情報が歪んでしまうという手続内在的な要因もあります。このような人的な関係，客観的な関係，両方から見ていきたいと思います。例によって，エピソードをもとに意見交換をしていきましょう。

2　事実認定を歪める要因としての当事者本人の問題

(1)　主張レベルの問題

○**加藤**　まず，当事者本人に原因がある情報の歪みのうち，主張レベルのものから見ていきたいと思います。馬橋さんから口火を切ってください。

●当事者本人の情報の歪みと是正

○**馬橋**　私どもが，情報を歪めるその本人と一番最初に会っているわけですが，一般的に申しますと，私どもが例えば法律相談を受ける，あるいは事件の依頼を受ける段階での本人の主張・希望は，裁判所に出す段階では相当取捨選択して出されているものです。相談の段階で，「これはとても請求できるものではありませんよ」とか，あるいは「この請求に対してはもう反論する余地はありませんね」と説明して，その段階で物事が終わっているものもあるわけです。私どもの仕事では，そういう請求なり反論は無理だというのを，いかに上

第6章 適正な事実認定をするための方策——情報の歪みと是正

手く本人に説明するかに一番苦労しています。

　そういう経過を経て，本人が事件を依頼したいということになり，事件を受任するのですが，抽象的な言い方をしますと，本人の話がすごく動くのですね。これは，最初に聞いた話，次に訴状を作る段階での打合せの段階でも相当に違います。

　さらに今度は，相手方の主張が出てまいりますと，それに反応するような新しい事実が出てくる。そしてまた，「こんな証拠があるんです」と，最初はないといっていたものまでが後から出てくることがあるわけでして，我々は常にそういう中で，情報の歪みをなくそうという悩みと，裁判所に対して，いかにきちんとした本人の主張を整理して出すかに苦労しているのが現実ですね。

　なぜ歪みが出てくるのかといえば，そこには本人の思い込みもあったり，それから極端な場合は，本人自身が偽りをいっていることもあると思います。弁護士はご存じのように倫理上，真実義務がありますから，あえて虚偽のものを主張することはできないのは当然ですが，虚偽ではないかという多少の疑いをもちながらも，本人の言い分に沿って主張をしなければならないということもあると思います。

○**加藤**　弁護士としては，そういうご苦労は，確かにあるのでしょうね。そうした経過をたどって，民事訴訟として裁判所に出てきた段階で，さて裁判官としてはどう見ていくことになりますか。村田さん，いかがでしょうか。

●裁判官の留意すべきポイント

○**村田**　依頼者本人が自分の側の代理人に嘘をついたり，事件に関する供述を拒否したりしている場合や，重要書証と思われる書証をあらかじめ代理人に提出しなかったり，相手方が持っていると思われる書証について事前に告げることをしなかったりする場合でも，実際の訴訟では，相手方からの立証や反証という形で必要な情報や書証等が提出されることから，最終的には真実に迫ることができます。とはいえ，訴訟手続の当初の段階（訴え提起直後），あるいは中盤の段階（争点整理手続の段階）では審理が大いに混乱することがあり得ます。さらに，事案の性質，内容等からすると，一方当事者が嘘をついたりしていても，そちらの側の当事者を勝たせるのがスジである，あるいはスワリが良いというような事案ももちろんあります。しかし，このような事案では，本人

が嘘をいったり，証拠を隠蔽したりしたために，裁判官のその当事者の側に対する心証が悪くなって，あるいは，そのことゆえに，その当事者が提出している他の証拠についても，本来的には信用できるはずの的確な証拠であるにもかかわらず，その証拠の信用性までもが否定されることになりかねないことは，裁判官としてしばしば経験することです。この関係のエピソードとしては，第Ⅱ巻で紹介する【エピソードⅡ-1-13】センセーショナルな宣誓の効用があります。

【エピソードⅠ-6-1】別紙を蔑視すべからず

そのほかにも，エピソードとして，原被告間で不動産の売買契約が締結された後，買主である原告の債務不履行があったことから，原告と被告との間でこの契約を合意解除することになりました。その後，原告はそれまでに代金のうち相当額を支払っている買主ですけれども，買主である原告はそれまでに相当額を支払っているから，契約が解除された以上，民法545条1項に基づいて原告が被告に支払った代金の一部は原状回復として返還を請求することができるとして訴えを提起しました。

ところが，訴状に添付されている書証をよく見たところ，当該売買契約書には割り印があって，別紙があるように思われました。それで，原告代理人にそのことを指摘し，「書証として提出されている売買契約書には別紙があるようなので，これも出してくれませんか」と言いました。その後，別紙が提出されたのですが，そこには，「買主側の債務不履行を理由として売買契約が解除された場合には，それまでに買主が売主に交付していた代金額（一部）は返還を請求しない旨合意する」旨の記載がありました。しかも，この合意は不動文字ではなくて，特記事項として自筆で記載されていたことが判明したという事案がありました。

原告代理人にその間の事情を尋ねたところ，「売買契約書の別紙はわざと提出しなかったというわけではなくて，そもそも原告本人が原告代理人に相談する際に持ってこなかったので，別紙にそんなに重要な記載があるとは思いませんでしたし，原告が裁判所を騙そうとしたように見えるかもしれませんが，原告代理人はもちろん，原告本人にもそのようなつもりはありませんでした」というようなことを言っておりました。

訴訟の提起・追行に当たっては，訴訟代理人に本人から正確な情報をできる

だけ引き出してもらうとともに、本人に、故意・過失にかかわらず、証拠の隠匿や証拠の不正利用等をさせないためには、是非とも事前に証拠関係について十分な吟味と事情聴取を行っておいていただきたいとの思いを強くしたエピソードでした。この事件では、その後、被告からも別紙付の売買契約書が提出され、被告においてこの別紙の記載を前提とした主張がされた後、和解勧試を行いました。

○加藤　「別紙を蔑視しないこと」が大切だということですね（笑）。

○村田　そうですね。市販の契約書等には、不動文字で、「特記事項　別紙のとおり」などと記載されているにもかかわらず、実際には別紙が作成されていない場合も少なくないことから、ともすれば、別紙の存在を見落としがちになりますので、書証を提出する際、あるいは書証を評価する際には、留意しておきたい点ですね。

○加藤　これは、面白いエピソードだと思います。ただ、当該事件の訴訟代理人がどうであったかということを離れて、一般的に売買契約書があり、その本文の中で別紙のあることが分かったような文書を証拠として出すからには全部提出するのが普通ですから、それが出てこないというのは、百も承知でそうしているのではないかと推測されるでしょうね。これは、気をつけないといけないですね。

○村田　そのような疑いをもたれてもやむを得ないように思いますね。この事件でも、第一印象では、やはり原告がわざと出さなかったのではないかと思いましたが、実際には違ったようです。通常の場合は、契約書本文に別紙の存在を推認させる記載があれば、別紙があるのではないかと見破ることは比較的容易だと思いますが、この事件では、契約書本文にはそのような記載はありませんでしたから、危うく見逃すところでした。契約書の端にあった幾つかの割印が重要な手がかりとなった事件でした。

○加藤　馬橋さん、コメントはありますか。

○馬橋　確かに、書類を確認することなく話を聞いているだけですと漏らすことはあります。依頼者が持ってきた書証は、弁護士としてやはり注意して見なければいけないのですが、いまの例は一体となっている書面を、故意か過失か出さなかった場合ですが、例えば、もとの契約とは別に覚書や念書が作成され

ていたりすることがあるわけで，それを本人が持ってこないことが結構あります。

ですから，第Ⅱ巻第5章で申しましたけれども，相談に来るときは何しろ関係するものは全部持ってきてもらって，そこできちんと流れが確認できるか，整合性があるかというのを自分の目で見ていかなければいけないというのが，1つの教訓だと思いますね。

○**加藤** 須藤さんはいかがですか。

●詐欺的訴訟による歪みと過剰主張による歪み

○**須藤** いまの点でいいますと，ご紹介があった内容は本人の要因によって歪んでいるわけですが，そこには色合いの違うものが含まれているのではないかと思います。どういうことかといいますと，そもそも請求自体が意図的・詐欺的な訴訟で，もともと歪んだところから出発しているケースなのか，それとも，請求自体は別におかしいものではないのに，その中で，請求原因や抗弁などに結びつく事実を少しオーバーに主張しているために歪んでしまったのか，ということです。

それから，不当訴訟で請求自体が詐欺的なものである場合には，これに見合った証拠も捏造していることが多いんですが，そうじゃないケースでは，本当は過剰主張をしなければ余分な証拠も出さなくてよかったかもしれないのに，過剰主張しているものですから，それに見合う証拠を作ってしまったということもないわけではありませんね。もちろん，主張自体は何らおかしな点はなくても，証拠がちょっと弱いということで，つい補強するための証拠を作ってしまうということもあると思いますが，これは，証拠だけが歪んでいる場合ですね。

これまでのお話の中でもいろいろエピソードが出ていましたが，この偽証や偽造を見破るエピソードの多くは，実は請求自体がインチキというケースもあるわけですね。事実認定としても，そういったものをおかしいと感じて，まず請求レベルである程度注意をしておけば，審理の過程で歪みを正す機会が得やすいのではないかと思います。

【エピソードⅠ-6-2】堂々と架空請求をしていた日本百貨販売事件

請求自体が詐欺的なものとして一時問題になったケースに，日本百貨販売と

第6章　適正な事実認定をするための方策――情報の歪みと是正

いう会社の事件がありました。覚えている方も多いのではないかと思いますが，かつて取引のあった多重債務者に対して，少額の貸付金が残っているとして残金の支払を求める訴訟をたくさん起こした上，独特の風貌で特徴のある人が支配人として毎日毎日あちこちの法廷に出てきて，しかも，お昼は裁判所の食堂で食べたりしていて目立つので，まず，書記官の中で話題になっていたのですね。ところが，後になってみると，その訴訟の多くは請求自体がインチキではないかと問題になったのです。

　現在は，サラ金が絡む訴訟というと，サラ金に対する不当利得の返還請求しかありませんが，かつては，あちこちのサラ金から返済が滞った債務者に対する支払請求訴訟が珍しいものではなく，日本百貨販売という会社もそのようなサラ金のひとつでした。当時のサラ金訴訟では，被告が遠隔地に住んでいて額もそう多いものではないときは，被告が第1回期日に出てこないのはままあることでしたし，ほとんどの事件で訴状に金銭消費貸借契約書や債務者である被告の債務承認書の写しなども添付されていて，外形的には一応の書類が揃っていましたので，そのまま欠席判決になったものも少なくなかったと思います。被告が出てきた場合でも，多重債務者で幾つも借金していると，確かに借金はしたものの，返し終わっているのかいないのか，自分でも記憶が曖昧だったりして，債務承認書なども出ているので，間違いないのだろうとして，認めてしまうこともあったようです。

　日本百貨販売の事件でも最初は同じような感じだったようですが，そのうち，裁判所に出頭してきた被告が「だいぶ前に返済し終わっていて債務はないはずだ」と言って争う事件が目に付くようになって，裁判所書記官の間では，日本百貨販売の事件は気をつけないといけないといわれるようになったようです。そして，後になって，全部が全部，詐欺的な架空請求ということではなかったようですが，かなりの数の請求が架空だということが分かって問題になったわけです。訴状に添付されていた契約書や債務承認書なども，以前に本人が書いた契約書や債務承認書などの書類をもとに，それをコピーして変造したものであったり，場合によっては全くの偽造で署名も本人のものではないものもあったようです。そもそもサラ金なのに日本百貨販売という通販業者か何かのような紛らわしい名称にしていること自体，胡散臭さを現していたのですね。

それから,【エピソードⅠ-5-4】偽装事故による保険金請求事件で取りあげた例のような保険金詐欺的なものは,詐欺の目的をもって故意に外形的な事実(事故など)を作出し,それに基づいて不当な請求をしてくるわけで,詐欺的訴訟の典型のようなものですね。

○加藤　日本百貨販売事件は,刑事事件として起訴され,詐欺・同未遂罪で有罪・実刑になっていますね。

村田さん,エピソードを続けてください。

●保険金の不当請求ケース

○村田　1つの事件類型として,保険金の不当請求(不正請求)ケースというものがあります。これは,実際には保険事故に遭っていないにもかかわらず,保険事故に遭ったように装って,保険会社に対し保険金を請求するという事件類型です。このような事件については,かなりの数を担当しておりますので,それらについて紹介いたします。

【エピソードⅠ-6-3】自己中心の事故日の記載

まず1つは,虚偽の日付が記載された事故報告書を提出して保険金請求をしたという事例です。これは,原告がバイクを運転中に自動車と接触事故を起こし,バイクが大破しました。幸いにして原告に怪我はなかったのですが,物損事故を起こした後に当該バイクについて保険契約を締結した上で保険金の請求をしました。この事件では,保険契約前に事故があったかどうか,提出されている事故報告書は,原告において事故日を後にずらしたものであるかどうかが争点となりました。被告である保険会社の話では,「事故の相手方は,事故報告書作成後になって,被告である保険会社の調査等を受けたことなどから,署名押印した事故報告書の日付は違っており,事故が起こったのは保険契約締結前であったことに気がついたのだ」ということでした。被告である保険会社は,この事故の相手方の供述を盾に,原告の主張する事故は保険契約締結前の事故であるとして争いました。原告本人は,「もちろん事故が起こったのは報告書記載の日に間違いありません」と供述していますから,事故の相手方について証人尋問を実施しましたが,やはり事故が起こった日は保険契約締結前であるとのことでした。

そこで,事故報告書の記載および原告の供述と,事故の相手方の証言のどち

第6章 適正な事実認定をするための方策——情報の歪みと是正

らが本当なのか，どちらが信用できるのかが問題となりました。この事件では，事故の相手方も一度は事故日が締結後であるとする事故報告書に署名押印していますから，それをどうして翻すのかということが問題になります。その点について，証人は，「報告書に署名押印する際には事故日について意識していなかったが，その後保険会社の調査を受けて，事故日がいつかということを確認するために，自己の勤務する運送会社に保管中の荷物の配達記録を調べたところ，事故日として保険契約締結前の日にちが書いてあったので，事故が起こったのは保険契約締結前で間違いありません」と証言しました。

　この原告については，保険会社が調査したところ，実は過去に別件でも保険金の不正請求をしていたことが判明しまして，原告代理人に対し「この事件は，証拠関係からすると，請求を認容するのは難しいのではないでしょうか」と心証開示をしたところ，原告代理人は非常に強気で，「裁判官は，うちのクライアントが嘘をついたというのですか。保険金詐欺をしようとしたというのですか。事故日を保険契約締結後とする事故報告書がある以上，請求認容の判決をすべきです」などと言われたことがありました。このように，裁判所から見ると証拠関係が明らかといえる事件であり，いわば「自己中心の事故日の記載」であることが明らかであっても（笑），証拠の見方や評価等について，代理人と裁判所で違うことがあるのかなと，不思議であり，残念にも思いました。

○加藤　これは，保険金請求のアフターロスといわれている典型的な事例ですよね。つまり，被害者と加害者が組めばアフターロス案件では保険会社は簡単に騙せることになりますね。

○村田　このような事件を紹介するのは，不正な手段を教えるようでもあり，どうかと思いますが，代理人の対応を含め，エピソードとして大変印象的な事件でしたので，紹介させていただきました。

○加藤　この原告訴訟代理人の反応について何かコメントありますか。こうした審理を経て，裁判官から「この事実主張は立ちにくいように思うが，どうですか」と心証開示されたときのレスポンスとして。

○馬橋　それは確かに，「依頼者は嘘をついているというのですか」というところは，ちょっといわれすぎという感じはします。だから，代理人としては，受け取り方が問題だと思うんです。裁判官，少なくともその裁判官は「この事

実主張は立ちにくい」というのは，証拠をいろいろ評価してみてだめだといわれているわけで，代理人としてはやはりそういう観点から捉えるべきだと思います。自分の依頼者がいっていることが真実かどうか，嘘をついたかどうかという観点から捉えるべきではなくて，でもうちの方の証拠に対する評価ではしかじかであると根拠をもって反論すべきでしょうね。

〇加藤　そこは大事なポイントですね。要するに，理性的に，証拠調べで得た結果からどういうことを認識すべきか議論の応酬をするというスタンスであるべきでしょうね。もっとも，当事者本人がいる場面で，裁判官がそういう心証開示をする場合ですと，訴訟代理人としては，本人の手前，演技的な対応というか，信頼関係を意図的に強調した発言をすることはあり得るでしょうかね。それは，プロ同士，そういうこともあるという受けとめは必要かもしれませんけれども，程度の問題でしょう。

〇村田　ただ，お互いプロなのですから，発言は冷静かつ穏やかに，節度をもってしてもらいたいですね。

●不当請求には不当な動機や意図がある

〇須藤　いまの保険金請求の例もそうですが，そのような請求自体が不当な場合をどうやって見破るのかがまず問題ですね。簡単に見破れるものではありませんが，不当な請求をするのは，お金に困っている場合が多いわけですし，話が出ている保険金請求の事例ですと，過去にそういった不当な請求をして成功したという体験が大きな要因になっているように思います。したがって，お金を必要としているような経済的な要因の有無や，過去に似たような請求をして保険金を受け取ったことがあるか否かなどを探ってみると，ある程度，不当な請求かどうかが判断しやすくなるのではないでしょうか。

【エピソードⅠ-6-4】反撃のための請求は時に怪しい

　私が経験した事件では，300万円の預託金の返還を求める訴訟がありまして，相手方の先代名義の領収書があるのですが，相手方は強く否認していて，不当請求ではないかと疑われるものがありました。地方出身の郷土料理店の主人が，自分の郷里の業者から魚を直接仕入れて産地直送を目玉にしていたのです。ただ，あまり売り上げが伸びず，仕入代金の一部が滞りがちになっていたところに，悪いことは重なるもので，その主人に癌が発見されて手術をするこ

第6章　適正な事実認定をするための方策——情報の歪みと是正

とになり，店を内縁の妻に託すことになったそうです。世話になっている地元の仕入先に迷惑を掛けるといけないので，銀行からお金を借りて郷里を訪れ，先代の女将さんに仕入れの保証金のつもりで300万円を預けたまま返してもらっていないという主張で，その女将さんにお金を預けた時の領収書があるといって証拠を出してきました。その先代の女将さんはもう亡くなっていて，いまは娘婿さんが社長になっていたわけですが，先代から保証金を預かったという話は聞いていないし，その領収書も確認できないというのです。

　被告によると，しばらく前にその先代が亡くなって，現在の社長に替わってから経理関係を調べ直したら，原告への売り掛けが数十万円未払になっていたので，請求したが支払ってくれず，トラブルになったので取引を止めてから何年も経っていると。ところが，昨年秋，原告から急に保証金を預けていた，領収書があるということで，保証金を返せといってきたというのです。つまり，被告が未払の売り掛けを請求してトラブルになり，しばらくしてから，原告から本件訴訟が起こされたというのですね。しかも，訴訟で原告から提出された領収書には，被告会社の社判と社長であった女将さんの個人名の三文判が押されているのですが，その社判も三文判も被告会社には残っていないし，領収書に記載されている「取引代金の保証金として預かります」というただし書きの筆跡も女将さんのものではないという主張です。原告の請求は，実は，被告から売り掛けの支払を求められたことに対する反撃なのですが，証拠も怪しいといえば怪しいわけで，非常に問題がありそうなケースがありました。

【エピソードⅠ-6-5】セクハラか不当訴訟か

　もう1つ，これは，【エピソードⅠ-2-20】本人死亡のため署名・押印のできない陳述書で紹介したものと同じ事件なのですが，あのセクハラ訴訟は，原告がセクハラをされたという会社を自ら辞めて再就職してから半年くらい後に起こされたものだったのです。セクハラをしたといわれている上司は完全否定でしたので，原告がセクハラを受けた時に一緒にいたと主張している当時の同僚の女性等を証人として尋問しましたが，原告が主張しているような事実は全くなかったという証言で，セクハラらしい外形的事実さえ認定できない不思議な事案でした。この訴訟の審理が進む中で，原告が，いまでは再就職した会社も辞めていて，経済的に困っているのではないかという話が出てきました。しかも，テレ

ビやラジオ等でそういうセクハラの問題が取りあげられていて，そういった報道等をきっかけに訴訟が起こされたのではないか，不当訴訟ではないかという疑いも出てきていた事件でした。セクハラをしたとされた上司は，会社の独身寮の管理人で，実は夫婦で住み込みで働いていて，上司夫婦と，原告と，証人になったパートの従業員ら5～6人で一緒に夕食の準備をしていた時などにセクハラをされたというものでしたが，妻も他の女性もいる前で別の女性にセクハラをするという状況自体が理解に苦しむところがあり，原告は，親兄弟にセクハラされたと打ち明けていたということで証人に申請していたのですが，誰も法廷に出てこないのです。本当に不思議な事件で，原告の意図がよく分かりませんでしたが，不当訴訟だったのではないかと思われる事件でした。

　なお，これらの事件は，自分から請求を起こした場合ですが，実際の裁判では，不当訴訟は反訴の形で行われることも少なくありません。まさに，あまり請求できるような明確な根拠はなさそうなのに，自分が請求されたことに対抗するために，やや無理を承知の上で反訴を起こすということが珍しくないように思います。【エピソードⅡ-5-3】でご紹介している経理部長が自分の会社にお金を貸したケースでも，会社から，不正経理や粉飾決算を理由として損害賠償を請求する反訴が提起されていたのですが，その反訴などは，まさに主張のほとんどが言いがかりのような内容だったと思います。

【エピソードⅠ-6-6】騙しの手口として一部弁済を認める策略

　不当訴訟の中で，巧妙さということで悪質なのは，「肉を切らせて骨を断つ」とでもいうべき作戦で，例えば，貸金返還請求訴訟などで，お金を貸して，これまでに一部返してもらっているから，その残額を請求するという事件などで出てくることがあります。実例では，原告が被告の夫にお金を貸したところ，その一部だけしか返してもらっていないとして，その相続人である妻に対して，残額を請求する事件がありました。ご主人は既に亡くなっていて，奥さんは事情がよく分からない，借金をしたような話は聞いていないといっても，これまでに一部返してもらっている，貸したのは間違いないなどというので，遺族は困っていたのです。遺族に遺品をよく調べてもらったところ，死んだご主人が付けていたノートが見つかって，それには，確かに原告から昔お金を借りたことがあったようですが，既に利息も付けて全額返し終わっている旨の記載

第6章　適正な事実認定をするための方策──情報の歪みと是正

がありました。そこで，原告には，返してもらったというお金はどうしたのか，預金通帳などに何か記載はないのですかということで，証拠を提出するよういったのですが，結局，お金が入ってきたことを示すものは何も提出されませんでした。相手が死んだことをいいことに，遺族からお金を騙し取ろうとしたのではないかと強い疑いが残る事件でした。

●経験則には例外はつきもの

○加藤　須藤さんも挙げられた【エピソードⅡ-5-3】経理部長が自分の会社にお金を貸した例のように，従業員が会社に金を貸しているケースは，経験則からすると，そんなにないだろうと思いがちですが，小さい会社ですと，従業員が代表者本人や会社に金を貸すという例は実際にはないことはなく，私もそうしたケースを担当したことがあります。先入観で，そんなことはあるはずないと思って見ると，証拠を見る目が曇ります。経験則には例外はつきものだという目で見ないといけないという典型例のひとつかと思います。

では，村田さん，また続けて，エピソードをお願いします。

【エピソードⅠ-6-7】外車の所有者なのに被害者（非外車）

○村田　私が経験した例では，駅前の繁華街に高級外車，新車なら1千万円以上，中古車でも数百万円はするというロールスロイスを，エンジンをかけたままの状態（エンジンをかけたままにしたのは，当時のロールスロイスはエンジンを始動して走行できるようになるまでに相当時間がかかるためとのこと）で駐車して，近くのデパートのトイレを利用し，戻ってきたらロールスロイスが無くなっていた，トイレを利用していた数分の間にロールスロイスの盗難に遭ったとして，保険会社に保険金請求をした事例がありました。

それで，原告が盗難に遭ったとするロールスロイスは原告のもとにないことは事実のようですが，この事件は，保険会社が周辺事情等についてもよく調査しておりました。その調査資料等から分かったことは，事故後すぐに警察に届けておらず，3時間ぐらい経った後に，ロールスロイスを駐車していた場所の近くにあった警察に盗難届を提出したということでした。

そこで，原告は，盗難事件が判明した後，どこで何をしていたか問題となりました。原告の供述には明確でない部分が多いのですが，原告の供述によれば，盗難現場から数キロ離れた友人，これが自動車修理会社を経営している友人な

んですけれども，この友人に緊急の用事があったために，そこに行って用事を済ませていたということでしたが，車の盗難に遭った原告がどのようにして友人のところに行ったのかについても，原告の供述は曖昧でよく分かりませんでした。

また，原告は被害届（事故報告書）を警察に出しているのですが，警察に提出した被害届（事故報告書）と保険会社に出した事故報告書で時間が違ったり，盗難事件発生後の行動が大きく違ったりしていたことから，それらの記載内容についても不審をもちました。そもそも原告は公営住宅（市営住宅）に居住しておりまして，高級外車をロールスロイス以外にも数台所有しており，それらは自宅付近の路上にいわゆる青空駐車をして保管しているということでした。しかも，本人は否定していましたけれども，原告の名刺等の記載からすると，どうも暴力団とも密接な関係があるのではないかと窺われました。

さらに，本件の動機に関わるところですけれども，過去数年間にわたって，数回にわたり，BMW等の高級外車を損壊等されたとして保険金を受領したことがあることも明らかになりました。

この事件については，これらの証拠から認定できる間接事実からすると，そもそも盗難に遭ったとの原告の主張自体が怪しいのではないかとの心証を形成して，原告の請求を棄却しました。

【エピソードⅠ-6-8】陽気なむち打ち症患者

また，最近はあまり事件としては見かけなくなりましたが，むち打ち症で，極めて長期間の療養を要するとして保険金請求をした事例を過去に数件担当したことがありました。私が経験した事件では，原告の主張に沿う診断書が数通ありまして，診断書を作成した医師は同じなのですけれども，当該診断書を書いた医師は，どうも他の事件でも虚偽記載ではないかと指摘されるような診断書を数通提出しているようでした。

実際，原告は一時期は入院していたのですが，入院中の行動を看護記録等で見てみると外出・外泊が極めて多いのです。しかも，入院中も病室におらず，喫煙所で友人と談笑しているということが多くて，病室での飲食を注意されたり，投薬もほとんど受けていないということがあったり，あるいは病院の行き帰りは自分で自動車を運転していたり，入通院が6カ月以上に及んでいるにも

第6章　適正な事実認定をするための方策——情報の歪みと是正

かかわらず，その後も1年くらいにわたって頸部の調子が悪いと訴えていました。本当に原告の主張するような事故があったのかどうかは別にして，仮に事故があったとしても原告の主張しているようなむち打ちの症状は出ないのではないかと考えました。もともとむち打ち症自体が自覚症状のみで，他覚的所見に乏しいことが少なくない怪我ですので，この事件における原告の請求には大きな疑問を抱きました。

　これら保険金の不当請求とは別に，制度の不正利用といわれるものには，典型的なケースとして，契約当事者同士あるいは関係当事者同士の口裏合わせをした上での証拠作出あるいは訴訟提起という類型もあります。

　この種の事例としては，他の章で紹介しております【エピソードⅡ-1-7】自分の前の当事者尋問で学習，あるいは【エピソードⅠ-2-28】尋問で馬脚があらわれた陳述書などがありますが，関係当事者が口裏合わせをした場合には，その証言内容，供述内容自体から，これを見破ることは非常に困難である場合が多いように思います。

●制度の不正利用への対応策

　このような場合には，裁判官としては周辺事情，動機，契約前後の状況，契約当時の状況等の丹念な事情の探索と，できる限り多くの間接事実の収集をした上での推認による事実認定が有効です。そのような観点から，裁判官としては，当該事件における背景事情を含めた事情・間接事実等をできるだけ数多く収集しておきたいのですが，あまり事情が集まらない場合もあります。そのような場合には事実認定がとても難しくなる事例が少なくありません。

　二段の推定について議論した際（第1章）にも出てきましたが，貸金請求や保証債務履行請求訴訟において，配偶者，親族による，契約者名義の印鑑の無断使用や書面の無断作成（偽造）が問題となるような場合は，関係者は，「すべて本人に無断で，勝手に配偶者や親族がしたことであり，このようなことをする人だとは思いませんでした」などと異口同音に言うものですから，実際にはそれが真実と認められるケースもあると思いますが，それが虚偽であるケースも少なくないことにも留意しておく必要があります。しかし，このように事件関係者に口裏を合わせて虚偽の事実を供述等されると，これを虚偽であると見破ることはなかなか難しい場合が少なくありませんが，いずれにせよ，この

ような事件においてこそ、当該事件における背景事情を含めた事情・間接事実等をできるだけ数多く収集する必要があるように思われます。

○**加藤** 民事訴訟は、大体は自分の権利実現、利益を守るという目的で訴えという形式で出してくる請求ですから、認容率は5割をはるかに超します。実際には原告の勝ち和解なども相当数ありますが、現実に判決が出たケースについても、欠席判決を含めて、認容・一部認容判決は5割を超しています。そうしたことからすると、そもそも民事訴訟制度を不当に利用して詐欺的に権利実現する人がいるとは、なかなか思いにくいところです。しかし、裁判官としては、リアリスティックに、場合によってはそういうこともあることを頭に置く必要があるのでしょうね。

●過剰主張による情報の歪み

○**須藤** それから、先ほどいったもう1つのパターンは、請求そのものは何らかの原因があって、全体的に不当ではないんですが、主張している内容が過剰なものになっているので混乱をもたらし、歪みを導くというのがありますね。いろいろな形態のものがあると思いますが、裁判所にとって難しいもののひとつとして、いわゆる詐欺的商法に関係したケースがあります。

【エピソードⅠ-6-9】詐欺的商法等の被害者による過剰主張

　詐欺的商法といわれるものの中には、いわゆるモニター商法もあれば、宗教活動や人生相談に関連して高額の物品を購入したり、高額の寄附をしたりしているものもあれば、有利な投資を売り物にして巨額のお金を集めて返せないものなど、いろいろあります。そうした訴訟の原告は、ほとんどの場合、自分は一方的な被害者だという前提で、すべて相手が悪いという主張をたくさんしてきますが、これなども審理の過程ではなかなか難しい問題を生じます。被害者ではあるのですが、他の人との関係では加害者であることも少なくありませんし、明らかに自分にも落ち度がありそうなところもないわけではありません。ところが、不利なところは一切認めない、マインドコントロールをされていたという主張も常に出てきますし、とにかくすべて誰かに責任を押しつけているような感じの主張になっているので、逆に相手から、「いや、そうじゃない、あの時は本人はこういう重要な役割を果たしていた」とか、「その時点では十分に納得していたはずだ」とか反論されて、訴訟が紛糾するものも少なくあり

ません。被害者であることは間違いがないのですが、すべて他人の責任だというのでは、かえって無責任な感じになりますし、審理も錯綜して時間がかかるだけではなく、膨大な証拠調べが必要になって、事実認定にも困難を伴うことになりがちです。認めるべきところは認めて、審理の在り方にも配慮した主張が必要ではないかと思うことがありますね。

●被害感情が主張の歪みをもたらす
【エピソードⅠ-6-10】乳児の感染症による死亡と医師の責任

　また、医療過誤訴訟においても、別の意味で過剰主張があるのではないかと思うことがあります。もちろん、医療事件では、誰かに重大な結果が生じているので、遺族や被害者の家族は、どうしても、病院のミスは間違いないという前提で主張してくるわけですね。4カ月目に入った乳児が風邪のような症状で咳をして熱もあるので病院に連れて行ったら、そこでは検査ができないので大きな病院に入院して診察してもらうように勧められ、夕方になって大きな病院に入院したのですが、入院してしばらくして熱が上がり、夜になって全身に発疹が出て重篤な症状になって、手当てのかいもなく、明け方に亡くなってしまったという事件がありました。

　解剖により、死因は髄膜炎による激症型のウォーターハウス・フリードリクセン症候群だということが分かりまして、入院した時点では、助かる可能性はほとんどなかったようなのですが、遺族は、「病院に入院してから悪くなったのだから病院の責任ではないか」と納得しないのです。ただ、審理をしていくと、感染症では少しの時間の違いで重篤な症状が現れてくることもあり、また、乳児の診断は簡単ではなく、しばらく症状や経過を観察したり、いろいろな検査をしてその結果を待つことが必要な場合も少なくないようです。病院内で症状が悪化すれば病院の責任というのは極端な議論なのですね。しかも、このケースでは、乳児は父親から感染した菌で髄膜炎になったようで、入院した時点ですぐに通常の何倍もの抗生物質を投与していれば、多少は助かる可能性があったかもしれないということでしたが、診断もできていない段階で通常量の何倍もの抗生物質を投与することはできないので、死亡との関係で過失があるとはいえないというケースでした。もっと早く病院に連れてくればよかったようですが、とにかく病院が悪いの一点張りで、悪くなってからも医師は診察に

来なかったなどと主張しており，別の意味で過剰主張ではないかと思ったことがあります。

　ただ，このケースに限らず，医療過誤が問題になるケースは，病院の医師や看護師さんの対応が必ずしも十分ではなく，きちんと取り扱われなかったという被害感情がベースになっていることが少なくないので，病院側にも全く問題がないわけではないという場合も少なくありません。本当に難しさを感じますね。医療訴訟に限らず，とにかく被害感情が強い事件では，そのことから情報の歪みが生じがちですから，裁判所としてはその辺にも十分に気をつけて審理をしないといけないと思います。

○**加藤**　この点は，訴訟代理人から見ていかがでしょうか。

●**提訴前の対応と不当請求との関係**

○**馬橋**　それは，そのような請求そのものが問題になるのは訴訟の場面でもあると思うのですが，例えば，「こういうことで契約をしたじゃないかと，だから払えという内容証明が来ました。どうしたらいいでしょう」という相談は結構少なくないんですね。これに対して，例えば弁護士がきちんと，「そういう事実はない，あるというならば，その契約書なり何なりをきちっと見せなさい」という反論の手紙を出しますと，それで請求が止まるケースが結構あります。

　そうすると，依頼者から，「本当に請求しないかどうか，もう1回聞いて確かめてください」と言われるのが一番困ります。寝た子を起こすようなことはなかなかできないんですけれども，結局そういう不当訴訟になっている事件というのは，何か請求をした段階できっと曖昧な対応をしたりして，これはあるいは訴訟までいけば支払うのではないかと思わせるような雰囲気があって……。

○**加藤**　くみしやすい人ですね。

○**馬橋**　と見られたというのも，そんな原因としてはあるのかなと思いますね。だから，結構そういう不当な請求は，世間では一般に相当行われているんじゃないでしょうか。それに対する初期の対応が甘いものが，ここに，訴訟という場に出てくるということのような感じもしますけれどもね。

○**加藤**　それは，例えば，消費者被害である次々販売などでカモになる人はカモリストに載ってしまって，次々そういう別の業者が勧誘に来るようです。く

みしやすい人はこういう人だと見るというのと，似ているところがあるかもしれませんね。

●紛争に巻き込まれるタイプの依頼者

○**馬橋** 不思議と相談によく来る人で，いい人なのですが，悪いことに人がいい人で，紛争に巻き込まれるタイプの人がいるんですね。そういう人は，むしろこういう損害もあったのだとか，大きな被害者的な感情をもっているのですが，私どもは，この人は本当に被害に巻き込まれてかわいそうな人なのか，むしろその被害の事件の中へ自ら飛び込んでいっている人なのかを見分けなければなりません。後者のような人もいるわけで，そういう人からの依頼事件は注意して扱います。主張や関係書類にも色がかかっているのではないかという目で見て，訴訟上の請求をすることについては慎重になります。

○**加藤** そういう人は会社をやっているような人が多いですか。

○**馬橋** そうですね，小さい会社ですが，大きな会社の人はいないですけれども，それなりに個人の会社でやっているようなタイプには多いですね。何か契約をやると常に何かひっかかる人です。

(2) 証拠レベルの問題

○**加藤** では，民事訴訟の情報の歪みについて，証拠レベルの問題に移りましょう。

●文書の偽造・変造

○**須藤** いままでは主張レベルの話ですが，次に，大きな情報の歪みを生じる場合として，証拠の歪みという問題があると思います。請求や主張そのものはそれほどおかしなものではないのですが，証拠が必ずしも十分ではない事件があって，そういうケースで，裁判所から当事者に対して「何か証拠はないのですか」などというと，しばらくしてから，「探したら出てきました」といって，ちょっと疑問を感じるような証拠が出てくるケースがあります。

【エピソードⅠ-6-11】日頃使っているメモ用紙で証拠を偽造

最近，経験した中で，多分これは文書偽造ではないかと思われる事件がありました。駐車場の利用料の未払を請求された被告が，原告の先代から駐車場の管理を依頼されていて，先代が死亡した後，その管理料が支払われなくなった

ので，利用料と相殺をしているという弁解が出てきたのです。原告も原告で，先代が亡くなってから10年以上も何の請求もしていなかったのですね。双方ともいい加減な状態だったわけですが，駐車場を使っていたことは間違いがないので，管理を委託されていたか否かが問題でした。そこで，「駐車場の管理を頼まれたという何か証拠はないんですか」と言ったら，2回ほど後の弁論準備期日に，「先代から手渡されたメモが出てきました」といって持ってきたのです。被告本人は75歳を過ぎていて，その息子さんが一緒に付いてきて，先代のメモというものを持ってきたわけです。

普通の10cmくらいの四角のメモ用紙に，年寄りらしき字で，「駐車場の管理を委託します」と書いてあって，原告の名字の三文判が押してある簡単なものでした。ちょっとどうかなというものでしたので，「これはいつもらったのですか」とか，「どこから出てきたのですか」などと尋ねて一応の確認をした後，未払の駐車料の利用代金と自分がもらうはずの管理料との差引き計算をしたらどうなるのかという点に話が移りました。被告に「結局いくらになるんですか」と聞いたら，被告本人は細かな計算は分からないということで，付いてきた息子さんが何か計算したメモのようなものを出してきて，説明を始めたのです。ところが，息子さんが取り出した計算のメモを見ていたら，それが先ほど提出された原告からもらったというメモと同じような感じに見えたので，「ちょっとその計算のメモを貸しなさい」といって取りあげ，2つのメモを比べたら，大きさは同じで，紙質も同じように見えるんですね。「一体これは何ですか」と言ったら，「いや，別のものです」と頑張ったのですが，「時期も作成者も違うはずなのに同じ用紙だなんて，そんなことは認められませんよ」と説得して，結局，ごく低額の和解で済んだという事件がありました。

実際に，駐車場に自分の車も駐車していたので，関係者以外立入禁止の立て札を立てたり，掃除をしたりして一定の管理をしていたことは事実でしたので，悪気はなかったのかもしれないのですが，証拠を作ってきたのはいただけません。

それから，この証拠を作るというほどではないのですが，訴訟などで相手方から人格攻撃をされたりすると，反撃のためにいろいろ余分な陳述書などを関係者に書いてもらって，紛争を拡大するケースもありますね。

第6章　適正な事実認定をするための方策——情報の歪みと是正

●虚偽の証言・供述

　さらに，会社の人間などは，受け身で，自分の身を守るために，偽造とはいえませんが，虚偽記載的に，会社側に有利な陳述書を書いたり，尋問の際にも会社に有利な供述をすることがあります。しかも，比較的真面目な人の場合には，具合の悪い質問に対しては，嘘はいいたくないとみえて，はっきり答えないとか，記憶がないとか，忘れたという答えをして，その場を逃げようとすることも少なくありませんね。そのくせ，会社に有利なことだけはよく覚えているわけで，広い意味では，証拠の作出と同じものではないかと思うことがあります。

【エピソードⅠ-6-12】証言できないことが証拠になる離婚事件

　これとは逆に，相手方が十分に証言しないことをいいことに，知らんぷりで裁判を有利にしようとする事件もあります。気の毒な例なのですが，離婚事件などでは，どうしても，なぜ離婚するのかよく理由が分からないという事件がありますね。奥さんが，夫から虐待されているからどうしても離婚したいというのですが，その具体的な内容をいわないのですね。裁判所としては，事実認定ができないので，困ってしまいます。本人がいわずに認定ができないのだから，仕方がないと割り切るという考えもあるとは思いますが，個人的には賛成できないのです。なぜかというと，具体的にいえないのは，いわないのではなく，本当はいいたくてもいえないのですね。実は他人にはいえないほどひどいことをされていて，恥ずかしくていえない，いえば自分がもっと惨めになっちゃう，というケースを経験したことがあるからです。

　尋問ではいえなかったのですが，その後の和解の際に最後の最後になってやっと心を開いてくれて，ここでは書けないようなひどいことをされていたことを涙ながらに話してくれたことがありました。『蛇にピアス』という小説をお読みになった方もあると思いますが，ああいうことよりももっとひどいことを性的にされていて，夫にも確認したら，渋々認めたケースがあって，他の事件でも，大なり小なり，そういうところがあることに気付かされました。訴訟にまでなっていて，ギリギリのところで争っているはずなのに，それでも，まともな人であればあるほど，自分の人間性を否定するようなことをされると，恥ずかしくて惨めになって簡単にはいえないものなのですね。離婚事件で離婚

原因がはっきりしないけれども，奥さんが絶対離婚したいといっているときは，奥さんが不倫しているような場合でなければ，それはよほどひどい目に遭っているんだという推定が働くのではないかと思いますね。

●依頼者の証拠レベルの情報の歪みにも注意

○**加藤** そういった証拠レベルで，これはどうも問題ではないかと思われる案件も実際にありますか。

【エピソードⅠ-6-13】やっと出てきた領収書

○**馬橋** そうですね，相手方からやられたというよりも，依頼者本人が持ってくるものにもあるんですよ。例えば，貸金請求をしたところ，相手が弁済の主張をする，これに対して依頼者はそれは別の債務の支払としてなされたものだと反論したことがありました。しかし，私が，「それでは別の債務と分かる領収書でもあるのか」と尋ねても，曖昧な返事を繰り返すのです。

それで，もう最後の最後で，請求債権の一部弁済が認められてしまうという段階になったら，なぜか領収書が出てきましたと，それも写しが出てきた。まして，本人自身が書いたのではなくて，相手方の代理人と称する人の書いた領収書が出てきた。「なぜ本人が書かなかったのか，それから本物はないのか」と尋ねても，「本物は引っ越した時にどこかいった」と。では何で写しが残っているのかということもよく分からない。写しにし，代理人にしたのは，あるいは本人の良心のひとかけらなのかもしれないのですが，これはもうとても証拠としては出せないなということがありました。本人というのは，訴訟の勝ち負けは本人に帰属するわけですから，悪気がなくてもそういう方向へ走ってしまう危険があるわけです。

いまのは書証の問題ですが，陳述書等については，相当に本人自身の思い入れなどがあったり，打合せをしているうちにだんだん気持ちが高まってきたり，あるいは相手方からの準備書面を読むと，「先生の準備書面は弱い，相手の先生の方が強い」とよくいわれますけれども，そういう相手からの攻撃に関して非常に過剰な反応をしているという内容の陳述書が作られていくという経緯は確かにありますね。

○**加藤** 自分の依頼者の証拠レベルの情報の歪みにも要注意ということですね。

第6章 適正な事実認定をするための方策——情報の歪みと是正

相手方の出された証拠などで感じた経験はおありですか。

○馬橋　やはり，例えば，日付と主張が全然合わないものが出てくる。一番怖いのは，何かメモとか手帳などが証拠として出され，あたかもその日に同意があった，契約ができたというようなことを主張されるのが一番つらいですね。そのときは，もう仕方がないんで，ほかに書くべき大事なことが抜けていないかどうかとか，後から書き込んだ経緯がないかどうかとか，なぜこれだけ書いてあって前の交渉経緯が書いていないのかとか，そういうことで崩していくしかないということで，メモなどは非常に危険性があるなと思いますね。

○加藤　これまでにこの研究会で，会計帳簿の傷み具合で，後から作ったことが分かったという事例が，**【エピソードⅠ-1-2】傷んでいない会計帳簿**として紹介されていますね。

●後になって出てくる証拠は要注意

○村田　本人（クライアント）が勝ちたいという思いから，証拠を偽造したり，作り変えたりするという場合，日記，あるいはその当時に作成されたメモであるという場合などに，自分自身でも作成できるものは後になって出てくることが少なくないように思いますね。このような場合には，当該書証の信用性を判断するためには相手方関与の有無が重要ですから，相手方の関与について尋ねると，これに対する対応としては，「作成時に相手方もその場にいて書面を作成するところを見ていました」などと言われることがあります。また「この書面には相手方関与の痕跡が残っていないのですが，どうしてですか」と尋ねると，「相手方関与の痕跡はありませんが，相手方はその場にいて作成するところを見ていたのですから，当然に知っているはずです」などと言われ，さらに「どうして，確認の意味で，相手方の署名や押印を求めなかったのですか」と尋ねると，「いまから思えばそうすれば，このような問題とはならず，良かったと思いますが，その当時には，思いつきませんでした」などと言われることがあります。

　後で偽造あるいは虚偽記載ではないかと主張される書証は，提出者側で一方的に作成したもの，あるいは作成することができるものである場合が少なくないように思います。後に作成したもの，特に訴訟提起後に作成したものでは信用性がないということから，「当時作成したものである，特に，当時日々ルー

ティンにつけていた日記である（そこに自己に有利な記載がある）」として提出され，「決して，最近になって，あるいは事件が発生してから記載したものではありません」と言われることがあります。しかし，そのような場合には，当該書証の問題となる記載の部分について筆記具やその色合いが違っていたり，その前後には何の記載もないことがありますので，その信用性を判断するについては，提出者側の主張を鵜呑みにするのではなく，書証の記載内容，形状，その当時の事情等についても検討した上での慎重な判断が望まれます。

【エピソードⅠ-6-14】合理的な根拠のない否認

また，本人が勝訴したいという強い思いから，相手方の提出された証拠のほとんどすべてについて，成立の真正と信用性を争うと主張された事件がありました。婚姻予約の不当破棄の事案で，原告（女性）は被告（男性）から一方的に別れると宣告されたが，婚姻を前提に付き合っていたのであり，しかも，原告は被告の子どもを妊娠していたにもかかわらず，婚姻予約を不当に破棄されたため堕胎せざるを得なくなり，多大な精神的苦痛を被ったとして，原告が被告に対し，高額の慰謝料を請求した事案です。この事件でまず争われたのが，原告に妊娠の事実があったかという点でした。

原告側は，原告の妊娠の事実に関する書証として，診断書，堕胎手術の報告書，診療録等を提出していたのですけれども，被告側はすべて偽造あるいは虚偽記載であるとして争いました。そこで，裁判所が被告側に否認の理由を尋ねたところ，被告側は，「事前に当該医者と話をした際に医者の話し方が不自然であるように感じられたからである」と述べました。「それだけの理由ですか」と再度尋ねたのですが，「それだけです」ということでした。もとより，書証の成立を否認するのは，当事者の権限であり，裁量の範囲内のことですが，ただ，第三者的地位にある医者が作成した診療録等について，合理的な根拠なく成立を否認したり，虚偽記載であるなどと述べることについては，「場合によっては名誉毀損の問題等も生じかねないことになりますから，できる限り，十分な調査を行い，明確かつ確実な根拠をもって認否等をするようにしてください」と注意したことがありました。相手方の主張事実を否認したり，書証の成立等を否認することは，当事者の専権であり，裁量事項であるとはいえ，民訴法2条の趣旨を踏まえて，合理的な根拠をもった訴訟活動を心がけていただき

第6章　適正な事実認定をするための方策——情報の歪みと是正

たいと思っています。

○加藤　民事訴訟規則でも，当事者は単なる否認ではなくて理由付け否認をすべきであるとされています（民訴規則79条3項）から，訴訟法上の要請の観点からしてもそうあるべきですよね。

【エピソードⅠ-6-15】債務承認書や代位弁済金受領書が偽造だと争われた事件

○須藤　いまの点に関連して，私のところで当事者が偽造・変造だとして争ったのですが，最終的には偽造・変造と認めなかった事件があります。どういうことかといいますと，信用保証協会が主債務者の会社と連帯保証をした代表者に代位弁済金を請求したところ，被告が，まず，債務承認書が偽造だというわけです。信用保証協会の債権は時効期間が5年ですので，債務承認書が有効ならギリギリで時効期間内になるのですが，それが無効だと既に5年経っていて，請求棄却になるという微妙な事件だったのです。なぜ偽造が問題になったのかというと，この債務承認書には会社の名称を彫った社判と，会社の住所印と，代表者の印と，3つ押してあったのですが，会社の住所印の住所が違っているというんです。正しくは何々町3-9-19のはずなのに，債務承認書では8-9-19と見えるんですね。それで，「自分の会社の住所を間違ったゴム判を作るはずはないから偽造だ，代表者の印も三文判で，自分は押した記憶がない」といって争っているわけです。

そこで，債務承認書の原本を出してもらってよく見てみると，ゴム判が二度押しになっていて少しズレているんですね。この3の部分が少し下にズレる形で二度押しになったので，空いているべきところがくっついた感じになって，見方によっては8のようにも見えなくはないのですが，本来の8ではないんですね。三文判の点については，会社が倒産するというので急いで債務承認書をとったようで，倒産騒ぎの混乱の中で三文判が押された可能性も否定できないので，偽造だと言うのは難しそうでした。

ところが，まずいことに，銀行が保証協会に出した代位弁済金受領書の日付が訂正してあるのです。もともと3月7日と書き込まれていたのに，7日の部分に二本線を引いて，1週間後の14日に訂正してあるのです。そして，仮に，先ほどの債務承認書が偽造でだめだということになったときには，この1週間の差で，消滅時効にかかるかどうかが分かれてしまうのですね。被告は，「だ

からこそ，原告は書証を偽造したんだ」といって争っているわけです。代位弁済金受領書の原本を出してもらって確認すると，一度，3月7日と書き込んだ書類を作って，これをコピーをとって，コピーの上から二本線を引いて日付を書き直して，そこに訂正印を押しているのです。わざわざコピーをとってから訂正して，訂正印を押しているので，なぜそんなことをしたのか，昔のことなのでもう分からないのですね。

　ただ，確認してみると，まず銀行から保証協会に対して代位弁済を請求して，オーケーが出ると，利息，損害金を含めた代位弁済金額を計算して，1週間前に一連の書類を作成しておいて，現実に代位弁済されたら，一連の書類を受け渡すようなのですね。そして，たまたま事務手続その他の理由で予定した日に代位弁済されないこともままあって，信用保証協会の代位弁済は週に1回なので，1週間ズレることになるそうです。まぁ，あり得ないことではないということになったのですが，決め手となったのは，実は銀行の合併と支店の統廃合が繰り返されたため，この訂正印を押した問題の銀行の支店は，いまは存在していないのです。したがって，いま偽造しようとしても，代位弁済金受領書に押してある支店印や訂正印を押すことができないものだということが明らかになったのです。しかも，信用保証協会の事件は珍しいものではなく，ほかにも何件もありますので，注意してみていたら，何も争われていない事件で，やはり代位弁済日が訂正されて1週間先の日付になっているものがあったのです。

　そして，先ほどの債務承認書も二度押しで偽造ではないと思われることなども総合的に考慮して，結局，偽造などはないという判決をしたことがあります。
○加藤　それも面白いエピソードですね。何かコメントはありますか。
○馬橋　確かに，ちゃんとした会社だから，きちんとした個人だからといって，きちんとした書面を作っているとは限らないのです。それで訴訟になって，こちら側から出そうとしても完璧なものというのはあまりないという感じをもっています。

　いまの信用保証協会のお話を伺っても，普通はあり得ないだろうと思うのですが，一般の会社内では，それなりの大きな組織内でもそういうものが実際通用して行われているというのが随分あるのでしょうね。だから，代理人として苦労するのは，それはこういう事情でこうなっているというところをいかにき

ちんと説明するのか，そこが一番苦労します。偽造ではないか，不当な請求ではないかという点は，この書証はこういう形で作られたというところが上手く説明できるかどうかにかかってくるんだと思うんですね。

【エピソードⅡ-2-19】三文判が押された取締役会議事録
○加藤　私が担当したケースでは，人証の評価にもかかわるものである【エピソードⅡ-2-19】があります。株式会社の取締役会議事録に押印がしてあるのですが，それが三文判なのです。しかも，何通かあるうちの問題となっている取締役会議事録に押してある取締役の印判が3種類あるのです。主張としては，「自分は押印していない，勝手に会社が押したのであり，偽造である，そもそも取締役会も開催されていない」というものなのですが，会社の方は，「大変ルーズな取締役で，議事録に押印してくれと頼んでも，印を持ってきていない。持ち合わせがないという場合には三文判を買いに行ってもらい，それで押してもらっていた」と反論しました。

しかし，議事録に押印する三文判を買いに行かせて押させるというのは，自然な流れといえるかという疑問があります。その時点で早く作らなければいけない必然性のある議事録であるならともかく，「この次に出社するときに，印鑑を持ってきてください」というのが普通ではないかと感じます。そこで，かなり怪しいと思われたのですが，ただ，印判が3種類違ったものが押印されているということは，逆に，三文判を買いに行って，その都度違う印判で押しているということも考えられます。そうすると，ここのところは両方の言い分がどちらが本当かはよく分かりません。

ところが，その点を弁論準備手続で指摘しておいたところ，会社側はほとんどそこのところは担当者の尋問でしませんで，また，それを攻撃する相手方もあまり突っ込みませんでした。有利になってしかるべき側が反対尋問で聞くことをしないのであれば，裁判所が介入尋問するほどのこともないかと考えて，その議事録については会社が偽造したものとは認められないという認定をしました（東京地判平成12年5月24日判タ1054号260頁）。

●意図的ではない証拠の歪み
○須藤　もう1つ触れておきたいのは，この意図的ではない結果的な証拠の歪みという問題です。民事事件でも，特に供述証拠等でそのような歪みが生じや

2 事実認定を歪める要因としての当事者本人の問題

すいということを指摘できると思います。

この意図的ではない歪みがなぜ生じるのかを考えてみると，1つは認識のメカニズムの問題，もう1つは広い意味での記憶のメカニズムの問題で，それから，証言の際の表現能力の稚拙さによる歪みとがあるのではないかと思います。

まず，認識のメカニズムについては，例えば，ある程度知っている内容を聞いているときにはよく理解できるわけですが，そうではなくて，第三者がたまたまそこに立ち会って何らかの話を聞いただけというときには，そもそも前提となっている事情が分かっていないのが普通ですから，その人が正確な認識をすることができたか否かについては，疑問の余地があるのではないかと思います。それを，もっともらしく，いろいろ自分なりに答えてしまう人もいないわけではありませんが，それは，よほど能力がすぐれていれば別かもしれませんが，普通であれば，憶測などに基づく勝手な決めつけや，もしくは後で何らかの理由で新たな記憶が植え付けられたか，そういったどれかで，まさに歪みが生じやすいのではないかと思います。

次に，記憶のメカニズムの問題ですが，一時的には覚えていても，それがいつまでもよく覚えているというのは，何か特別な事情がない限り，不自然です。日常的によくあるようなことを，大した関係もないのに，ちょっと聞いただけで，いつまでも細かくよく覚えているというのは，普通はおかしいですよね。特に刑事事件では，犯人性の供述のときによくそれが問題になるわけです。パッと一時的にすれ違っただけの人について，どんな人だったかと尋ねられて，ああだこうだと詳細に答えているような場合には，歪みを証言しているようなもので，その後の反対尋問などで比較的簡単に崩れてしまうことが多いわけですね。民事事件でも，大した関係もないのに，ちょっと聞いただけで，いつまでも細かくよく覚えている証言などは，裁判官としては，反対尋問を待つまでもなく，主尋問を聞いているだけで，これはいいすぎでダメだなと感じることがありますね。

●記憶の変容による歪み

しかも，記憶は，時間が経つことによって変容しますから，時間の経過も歪みを生じさせる原因になりますね。特に本人や関係の深い人の場合には，時間

が経つと思い込みがいっそう強まるものですし，裁判にでもなっていれば，尚のこと自分に都合のいいように記憶が変容して，それが固定観念化していて，裁判官としては，全くの勘違いになっているようなことも少なからず経験しますね。

●十分な打合せによる歪みの是正

　それをどうやって正すかについて考えておく必要があるのですが，国の代理人としての経験なども踏まえて申し上げますと，十分に打合せをするしかないと思います。本当に真面目な人が真面目に答えるのですが，どうしても客観的証拠に合っていないことを何度も経験しました。客観的な証拠と違うので，その点を指摘すると，1回目は「そうですかね」と言いながら渋々認めるのですが，次の打合せの時には，元に戻っているのです。そこで，自分で関係の書類などを十分に確認してもらって，あぁ，やっぱり自分は本当に勘違いをしていたと納得してもらえば記憶が元のものに戻るのですが，この手間を惜しんで中途半端な打合せで済ませておくと，本番では反対尋問に動揺して頭が真っ白になって，あることないこと，ペラペラ証言するということになりかねません。利害関係が薄い人は戻りやすいのですが，利害関係が強い人に対しては，なかなか難しい場合もあるでしょう。

　弁護士さんの話を聞くと，本人によっては，「あまり記憶違いではないか」と言いすぎると，「先生はどっちの味方ですか」といって怒り出したり，信頼関係が壊れて大変なことになりかねないと聞いたこともあります。代理人としても，これ以上はどうにもなりませんといって投げてしまうケースもありますしね。裁判官としては，そういう記憶の変容もあるということを十分に意識して考えないといけないと思います。

○加藤　この点について何かコメントはありますか。訴訟代理人としては裏付けのデータに基づいて，本人がいっていることについて，後で恥をかかないように，あるいは困ったことにならないように，点検することが必要であるという点は繰り返しお聞きしていますけれども。

○馬橋　先ほど申しましたように訴状が出てから時間が経つに従って，依頼者にもこの頃はちゃんと準備書面を説明責任がありますから見せなければいけません。それによって記憶が変容するというか，ある意味において記憶が偏るこ

2 事実認定を歪める要因としての当事者本人の問題

とはやはりあると思いますね。

それで，前も述べたように，弁護士が最初に相談を受けた時と，しばらくして後，例えば「尋問の準備の前に打合せをした時と話はどの程度違っていますか」といったときに，9割近くの弁護士が「前の話とは全然違っていた」という調査の結果がありますが，まさにそこだと思うんですね。

それで，私どもが陳述書等を作るときに，いまお話があったその客観的な証拠と合わせようとすることが1つある。それで，本人がそういうある面において非常に過剰に反応している背景がある。その結果できてくる陳述書は，やはり相当変容したものになってくる危険性があると思います。

本来曖昧であったものが，絶対こうだという形で陳述書においては書かれてしまうという部分，これは知らないうちにやっているんですけれども，ただ，私どもも打合せをやっていて「そうなのかどうか，よくはっきりしないんですけれども」と言われるといらいらするわけですよね。「どうなの，それはちゃんと見たということじゃないの」と理屈で押していって納得させてしまうことがあるわけで，別に意識してやっているわけではないのだけれども，無意識にそういう方向に行ってしまう部分があって，そこから出てくる陳述書は，このような問題点があると思いますね。

●虚偽が織り交ぜられた証拠の信用性

○村田　訴訟代理人としては，相手方の主張や供述，あるいは客観的証拠を前提にして，尋問前に人証をテストしなければならず，しかも，他の証拠との関係等をも考慮して丁寧に行うのが良いとされています。裁判所の立場からすると，実は大筋では客観的証拠に合致するが，所々に虚偽の事実が織り交ぜられている証拠については，真実の部分と虚偽の部分を見分けることが非常に難しいことから，このような証拠がある事案では，適正な事実認定がとても困難になることが少なくないように思います。

客観的証拠と全く違うこと，全く違うストーリーを述べている陳述書等の供述証拠は明らかに虚偽であると断定しやすいのですが，客観的証拠に沿いながら，所々に事実と異なる部分を織り交ぜられると，裁判所が証拠の信用性の判断や事実認定に難渋することがあります。そのような観点からすると，訴訟代理人としては，自分側の人証には，その信用性を増すためにも，できるだけ客

観的証拠に沿うような陳述あるいは証言をさせるように心がけるのが正しい在り方といえるのでしょうが，そのようにした結果，意図的に，客観的証拠に大筋で合致しているように見えながら，所々に虚偽のある供述をされてしまうと，裁判所としては，その信用性の判断について非常に頭を悩ませることがありますね。

○加藤　それはそうでしょうね。

○須藤　ただ，客観的な証拠に合っていて矛盾なく説明できているのであれば，それはそれで大筋合っているということにはならないのですか。

○村田　私が申し上げているのは，訴訟代理人には，人証テスト等の際に，自分の側の人証が意図的に虚偽事実を織り交ぜた供述をすることのないように留意していただきたいということです。大筋は合っていても，ポイントになるところに虚偽があることが問題なのです。

●大筋は客観的に肝心な部分に嘘を

○加藤　大筋について客観的事実には合っているけれども，肝心なところで自分に有利な嘘を意図的に入れると，これは騙されやすいのですね。

○村田　そうですね。頭の良い当事者，あるいは頭の良い証人ほど，意識的あるいは無意識的に行ってしまうことがあるようです。頭の良い当事者等は，相手方の提出した証拠等を検討して，これに合わせて自分の供述等を微妙に変化させることにより，客観的な証拠関係とは矛盾しないように，ぼろが出ないようにしてしまうことがあります。

　そのような場合に心がけていることは，そのような頭の良い当事者等は，多くの場合，饒舌多弁ですから，争点の核心部分だけでなく，争点とは直接に関係しない周辺事情等についても尋ねることとしています。そのように事件にまつわる様々な間接事実や周辺事情等を尋ねていくと，そのうちに虚偽を織り交ぜた事実経過と整合しない部分が現れてくることが少なくありません。そこで，その整合しない部分を明らかにすることによって，当該供述は信用できないなどと判断しています。ただ，このような方法を採ると，時間をかけて細かな間接事実や周辺事情まで掘り下げて尋ねることになり，結局，当事者等の供述にぼろは出たとしても，それが出るまでに，とても時間がかかってしまうことは1つの問題点であろうと思っています。

○**加藤** それは，おそらく反対尋問に期待されるところなのでしょうね。それに加えて，裁判官もきちんと見ていて，補充尋問をしていくことが望ましいのですね。

○**村田** 補充尋問はもちろん，反対尋問でもそのような点を意識していただきたいですね。ただ，いずれにせよ，とても時間がかかってしまうことは問題点ですが，ほかにより良い，より合理的な方法もないようですから，やむを得ないことなのでしょうか。

○**加藤** そこは真相解明に本来必要な時間だと割り切るべきなのでしょうね。

○**馬橋** 代理人としては，「反対尋問で崩されるのはともかく補充尋問で崩されるのはどうか」と反発する代理人も多いですよね。

○**加藤** そこは，なかなか難しいところです。別にそれは裁判官が偏見をもっているとか肩をもってやっているというのではありません。裁判官としては，自分の認定する事実に誤りがあったら結局自分が騙されていたということになります。そこで，一種のいわば職業的な矜持をもってやるべきであるし，やりたいというところでしょう。

●**歪みを誘発しかねない釈明や補充尋問**

○**須藤** 裁判所が釈明権を行使したり補充尋問をすると，多くの場合は歪みが是正されるはずなのですが，場合によっては歪みを誘発しかねないこともないわけではないと感じています。

なぜならば，素人で，真面目な人は，「裁判官は間違ったことをいうはずはない」という思い込みがあることがあり，裁判官としては確認のために聞いただけなのに，証人が勘違いして，裁判官から尋ねられたことにすり寄ろうというか，裁判官の質問をそのまま肯定するような答えをしてしまう人もいます。私自身の経験でも，証人の信用性をみるためにいろいろの角度から確認の補充尋問をした場合に，証言が客観的証拠に合わなかったりするので，証拠を示して具体的に確認し直すと，「だって，いま，裁判官がそういったから自分が間違ったと思って」ということを言われたことがありました。それこそ意識しないうちに裁判官の質問が誤導になっていて，かえって歪みを引き出してしまうケースもあることも考えておかないといけないですね。

それから，当事者としては，できるだけ裁判官の心証を害したくないという

思いもあるので，裁判官の質問に対して明確に否定しないこともありますね。「いや，裁判官，それは間違っています」とはなかなか言わない，まともな証人ほど，例えば，「そういう場合もあるかもしれませんね」などと曖昧な答えが少なくないわけです。裁判官としては，自分の聞いたことが否定されなかったので，そういうことでいいのかなと思ってしまうこともあるのではないでしょうか。そのような意味で，裁判官が補充尋問をする際にも歪みが生じる危険性があるということを十分に注意しておかないといけませんね。

　しかも，これまでもこの研究会でお話ししていますが，裁判官が補充尋問を積極的に活用しすぎると，結果的に，必ずどちらかの当事者に有利になって，他方の当事者に不利になりますので，中立公正ではないといわれるリスクを含んでいるわけですね。これまでは実体的真実の発見ということで一応のコンセンサスをバックグラウンドにして正当化されていたわけですが，当事者主義の要請が強まると，その兼ね合いが難しいところがありますので，その意味でも注意が必要です。

〇**馬橋**　そこは本来は相手方の代理人が反対尋問ですべきことなのでしょう。ただ，当事者や証人も，私どもの打合せの段階等を経て，主尋問は一応きちんと終わった，反対尋問でも崩れなかった，それで補充尋問になったら急に何かいい子になって，曖昧になってしまうのはないわけではないですよね。だから，それは須藤さんがおっしゃったいろんな要因，そして，裁判所というものに対する一般人の感覚が何か特別なものなのかという感じがしますね。

〇**村田**　補充尋問について，裁判所としてどういう姿勢で臨むか，須藤さんと私で随分違うというのは，この研究会の議論を通じて感じているところです。それはそれとして，仮に，証人ないし当事者本人が，裁判所の補充尋問に対し，それまでの尋問とは異なって，裁判所にすり寄るようなといいますか，裁判所の質問に迎合して事実と違うことを述べていることが窺われるような場合には，もちろん，裁判所の補充尋問後であっても，さらに当事者代理人からの尋問を許すことも必要ではないかと思います。いずれにせよ，裁判所として証言・本人供述等に疑問・疑念をもつに至った以上，裁判所から直接的に質問することによって，その疑問・疑念を晴らしておきたいと思います。現状の裁判運営を見ると，むしろ，そのように考えている裁判官の方が多いのではないか

と感じています。

○**加藤** そういう立場は、実際にはあるでしょうね。

●言語表現に由来する歪み

　もう1つ、記憶のメカニズムのほかに表現の仕方、表現能力の問題もあるかと思いますが、この点については、いかがですか。

○**須藤** この表現能力の問題は、なかなか難しいですね。自分のいいたいことを第三者に対して分かってもらえるように伝えるのは、実はかなりの能力が必要なことですね。日本の学校教育では、自分のいいたいことを上手に表現する能力についてほとんど訓練されていませんから、とにかく下手な人が多いのではないでしょうか。

　一番困るのは、何をいいたいのかよく分からない人ですね。前置きが長かったり、質問されている内容に関係なく自分のいいたいことを述べたり、感情的にムキになって答えるタイプですね。そういう人に対して、結論だけを求めると、調子が狂ってしまって、かえって十分な証言ができないこともあります。

　それから、もっとはっきり断定していいところなのに、「いやぁ、どうでしょうか、よく分かりません」のような証言をしたり、「……じゃないかと思いますけど……」と、中途半端な答えになってしまう人もよくありがちです。また、これとは逆に、質問に対して単純というか、割り切りがいいというか、何でも断定的に、イエス・オア・ノーで答えようとする人も少なくないですね。実際にはそんな簡単に答えられないはずの場面でも一刀両断的に答えられてしまうと、かえって事実を歪めることになるので、困ることがあります。

　そのような場合に、代理人がきちんとフォローして尋問してくれればいいのですが、代理人すべてが尋問が上手なわけではないし、裁判官としても、前提となる事実を十分に理解しているわけではないこともあって、証人や本人の表現能力の稚拙さによる歪みをきちんと是正するのが難しいことも少なくないように思います。

　また、そうでなくても、日本では主語をはっきりいわないことが多いので、伝聞性が直接表現されないことがままあって、代理人も裁判官も、供述をしている本人以外の全員が勘違いして聞いてしまうこともあります。本人が直接体験したり聞いたものとしてみんな理解していたのに、後になって他の証人の証

言と食い違いが出てきて，確認すると，「さっきの証言は全然違う，あれは誰々さんから聞いたのをいっただけです」ということもないわけではないんです。これなどは日本語の構造的なものから出てくる問題で，意図的にされるものではないのですが，供述などが歪んでしまう原因の1つではあるわけで，そういったところも十分注意する必要があるのではないでしょうか。

●尋問方法との関連

○村田　確かに質問方法で悩むことは多いですね。特に饒舌で，質問とは関係のない事情から話し始めて，なかなか質問に対する結論をいわないような証人や当事者もおられますから，そのような場合には，まず結論から「はい」か，「いいえ」か，「分からない」かの，3つで答えてくださいと注意しています。そのような場合，実際には「分からない」ということが多いのですが，このように，3つの選択肢で結論を述べることができるような質問から始めるように心がけています。まずは結論的な部分について端的に尋ねた上で，その理由を聞くように心がけています。ただ，先ほど述べましたように，「はい」，「いいえ」，「分からない」のどれですかと尋ねると，誠実な方ほど「分からない」と回答されますから，さらに，「実際には知っていることもあるのではないですか，例えば，この点はどうですか」などと具体的に尋ねていくことが必要となることが少なくありません。尋ねてみると，証人等は，「どちらかといえば，原告側のいうとおりだと思うけれども，正確には分からないんで分からないと答えます」などということもあります。そのような場合には，「どうして，原告側のいうとおりだと思うのですか」などと，細かな部分を質問していくことが必要になることもあります。質問順序，質問事項，質問方法もよく考えなければいけませんし，証人等が実際に答えた内容を踏まえて，次の質問に移る場合の移り方にも難しい部分，工夫すべき部分がたくさんあるように思います。

○加藤　馬橋さん，いかがですか。

○馬橋　尋問で，私どももそうなのですが，何か法廷というのは，何しろ「結論だけ先にいいなさい，理由は必要があれば聞きます」とか，「イエスかノーかでまず答えていいなさい」ということになります。これは，本来の日本人の話し方と違うのでしょうね，生活習慣とも。法廷では非常に証人とか本人自身も極度の緊張に強いられるという面があるわけで，私は，もうこれだけ陳述書

がきちっとできている時代ですから，陳述書に書いてあることを重ねていう必要はないけれども，他の部分は多少自由にしゃべらせてもいいのではないかとも思います。そうすると，その中から反対尋問などの材料が出てきたりする部分があるという感じをもっています。

　私も，事前の打合せでは何しろ結論だけはっきりいわなければだめだといってしまいます。だらだらしゃべっていると，むしろ代理人の方から制限して，「聞いているのはこういうことだから」というような言い方をしますけれども，あれが本当にいいのか疑問に感じることがあります。当事者にとって，裁判所で十分に主張が述べられなかったとの不満に繋がることもあるわけです。場合ごとに考えなければいけない場面があるのかとは思います。

3　事実認定を歪める要因としての訴訟代理人の問題

(1)　主張レベルの問題

○**加藤**　それでは，訴訟代理人に由来する事実認定を歪める要因にはどのようなものがあるかといったテーマに移りましょう。まず，主張レベルから。

○**須藤**　訴訟代理人の関係で事実認定を歪める要因になるものとして，やはり主張が歪んでいる場合がありますね。意図的なものか，それとも意図的なものではないかの違いはあるのですが，まず主張レベルで過剰主張になっている場合が考えられます。

●**本人と利害が一体化している訴訟代理人**

　そのような場合の典型として，代理人と依頼人との利害が一体化しているケースが見られます。このような場合には，代理人の事情で，むしろ代理人主導で主張を歪めている可能性があるのではないかと疑われるときがあります。経済的な利害関係が一体化している場合は少ないのですが，例えば，投資会社等が絡んでいるときに，その会社の顧問弁護士をしていて，事前にいろいろアドバイスをしていたようなケースですと，代理人といっても，自分のアドバイスの当否も問われているものですから，もうほとんど当事者と一体化していろいろ主張してきますね。また，依頼者と親しい友人であるとか，比較的身近な親族であるとか，そういう関係がある場合にも，利害が一体化して問題になる

ケースがあります。これは，異常な形態なので一般化はできないと思いますが，バブルの時に，本当は弁護士自身が不動産取引の当事者であったのに，弁護士として直接幾つも取引をするのは問題があったので，それを妻名義なり友人名義でやっていて，バブルがはじけて訴訟になった時に，その弁護士が代理人として出てきたのですが，実質的には当事者本人ですから，そもそも主張レベルで大きな歪みを生じていた事件があったのを思い出します。

●のめり込む闘争的な訴訟代理人

　それから，もう1つのパターンは，本人と利害関係が一致しているわけではないのですが，性格的に闘争性が強いというのでしょうか，とにかく本人の立場にのめり込んで，何でもかんで相手方を攻撃したがる代理人もいますね。事件にのめり込むので，相手方の主張や証拠も徹底的に調べてくるんですが，それがちょっとピントがはずれると情報が大きく歪んでしまうので，困ってしまうわけです。もちろん，訴訟前の当事者間での交渉などの際にも相手方や相手方の代理人と厳しいやりとりをしているのだと思います。訴訟でも非常に感情的になって，法廷で相手方やその代理人に対する敵意を剥き出しにして，激しく非難したりすることもあります。裁判所の釈明にもなかなか応じようとしませんし，裁判所を困らせる代理人なのですが，それだけで審理してしまうと，結果的に罪のない本人の不利益になりかねませんから，裁判所としても注意が必要だと思います。

○**加藤**　熱心に当事者を代理するのは，弁護士倫理ではあるわけですが，その度合いと方向によっては情報を歪める要因になるというのはご指摘のとおりでしょうね。特に，依頼者と利害が一体化するというのは，例えば，完全成功報酬は日本ではまずいといわれているのは，それが1つの理由だという議論がありますよね。

　この主張レベルでの代理人に由来する歪みについてはいかがでしょうか。

○**馬橋**　事件と代理人の関係ですと，問題が生じたとのことで代理人のところへ来ます。相談を受けて，そこから訴訟へと発展していく形をとるわけですが，この形ですと，代理人としては，割合に客観的に物を見られる部分はあると思うんですね。

3 事実認定を歪める要因としての訴訟代理人の問題

●訴訟代理人が替わった場合

　これに対して，途中まで訴訟が進行していて，何らかの事情で代理人が辞任し，今度は別の代理人に替わった。これは依頼者が前の代理人のやり方に不満だったわけですから，新しい代理人はその不満を解消してやると請け負ったはずで，この代理人の活動は相当強くなる。依頼者べったりになる可能性があるように思います。

　それから，もっと問題なのは，先ほどもご指摘あったように，ある判断をするときに，その時点から弁護士が関与しているケースがあります。例えば，解雇事件で，どの時点でどのような事由で解雇するかを弁護士は相談を受けて，こういう手続で解雇すべきじゃないかとアドバイスしたと。ところが，それが紛争になってきますと，自分のやった判断がそもそも誤りかどうかが問われている面があるわけで，それは，その会社に対する信用度とも関わってきますから，それはまさに本人と一体化することになると思うんですね。

　それで，いまの時代はコンプライアンスが重視されて，事前にいろいろ弁護士さんと相談して判断をする意思決定の過程を経ることが一般になりつつありますから，この中で，弁護士が自らその判断に加わったときの訴訟案件は，やはり特徴的には当事者と一体化的になっていくのではないかという気はしますけれどもね。だから，その事件への関わり方で，パターンがあると思います。ただ，性格的なのは，これはどうしようもないところで，先ほど全部の書証を否認するなんていうのもそういうタイプの人だと思うんですけれども。あまり相手にしたくないなという人ですよね，そういう人は。

〇加藤　これも裁判所の立場からいうと，裁判所がたしなめるよりも訴訟代理人同士で，「いや，そういうのは言いすぎじゃないか」というやりとりをしてもらった上で，「そこは，そうですね」という展開になっていくことを期待します。その方が訴訟運営上はニュートラルな姿勢が保ててありがたいのです。

●証拠に基づかない主張の弊害

〇村田　いずれにせよ，当事者，代理人同士でけんか状態にならないようにしてもらいたいと思います。ときどき，裁判所内で，開廷前に当事者同士（あるいは代理人同士）が本気になって，けんかをしていることがありますね。裁判官が入ってきたら，けんかは一時休戦になり，静かにはなりますけれども，裁

429

判官が退廷したら，けんかを再開するというような事件もあります。当事者同士のけんかももちろん困るのですが，一方当事者と利害関係が一致している代理人の場合とか，性格的にのめり込む代理人の場合には，争点整理手続等で，裁判官が暫定的な心証とか事件の方向性・事件の捉え方などを開示したときに，それが自分の側に不利であったりすると，感情的になり，非常に強く反発をする方がいらっしゃるので，困ることがあります。

また，そのような代理人の中には，裁判所が不利な心証開示をすると，それを踏まえて，実際には証拠がないのに，机上の空論のような主張を次から次へと提出される方もおられます。そのような場合には，争点整理手続が「争点整理」ではなく，「争点拡大」手続になってしまいます。

確かに，主張するのは，すなわち攻撃防御方法を提出するのは当事者の専権ですが，裁判官が不利な心証を開示したからといって，証拠に基づかない主張を次から次に提出することは，現在の民事訴訟法の争点中心審理の理念と相容れない訴訟行為であり，それだけ紛争の解決を遅らせることとなるだけでなく，審理を混乱させることも少なくないように思います。そして，裁判官としては，この代理人の場合には，二度と心証開示などするものかと心秘かに誓うことになります。したがって，事件の適正迅速な解決を図るとの観点から，裁判官が不利な心証を開示したとしても，追加するのは，具体的な証拠に基づく主張だけにして，いわゆる「空中戦」のきっかけとなるような主張は，できる限り慎んでいただきたいと思います。

●**主張の後出しによる全体像の歪み**

○**須藤** いまのこととも関連しますが，情報の歪みという点では，主張の後出しも問題ですね。いつ主張するかは一次的には代理人が決めるものですが，「相手が全部主張してからでないと自分は主張しない」といって頑張る代理人がいます。裁判所からすると，とにかくいえるものは積極的に早くいってもらった方が早期に事件の全体像やポイントを理解できて，審理の方針も立てやすくなっていいのですが，応じてくれない代理人がいますね。

それから，これに近いものとして，正確な情報や全体像を主張しないというパターンもありますね。とにかく相手がいったことに対する反論だけをちょこちょこ書いて出してきて，自分の方ではどういう全体像として見ているのかな

どを提示しないと。

　ひどい代理人は, 相手方が中途半端な主張をしているときには, 自分もあまり主張しない方がいい, つまり, 準備書面は薄ければ薄いほどいい, 短ければ短いほどいいという人もいるのですね。その人がいうには, そういうときは, ざっと準備書面を書いてみて, 削れるところは全部削って, 相手方や裁判所がよく分からないように書くのがコツだというのです。そうすると, 裁判所は全体像が理解できないから, 結局, 相手方の主張を採用することができず, 自分の方はほとんど負けたことがないというのです。相手方の本人や代理人の能力不足や努力不足などで主張が歪んでいると感じても, それを正して結果的に自分に不利になったりしてしまうのは嫌なので, 主張しないというわけです。積極的に歪みを生じさせるのではなく, 歪みを是正しないことによって裁判所の判断を誤らせるという手法ですね。

　アメリカ的な当事者主義を形式的に強調すると, そのようなことも訴訟戦術としては考えられるのでしょうが, いまのわが国の民事訴訟法では「信義に従い誠実に民事訴訟を追行しなければならない」（同法2条）と定められていますから, 代理人の在り方として大いに疑問だと思います。これから, そういう代理人などが増えるようであれば, 裁判所がいろいろ面倒を見て, 任意の方法できちんとした事実が出揃うように努力するだけでいいのか, 事実認定を歪める要因は事案によって様々ですから, 裁判官による運用上の工夫だけで対応するには限界があるのではないか, 何らかの明確なルールが必要なのではないかなどと考えてしまうこともあります。

●裁判における情報格差是正の必要性
○村田　被告, あるいは原告もそうなのかもしれませんが, 事件について自分の側が描いている全体像を積極的に示さない, 相手方の主張立証を待つばかりで, 積極的な主張立証をしないということがあります。特に当事者に情報格差がある場合, 私が担当しております医療過誤訴訟のような場合には, 原告である患者側には, 被告である医療機関側に比して情報が少なく, どのような医療行為が行われたかさえ分からないことがありますね。

　例えば, 手術についてどのような手技が行われたのかそれ自体がカルテを見てもよく分からないことがあります。そのような場合であっても, 被告側が,

原告が主張すべき過失の特定が不十分だから，被告側の主張を展開することはできません，例えば，どのような医療行為が行われたか，その医療行為はどのような医学的知見に基づいて行われたか等についても，原告が過失の特定を明確にするまで被告側から提示することはできませんという対応をされることがあります。しかし，それでは，あまりに不公平，不平等であり，現行民訴法2条の趣旨や真実陳述義務に関する民事訴訟法上の議論等に反する訴訟態度ではないかと思います。

　このような場合には，少なくとも被告医療機関としては，原告側との診療契約（準委任契約）に基づく顛末報告義務や説明責任・説明義務等があるわけですから，被告医療機関における具体的な診療経過等を明確にした上で，当該医療行為について医療機関がした判断やその根拠となった医学的知見等をも明らかにして，当該医療行為の正当性について具体的に主張を展開すべきであると考えています。このような考え方から，裁判所としては，被告医療機関側に対し，できるだけ早期の段階で，上記のような点について明確な主張立証を行うよう指示しています。

　情報格差のある現代社会における民事裁判では，当事者の実質的平等を確保するとの観点から，情報格差を解消する方向で訴訟手続を運用することが何より必要ではないかと思っています。このような立場に立って，医療事件については，被告医療機関側に自発的に積極的な主張立証を行うよう指示しているところです。

○加藤　そういう顛末報告義務という実体法上の権利関係を訴訟に投影させた形での訴訟運営は考えられると思います。もう少し大きく構えると，現行民事訴訟法2条では，当事者に信義誠実による訴訟を追行していく責務を課しているわけですから，それを具体的な場面でも浸透していくことが必要なのでしょう。須藤さんの話のように，場合によったら，事案の全体像を出したら裁判官がよく分かってしまって訴訟に負けるかもしれないケースでも，なお，やはりそれは信義にかなった訴訟活動としてそうしてもよいのだというコンセンサスが法律家の間でできているかどうかという問題なのでしょうね。なかなか難しい問題ではあるのですけれども。

○馬橋　要件事実教育も十分行われ，判例なども容易に手に入りやすくなりま

3 事実認定を歪める要因としての訴訟代理人の問題

すと，その判例に固執してしまうこともあるかと思います。

例えば，損害保険における事故の立証責任が保険金請求者にあるとの判例が出ますと，それはもう何しろ被害者側できちっと偶発性を主張立証すればいいんだ，自分の方は別にそれを待っていればいいんだと，事故でない事情を積極的に主張しないということがあります。保険会社でも，例えば，もう立証責任は被害者の方にあるんですからという感覚が結構できてきているんですね。これはやっぱりいけないことだと思うんです。

立証責任は，ある程度証拠を出していって，最後まで分からなかったときにどう判断されるかの問題であるのに，それが何か誤解されていて，先ほどは全体像を見せないというのが出ましたけれども，むしろ争点になっているところですら，何か立証責任がそっちにあるんだからいいんだという態度，それを示す代理人も少なくもないような気がするのですが。

○村田　そうですね。私もそのように感じています。ただ，どこまで，信義誠実とか，真実義務とかを要求すべきか，その趣旨を徹底すべきかという問題もあって，難しいところですね。例えば，被告医療機関側が医療行為等に関する具体的な情報等を開示しなくとも，医療機関側としては，それは民事訴訟法に従ってその時点で必要と考える訴訟行為を行い，必要と考えていない訴訟行為はこれを行っていないだけの話であり，それが信義誠実義務に違反しているとか，真実義務に違反しているとかの話ではないと考えておられるであろうと思います。それは，いわば民事訴訟における訴訟活動のスキルの問題であって，訴訟活動としての適否の問題ではないと反論されるだろうと思います。

いまの馬橋さんのおっしゃった主張・立証責任のない事実については，否認するだけで，反証等をしないという態度も同じような考え方に基づいているのではないかと思います。いずれにせよ，そのような訴訟態度は民事訴訟法2条等に照らし正しいものとはいえないのですから，裁判所と相手方当事者において，事案の解明のために，ひいては適正かつ迅速な民事裁判の実現のために，主張立証責任のない事実についても，主体的・積極的な主張立証活動（反証活動）をするよう強く働き掛けることが必要であろうと思っています。また，具体的な立証レベルの問題となりますが，これまでに議論したように，陳述書の記載内容等について，裁判所と双方当事者で協議して決定するなどの工夫も有

効ではないかと思います。

●弁論準備手続の中でのコミュニケーションによる是正

○加藤　弁論準備手続の中で，私的な書面の交換や提出された証拠を確認するというだけではなくて，そこで裁判官が上手く働き掛けというかコミュニケーションを図って，本当にどんな事件なのですかというところを浮き彫りにするというのは，1つ方法なのだと思うのですけれどもね。

○村田　そうですね。裁判官が積極的に個々の事実について具体的な釈明を求め，当事者間に争いのない事実，判断の前提としてよい事実を確認していくことも重要であろうと思います。例えば，積極的な認否がされていない間接事実があるような場合に，裁判所からそれについて具体的かつ積極的に認否するよう指示したにもかかわらず，代理人が「いや，答えたくありません」との対応をすることは極めて稀であろうと思います。このように，裁判所としても，当事者において主張・立証責任のない事実，あるいは描いている全体像（ストーリー）について主張・立証をせざるを得ないと考えさせるようにするということが重要であるように思います。そして，そのためには弁論準備手続や争点整理手続において，裁判所の訴訟指揮あるいは釈明を積極的に行うことがとても大切なのではないかと思っています。

○加藤　そこら辺のスキルですよね。私は，ある時期から，準備書面がギリギリに出された場合に，弁論準備手続において，「まだ十分読めていないので，口頭で5分間程度で説明してください」と訴訟代理人にお願いしたところ，代理人が大事だと思うところから要領よく説明してもらうことができ，大変よく分かりました。それを受けて，相手側に「どうですか」と尋ねていくという方法で極めて効率的に進むようになりました。

それ以降は，1週間ぐらい前に書面が出ている場合には書面は読んではいますが，口頭で準備書面の要点の説明を求めるようにしていました。裁判官があまりよく読んでないでおいて，そういう指揮をするのはリスクがありますが。要点を述べてもらうことで，手続が活性化し，そのことによって，一方当事者の訴訟代理人が一番いいたいところを述べれば，相手方もきちんといい返さないのはまずかろうという流れになって，議論の応酬がされることになります。こうしたやり方で，歪みを是正していくことが，制度本来のものなのではない

かと思いますけれどもね。

○須藤　これは多分，相手も裁判官を見ているのではないかと思います。加藤さんがそういえば，相手も，しまったな，何かまずかったのかなと思って，おとなしく説明するかもしれませんが，単独事件を担当するようになったばかりの裁判官がそれをやると，「読んでいないんですか，裁判官」などと，自分の非を棚に上げて，わけの分からない攻撃をされる危険性もあるのではないでしょうか。ある席で，比較的に単独の経験の少ない裁判官に似たような話をしたときに，「それをやって実はひどい目に遭ったことがある，いや，ここにこう書いてあるじゃないか，裁判官読んでいないのか」と，強い調子で非難がましくいわれたことがあると聞いたことがあります。読んでいなかったわけではなく，読んだけれども，わずか一行書いてあるだけで，大した主張ではないし，そのような主張だとは読めなかったということだったと思います。経験の浅い裁判官が加藤さんのいったように上手くやるには，実は逆によく読み込んでいないと，難しいのではないでしょうか。代理人や本人と裁判所との間には，目には見えない何か絶妙な呼吸があるように思います。

○馬橋　当事者本人のいるところでやられますと，代理人同士はお互い理解できても，依頼者は自分の方で出したものを見ていてくれていないんだということがすごく何か心の痛手になるようで，依頼者のいるところだとなかなか難しいですよね。

○村田　私も，加藤さんのようなやり方をときどきやることがあります。ただ，稀ではありますが，私が「この書面は何が書いてあるのですか，要点のみで結構ですから説明してくれませんか」と具体的な説明を求めても，「読んでもらえば分かりますから。裁判官がどうしてもいわれるのであれば，次回にでも説明します」などと言われることがあります。そのような場合には，当事者本人（クライアント）がいうままに準備書面を作成しているために，その意味内容を十分に理解していないのではないかと疑いたくなりますね。裁判所に準備書面等を提出する以上，最低限，その内容等について十分に理解し，争点との関係や主張の位置付け等について説明できるようにしておいてほしいと思います。

○加藤　ごく例外的にそういうことはありますね，確かに。私は，そういうと

きには，弁論準備期日に，訴訟代理人がどうして準備書面の説明ができないのかを尋ねるようにしていました。

○須藤　書いた人が違うんでしょうか。

○村田　そういうこともあり得ます。法律事務所のほかの弁護士が作成した準備書面を提出して，期日には準備書面を作成した弁護士以外の弁護士が出頭するということもあるようです。そのような場合には，せっかくの弁論準備手続期日に実質的な争点整理ができないことになりますので，弁論準備手続期日には，裁判所への提出物等について説明できる弁護士があらかじめ準備をした上で出頭するようにしてもらいたいと思います。

　ほかにも，前回期日での裁判所からの指示事項，裁判所と当事者との合意事項と，提出された準備書面の記載内容等が違っている場合があります。このような場合にも，弁論準備手続期日が空転することになりますので，是非注意してほしいと思います。この点については，前回期日のやりとりや，指示事項，合意事項等が分からなくなった場合には，担当書記官に連絡していただければ書記官において正確なことをお伝えしますので，遠慮なく連絡してほしいと思います。また，最近では，期日終了後に，次回までの指示事項等を記載した書面を訴訟代理人双方にファックス等で交付するという運用が行われている裁判所もあります。

●争点の変更を明示していない準備書面

○須藤　そういえば，代理人が微妙にそれまでの主張を変更する場合がありますね。前の期日に指摘しておいたはずなのに，出てきた準備書面を読むと，それに近いんだけれども，ちょっとズレたことを主張していて，おやっと思うときがあります。いや，そこを争っていたのではなくて，ここが争点だったはずなのにというところはあまり書いてなくて，別のところをたくさん書いて新しい争点に作り上げている準備書面というものもありますよね。

○村田　しかも，主張を変更したことを明示していないのですね。主張の変更を，秘かに（分かりにくい形で）されると裁判所として見逃すことがありますから要注意ですね。

○馬橋　そこが弱いという指摘を受けたと思い込むのではないですか。

○加藤　そういうことなのでしょう。

3　事実認定を歪める要因としての訴訟代理人の問題

○**馬橋**　だから，ずらすのですね，きっと。

○**加藤**　明示的な主張の変更のように，はっきり変えるというのではなくて，ニュアンスを変えてきているというようなことですね。

○**須藤**　そうですね。ある程度経験を積んでくると，逆に，そこが弱点だから避けているのではないかと思って注意するわけですが，単独事件を始めてそう時間が経っていない裁判官の中には，争点をずらされると，それにそのまま乗ってしまう人もいるようです。後でたまたま相談を受けたときに，話を聞いていて，「えっ，何でそうなるの」，「そんな主張は筋からズレているじゃないか」と言ったら，そうですよねということになって，分かったようです。当事者や訴訟代理人が巧妙に主張を変えているんですよね。それに引っ張られちゃったんですね。

○**馬橋**　それは訴訟代理人でもいますね。若い訴訟代理人で最初とは違った何かとんでもない方向で議論になっているという事件というのはありますね。

○**村田**　そうですね。混乱がひどい場合は訴訟物が違ってきたりすることもありますね。訴訟物の変更は訴えの変更となりますから，民事訴訟法上は訴えの変更手続が必要なのですが，準備書面で明示されないままに，訴訟物の変更が行われると，見逃すことがありますので，訴訟物の変更をする場合には，交換的変更であれ，追加的変更であれ，是非，その旨を明示していただきたいと思います。また，訴訟物の変更の場合に限らず，従来の認否や主張（攻撃防御方法）を変更する場合にも，認否や主張の変更に対応して，相手方の主張等が変わる可能性がありますし，弁論終結後に気が付いた場合には，再開せざるを得ないこともありますから，できる限り，これを明示するようにしていただきたいと思います。

○**加藤**　そうですね。

○**馬橋**　明示することや，変更すること自体はそれほど不利になることではないんですけれどもね，何か前の主張にも未練があってそうなるということでしょうか。

○**加藤**　だから，中途半端なプライドがそういうことをさせるという面と，それからやはり戦術的にそこが弱いと思われるのが嫌だということで，なし崩し的にという面との両方があるのだろうと思いますが。

第6章　適正な事実認定をするための方策——情報の歪みと是正

○**村田**　しかも，弁論終結予定日当日に，代理人が準備書面を持参し，「最終準備書面です。人証調べの結果について，いわゆる証拠弁論をしただけで，新たな主張等はありません」と述べたことから，代理人の言葉を信用して，当該準備書面の陳述を認めて，弁論を終結したにもかかわらず，実際には，訴訟物の変更や主張等の変更（新たな主張の追加）の記載がある場合があります。このような場合には，相手方の防御権を侵害することにもなりますし，裁判所としても審理が尽くされておらず，訴訟手続の法令違反があるなどと指摘を受けるおそれもありますから，結局のところ，弁論を再開せざるを得ないということになってしまいます。このようなことにならないよう，準備書面において訴訟物の変更，主張の変更等がある場合には，是非，その旨の明示をお願いしたいと思います。

(2)　証拠レベルの問題
○**加藤**　訴訟代理人の主張レベルの問題は以上にしますが，証拠レベルでも問題があるという類型がありますね。

●**本人は証拠の偽造を示唆されたと理解する？**

○**須藤**　証拠レベルでは，先ほど馬橋さんからもお話があったように，1つは，「証拠を偽造しろ」とは言っていないわけですが，代理人が本人に対して，暗に「こういう証拠はないのか，こういう証拠が欲しいね」などと言うと，しばらくして当事者が持ってくるということではないでしょうか。本人にすると，証拠の捏造を暗に示唆されたと感じるような代理人の言いぶりというのがありそうな気がします。裁判所が，「これは何でいま頃出てきたのですか」と聞いたときに，「いや，代理人の先生からこういう証拠がないかと聞かれたので，持ってきたのです」などと答える本人もいるんですね。

●**不当な質問方法による供述内容の歪み**

もう1つは，不当な尋問の繰り返しによって証拠や情報を歪めようという意図が見え見えのものがあります。代表的なものとして，威圧的な尋問や侮辱的な尋問がそうですね。これをやられると，証人が傷ついて混乱したり，冷静ではなくなって，答えがボロボロになってしまうことがありますね。威圧的な尋問や侮辱的な尋問は歪みを生じさせる大きな攪乱要因ですから，裁判所として

は，注意しなければいけないと思います。

　これとは逆に，抽象的な尋問，意味不明の尋問，前置きの長い尋問，演説口調の尋問，それから誤導尋問などの問題もあります，そういったものは，まともな証人ですと案外切り返せるんですね。前にも少しお話ししたように（Ⅱ巻第1章），切り返せるかどうかを裁判所でちょっと見たいというときもあるんですね。上手く切り返せると，あぁ，これは大丈夫だ，この証人がいっていることは信用できるなと思いますね。ただ，能力の低い証人にこれをやられると，混乱してちんぷんかんぷんになって，まともに答えられなくなるという欠点もあります。だから，そのような尋問に対しては，その証人がどういう人で，理解能力はどの程度かを見極めながら考えていかなければいけないと思います。代理人としては，証人を守るためにも，そういったところでは適宜異議を出したり，もしくは質問を確認するとか，そういったテクニックも必要になるのではないでしょうか。

●供述内容のアフターケアが必要である

　それから，もう1つ思うのは，尋問でいろいろ聞いて，様々な答えを引き出しておきながら，そのアフターケアをしないというパターンがあるということです。例えば，具体的な証拠は示さないで，これこれの証拠があるんですねとか，これはこうだったんですねなどと質問をして，証人や本人に，「はい」と答えさせておきながら，それに見合う客観的な証拠や関連する証人を用意してこない代理人がいますね。そして，主張でもそこはどうなのか明確にしないで，証拠のレベルだけで中途半端な，十分な反証にもなっていないんですけれども，とにかく相手の信用性を少し揺るがせたかどうかというようなものを幾つも出しておいて，裁判所の事実認定を困らせる尋問も少なくありません。いろいろ新しいことを尋問した後のアフターケアがないというのも，この証拠レベルで情報を歪ませるという問題のひとつではないかと思います。

○**加藤**　最後のものは，裁判官を少し不安にさせて，相対的に，反射的に自分を有利にするという作戦なのですかね。

　村田さんはいかがですか。

○**村田**　そうですね，不当尋問のうち，侮辱的な尋問とか威圧的な尋問の場合は，相手方も異議をいいますし，裁判所も禁止したり，制限しますので，通常

の場合には，心証形成という面では，さほどの問題はないであろうと思います。

●意味不明の尋問の取扱い

　問題は意味不明の尋問の場合ですね，意味不明という場合，一見意味不明なんですけれども，実は聞きたいことについて，近い事実からではなく，遠くといいますか，問題となっている主要事実について，その間接事実のさらに再間接事実辺りから問うているものだから，聞く者に意味不明との印象を与えることになっている場合もあろうかと思います。そのような場合には，裁判所の方から，あるいは相手方から，質問の立証趣旨や争点との関連性について尋ねることがあります。ところが，その趣旨や争点との関連性について説明すると，証人等にももちろん質問の趣旨が明らかとなってしまい，質問の目的が達成されないものですから，そのことについて明確に答えないで，「続けて聞いてもらえれば分かります」などと言われることがあります。とはいえ，裁判所としては，その時点では質問の趣旨が分からないものですから，さらに「質問が争点とどのような関係があるか分からないから尋ねているのです。どの争点について尋ねているつもりなのかだけでも明確にして聞いてください」などといって，質問と争点との関連性だけでも明確にしてもらった上で，尋問を続行するようにしています。

　ただ，場合によっては，頭の良い当事者等の場合は，質問者の意図を察知して用心して発言するようになることがあるので，このような「意味不明の尋問」の取扱いについては，難しい部分もあると思っています。

○加藤　馬橋さん，いかがですか。

○馬橋　意味不明な尋問というのは，代理人の頭の中では，「これを問うて，これをいわせて，次で崩そう」という1つのシナリオができているんだと思うんです。ただ，それはひとりよがりのシナリオの場合もあって，またそのとおり進んでも成功しない場合もあるんですけれども。ただ，どうなんでしょうかね，私なんかはそうはずれたところからやっていくということはしないですね。それから，聞きたいことがあるならば，「では今度はこれについて聞きます」と，なるべく言えるものは言うようにしています。

　それからその最初の，いまの点は反対尋問の部分だと思うんですけれども，「さっきの証言についてちょっと聞きますが」という一言があれば，それでみ

んな聞いている人も安心すると思いますので，そういう見出し的なことでいうところを述べる。でも，何を意図しているかまではちょっといえないというところでしょうか。

○**加藤** オーソドックスな見方ではそうなのでしょうね。相手方からひどい尋問をされて困ったという経験はないですか。自分の側の本人・証人を傷つけるような反対尋問など。

○**馬橋** やはり，離婚訴訟あたりは，いいたいことをお互いいい合った方が解決になるような部分はありますから，私どもも異議も述べずにほっておくというと非常に失礼ですけれども，そうすることもあります。また，例えば普通の事件ですと，その担当者に対する個人的な攻撃ですね，それから過去にこういう問題を起こしたことがあるじゃないかと，全くはずれたような尋問をしてくるのは何件か経験したことはあります。ただ，ひどい尋問は，私自身はあまり経験したことはなくて，本当はされているのかもしれませんが，これは私がにぶいのかもしれませんが……。

●証人のダメージからの立直り

○**須藤** 村田さんはあまり問題がないといわれたのですが，私の経験では，まじめな人ほど，1回混乱したり怒りを爆発させてキレてしまうと，短時間では回復できなくて，冷静には答えられなくなり，つい勢いで「はい」とか「いいえ」とか答えてしまって，一貫性がなくなったり，証拠にないことをいったりして，かなり相手に有利な言いぶりになっていることが少なくないという感じです。

【エピソードⅠ-6-16】専門家に対する揺さぶりの尋問

　特に専門家といわれる人たちは，自分の専門分野と微妙にズレていることを聞かれると，困った感じになることがありますね。弁護士の尋問の戦術のひとつとして，ある研究分野の権威といわれているような高名な先生に対して反対尋問をするときには，わざと，ちょっと本来の専門分野からズレた専門的なことを尋ねて，もし，「私は，その専門ではないので」などと答えたら，「先生は○○の専門家で権威といわれているのに，これを知らないのか」という質問をぶつけると非常に有効だというんですね。

　20年以上前のことですが，国の代理人をしていたときに似たような経験を

したことがあって，それでも，現役で本当に第一線で活躍している先生だと，自信もありますから切り返せるのですが，高名でも既に第一線から引いてしまっている先生の場合に，もう逆上してしまって冷静さを失い，メタメタになってしまったことがありました。いまから思えば，代理人が尋問で証拠を歪ませたことになるのですね。

そして，その悪影響は，その事件だけにとどまらないのですね。そういうことをやられると，その先生は次の事件で証人に出てくれないんです。しかも，その先生の系列の先生も皆出てくれません。裁判に出ていくとひどい目に遭うという話が広まってしまって。

そういった意味で，尋問の在り方として，自分に有利な供述を引き出すための技術を学ぶというだけではなく，できるだけ証拠の歪みを排除するという意味で，歪みを生じさせるような不当な尋問をしない，させないというコンセンサスを形成することが大切です。証人を守るのは裁判所の職務ですし，歪みの少ない証拠を集めることができれば事実認定に役立つわけですから，その点も十分に考えていくことが必要だと感じています。

〇**村田**　最近の東京地裁における医療過誤訴訟では，須藤さんのいわれたような尋問方法はかなり少なくなっているという印象をもっています。特に侮辱的な，あるいは威圧的な尋問の場合には，裁判所もすかさず制限をしますし，専門家証人に対し，専門外の知見等について尋ねようとするときには，裁判所から，「それは証人の専門外のようですから，お聞きになってもしようがないでしょう」などと言って，できるだけ尋問を本来の道筋に戻すようにしています。確かに，そのような尋問方法が全くなくなったわけではありませんし，裁判所が不当な尋問を上手く制限できないこともあるものと思います。ただ，医療過誤訴訟のような専門的知見を要する訴訟では，専門家の協力が得られなくなることが最悪の事態であり，絶対に避けなければならないことですので，専門家証人に二度と法廷で証言したくないとの思いを抱かせることのないように，できる限りの配慮をしなければならないであろうと思っています。

〇**須藤**　これは，東京の場合には医療専門部になっていて，双方の代理人も医療訴訟の経験が豊富な弁護士さんで，フェアに戦うということが大前提になっていると思うのです。しかし，これが地方の裁判所の場合には，代理人のレベ

ルも様々ですし，裁判所も必ずしも医療訴訟の経験が豊富なわけではないので，突然そのような尋問をされてしまって，十分に対応できないこともあるのではないでしょうか。難しい問題ですね。

4　手続原則からくる事実認定の歪み

○加藤　では，訴訟代理人の問題はこの程度にして，弁論主義などの手続原則からくる事実認定の歪みに入ります。

　これについては，村田さんからお願いします。

○村田　一般論ですが，手続原則からくる事実認定の歪みにつきましては，例えば，処分権主義との関係では，原告が選択した訴訟物がたとえ事案にそぐわないものであり，ミス・チョイスと思える場合であっても，裁判所は原告の選択に拘束されることになりますし，弁論主義との関係では，当事者が主張した事実以外の認定をすることはできませんし，また，主張事実について自白が成立した場合には，それに反する認定をすることもできないということになります。

　しかし，実際のところは，裁判官はいずれの場合においても，それが良いかどうかの問題はあるとは思いますけれども，正義必勝の観点や，実質的平等の実現，あるいは社会的弱者に対するパターナリズム等の観点から釈明権を行使したり，あるいは，証拠関係を踏まえて，法的観点を指摘することによって訴訟物の変更を促したり，あるいは主要事実を追加・変更させたり，自白を維持するかどうかを確認したりすることも少なくありません。裁判所としても，これら民事訴訟法が裁判所に与えている権限を行使することによって，できる限り，適正で事案に即応した事実認定を行おうと努力しています。

　実は，民事訴訟における争点中心審理を体した審理を行おうとする場合にも，同様のことが起こり得ると思っております。特に，医療過誤訴訟のような専門的訴訟では，原告に協力医あるいは意見医がいない場合には，被告側医療機関に担当医や協力医といった専門家がいる場合であっても，審理が進んで鑑定，特に東京では，ご案内のとおりカンファレンス鑑定ということになりますが，この鑑定に進んだ場合に，鑑定人から，むしろ当事者が争点としていない

部分に本来的な問題があると指摘される可能性を否定することができません。争点となっていない過失あるいは不適切な医療行為によって問題の後遺症が発症したのではないかと疑われるという指摘がされ得るのです。このようなことが起こるのは，不完全に専門的知見を取り入れて争点整理を行ったことによる弊害ともいえますが，まずこのような事態に立ち至りますと，そもそも鑑定人がそのような指摘をすることが許されるのか，あるいは，そのような指摘をした場合に，その鑑定人の意見はどのように取り扱われるべきかという難しい問題が生じることになりますので，この点についても，やはり手続原則からくる事実認定の歪みに分類されるものではないかと思います。

○**加藤** エピソードも続けて，いかがですか。

【エピソードⅠ-6-17】訴訟物の選択は自信と責任をもって

○**村田** これは，代理人として少し自信がなさすぎるのではないかというエピソードなのですけれども，訴訟物の選択を裁判所に委ねられたことがあります。ある詐欺的な商品取引事件について，原告が被告に対し損害賠償を求めました。確かに事実関係が非常に複雑な事件だったのですが，原告側には，その法律構成について悩みがあるようで，訴訟物について，①不法行為（使用者責任）に基づく損害賠償請求権，②詐欺取消しに基づく不当利得返還請求権，③商品を取り込んだこと自体に基づく不当利得返還請求権，④債務不履行に基づく損害賠償請求権，⑤売買契約に基づく履行請求権，⑥業務委託契約（準委任契約）に基づく請求権等の多数の法的構成を選択的に主張しておりました。

そこで，裁判所は，主張している事実関係は1つなのだから，あるいは契約関係は1つなのだから，訴訟代理人において，それぞれの構成について再度吟味して，利害得失を考えて1つか，せめて2つ，3つに絞ってはどうかと言いましたところ，原告代理人から，「裁判官はどの構成が一番良いと思いますか」と尋ね返されたことがありました。その事件では，「訴訟物の選択は原告の権限ですから，原告代理人において考えてください」と言いました。しかし，近時の法的観点指摘義務等の考え方からすると，訴訟がある程度進行し，証拠関係等が出揃った段階では，どれが認められ，あるいはどれが認められないかについて，裁判官が心証に基づくある程度の指摘をすることも許されるのではないか，あるいは指摘しなければならないのではないか。また，訴訟物をどれか

1つに絞った場合であっても，その後の審理によって，あるいはその後の証拠関係等によって，当該訴訟物では認容判決とはならないけれども，他の訴訟物であれば認容することができるというのであれば，その旨を指摘する権限あるいは義務があるのではないかと考えさせられたことがありました。特に，最高裁の釈明義務に関する考え方は，一挙手一投足を惜しまないで釈明すべきであるということですので，この点からも，裁判所において認容できる訴訟物を指摘する義務があるとも考えられるのではないかとも思いました。

○**加藤** 須藤さん，いかがですか。

●**証拠収集方法を充実させることが大切**

○**須藤** 手続原則からくる事実認定の歪みが生ずる場合ということですが，1つには手続法上の制約によって十分な証拠が集まらないことに起因するものがあるのではないかと思います。ただ，この点は，証拠収集方法が，つまり訴訟前の，もしくは訴訟になってからも本格的な弁論に入るまでの，証拠収集方法が整備されて充実すれば，かなり改善される余地があるのではないかと思います。

　よくいわれるように，ディスカバリーとはいかないまでも，現行の提訴前の証拠収集や当事者照会などの制度を充実させることが必要ではないかと思います。また，文書提出命令を発令したり，文書送付嘱託をしてみても，官公庁を中心になかなか出してくれませんが，裁判所から見れば，官公庁の持っている確実な証拠を出してもらえば事実認定がかなり確かなものになるという思いがあるわけですね。例えば，税務関係の申告書類などを見れば，所得がどれくらいで，どういう申告をして，経費や債務などもどれくらいかが容易に判断できるようになるのに，税務署などは業務や職務に支障があるということで出してこないのが普通です。しかし，本人が訴訟で争っていて，本人のために提出を求めているのに，それでも出さないというのは，正当ではないと思います。仮に，税務署が何か書き込んだりしていて本人に知れると支障があるのであれば，その書き込み部分だけ黒塗りするなどして隠して提出すればよいので，全く出さないというのは理由がないと思います。ただ，現状では官公庁が提出しなくても制裁がないために出してもらえず，確実な証拠が十分には集まらないことになって，結果的に事実認定に歪みが生ずることに繋がっているのではな

いかと考えています。

　それから，専門的知見のようなものについては，現在の制度だと「鑑定」になるわけですが，鑑定というのは手続が厳格すぎて使いにくいところもあるわけですね。しかも，せっかく鑑定書が出てきても，今度はそれに不満な当事者が鑑定人の尋問を申請して，出てきた鑑定証人を叩いて事件を複雑にさせるだけということになりがちで，様々な問題があるわけですね。

●専門委員制度の利用

　それでは，現在の専門委員の制度はどうかといいますと，これは証拠とするためのものではないという考え方ですから，裁判所としては，本当は意見を聞いたり，判断にも使いたいわけですが，それができないことになっています。意見を聞くことができないことによって歪みが是正できない可能性が残るのではないかということですね。

　これを当事者サイドから見ると，そうはいいながら，実際には専門委員が裁判所に対していろいろ意見をいって，裁判所の証拠評価等で裁判所を誘導しているのではないかという疑心暗鬼がないわけではないのですね。つまり，あまり専門委員に活躍してもらうと，かえって歪みが生じることになるのではないかという議論です。

　どちらの観点からも，専門委員制度は裁判所の足りない専門的な知識を補完するだけで，それ以上のものであってはならないという枠組みが，どちらにとっても不十分な面があることを示しているわけで，このような手続法上の制約が結果的に情報の歪みを生じさせたり，歪みの是正を妨げている可能性があるのではないかということですね。

●ＩＴ機器の普及と基盤整備

　それから現在の訴訟では文書と人証とが証拠としての大きな2つの柱になっていますので，それ以外の証拠を使うということになると，結構面倒だったり，難しかったりします。制度的には，もっとそれ以外の証拠にも柔軟に対応できるようなシステムが必要で，これは加藤さんがいわれているような事実認定の基盤の問題なのかもしれませんが，様々な形で新しい証拠を比較的簡単に提出することができるようなシステムの整備がなされていないと，実際問題として証拠が出てこないということになって，結果的に歪みに結びつく可能性もない

わけではないのですね。もちろん，代理人だけではなく，現に裁判所もいろいろ努力はしているわけですが，新しい便利な機器の開発スピードが早いので，それに追いついていくためには，予算も知識も必要ですから，実際には簡単ではないわけです。例えば，高性能のパソコンに取り込まれている様々なデータをどのように証拠化するのかはもとより，DVDレコーダーやICレコーダーやデジタルカメラがこれだけ普及していて，裁判官や書記官も個人的には皆使っているのに，裁判所には機材が十分には整備されていないので，簡単には使えないというギャップもあるわけですね。積極的に歪むということではないかもしれませんが，使えないということで消極的なマイナスはあるわけで，結果的に，歪みに気付かないという可能性もあるように思います。

そういった意味で，この手続原則からくる事実認定の歪みという問題は，制度を利用している我々の意識の問題や様々な新しい備品の整備などを含めた現実問題にぶつかることも少なくありません。やや問題が矮小化した感じになってしまうのは本意ではないのですが，歪みの少ない裁判を実現していくためには，当事者や裁判所の地道な努力だけではなく，機材整備などにも理解を深めていただくことが必要であると感じています。

○**加藤** 我々は，手続原則に拘束されますから，できるだけ運用面で上手く使っていきたいと思いますが，一定の限界があるという指摘ですね。

訴訟代理人から見て，いかがですか。

●弁護士倫理の観点

○**馬橋** 代理人から見て，本来当事者主義である民事訴訟の中で代理人としてどういう立場をとるべきかは，倫理とも絡んでいると思います。弁護士職務基本規程は，ご承知のように第5条でいわゆる真実義務を謳っておりますし，第10章の第74条で，裁判の公正および適正手続の実現に努めると定められているわけですよね。

また，第5条の真実義務は，客観的な真実というものを我々が求められているわけではなくて，依頼者との中であるべき真実を探し求めて，それを主張するというのが真実義務なわけで，その客観的なものは求めないとはいえ，やはりそこには自らの主張をそれなりに正当化するべき資料をきちっと提出しなければいけない部分，きちっと説明しなければならない義務というのはあるんだ

と思うんですね。その点で，例えば，そこでの証拠等を歪めるとか，主張を歪めるというのは，この真実義務にも反することになろうと思います。

　ただ，この頃見ていますと，いかにもたくさん判例を知っているような形で，むしろ自分の事件を，こういう判例がある，こういう判例があると判例に沿って事実を作っていくといっては失礼ですけれども，何かそういう傾向もあるようにも見えます。

　そうではなくて，ここでいわれている真実義務というのは，いかに依頼者等の関係で証拠資料を探し出し，それをきちっと整理して裁判所に提出すると，それで自己の主張の正当性を整理することが期待されているわけで，やはりその点での部分が履行されることによって，その歪みというのは大分是正されてくると思うんですね。

　それと同時に，第74条のその裁判の公正さという，弁護士としての立場から求められる公的な立場があると思うんで，これについても，やはりその点でのいわゆる正当な手続というものはきちっと確保されるように努力していかなければいけないし，一方では，もし裁判所の手続に何か問題がありそうであれば，それはおかしいというのも，これも適正手続を求めなければならない弁護士としての義務のはずです。

　ただ，これだって抽象的にいうのには簡単なんですけれども，具体的事件の中でどういう形で生かしていくのか，悩みといえば一番の悩みなんだと思います。

○加藤　いみじくも，ご指摘があったように，本人が情報を歪めることの対応策として，民事訴訟法上の当事者の真実義務があります。訴訟代理人が過剰適応したり，不相当な活動により情報を歪めることを規律するためには弁護士倫理があります。裁判官が情報の歪みを是正し，事実認定を上手くやっていくためには自由心証主義という支えがあり，手続原則の中でしかるべくやっていくべしという構造が浮き彫りにされたように思います。

　本章では，情報の歪みについて，本人に問題がある，代理人に問題がある，手続に問題があるのは，抽象的には分かっている事柄ですが，これが具体的にどのように現れてきて，どのようにそれに対応していくべきか，エピソードをまじえて考えてきたところです。

5 むすび

○**加藤** それでは，一言ずつ感想を述べていただきむすびにしたいと思います。
　須藤さん，馬橋さん，村田さんの順番でお願いします。
○**須藤** 今回は，適正妥当な事実認定をするための方策のひとつとして，情報の歪みという問題があることを理解して，これにどう対処したらいいのか，ということについて議論しました。もちろん，そもそも情報が歪まないのが一番いいわけですが，民事訴訟において何らかの歪みが生ずる可能性は避けられないところがあり，いわば宿命のようなところがあると感じました。

　たとえ話になってしまって恐縮ですが，天体望遠鏡で星空を見るときにも歪みが大きな問題になります。そのような場合には，口径が大きく球面が均一で，傷のない明るいレンズを使えば，解像度が高くなって歪みを少なくすることができ，遠くの星でもよりはっきりと見ることができるようになるといわれています。これを私たちの事実認定の問題に置き換えてみますと，口径の大きなレンズを使うということは宇宙からくる光をたくさん集めるためでして，民事訴訟でいえば，証拠収集方法を充実させることに繋がると思います。レンズの球面が均一で傷がないものほどよいという点は，変な予断を持たずに何事も虚心に受けとめるということではないでしょうか。しかも，レンズは空気中に浮遊している微量のカビや油分やゴミなどが付着すると曇ってしまいますから，高い解像度を維持するためには，常に磨き続けることが不可欠なのですね。私たちも，似たような事件を経験するとこれはこうなんだと思ってしまうことがありますが，そのような思い込みなどを常に排除することが必要だと思います。もっともらしいものは疑ってみる，疑わしいものは信じてみることが大切で，何事も決めつけず，常に謙虚な姿勢で事実認定に臨んで実践していけば，最終的に歪みの少ない事実認定を実現できるのではないでしょうか。

　最後にひとつ，今日は平成19年12月2日ですが，夜空を見上げると，東の空に大きな赤い星が見えます。これが火星でして，平成14年の夏に過去6万年で最大の大接近と騒がれましたが，火星は地球の隣の惑星なので，実は2年2

カ月ごとに近づいているんですね。これが活字になる頃には遠ざりますが，また，近いうちにかなり接近して前回の大接近と同じくらい大きく見える予定ですので，興味のある方はご覧いただければと思います。

○加藤　そういうスタンスでいくと，文字どおり，ブライトになるということですね（笑）。

○馬橋　今回は，歪みについていろんなご意見をお聞きして非常に参考になりました。ただ，代理人の立場としては，結局その歪みを生む原因が代理人にあるとはいいたくありませんが，やはり代理人が役割を十分果たすことによって，その歪みを是正することが，弁護士の大きな仕事だと思います。

　ただ，なかなか当事者は，きちんとした話をしてくれません。紛争は大体過去に生じたもの，現時点での紛争というよりは，長い歴史の中で起こった紛争ということですので，資料が整っているわけでもありません。

　また，近頃では依頼者の方もいろいろです。個人の依頼者にも家族があり，あるいは友人があり，そしてまた法人の依頼者でも組織があり，依頼者だけでなく，いろいろな利害の対立の中で判断がされるところがあるわけで，このような中での事件処理が行われていくわけです。例えば，陳述書を1つ書くにしても，会社や組織になりますと何人もの人が大きなテーブルを囲みながら陳述書を作るというような状態になってくるわけで，そうすれば，自ずとそこが本来の本人の話と異なってくる部分が表れてくるのも，しようがないことなのかもしれません。

　我々はそういう点について，代理人として一歩離れ，客観的な立場で物事を見ながら判断しなければいけないわけですけれども，先ほど申しましたように代理人になった経緯というのもいろいろあるわけで，それによって，その濃淡が出てきてしまうことはあると思います。

　では，何でも裁判所の方針に従ってやればいいのかといえば，私どもは依頼者を抱えています。依頼者に対する善管注意義務とか，依頼者のために説明を尽くす，それから依頼者の自己決定権をこの頃は尊重しなければならない，代理人の裁量権もだいぶ狭まってまいりました。ただ，そういう中でも依頼者本人が誤った方向へ行こうとするような場合，それはやめなさいというのがまさに専門家としての弁護士であり，その義務だと思います。また，真実発見のた

めに，裁判所に対しても積極的に意見を述べていくというのも弁護士の義務であると考えます。

　この民事訴訟の中での真実発見のために，どういう役割をすべきかということを，もう一度考えてみる必要があると改めて思いました。

○**村田**　今回の議論は大変勉強になりました。事実認定を歪める要因は，民事訴訟手続の各段階において様々な形で存在するものだという思いを強くいたしました。弁護士の方が相手方と交渉する訴え提起前の段階，訴訟を提起する段階，訴訟提起後に書証を出す段階，争点整理の段階，人証調べの段階等，それぞれの段階において，明示的あるいは黙示的に様々な形で事実認定を歪める要因というものがあって，裁判官だけでなく，弁護士（訴訟代理人）の方においても，それぞれの立場において，事実認定を歪める要因をできるだけ排除しようとしておられることを知りました。もちろん，裁判官においても適正な事実認定を目指して，それぞれの訴訟段階において様々な工夫をすることにより，事実認定を歪める要因を排除しようと努めていますが，適正な事実認定を実現するために，今後も弁護士，裁判官を含めた訴訟関係者が，それぞれの立場において，できる限りの努力と工夫を様々に積み重ねていくことが必要であろうと思いました。

　特に馬橋さんのお話を伺っていて思いましたのは，訴訟代理人が具体的な事実や証拠に基づかない主張（空中戦となるような主張）をしたり，証拠を捏造したりするのは，もとより論外ですけれども，弁護士である代理人が受任されている事件では，仮に，自分の側に不利（相手方に有利）な証拠であり，しかも，それを自分の側だけが持っている可能性がある場合であっても，民事訴訟法上の真実義務，あるいは弁護士倫理としての真実義務の観点から，このような証拠を訴訟に提出することを考えていただけるのではないかとの淡い期待を，いや，強い期待を持つことができましたことは非常に良かったと思っております（笑）。

　事実認定を歪める要因は様々ですが，要は，勝つ事件は勝って，負ける事件は負けるというのが良い民事裁判ではないかと思います。裁判官も，弁護士である訴訟代理人も，限られた証拠の中で，あるいは歪められる要因を内包する様々な訴訟関係の中での判断を迫られることになりますが，いずれの立場に

第6章　適正な事実認定をするための方策——情報の歪みと是正

あっても，当該事件において個別的に事実認定を歪める要因を探求し，できる限りこれを排除するように務めるのが大事であることを再認識しました。

また，現実の民事裁判において，今回議論してきた事実認定を歪める要因のほかにも，裁判官の判断には様々なバイアスがかかるといわれています。例えば，スジ・スワリの感覚の過大視とか，類似事例について上級審の裁判例がある場合の当該事件における具体的事情の軽視，あるいは専門家の判断に対する過度の信頼（過度の不信），発生した被害の甚大性への過度の同情，弱者保護・社会的正義の実現への過度の意欲，あるいは過度の勧善懲悪主義，裁判における過度の科学性の探求などが挙げられているところです。裁判官が事実認定を行うに当たっては，事実認定を歪める様々な要因とともに，その判断には上記のようなバイアスがかかる可能性があることをも心に留めておく必要があるものと思います。

裁判官が事実認定や判断をするに当たっては，事実認定を歪める要因が様々であることから，それらの要因がどこにあるのか（どこに伏在しているのか），それらの要因があることが窺われる場合には，それらを排除するために，どのような対策・是正措置等を講じることができるのかなどについて，常に考えておかなければならないのではないかとも思いました。

●内なる歪みを自戒すること

○**加藤**　本章では，民事訴訟に内在する情報の歪みに焦点を当てて，事実認定の適正な在り方を考えていくということをテーマにしました。情報処理のプロセスという観点で民事訴訟を見ますと，情報を収集し，加工し，組み立てるというパートと，それから情報を交換するパート，情報を評価するパートの主に3つに分けられると思います。それぞれのところで歪みがあり得る。裁判官の最終的な判断は情報評価ですけれども，そこでの歯止めは何かというのは裁判官の行う歪みのない自由な精神活動・知的活動ではないかと思います。そうすると，手続原則に由来する問題，あるいは当事者・訴訟代理人という主体に由来する問題だけでなく，我々裁判官の「内なるものに由来する歪み」というものもあり，これを自戒しなければいけないと思いました。

初出一覧

判例タイムズ連載・研究会「事実認定と立証活動」(全12回)

第1回 書証を読み解く
　　　→判例タイムズ1210号4頁(2006年8月1日号) ……………… 第Ⅰ巻第1章

第2回 陳述書の光と影——報告文書を中心として
　　　→判例タイムズ1220号4頁(2006年11月15日号) ………… 第Ⅰ巻第2章

第3回 立証活動としての証人尋問
　　　→判例タイムズ1228号4頁(2007年3月1日号) ……………… 第Ⅱ巻第1章

第4回 人証の証拠評価
　　　→判例タイムズ1232号4頁(2007年4月15日号) …………… 第Ⅱ巻第2章

第5回 推論の構造——経験則の内実は
　　　→判例タイムズ1239号20頁(2007年7月15日号) ………… 第Ⅰ巻第5章

第6回 推論の構造——事件のスジの内実は
　　　→判例タイムズ1242号4頁(2007年8月15日号) …………… 第Ⅱ巻第3章

第7回 効果的立証・検証・鑑定と事実認定
　　　→判例タイムズ1247号5頁(2007年10月15日号) ………… 第Ⅰ巻第3章

第8回 証拠・データ収集の方法と事実認定
　　　→判例タイムズ1248号5頁(2007年11月1日号) …………… 第Ⅰ巻第4章

第9回 契約類型に即応した事実認定——保証契約・売買契約
　　　→判例タイムズ1255号23頁(2008年2月1日号) …………… 第Ⅱ巻第4章

第10回 契約類型に即応した事実認定
　　　　——消費貸借契約・請負契約・代理権授与
　　　→判例タイムズ1258号5頁(2008年3月1日号) ……………… 第Ⅱ巻第5章

第11回 適正な事実認定をするための方策——情報の歪みと是正
　　　→判例タイムズ1261号64頁(2008年4月15日号) ………… 第Ⅰ巻第6章

第12回 民事事実認定の現在と展望
　　　→判例タイムズ1264号5頁(2008年5月15日号) …………… 第Ⅱ巻第6章

事項索引

あ
後出し有利論／24

い
医学文献／77, 82
一般的経験則／347
意味不明の尋問／440
イラスト／160
医療鑑定／199
医療集中部／200
印影の鑑定／34
印鑑証明／50
印紙／34
印章の預託／48

う
請負代金請求訴訟／180
内なる非科学性／198
訴え提起前における証拠収集の処分／225, 241
訴えの変更／437

お
応諾義務／229
親子関係不存在確認訴訟／145

か
会計帳簿／29
貸金業者に対する文書提出命令／288
過失の一応の推定／372
過失割合／271
過剰主張／408
課税取消訴訟／157
仮説／17
過払金返還請求事件／287
カルテ／268
看護日誌／73

環状取引の形／32
間接作成型陳述書／122
間接事実推認型／330
間接事実中心主義／338
間接事実の補助事実的機能／331
間接証拠／331
間接推認型／330
鑑定／186, 225, 443
鑑定嘱託／275
鑑定人／443
カンファレンス鑑定／200, 443

き
気象台／275
気象統計情報／279
偽造文書／41
規範的要件／373
客観的証拠／421
境界確定／177
──事件／37
──訴訟／186
供述証拠／421
行政機関の保有する個人情報の保護に関する法律／227
行政機関の保有する情報の公開に関する法律／225
業務日誌／38
記録の顕出／270

く
区画整理／187
クレ・サラ事件における文書提出命令／287

け
経験則／47, 110, 332, 346

――としての確立度／349
――の攪乱要因／366
――の体系化／333
――の体系化論争／333
――の適用を正当化する根拠／49
――の役割・機能／346
形式的証拠力／68
継続賃料／191
化粧品に関する調査嘱託／274
血液鑑定／198
欠陥商品／236
原価法／191
検証／173, 176, 225
検証調書／181
現場検証／177

こ
降雨量の記録／278
航空写真／157
公示価格／188
公図／37
公務上の秘密／230
個人情報の保護に関する法律／225
誤導尋問／439
個別修正／188

さ
裁判官の説明責任／302
詐欺的訴訟／399
サラ金業者／154
暫定的な心証／430
三文判／47

し
時系列による書証理解／40
指示説明／181
事実上の推定／347
事実認定・証明のパターン／337

事実認定の歪み／443
事実認定を歪める要因／451
事実の認定／360
事実の評価／360
事情／406
自然科学的経験則／348
実印／47, 50
実況検分調書／269
実質的証拠力／68
シナリオ／185
地引絵図／36
釈明義務／445
釈明権／390, 423
写真／146, 148, 149, 180
――の捏造／152
収益還元法／191
週刊誌の記事／83
自由心証主義／391
主張の変更／436
主要事実／346
主要事実説／372
証拠価値／357
証拠原因／4
証拠構造／358
証拠収集／358
証拠収集方法の実効性／224
証拠資料／4
証拠の歪み／442
証拠弁論／438
証拠方法／4
証拠保全／224
商品先物取引会社／235
情報格差／431
証明度／349
証明力／347

植栽管理契約／154
書証／3, 14, 394
　　——と証明／13
　　——の種類／4
　　——の信用性判断のポイント／40
　　——の特質／68
　　——の発掘／18
処分権主義／390
処分文書／64, 67, 344
処分証書／4, 15, 64, 331, 344
署名代理／7
信義誠実／433
信義誠実義務／433
進行協議期日／184
真実擬制／289
真実義務／390, 433, 447
真実陳述義務／432
心証開示／401, 430
心証形成過程の説示／330, 335
新聞記事／83
　　　　す
推断的判断／339
推認による事実認定／357, 406
水路／36, 157
推論による事実認定／377
推論の構造／334
推論の二重構造／342
スジ／394
ストーリー／17
図表／164
スワリ／394
　　　　せ
製造ロット番号／156
制度の不正利用／406
生命保険／38, 265, 275

0計算方式／292
専門委員／446
専門委員制度／446
専門的経験則／347
　　　　そ
争議行為／152
争点の変更／436
送付嘱託
　預金勘定元帳の——／267
訴訟委任状／196
訴訟戦術／431
訴訟物の変更／437
　　　　た
第一段目の推定／47
第三の波／19
第二段目の推定／47
建物の占有・利用に関する照会／244
弾劾証拠／25
団体交渉／172
　　　　ち
地方自治体／182
調査嘱託／225, 227
眺望権／148
直接証拠／330
　　——中心主義／338
　　——認定型／330
直接認定型／330
著作権の侵害者の特定／244
陳述書／65, 96, 345, 411
　　相手方を中傷する——／87
　　検討不足の——／130
　　争点整理目的の——／110, 115
　　断定する——／117
　　直接作成型——／121
　　——作成の時期／101

事項索引

――と反対尋問／104
――に関する提言／65, 108
――についての判例理論／111
――の証拠調べ／106
――の証拠評価／116
不十分な――／102, 104

て

DNA鑑定／197
提訴前の証拠収集／390, 445
提訴前の証拠収集処分／258
抵当権設定登記の抹消／264
デジタル情報／158
手続原則／390
転医・転院／268
電子情報／158
電子メール文書／73

と

統計資料・データ／88, 90
当事者主義／389, 431
当事者照会／246, 390, 445
　　――と求釈明事項／252
独立行政法人等の保有する個人情報の保護に関する法律／227
土地家屋調査士／187
取引印／47
取引開始時期／292
取引事例比較法／191
取引履歴不提出部分を推認する方法／290
取引類似事例／188

な

内容証明郵便／94, 95
　　――による情報交換／254
長崎原爆訴訟上告審判決／206

に

二段の推定／43, 406

――の限界／7
日本型ディスカバリー／254
人間行動的経験則／348

ぬ

盗み撮り／172

は

ハードディスク／176
売却基準価額／188
判決書／91
　　――の証明力／92
反証／359
反対尋問／119, 423
　　――を経ない陳述書／120
　　――権／113
反転方式／290
反訳書／173

ひ

筆跡鑑定／192
ビデオ／180
評価概念／362
評価根拠事実／362
評価障害事実／362
ビラ・チラシ／85, 86

ふ

富士五湖／183
復活ソフト／175
不貞行為／155
不動産価額／187
不動産鑑定／188
不動産鑑定士／189
不当尋問／439
不当訴訟／403
文書作成の真否／64
文書送付嘱託／225, 227, 263, 390, 445
文書提出命令／225, 281, 390, 445

賃金差別事件の——／294
労働事件と——／286
——をめぐる実情／281
文書の成立の真正／41
　　　　　　へ
ベイズ理論／369
弁護士会照会／224
弁護士作成型陳述書／122
弁護士照会／231
　　——と調査嘱託・送付嘱託との使い分け／242
　　——の実情／237
　　——の照会先／245
弁護士倫理／390, 448
弁済の抗弁／28
弁論主義／381, 388
　　　　　　ほ
報告文書／5, 64
　　弁護士から見た——／70
　　——の証拠価値／69
法的観点指摘義務／444
法的観点の指摘／390
保険契約／264
補充尋問／423
保証契約書／154
補助事実として機能する間接事実／340
本証／359
　　　　　　ま
マイクロフィルム／145
　　　　　　み
認印／47
見取図／181
ミニコミ誌／85
　　　　　　め
メール／74, 76

　　　　　　も
模型／164
　　　　　　ゆ
遺言書／35
遺言無効確認請求／193
有印私文書偽造・同行使等被告事件／194
　　　　　　よ
要件事実／346
養子縁組無効確認／147
　　　　　　り
立証責任／433
リピーターキープ・モデル／248
理由付け否認／416
領収書／30
隣地境界／158
　　　　　　る
ルンバール事件判決／206
　　　　　　れ
冷凍庫発火／166
　　　　　　ろ
労災関係記録／269
労働委員会での提出命令／287
録音テープ／76, 167
論理則／346

エピソード索引
（Ⅰ・Ⅱ巻共通）

Ⅰ-1-1　手帳にされた領収書代わりの署名／Ⅰ28
Ⅰ-1-2　傷んでいない会計帳簿／Ⅰ29, 414
Ⅰ-1-3　同族会社で作成された実体のない金銭消費貸借契約公正証書
　　　　　　　　　　　　　　　　　　／Ⅰ29, Ⅱ283
Ⅰ-1-4　実体のない1,400万円の領収書／Ⅰ30, 64, Ⅱ72, 111, 285
Ⅰ-1-5　領収できなかった領収書／Ⅰ31
Ⅰ-1-6　取引実態と乖離した契約書／Ⅰ32
Ⅰ-1-7　対抗力を仮装するための偽造契約書／Ⅰ32
Ⅰ-1-8　改印されていた代表者印／Ⅰ33
Ⅰ-1-9　平静でいられない平成の文言／Ⅰ33, Ⅱ328
Ⅰ-1-10　印紙の意匠で分かる時期／Ⅰ34
Ⅰ-1-11　印影をスキャニングした印象の印章／Ⅰ34
Ⅰ-1-12　字は似ていないが自筆の遺言書／Ⅰ35, 36, 194
Ⅰ-1-13　字は似ているが偽造の遺言書／Ⅰ35, 36, 193, 194
Ⅰ-1-14　勝訴を引き入れた120年前の地引絵図／Ⅰ36
Ⅰ-1-15　シワのできた和紙の公図／Ⅰ37
Ⅰ-1-16　目も当てられないメモ／Ⅰ38, 96
Ⅰ-1-17　死者は語る／Ⅰ38, 264
Ⅰ-1-18　優先する条項は不動文字か肉筆か／Ⅰ39, 40
Ⅰ-1-19　条項間の矛盾と交渉経過／Ⅰ39, 40

Ⅰ-2-1　虚偽記載のあった看護日誌／Ⅰ64, 73, Ⅱ103
Ⅰ-2-2　情報が断片化されているメール／Ⅰ73, Ⅱ318
Ⅰ-2-3　過激な表現になりがちなメール／Ⅰ74
Ⅰ-2-4　録音テープもつまみ食いは厳禁／Ⅰ76
Ⅰ-2-5　陳腐化しやすい医学文献の限界／Ⅰ77
Ⅰ-2-6　理想を求める文献と現実の医療体制のギャップ／Ⅰ77
Ⅰ-2-7　先端的研究論文の受け止め方／Ⅰ78
Ⅰ-2-8　バックグラウンドにすぎない文献／Ⅰ80
Ⅰ-2-9　国際標準から反証した振動障害の文献／Ⅰ80

Ⅰ-2-10	作成目的と全体の位置付けが不可欠な労働事件のビラ／Ⅰ85	
Ⅰ-2-11	解析手法が異なると結論が違う統計データ／Ⅰ89	
Ⅰ-2-12	雨量の数値の読み取り方／Ⅰ89	
Ⅰ-2-13	古い事実と判決書の証明力／Ⅰ92	
Ⅰ-2-14	刑事事件判決と異なる構図の主張／Ⅰ93	
Ⅰ-2-15	準備書面を「です・ます調」にしただけの陳述書／Ⅰ66, 101	
Ⅰ-2-16	抽象的な陳述書の反対尋問／Ⅰ105	
Ⅰ-2-17	あいまいさを払拭し断定する陳述書／Ⅰ117	
Ⅰ-2-18	作成することで思い込む形態の汚染／Ⅰ117	
Ⅰ-2-19	虚偽の陳述書作成・提出に基づく不法行為訴訟／Ⅰ120	
Ⅰ-2-20	本人死亡のため署名・押印のできない陳述書／Ⅰ125, 126, 402	
Ⅰ-2-21	生前作成した弁護士名義の供述録取書／Ⅰ126	
Ⅰ-2-22	後日内容にクレームがつけられた陳述書／Ⅰ127	
Ⅰ-2-23	山なす紙爆弾としての陳述書／Ⅰ128	
Ⅰ-2-24	最後の陳述書で敗訴判決／Ⅰ129	
Ⅰ-2-25	尋問途中で陳述書を見たいというリクエスト／Ⅰ129	
Ⅰ-2-26	真摯(紳士)な陳述書と実際／Ⅰ129	
Ⅰ-2-27	事実関係の同じ別件訴訟で提出された内容の異なる陳述書／Ⅰ130	
Ⅰ-2-28	尋問で馬脚があらわれた陳述書／Ⅰ131, 406, Ⅱ398	
Ⅰ-3-1	虚偽の出生届事件──半世紀前の事実の解明と裏付け／Ⅰ144, 213	
Ⅰ-3-2	養子縁組の状況写真／Ⅰ146	
Ⅰ-3-3	熱海マンション眺望写真／Ⅰ148	
Ⅰ-3-4	施主の葬儀の写真と建物の引渡時期／Ⅰ149	
Ⅰ-3-5	100枚の争議行為の写真に写っていない組合員／Ⅰ152	
Ⅰ-3-6	アナログ写真による現場写真の捏造／Ⅰ152	
Ⅰ-3-7	植栽業者の日付のない作業完了証拠写真／Ⅰ153	
Ⅰ-3-8	契約情況を映し出す写真／Ⅰ154, Ⅱ208	
Ⅰ-3-9	裏のある写真の話／Ⅰ155	
Ⅰ-3-10	固定資産税課税対象物件の航空写真／Ⅰ157	
Ⅰ-3-11	水路の有無と航空写真／Ⅰ157	
Ⅰ-3-12	古い写真の効用／Ⅰ158	
Ⅰ-3-13	建物の高さまで読めた航空写真／Ⅰ159	

エピソード索引

- Ⅰ-3-14　建物地盤のイラスト／Ⅰ160
- Ⅰ-3-15　関東大震災のころのイラスト／Ⅰ162, 164
- Ⅰ-3-16　遺産分割した土地の境界を明示するためのイラスト／Ⅰ162
- Ⅰ-3-17　模型による航空機事故の説明の功罪／Ⅰ164
- Ⅰ-3-18　相手方当事者からの電話を録音したテープ／Ⅰ167
- Ⅰ-3-19　録音テープは反訳書面をしっかり確認／Ⅰ168
- Ⅰ-3-20　付加・修正の容易なデジタル録音／Ⅰ169
- Ⅰ-3-21　作為がうかがわれる録音テープの証拠価値／Ⅰ170
- Ⅰ-3-22　隠し撮り写真と無断録音／Ⅰ172
- Ⅰ-3-23　復活ソフトを使えばパソコンは証拠の宝庫／Ⅰ175
- Ⅰ-3-24　双方の訴訟代理人が共に現場に赴くことによる理解の共通化／Ⅰ177
- Ⅰ-3-25　横浜港内での大波，小波の現場検証／Ⅰ179
- Ⅰ-3-26　検証に対する当事者の期待／Ⅰ182, 184
- Ⅰ-3-27　富士五湖での大学生の溺死事件の検証／Ⅰ183, 184
- Ⅰ-3-28　5センチの境界の鑑定／Ⅰ186
- Ⅰ-3-29　間接事実による筆跡の私鑑定の評価／Ⅰ192
- Ⅰ-3-30　筆跡がすっかり変っていた経験／Ⅰ195
- Ⅰ-3-31　DNA鑑定と訴訟の進行／Ⅰ198
- Ⅰ-3-32　DNA鑑定と当事者の人生／Ⅰ198

- Ⅰ-4-1　費用節約のための調査嘱託等のメリット・デメリット／Ⅰ234, 242
- Ⅰ-4-2　出入国カードについての照会／Ⅰ244
- Ⅰ-4-3　ひとつの照会のみに頼ることの危険性／Ⅰ244
- Ⅰ-4-4　印影の大きさが異なることが判明した不動産登記関係書類／Ⅰ264
- Ⅰ-4-5　欲張りは損のもと／Ⅰ265
- Ⅰ-4-6　難病の疑いが強くなってから入った生命保険／Ⅰ265
- Ⅰ-4-7　金融機関との取引履歴の送付嘱託／Ⅰ266
- Ⅰ-4-8　事件の基礎を固める送付嘱託／Ⅰ267
- Ⅰ-4-9　相手方の同意を要する送付嘱託の申立て／Ⅰ268
- Ⅰ-4-10　韓国の民事訴訟における刑事記録の活用／Ⅰ269
- Ⅰ-4-11　刑事記録から民事事件の過失主張を検討／Ⅰ269
- Ⅰ-4-12　役立たなかった殺人事件の尋問調書／Ⅰ271
- Ⅰ-4-13　業務上過失傷害事件の証拠における過失相殺の観点の欠落／Ⅰ271

Ⅰ-4-14	取調調書で一方的な暴行事件であるとの心証が得られたケース／Ⅰ271
Ⅰ-4-15	金融機関の勘定元帳の送付嘱託／Ⅰ272
Ⅰ-4-16	欠陥商品である石けんについての調査嘱託／Ⅰ273
Ⅰ-4-17	欠陥商品である塗料についての鑑定嘱託／Ⅰ274
Ⅰ-4-18	自殺未遂か事故かの判断の決め手になった気象台への調査嘱託／Ⅰ275
Ⅰ-4-19	船舶事故で判断の決め手になった気象台への調査嘱託／Ⅰ276
Ⅰ-4-20	調査嘱託先が過剰反応して逆効果だった保冷車のケース／Ⅰ276, 280
Ⅰ-4-21	事前に得られる情報と得られない情報／Ⅰ277
Ⅰ-4-22	最寄りの消防署の雨量計のデータで豪雨を立証／Ⅰ278
Ⅰ-4-23	調査嘱託における問いかけ方の工夫／Ⅰ279
Ⅰ-4-24	売買契約書についての文書提出命令／Ⅰ285
Ⅰ-4-25	労働委員会と物件提出命令／Ⅰ286
Ⅰ-4-26	過払金返還請求訴訟における取引履歴の提出命令の取扱い／Ⅰ287
Ⅰ-4-27	開示された内容から推認する方法／Ⅰ289

Ⅰ-5-1	証券取引事件（無断売買）／Ⅰ342
Ⅰ-5-2	保険商品販売企画料請求事件／Ⅰ350
Ⅰ-5-3	建物の建築時期と図面・登記／Ⅰ352
Ⅰ-5-4	偽装事故による保険金請求事件——激突した車には傷が付くはずなのに／Ⅰ353, 399
Ⅰ-5-5	カネミ油症事件の原因探究——工作ミスかピンホールか／Ⅰ353
Ⅰ-5-6	冷凍庫発火事件の発火源の推論／Ⅰ166, 354
Ⅰ-5-7	金銭取得の場所と態様／Ⅰ356, 357, Ⅱ285
Ⅰ-5-8	宅急便業者の誤配達事件——1つの書類で過失が3割から5割へ／Ⅰ358
Ⅰ-5-9	行為能力の判定／Ⅰ370
Ⅰ-5-10	事実評価の相対性／Ⅰ371

Ⅰ-6-1	別紙を蔑視すべからず／Ⅰ395
Ⅰ-6-2	堂々と架空請求をしていた日本百貨販売事件／Ⅰ397
Ⅰ-6-3	自己中心の事故日の記載／Ⅰ399
Ⅰ-6-4	反撃のための請求は時に怪しい／Ⅰ401
Ⅰ-6-5	セクハラか不当訴訟か／Ⅰ402
Ⅰ-6-6	騙しの手口として一部弁済を認める策略／Ⅰ403

エピソード索引

Ⅰ-6-7	外車の所有者なのに被害者（非外車）／Ⅰ404	
Ⅰ-6-8	陽気なむち打ち症患者／Ⅰ405	
Ⅰ-6-9	詐欺的商法等の被害者による過剰主張／Ⅰ407	
Ⅰ-6-10	乳児の感染症による死亡と医師の責任／Ⅰ408	
Ⅰ-6-11	日頃使っているメモ用紙で証拠を偽造／Ⅰ410	
Ⅰ-6-12	証言できないことが証拠になる離婚事件／Ⅰ412	
Ⅰ-6-13	やっと出てきた領収書／Ⅰ413	
Ⅰ-6-14	合理的な根拠のない否認／Ⅰ415	
Ⅰ-6-15	債務承認書や代位弁済金受領書が偽造だと争われた事件／Ⅰ416	
Ⅰ-6-16	専門家に対する揺さぶりの尋問／Ⅰ441	
Ⅰ-6-17	訴訟物の選択は自信と責任をもって／Ⅰ444	
Ⅱ-1-1	不仲の敵性証人から得た有利な証言／Ⅱ30	
Ⅱ-1-2	反対尋問における疫学者からの有利な証言／Ⅱ31	
Ⅱ-1-3	組織内の適切な証人の選択／Ⅱ31	
Ⅱ-1-4	最適な証人確保の困難性／Ⅱ32	
Ⅱ-1-5	組織内の人事異動と証人の選択／Ⅱ32	
Ⅱ-1-6	後続証人による前証人の証言価値の減殺／Ⅱ33	
Ⅱ-1-7	自分の前の当事者尋問で学習／Ⅰ406、Ⅱ34, 322, 398	
Ⅱ-1-8	耳噛み切り事件／Ⅱ4, 41	
Ⅱ-1-9	目的意識の希薄なやぶへび質問／Ⅱ44	
Ⅱ-1-10	主尋問で訊かれていない理由の見極め／Ⅱ44	
Ⅱ-1-11	反対尋問で証人の意見を訊くこと／Ⅱ45	
Ⅱ-1-12	想定問答と異なる答えを連発する証人／Ⅱ48	
Ⅱ-1-13	センセーショナルな宣誓の効用／Ⅰ395、Ⅱ53	
Ⅱ-1-14	具体的な言葉の重要性／Ⅱ54	
Ⅱ-1-15	天の声証言事件／Ⅱ57	
Ⅱ-2-1	特約が解除されたという供述に対して具体的に尋ねて成功した反対尋問／Ⅱ70, 74, 81	
Ⅱ-2-2	売買契約日付を遡らせたことを明らかにした反対尋問／Ⅱ70, 75, 81	
Ⅱ-2-3	保険モラル・リスクケースにおいて観点を変えた反対尋問／Ⅱ70, 86	
Ⅱ-2-4	老人に対する反対尋問／Ⅱ70, 86	

Ⅱ-2-5	変額保険の保険外交員によるパンフレット交付の有無／Ⅱ70, 87
Ⅱ-2-6	変額保険の勧誘における銀行の関与／Ⅱ70, 88
Ⅱ-2-7	痴漢無罪に基づく損害賠償請求事件の補充尋問／Ⅰ374, Ⅱ70, 72, 91
Ⅱ-2-8	証人の偏見を認識することのできた補充尋問／Ⅱ70, 95
Ⅱ-2-9	陳述書の曖昧さを確認することのできた補充尋問／Ⅱ70, 95
Ⅱ-2-10	イスラエルの入国審査での質問手法／Ⅱ97
Ⅱ-2-11	養子縁組無効確認請求訴訟・公示送達事件における補充尋問／Ⅰ266, 359, Ⅱ70, 71, 98
Ⅱ-2-12	あらゆる機会に真偽を点検するスタンス／Ⅱ71, 99, 134
Ⅱ-2-13	伝聞の陳述書と反対尋問／Ⅱ103
Ⅱ-2-14	仲人の責任追及訴訟における証人の記憶の混乱／Ⅱ71, 105
Ⅱ-2-15	ピンときた法廷における関係人の仕草／Ⅱ71, 106, 135
Ⅱ-2-16	客観的裏付けのない誠実な態度の本人供述の評価／Ⅱ71, 108
Ⅱ-2-17	理由を尋ねて矛盾を露呈させる手法の例／Ⅱ70, 109
Ⅱ-2-18	株式買付け委託偽装事件における人証の信用性／Ⅱ72, 110, 179
Ⅱ-2-19	三文判が押された取締役会議事録／Ⅰ418, Ⅱ111
Ⅱ-2-20	多弁な本人は尻尾を出す／Ⅱ70, 71, 112, 126, 152
Ⅱ-2-21	セクハラ事件での党派性の薄いアルバイト女性の証言／Ⅱ71, 116
Ⅱ-2-22	組織ぐるみで証人に出さないようにしたいという意図の洞察の必要性／Ⅱ71, 118
Ⅱ-2-23	局所的視点から広がりをもった視点の有用性／Ⅱ124
Ⅱ-2-24	受刑者の証言と銀行員の証言の信用性判断のポイント／Ⅱ71, 125
Ⅱ-2-25	車でローンの実態に関する人証評価／Ⅱ72, 126

Ⅱ-3-1	当事者の服装と事件の背景／Ⅱ151
Ⅱ-3-2	国際運転免許で運転中の事故の保険金請求事件／Ⅱ157
Ⅱ-3-3	野村證券損失補填事件／Ⅱ167
Ⅱ-3-4	売買代金の請求は無理でも使用者責任があるケース／Ⅱ168
Ⅱ-3-5	夫婦間での代理権の授与が争われるケース／Ⅱ169
Ⅱ-3-6	司書による市立図書館所蔵図書廃棄ケース／Ⅱ159, 169
Ⅱ-3-7	高額な機械の売買契約の成否／Ⅱ170, 174, 177
Ⅱ-3-8	馬喰間の牛馬の売買・金銭貸借事件／Ⅱ174
Ⅱ-3-9	環状取引の一部取出し請求／Ⅱ175

エピソード索引

Ⅱ-3-10　兄弟喧嘩の際の口約束による契約の成否／Ⅱ176, 177
Ⅱ-3-11　親子間の金銭消費貸借訴訟／Ⅱ177
Ⅱ-3-12　実質的に蒸し返しのケース／Ⅱ178
Ⅱ-3-13　売買指示不履行のケース／Ⅱ179
Ⅱ-3-14　荷受人の運賃支払義務／Ⅱ179
Ⅱ-3-15　経営判断の原則の判断形式／Ⅱ180

Ⅱ-4-1　契約書は完璧なのですが……／Ⅱ210
Ⅱ-4-2　兄思いの妹たちの債務保証ケース／Ⅱ217
Ⅱ-4-3　白紙に署名したという弁解／Ⅱ219
Ⅱ-4-4　多数の書類の中にある保証契約書への署名押印／Ⅱ219
Ⅱ-4-5　主債務者と保証人の口裏合わせの疑い／Ⅱ220
Ⅱ-4-6　忘れた頃に突然来た家賃の請求／Ⅱ221
Ⅱ-4-7　自動更新条項のある契約の保証／Ⅱ222
Ⅱ-4-8　保証人の署名がもらえない事情／Ⅱ229
Ⅱ-4-9　建物の相続財産確認請求と土地賃借権の帰属／Ⅱ235
Ⅱ-4-10　通路部分の売買契約／Ⅱ236
Ⅱ-4-11　借地権はどこに行ったのか／Ⅱ237
Ⅱ-4-12　残された水路のなぞ／Ⅱ237
Ⅱ-4-13　売買契約後に取得する賃料による代金支払の対価性／Ⅱ239
Ⅱ-4-14　賃料は公正な額によるという賃貸借契約／Ⅱ241
Ⅱ-4-15　青果市場での先取りとせり売り／Ⅱ244
Ⅱ-4-16　売渡証明書と買付証明書の交換で売買契約は成立するか／Ⅱ245
Ⅱ-4-17　売買契約と隠れた譲渡担保契約／Ⅱ248
Ⅱ-4-18　骨董品の売買の真意は？／Ⅱ249, 256
Ⅱ-4-19　きれいにならない浄化装置／Ⅱ250
Ⅱ-4-20　高額な機械の売買契約の成否／Ⅱ251
Ⅱ-4-21　真の所有者でない売買契約書上の買主／Ⅱ252
Ⅱ-4-22　高齢者による高額商品の連続購入／Ⅱ254

Ⅱ-5-1　貸主作成のメモ記載の信用性／Ⅱ279
Ⅱ-5-2　自宅の金庫にあった現金を貸したと認めた例／Ⅱ280
Ⅱ-5-3　経理部長が自分の会社にお金を貸した例／Ⅰ403, 404, Ⅱ281

Ⅱ-5-4	架空の金銭消費貸借／Ⅱ282
Ⅱ-5-5	司法書士作成の書面の信用性／Ⅱ284
Ⅱ-5-6	手帳に記載された利息の支払約束／Ⅱ285
Ⅱ-5-7	親子間の貸金か贈与か／Ⅱ288
Ⅱ-5-8	別居中の妻の夫に対する貸付／Ⅱ289
Ⅱ-5-9	相続があると蘇る契約書／Ⅱ290
Ⅱ-5-10	開業資金の提供は貸金か出資金か／Ⅱ291
Ⅱ-5-11	中国での合弁事業への出資金か貸金か／Ⅱ293
Ⅱ-5-12	金を貸したら送られてきた株券の意味／Ⅱ296
Ⅱ-5-13	会社に対する貸付か代表者個人への貸付か／Ⅱ296
Ⅱ-5-14	本物がどれか分からなくなった複数の請負契約書／Ⅱ302
Ⅱ-5-15	どちらに基づく工事かが問題となった2つの請負契約／Ⅱ305
Ⅱ-5-16	落札前に機械を用意した下請／Ⅱ306
Ⅱ-5-17	請負代金額を2割増しにしている契約書／Ⅱ307
Ⅱ-5-18	携帯電話によるアクセスを調整するソフトの開発／Ⅱ313
Ⅱ-5-19	建設が途中で中止されたゴミ焼却施設／Ⅱ315
Ⅱ-5-20	本人になりすまして登記手続／Ⅱ320
Ⅱ-5-21	夫が妻に授与した代理権の意味／Ⅱ323
Ⅱ-5-22	内縁の妻であった者による預金の引出しと代理権の授与／Ⅱ324
Ⅱ-5-23	ハジをかいた原本確認／Ⅱ326

Ⅱ-6-1	もっともらしいことは疑ってみる，疑わしいことも信じてみる／Ⅰ370，Ⅱ369
Ⅱ-6-2	「そもそも定まっていなかった事実」の存在／Ⅱ374
Ⅱ-6-3	人生の密度と事実認定能力／Ⅱ386
Ⅱ-6-4	ピカソの『ゲルニカ』に学ぶ／Ⅱ399
Ⅱ-6-5	弁護士任官した裁判官の悩み／Ⅱ401
Ⅱ-6-6	若手裁判官の要件事実意識の過剰／Ⅱ404
Ⅱ-6-7	弁護士に対する要件事実の呪縛／Ⅱ406
Ⅱ-6-8	賃料不払解除でそれまでに支払われた賃料等の総額と不払額とを比較したケース／Ⅱ411
Ⅱ-6-9	経験の浅い裁判官の審理は心配か／Ⅱ426

判例索引

――最高裁判所――

最判昭24.2.1民集3巻2号21頁／136
最判昭25.5.18判タ13号63頁／136
最判昭26.5.18裁判集民4号779頁／136
最判昭31.9.18裁判集民23号137頁／218
最判昭31.12.28民集10巻12号1639頁，判タ67号68頁／220
最判昭32.5.10民集11巻5号715頁／372, 377
最判昭32.7.9民集11巻7号1203頁／136
最判昭32.10.31民集11巻10号1779頁／52, 58
最判昭33.12.25民集12巻16号3367頁／221
最判昭34.6.23裁判集民36号763頁／60
最判昭38.4.19裁判集民65号593頁／60
最判昭38.6.4裁判集民66号355頁／60
最判昭38.7.30裁判集民67号141頁／60
最判昭39.5.12民集18巻4号507頁／43
最判昭39.5.12民集18巻4号597頁／8
最判昭40.2.5裁判集民77号305頁／60
最判昭41.2.21判時450号60頁／192, 219
最判昭42.5.23裁判集民87号467頁／60
最判昭42.12.21裁判集民89号457頁／60
最判昭43.8.20民集22巻8号1692頁／60
最判昭43.12.24民集22巻13号3428頁／374
最判昭44.9.11裁判集民96号497頁／61
最判昭44.10.17判タ573号56頁／8
最判昭45.3.26民集24巻3号165頁／225
最判昭45.9.8裁判集民100号415頁／48
最判昭45.10.30裁判集民101号313頁／52, 59
最判昭45.11.26裁判集民101号565頁／52, 58
最判昭46.3.30裁判集民102号387頁／61
最判昭46.4.22判タ263号210頁／218
最判昭47.3.2裁判集民105号225頁／61

467

最判昭50.6.12判時783号106頁／47
最判昭50.10.24民集29巻9号1417頁／206
最判昭52.11.15民集31巻6号900頁／53, 59
最判昭56.4.14民集35巻3号620頁，判タ442号55頁／226
最大判昭56.12.16民集35巻10号1369頁／137
最判昭58.5.26判タ504号90頁／221
最判昭62.12.11判時1296号16頁／61
最判平1.1.19判時1353号18頁／382
最判平2.9.27民集44巻6号1007頁／53, 59
最判平5.7.20判時1508号18頁／49, 61, 383
最判平5.9.7判時1508号20頁／8
最判平6.12.6裁判集民173号441頁／61
最判平7.5.30判時1554号19頁／54, 61, 383
最判平8.2.22判タ903号108頁／192, 219
最判平9.2.25民集51巻2号502頁，判タ936号182頁／220
最判平10.12.18判時1680号13頁／383
最判平11.3.9判時1708号38頁／62, 383
最判平11.3.23判タ1003号158頁／220
最判平11.4.13判時1708号40頁／62, 384
最判平11.7.13判時1708号41頁／8
最決平11.11.12民集53巻8号1787頁／316
最決平11.11.26金判1081号54頁／317
最決平12.3.10民集54巻3号1073頁／315
最決平12.3.10判タ1031号165頁／306, 317
最決平12.7.12刑集54巻6号513頁，判タ1044号81頁／218
最判平12.7.18判タ1041号141頁／206, 349
最決平12.12.14民集54巻9号2709頁／318
最判平13.3.13判タ1059号64頁，判時1745号88頁／53, 59
最決平13.12.7民集55巻7号1411頁／319
最判平14.6.13判時1816号25頁／62, 384
最判平15.11.14判時1859号19頁／384
最決平16.2.20判タ1156号122頁／310
最判平16.2.26判タ1147号157頁／384

最決平16. 5. 25民集58巻5号1135頁，判タ1159号143頁／307, 323, 326
最決平16. 11. 26民集58巻8号2393頁／320
最判平16. 12. 7判時1895号38頁／385
最判平16. 12. 16判時1895号40頁／385
最判平17. 7. 22民集59巻6号1837頁，判タ1191号230頁／308, 325
最決平17. 10. 14民集59巻8号2265頁／311
最決平17. 11. 10民集59巻9号2503頁／321
最決平18. 1. 27判タ1205号146頁／199
最決平18. 2. 17民集60巻2号496頁／321
最決平18. 10. 3民集60巻8号2647頁／315
最判平18. 11. 14判タ1230号88頁／220
最決平19. 8. 23判タ1252号163頁／313, 322
最決平19. 11. 30民集61巻8号3186頁，判タ1258号111頁／322
最決平19. 12. 11民集61巻9号3364頁，判タ1260号126頁／313, 314
最決平19. 12. 12民集61巻9号3400頁，判タ1261号155頁／327
最決平20. 11. 25裁時1472号2頁，判タ1285号74頁／314

――――高等裁判所――――

東京高判昭52. 7. 15判タ362号241頁／218
名古屋高決昭56. 2. 18判時1007号66頁／216
東京高判昭61. 4. 17金法1134号46頁／48
大阪高決昭61. 6. 23判タ609号102頁／219
名古屋高決平8. 7. 29家月48巻12号52頁／221
大阪高決平9. 12. 1家月50巻6号69頁／221
東京高判平10. 3. 30税資231号437頁／217
東京高決平11. 12. 3判タ1026号290頁／216
東京高判平12. 10. 26判タ1094号242頁／219
大阪高決平16. 11. 12労判887号70頁／216
大阪高決平17. 4. 12労判894号14頁／216
大阪高判平19. 1. 30判時1962号78頁，金判1263号25頁／230, 279

――――地方裁判所――――

東京地判昭46. 4. 26判時641号81頁／217
大分地判昭46. 11. 8判時656号82頁／218
東京地判昭56. 10. 23判タ456号152頁／49

大阪地判昭62.7.20判タ678号200頁／226

名古屋地判平3.8.9判時1408号105頁／216

鹿児島地判平5.4.19判タ820号130頁／217

大阪地判平6.3.17判タ864号248頁／215

東京地判平8.10.16判タ951号162頁／215

東京地判平10.5.29判タ1004号260頁／217

東京地判平10.10.26金法1548号39頁／48

東京地判平11.8.31判タ1013号81頁／354, 373

東京地判平12.4.27判例マスタ／255

東京地判平12.5.24判タ1054号260頁／418

東京地判平12.8.31判例マスタ／47

東京地判平12.9.27判タ1054号209頁／30

東京地判平13.4.25判タ1076号281頁／120, 137

東京地判平14.10.29判時1885号23頁／91

高松地判平15.1.20訟月50巻3号927頁／218

大阪地判平18.2.22金判1238号37頁／279

民事事実認定と立証活動　第Ⅰ巻

　　　　　　　　　　2009年10月30日　第1版第1刷発行
　　　　　　　　　　2016年 7 月15日　第1版第5刷発行

　　編　　者　　加　藤　新　太　郎
　　発 行 者　　谷　口　美　和
　　発 行 所　　㈱判例タイムズ社

　102-0083　東京都千代田区麹町三丁目2番1号
　　　　　　　　　　電話　03(5210)3040
　　　　　　　　　http://www.hanta.co.jp/

　　　　印刷・製本　シナノ印刷株式会社
　　　　© Shintaro Kato 2009 Printed in Japan.
　　　　　　定価はカバーに表示してあります。
　　　　　　ISBN 978-4-89186-161-2